한국수학교육학회 연보 창간호

Korean Society of Mathematical Education Yearbook The First Issue

구성주의와 한국수학교육

김진호 · 장경윤 · 한인기 · 고호경 편집

KM 경문사

연보를 출간하며

1962년 가을, 한국수학교육학회가 창립되어 지금까지 우리나라 수학교육학 연구의 활성화, 세계화에서 주도적인 역할을 담당해 오고 있다. 한국수학교육학회는 수학교육학 분야의 학술적 연구 성과를 게재하는 전문학술지를 발간하며, 수학교육학 분야의 연구 성과를 발표하고, 연구자들의 활발한 교류의 장이 되고 있는 학술대회들을 개최해 오고 있다.

2013년 가을, 한국수학교육학회는 우리나라 수학교육학 발전을 위한 새로운 도전을 시작하고 있다. 우리나라 수학교육학 연구 단체들 중에서는 처음으로 연보(yearbook)를 출간하는 것이다. NCTM과 같은 단체에서는 오래전부터 연보를 발행해 왔지만, 우리나라에서는 여러 가지 사정으로 인해 오랫동안 미루어져 왔었다.

한국수학교육학회 연보는 학회가 1년 동안 해왔던 다양한 사실들을 나열하는 성격의 책이 아니다. 이제 발행을 시작하는 연보들은 한국수학교육학회를 중심으로 다양하게 연구된 수학교육학 영역의 핵심 주제들, 앞으로 진지하게 연구되어야 할 수학교육학의 유망한 주제들을 집중적이고 체계적으로 정리하여, 앞으로의 수학교육학 연구의 발전 방향을 제시하려는 의도로 기획되었다. 이것은 수학교육학의 다양한 연구 성과들이 축적되고, 이 연구들을 다양한 관점에서 종합, 평가하여 우리나라 수학교육학 연구의 창의적인 발전을 이끌려는 수학교육학 연구자들의 안목이 바탕이 되어야 한다. 아마도 이러한 어려움으로 인해, 우리나라에서 수학교육학 분야의 연보 발간이 늦어졌을 것으로 생각된다.

한국수학교육학회 연보는 오랜 준비의 기간을 거쳤으며, 한국수학교육학회 이사회의 의결을 통해 연보 발행의 공식적인 출발을 가질 수 있었다. 우선 연보 발행을 위한 편집진이 구성되었으며, 편집진에서는 한국수학교육학회 연보 창간호(2013)의 주제를 결정하고, 연보에 실릴 글들의 세부 주제들을 논의하고 이를 바탕으로 집필진을 섭외하였다.

한국수학교육학회 연보 창간호의 주제는 '구성주의와 한국수학교육'이다. 구성주의 또는 구성적 관점은 철학, 심리학, 교육학 등과 같은 인간의 인식에 대해 연구하는 다양한 연구 분야에서 진지하게 연구되고 있다. 우리나라의 수학교육학 연구에서도 1990년대 이후로 지금까지 다양한 연구 결과들이 학술지를 통해 발표되고 있으며, 이러한 연구 결과들을 구현하기 위해 많은 노력이 수학교육학의 학술 연구와 수학교실에서 다양하게 이루어지고 있다. 그리고 수학교육학에서 구성주의가 어떤 방향으로 발전되고 구체화되어야 하는가에 대해서도 다양한 주장들이 제기되고 있다.

한국수학교육학회 연보 창간호에서는 구성주의와 관련하여 현재까지 연구되어 온 국내외 연구 성과들을 체계적으로 종합하고, 구성적 관점에서 우리나라 수학교육의 현재를 고찰하고 있다. 특히 구성주의적 관점에서 유아 수학교육, 초등학교 및 중등학교 수학교육, 수학 교사교육 등과 같은 다양한 수준의 수학교육의 이론과 실제를 분석, 종합하고 있다.

한국수학교육학회 연보 창간호에는 첫째, 구성주의의 지식관, 지식의 구성 과정, 수학적 지식 구성의 방향과 그 실제 분석, 둘째 구성주의적 관점에서 보는 학습자 중심의 수학 교수-학습, 구성주의를 반영한 수학 수업의 실제, 구성주의와 기하교육, 구성주의와 대수교육, 구성주의와 평가, 셋째 구성주의를 반영한 유아 수학교육, 구성주의 관점에서 초등 및 중등 수학교육과정 분석, 구성주의와 수학 교사교육 등의 세부 주제들이 포함되어 있다. 즉 한국수학교육학회 연보 창간호에는 수학적 지식의 본질, 구성에 대한 구성주의적 인식론의 주제들로부터 수학 교수-학습, 평가 등과 같은 수학교수학의 주제들에 이르기까지 다양한 관점들, 문제들이 다루어지고 있으며, 실질적으로 우리나라 구성주의 연구들을 체계적이고 종합적으로 정리하고 있다.

본 창간호에서 다룬 내용들이 우리나라에서 구성주의를 반영한 수학교육이 현실화되는데 공헌하기를 기대한다. 또한, 한국수학교육학회는 지속적으로 연보 발간 사업을 추진해 나갈 것이다.

김진호 · 장경윤 · 한인기 · 고호경

차례

제8장 구성주의를 반영한 유아수학교육

제9장 수학교사 교육과 구성주의

제10장 구성주의에서 평가

제11장 한국의 기하교육과 구성주의

제12장 구성주의 관점에서 본 대수 교육

제 1 장

구성주의 지식관

홍진곤(건국대학교)

1. 들어가는 글

구성주의(constructivism)라는 용어가 누구에 의해 최초로 사용되었는지는 분명하지 않지만, 이는 대략 1950~1970년대에 시작된 사이버네틱스(cybernetics, 인공두뇌학)의 연구와 깊은 관련이 있다(Schmidt, 1987). 1957년부터 20년간 사이버네틱스 연구의 중심지였던 일리노이 주립대학 바이오컴퓨터(biological computer) 실험실을 이끈 Foerster, 생물학적 인지 이론을 발전시킨 Maturana, 발달 심리학을 통하여 발생적 인식론이라는 분야를 개척한 Piaget, 급진적 구성주의(radical constructivism)를 주장한 Glasersfeld 등이 '구성주의'라고 부를 수 있는 담론을 발전시킨 대표적인 사람들이라고 할 수 있을 것이다. 그런데 이들의 이론은 사실 매우 다른 사유의 전통을 각기 가지고 있기 때문에 이들을 모두 포괄하는 '구성주의'를 어떤 통일적인 이론으로 보는 것에는 많은 어려움이 따르며, 우리가 '구성주의'라고 부르는 것은 매우 역동적으로 학제간의(interdisciplinary) 논의가 이루어지는 담론 또는 인식론적 사유의 어떤 경향이라고 보는 것이 오히려 적절한 면이 있다.

수학교육계의 경우, 수학적 지식은 교사로부터 학생에게 '전달'되는 것이 아니라 학생 스스로 '구성'해야 하는 것이라는 생각이 1980년대 이후 보편적으로 받아들여지면서 구성주의를 수학 교수·학습의 배경 이론으로 탐구하기 시작하였다. 수학교육계에서 구성주의 이론을 탐구한 배경에는 수학 교수·학습에 적용할 수 있는 구체적인 아이디어를 도출해 내겠다는 실질적인 목표가 분명했고, 이러한 관점에서 박영배(1996)는 수학교육 이론과 관련된 구성주의를 조작적 구성주의, 급진적 구성주의, 사회적 구성주의의 세 가지로 분류하였다. 여기에서 조작적 구성주의는 Piaget의 이론을, 급진적 구성주의는 Glasersfeld의 이론을, 그리고 사회적 구성주의는 Ernest의 이론을 각각 그 중심에 두고 있다고 말할 수 있는데, 박영배(1996, p. 39)는 급진적 구성주의는 조작적 구성주의를, 또 사회적 구성주의는 급진적 구성주의를 '인식론적 관점이 아니라' 수학 교수·학습에 적용하고자 하는 '수학교육학적 관점에서' 수정, 보완하는 것이라고 설명한다.

필자가 보기에 이러한 식의 설명은 약간 문제가 있는데, 그것은 근본적으로 구성주의가 '인식론'이기 때문이다. Piaget, Glasersfeld, Ernest의 이론이 수학교육학 분야에서 가장 많이 인용되고 논의되었던 구성주의 이론이고, 각각의 이론은 서로 그 차이점도 매우 뚜렷하기 때문에 세 가지 구성주의를 대별하는 것은 특별히 문제될 것이 없지만, 그 담론의 층위를 실천적인 수학교육학만으로 한정짓는 경우 그 인식론의 핵심적인 본질을 자칫 간과하거나 오해할 위험은 경계해야 한다. 예를 들면 우리나라의 여러 수학교육학 문헌에서, 급진적 구성주의는 객관적 지식의 존재를 완전히 부정하므로 수업 시간에 교사가 제시하는 지식도 오류 가능함을 밝혀야 한다든가, 사회적 구성주의를 반영한 수업을 하기 위해서는 소집단 협동학습을 해야 한다든가 하는 식의 진술을 발견할 수 있는데, 이는 Glasersfeld나 Ernest의 이론을 인식론의 층위에서 충분히 이해하지 않고 실제 교수·학습 상황에 성급하게 적용하려 한 사례로 재고될 여지가 있는 것이다.

Ernest(1991, p. 42)에 따르면 구성주의는 수학교육 철학이라고 하기 이전에 수학에 대한 철학, 즉 수학철학(philosophy of mathematics)이다. 더욱이 '처방적인(prescriptive)' 수학철학이 아니라 '기술적인(descriptive)' 수학철학이다. 이는 구성주의가 이러이러하게 수학을 가르쳐야 한다는 주장을 하기 위한 이론이 아니라, 수학의 본질, 특히 수학적 지식이 어떻게 만들어지는가를 '설명'하기 위한 이론이라는 것을 뜻한다.

이러한 관점에서, 이 장에서는 조작적 구성주의, 급진적 구성주의, 사회적 구성주의의 세 가지 구성주의가 기초하고 있는 철학적, 인식론적 배경에 대하여 설명하고자 한다. 이와 같은 인식론의 이해는, 당장 수학 교수·학습 상황에 적용할 수 있는 처방적인 지침은 주지 못할지라도, 언제든 실천적이고 처방적인 교수·학습 방법론을 새롭게 세우려 할 때 그 이론적 타당성을 검토할 수 있게 하는 안목은 제공하게 될 것이다.

2. 주체가 구성하는 인식

구성주의의 철학적 기원은 Kant의 인식론에서부터 찾아야 하는데, 이는 Kant가 우리의 인식을 '객체에 대한 표상'이 아니라 '주체에 의한 구성'으로 이해하기 시작한 최초의 인물이기 때문이다.

Kant의 문제의식은, 경험을 통해 얻은 우리의 지식은 보편성과 필연성을 가질 수 없으므로 필연적인 과학적 지식은 불가능하다는 Hume의 논증에서부터 비롯된 것이었다. Kant는 당시 화려하게 발전하고 있던 자연과학, 특히 Newton의 고전역학이 보편적인 진리로서의 지위를 잃게 되는 상황을 극복하려 했으며, 그것은 Descartes가 했던 것처럼 경험으로부터 독립된 순수 이성에만 의존함으로써 극복될 수 있는 문제가 아님을 알고 있었다. Kant에게 Descartes의 합리론은 '독단(dogma)'일 뿐이었으며 Hume의 경험론은 어떤 과학적 지식도 인정하지 못하는 '회의론(skepticism)'이었다.

Kant는 이 문제를 해결하기 위하여, 보편적이고 필연적인 지식이란 '경험으로부터(from experience)' 나오는 것은 아니지만, '경험과 더불어(with experience)' 시작되는 것이라고 말한다. 예를 들어 Kant는, 과학적인 '인과관계(인과율)'는 우리가 원인과 결과라고 부르는 연속하는 두 사건을 '경험'해야만 얻을 수 있다는 것에는 동의하지만, 인과관계가 그 두 사건에 대한 심리적 습관의 결과로 얻어지는 것이라고 말하는 Hume에게는 동의하지 않는다.

Kant가 보기에 Hume이 말하는 과학적 인과관계는 '선험적인 종합판단'이다. 여기에서 '선험적(a priori)' 판단이란 경험으로부터 독립된 판단을 말하며, '종합적(synthetic)' 판단이란 주어의 개념에 포함되어 있지 않은 내용을 술어가 포함하고 있는 판단을 말한다. 주어의 내용이 술어의 내용을 모두 포함하는 '분석적(analytic)' 판단은 선험적인 논리구조에 의존하므로 모든 분석판단은 '선험적 분석판단'이다. 경험된 내용에 의존하는 '경험적(a posteriori)' 판단은 종합적일 수밖에 없고, 따라서 '경험적 종합판단'은 가능하지만 '경험적 분석판단'이란 존재할 수 없다.

문제는 종합적이면서 경험과 독립된 판단, 즉 '선험적 종합판단'이 가능한가 하는 것인데, Kant가 보기에 과학적인 인과법칙은 대상의 상태나 운동에 대한 새로운 지식을 더해주지만 보편성과 선험성을 전제하기 때문에 '선험적 종합판단'이어야 한다. Hume은 선험적 종합판단으로서의 과학적 인과법칙이 불가능하다는 것이고 Kant는 그것이 가능하다고 주장하는 것이다.

만약 인간의 정신이 대상으로부터 오는 감각 인상만 수동적으로 받아들이는 것이라면 정신은 오로지 그 특정한 대상에 대한 정보만 얻을 수 있을 뿐이므로, Hume의 생각처럼 '정신이 경험하지 않은 사항에 대한 보편적 판단'인 선험적 종합판단은 불가능한 것이 된다. Kant는 이 지점에서 정신과 외부 세계에 대한 새로운 가설을 세우는데, 그것은 정신이 외부 대상에 대응하는 것이 아니라 외부 대상이 정신에 대응한다는 가설이었다. 이러한 생각은 마치 태양이 관찰자의 주위를 돌고 있다고 생각하는 것보다 관찰자가 태양 주위를 돌고 있다고 생각하는 것이 천체의 운행에 대한 더 나은 설명을 제공했던 것과 유사하다는 점에서 Kant 스스로 '코페르니쿠스적 전회(Copernican revolution)'라 불렀던 발상의 전환이었다.

여기에서 외부 대상이 정신에 대응한다는 것은, 정신이 생득적인(innate) 관념을 가지고 있다거나 정신이 대상을 만들어낸다는 뜻이 아니다. 그것은 정신이 외부 대상을 경험할 때 정신이 어떤 능동적인 동인으로 작용한다는 뜻이다. 정신은 어떤 형식(form)을 대상에 부과하는 구조로 되어 있고, 따라서 정신은 '능동적으로' 경험을 조직한다.

Kant에 따르면 우리가 알 수 있는 것은 '대상 그 자체(noumenon, 본질, 물자체)'가 아니라 단지 우리의 '정신에 나타난 현상(phenomenon)'일 뿐이다. 이는 마치 우리가 푸른 안경을 쓰고 세상을 '푸르게' 보는 것과 유사하다. 벗을 수 없는 푸른 안경을 쓴 우리는 실제 세계 그 자체의 색깔은 결코 알 수 없고, 우리의 눈에 비치는 '푸른 세계'만을 인식한다. 그런데 그 '푸름'은 세계로부터 온 것이 아니라 우리의 안경으로부터 온 것이다.

Kant는 우리의 인식을 가능하게 하는 정신의 능력을 두 가지로 나누어 설명하는데, '감성(sensibility)'과 '오성(understanding)'이 그것이다. 감성은 감각 자료(sense data)를 받아들여 직관(개념이 매개되지 않은 인식)을 형성하는 능력, 즉 '지각(perception)'하는 능력을 말하며, 오성은 감성에 의해 형성된 직관을 정리하여 명제적인 지식을 가질 수 있게 하는 능력, 곧 '판단(judgement)'하는 능력을 말한다.

감각기관에 의해 경험된 자료(sense data)는 감성에 의해 어떤 질서가 주어지기 전에는 그 자체로는 아무 것도 아닌, Kant의 표현으로는 '잡다(雜多, manifold)'한 것이며, 인식으로 만들어질 재료에 불과하다. 이 재료를 감성의 '질료(material)'라고 부르며, 이 질료에 질서를 부여하는 능동적인 기능을 감성의 '형식(form)'이라고 부른다. Kant는 감성의 형식이 시간과 공간이라고 설명하는데, 그것은 우리의 지각이 반드시 시간과 공간이라는 틀 안에서 이루어져야 하기 때문이다. 즉, 시간과 공간이라는 틀(frame)이 없다면 우리의 지각은 잡다한 무엇인가일 뿐이다.

감성에 주어지는 질료가 그 형식에 의해 정리된 결과가 '직관'이고, 이 직관은 다시 오성에게 주어지는 질료가 된다. 이 직관에 다시 오성이 질서를 부여하면 보편타당한 지식이 되는데, 이때 직관에 질서를 부여하는 능동적인 기능이 오성의 형식이다. 오성의 형식을 Kant는 '범주(category)'라고 부르는데, 이는 분량, 성질, 관계, 양상의 각 경우에 3가지씩, 모두 12개가 있다. 인과관계는 Kant에게 있어서 이 12범주 중의 하나이기 때문에, 우리가 인과적인 지식을 갖게 되는 것은 자연이 인과적으로 변화하고 있기 때문이 아니라 우리가 인과라는 오성의 범주를 통해서 질료를 정리하고 해석하기 때문에 갖게 되는 것이다.

이와 같이 Kant가 설명하는 우리의 인식을 그림으로 나타내면 [그림 1]과 같다.[1)]

[그림 1] 감성과 오성의 질료와 형식

결국 인간의 오성에서 성립하는 인식은 오성의 형식이 무엇인가에 전적으로 의존한다. 우리는 실재하는 대상 그 자체를 인식하고 그에 대한 지식을 얻는 것이 아니라 대상으로부터 주어지는 잡다한 질료를 선험적인 형식에 따라서 '구성'해 내는 것이다.

우리가 자연과학에서 얻는 인과법칙이 보편적이고 필연적인 것이라고 생각할 수 있는 까닭은 여기에서 기인한다. 현상 그 자체가 원래 인과적으로 일어나는 것을 우리의 주관이 그대로 받아들이기 때문이 아니라 우리가 인과라는 '형식'을 가지고 그 지식을 '구성'하기 때문에 인과적인 명제를 가지게 되는데, 그 오성의 형식은 선험적이고 보편적이다. 만약 인간이 아닌 다른 인식 주체가 있다고 가정해 보자. (한 마리의 고양이를 생각해도 좋겠다.) 그 인식 주체는 인간과는 다른 오성 형식, 범주를 가지고 있을 것이고 거기에서 구성되는 지식은 인간의 지식과 전혀 다른 것이 될 것이다. 예컨대 '원인-결과'라는 범주가 없다면 그 인식 주체는 인과적인 지식을 가질 수 없다. 그러나 인간은, 인간이라면 누구나, 시간과 공간이라는 감성형식과 범주라는 오성형식을 선험적으로 가지고 있기 때문에 공통적인 방식으로 지식을 구성할 수밖에 없는 것이다.

이와 같은 관점은 어떻게 보면, '진리'란 '실재에 대한 지식'이라는 플라톤의 생각을 포기하는 것이라고 할 수도 있다. 플라톤에게 이데아는 '실재'하는 것이었고, 그것에 대한

1) [그림 1]에서 감성과 오성의 역할을 구별하는 것은 Piaget가 지능(intelligence)을 '직관적 지능(intuitive intelligence)'과 '반성적 지능(reflective intelligence)'으로 구별하여 설명하는 것(우정호, 2000, p. 269)과 유사한 점이 있다.

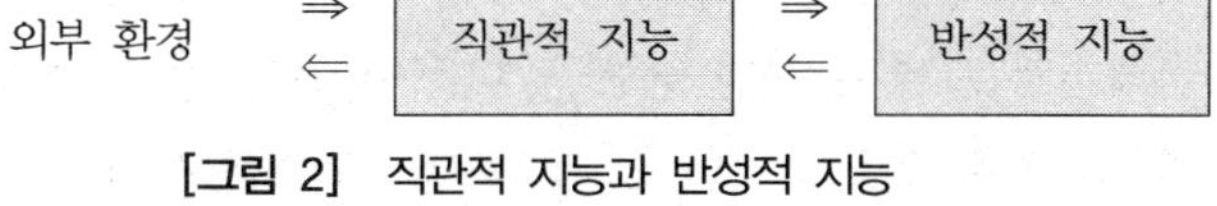

[그림 2] 직관적 지능과 반성적 지능

지식이 '객관적(objective)'인 것은 인식의 대상(object)이 '실제로 그렇기 때문'이었다. '그것이 실제로 그런지는 알 수 없지만 내가 그렇게 생각하는 것'이라면 그것은 '주관적(subjective)'인 것이고 플라톤에게 그것은 '개인적 의견(doxa)'이었다.

그러나 이제 Kant 식으로 말하자면, '객관적'인 지식이란 '그것이 실제로 그런지는 알 수 없지만 아무튼 인간은 일반적으로 그렇게 생각할 수밖에 없는 것'이 된다. 객관성의 의미를 이렇게 바꾸어 놓았을 때 얻게 되는 것은 무엇인가. Hume이 과학적 지식의 필연성을 인정할 수 없다고 했을 때, 그가 의미한 것은 '물을 마시면 갈증이 해소된다'와 같은 너무나 당연한 명제를 의심한다는 뜻이 아니었다. Hume의 의심도, 이러한 당연한 명제가 성립한다는 것을 의심한다는 것이 아니라 그것이 '이성에 의해 정당화될 수 있는 가능성'을 의심한다는 것이었다. 즉, 경험으로부터 얻은 귀납은 그 자체로 필연성을 갖지 못한다는 것이 문제였던 것이고, Kant는 이 문제에 대해 답한 것이다. 우리에게 들어온 경험을 보편적이고 필연적인 것으로 만드는 것은 경험 그 자체가 아니라, 우리의 선험적인 형식, 판단의 규칙이다. 우리의 지식은 경험을 정신의 법칙, 판단의 규칙으로 짜 맞춘 결과라는, 이것이 Kant가 말하는 '구성'의 의미이며, 인식을 이처럼 '구성'으로 보는 관점을 통해서 우리는 위기를 맞았던 인식의 '객관성'을 다시 지킬 수 있게 된 것이다.

3. 조작적 구성주의

'조작적 구성주의(operational constructivism)'는 Piaget가 자신의 인식론을 설명하기 위해 사용한 용어이다(Beth & Piaget, 1966, p. 285). Piaget는 우리가 수학적 지식을 얻게 되는 근원을 설명하면서, 전통적인 경험주의(empiricism)는 경험으로부터 유도될 수 없는 형식(form)을 설명하지 못하며, 선험주의(apriorism)는 이성의 형식을 불필요하게 먼저 가정한다는 점에서 두 가지 모두 만족스럽지 못하다고 비판한다. 이와 같은 경험주의와 선험주의의 한계를 극복하기 위해 Piaget가 제시하는 설명은, 수학적 지식의 원천을 '조작적 구조를 구성하도록 하는 주체의 활동'으로부터 찾는 것이었다.

Piaget의 이러한 설명은 근대 인식론의 역사에서 경험론과 합리론을 통합한 것으로 평가받는 Kant의 인식론과 분명 유사한 점이 많다. Piaget는 같은 책에서(p. 284) Hilbert와 Kant를 선험주의의 계열로 언급하지만, 그것은 인식의 '발생'에 대한 설명을 Kant에게서 찾아볼 수 없다는 점이 부각되는 입장으로 해석할 수 있고, 수학적 지식을 인식 주체의 '구성'으로 파악한다는 점에서 보면 Piaget 뿐만 아니라 구성주의 인식론 모두가 Kant에게서 많은 빚을 지고 있음은 부인할 수 없는 사실이다. 실제로 Piaget의 철학적 인식론을 신칸트주의(neo-Kantianism)로 분류하는 관점도 있기 때문에(Damerow, 1996, p. 299), 조작적 구성주의의 철학적 기원을 Kant의 인식론으로 두는 것도 무리한 일은 아니라고 볼 수 있다.

Kant에 따르면 인식 주체는 외부 세계에 대한 경험으로부터 얻은 '직관'을, 자신이 선험적으로 가지고 있는 오성(개념)의 '형식'으로 포섭한다. 이것을 Piaget의 용어로 표현하면, 외부 세계에 대한 경험으로부터 얻은 '직관'이, 인간이 가지고 있는 '인지 구조'에 '동화(assimilate)'된다는 것이다.

> 나는 인간의 지식이 본질적으로 능동적(활동적, active)이라고 생각한다. 안다는 것은, 실재를 변환들의 체계 안으로 동화시킨다는 것이다. 안다는 것은, 어떤 특정한 상태가 어떻게 생겨나게 되었는지 이해하기 위해, 실재를 변환시키는 것이다. 이러한 관점으로 보면, 나는 지식을 실재에 대한 수동적인 모사로 보는 관점에 반대한다는 것을 알 수 있다. (Piaget, 1970, p. 15)

인식론의 문제를 생물학적으로 접근한 Piaget는 우리가 갖게 되는 지식을, 유기체가 환경과 끊임없이 상호작용한 결과로 설명한다. 이때 주목해야 하는 핵심적인 개념이 동화(assimilation), 조절(accommodation), 평형화(equilibration)이다. 유기체는 환경에서 사물을 받아들이며(동화)[2], 동시에 스스로 환경에 적응하는데(조절), 이 두 가지 작용은 유기체가 환경과의 관계에서 평형 상태를 이루도록 하는 기능을 한다. 이것은 우리의 신체 기관이 항상성(homeostasis)을 이루도록 기능하는 것과 같다.

Piaget는 학습 또한 이러한 메커니즘으로 설명하는데, 그에 따르면 학습은 인지 구조(schema)를 환경에 능동적으로 적용해 보고 그 결과로 피드백을 받아서 다음 적응을 해나가는 일종의 평형화 과정이라는 것이다(Hamlyn, 1978). 이 과정에서, 인식 주체가 능동적으로 외부의 대상에 대하여 행위하는 것, 활동을 가하는 것이 중요한 의미를 지니게 된다.

> 어떤 대상을 안다는 것은 그것을 모사하는 것이 아니라, 그것에 대해 행위하는 것을 의미한다. 그리고 그 대상에 대해 또는 그 대상과 함께 수행될 수 있는 변환들의 체계를 구성하는 것을 의미한다. 실재를 안다는 것은, 더도 덜도 없이 적합하게, 그 실재에

2) 음식물을 섭취하는 것은 외부 환경의 사물을 받아들이는 대표적인 예이다.

> 상응하는 변환들의 체계를 구성하는 것을 의미한다. 그 변환들의 체계는 실재의 변환과 어느 정도 동형이다. 지식을 구성하는 변환적인 구조는 실재의 변환들을 모사한 것이 아니며, 그것들은 단지, 경험에 의해 선택할 수 있는 것들 중에서 가능한 동형인 모델일 뿐이다. 지식은 그래서, 점점 적합해지는 변환들의 체계이다. (Piaget, 1970, p. 15)

Piaget의 '활동'이라는 말을 이해할 때 중요한 것은 그것이 일방적인 방향성만을 갖는 것이 아니라 환경과의 '상호작용'과 관련된다는 점이다.[3] 그것은 Dewey가 '경험'을 '하는 것, 또는 당하는 것'이 아니라 '해 보는 것(trying)'이라고 설명하는 것과도 유사하다. Dewey에 따르면, "활동을 하는 것이 그 결과를 당하는 것으로 계속되어 들어갈 때, 또 행위에 의하여 생긴 변화가 우리 내부에 일어난 변화에 반영되어 되돌아갈 때, 그 때 비로소 막연한 사태의 흐름이 의의를 지니게 되며, 그 때 비로소 학습이라는 것이 일어난다(Dewey, 1916)." Piaget에게 Dewey의 사상이 영향을 주고 있다고 보는(우정호, 2000, p. 229) 것도 이러한 맥락인데, 즉 인식 주체(유기체)와 대상(환경) 사이의 상호작용으로 인한 조정(coordination)이 지식의 발생, 발달, 구성을 설명해 주는 것이다.

Piaget에게 수학적 개념은 '조작(operation)'의 체계이다. 조작은, Piaget의 정의에 따르면, '내면화(internalize)된 가역적(reversible) 행동'이므로, 수학적 지식의 원천은 (인식의) 대상이나 (인식의) 주체에 있는 것이 아니라 '대상에 대한 주체의 행동'이 된다. 이것을 '수 개념'을 예로 들어 생각해 보자.

수 개념이 어디에서부터 생겨나는 것인가 하는 관점도 전통적인 경험론과 합리론에 대응되는 것을 각각 생각해 볼 수 있다. 예컨대, 수 개념은 사물 자체가 가지고 있는 본질적인 특성이므로 인간의 의식이 그것을 포착하기만 하면 가질 수 있는 것이라는 생각이 경험론에 해당하고, 수에 대한 기초적인 관념은 구체적인 사물에 대한 경험과 무관하게 선천적으로 타고나는 것이므로 이를 출발점으로 하는 추상적인 추론 과정만으로 수 개념을 형성할 수 있다는 생각이 합리론에 해당한다.

그러나 Piaget가 보기에, 수 개념은 구체적인 사물이 전혀 없는 상태에서는 생겨날 수 없는 것이기는 하지만, 그렇다고 수 개념이 사물 자체가 갖는 고유한 속성이라고 할 수도 없는 것이었다. 수 개념은 사물의 속성과는 무관하게 사물을 (측정하는) '행동'을 추상화하여 얻어지는 것이고, 이런 의미에서 Piaget는 '행동으로부터의 추상화'를 사물의 속성을 추상화하는 경험적 추상화(empirical abstraction)와 구별하여 '반영적 추상화(reflective abstraction)'라고 불렀다. 일반적으로 경험적 추상화를 통하여 얻어지는 개념은 객관성과 필연성을 확보하기 힘든 (예를 들어 사물의 색깔과 같은 개념은 주어지는 빛이나 감각기

3) 이에 비하면, '행동주의(behaviorism)'에서 생각하는 '행동'은 자극에 대한 반응이거나, 또는 보상이나 처벌에 의해 강화되는, 수동적인 의미에서의 (당하는, undergoing) 행동이다.

관의 조건에 따라 변화할 수 있다) 반면에, 반영적 추상화를 통하여 얻어지는 수학적 개념은 사물의 상태나 개인적인 주체와 무관한, 인식 주체가 사물에 가하는 '행동의 구조'에 의존하기 때문에 객관성과 필연성을 확보할 수 있다. 수 개념의 경우, Piaget는 집합을 분류하는 구체적 조작의 군성체(grouping)[4)]와 서열화(seriation)라는 구체적 조작의 군성체의 종합으로 수 개념을 정의한 바 있다. 이와 같은 Piaget의 관점은, Kant가 객관적이고 필연적인 지식이란 오성의 형식(판단의 구조)에 의해 구성되는 인식이기 때문에 가능한 것이라고 설명한 것과 유사하다.

Piaget의 인식론이 Kant와 다른 점은, 지식의 구성을 생물학적인 유기체의 조절 작용으로 설명한다는 것이다. 이와 같은 설명을 통해서 Piaget는 Kant가 관심을 가지지 않은 '발생' 또는 '발달'의 문제에 대해서도 언급할 수 있었다. Kant가 말하는 '오성'이 그 기능을 발휘하기 위해서는 어떤 '발달'이 이루어져야 한다고 말할 수 있는 것은, 어린아이에게 그와 같은 오성의 기능을 기대할 수 없다는 사실로부터 분명하다. 처음에는 없던 인간의 지성(오성), 즉 인식을 구성하는 능력이, 어떻게 생겨나고, 어떻게 발달하는 것인가. Piaget는 이러한 발달을 가능하게 하는 힘을, 유기체가 환경과의 상호작용을 통하여 평형상태를 유지하려는 자기조절 작용에서 찾았다. 생물학에서는 이와 같은 유기체의 경향을 '호메오스타시스(homeostasis, 항상성)'와 '호메오레시스(homeorhesis)'라는 개념으로 설명하는데, 호메오스타시스는 평형이 깨어진 상태에 유기체가 반응하여 그 평형을 회복하려는 경향을 말하며, 호메오레시스는 특정한 상태에 머물러 있는 것에 반발하여 어떤 경로로 전진하려는 경향을 말한다. 이 두 가지 상보적인 경향은 결국, 유기체가 이루려는 평형이란 정태적인 것이 아니라 역동적인 것이며, 어떤 '발달'과 관련한 평형이라는 것이다. 더욱이 그 발달의 경로는 유기체와 환경과의 상호작용에 의해 결정되지만, 어느 정도 '필연적인' 경로를 뜻하게 된다.

Piaget의 조작적 구성주의를 이해하고자 할 때 주목해야 할 것이 이러한 '필연성' 또는 '객관성'에 대한 그의 관점이다. Piaget에게는, 유기체가 처음에는 가지고 있지 않던 구조가 '발생'하고, '발달'한다는 것이 중요하지만, 그 발달은 필연적인 경로를 따른다. 그리고 그 필연적인 경로는, 생물학적 유기체 자체가 가지고 있는 '행동의 일반적 조정 규칙' 때문이다. Piaget는 이와 같은 의미에서, 행동의 일반적 조정을 통한 인식의 구성을 하는 주체를 '인식적 주체(epistemic subject)'라 부르며 그 보편성을 강조하였고 '심리적 주체(psychological subject)'와 구별하였다(Beth & Piaget, 1966).

Kant와 마찬가지로 Piaget에게도, 우리가 구성하는 지식이 갖는 필연성, 객관성을 포기하지 않으려는 이와 같은 입장은, 어떤 의미에서 보면 또 플라토니즘의 전통이라고 말할

4) Piaget는 구체적 조작의 수학적 구조를 군(group)과 유사한 군성체(grouping, 불어로 groupement)라고 설명하였다.

수 있고, 이는 급진적 구성주의, 사회적 구성주의 등의 다른 구성주의와 비교할 때 구별되는 지점이기도 하다. Piaget는, 필연적인 경로를 따르는 그 발달의 '가능성'을 '실재(real entity)'로 간주하는 입장에는 반대하며, 오컴의 면도날(Occam's razor)[5]로 플라토니즘을 비판한다. (이는 Kant가 '객관성'을 실재하는 객체에 의존하는 것이 아니라 인식 주체의 선험적인 형식에 의존하는 것으로 설명한 것과 유사하다.) 그러나 인식 주체의 '구성', 그리고 발달의 '가능성'이 임의적이지 않으며 모든 주체에 공통적인 보편성과 필연성을 가지고 있는 것이라는 그의 관점은, Kant가 '객관성'을 포기하지 않으려 했던 것과 마찬가지로, 플라토니즘, 합리론의 전통 위에 서 있는 것이었다.

4. 급진적 구성주의

'급진적 구성주의(radical constructivism)'는 Glasersfeld, Kilpatrick, Collins 등이 자신들의 구성주의를 일컬어 사용한 용어이다. 그런데 여기에서 'radical'을 '급진적'으로 번역하는 것은 단어의 뉘앙스에서 미묘한 오해를 일으킬 여지가 있다. 우리말로 '급진적(急進的)'이라는 단어는 '급하게 전진하는', 즉 '변화나 발전이 급격하게 이루어지는' 상태를 묘사할 때 주로 사용되는 반면, 영어단어 'radical'은 '뿌리부터 철저한, 근본적인'이라는 뜻의 느낌이 강하다. (이 경우, 'radical'은 'root'와 같은 어원을 갖는다.) 필자의 개인적인 의견으로는 'radical constructivism'을 '근본적 구성주의'라고 번역하고 싶으나, 이미 '급진적 구성주의'가 그 번역어로 폭넓게 쓰이고 있는 상황을 감안하여 이를 그냥 따르기로 한다. 그렇다면 급진적 구성주의는, 어떤 점에서 급진적, 근본적이라는 뜻일까.

Glasersfeld(1984)에 따르면, 구성주의가 전통적인 인식론과 근본적으로(radically) 다른 점은 지식과 실재 사이의 관계를 보는 관점에 있다. 즉, Glasersfeld의 구성주의는 인식 주체가 구성하는 지식이 주체와 독립적으로 실재하는 세계를 그대로 표상하는 것이 아니라는 점에서 급진적(radical)인 관점이라는 것이다(Konold & Johnson, 1991).

이와 같은 설명만 보면, 이는 Kant의 인식론과 크게 다르지 않은 관점으로 보이기도

5) 오컴의 면도날은, 어떤 현상을 설명할 때에는 불필요한 가정을 할 필요가 없다는 것, 즉 '같은 현상을 설명하는 두 개의 주장이 있다면, 간단한 쪽을 선택하라'는 것이다. 여기서 면도날은 필요하지 않은 가설을 잘라낸다는 비유이며, 필연성 없는 개념을 배제하려 한 사고 절약의 원리라고 할 수 있다.

한다. Glasersfeld는 Kant 이전까지는 형이상학적 실재론자가 아닌 철학자를 찾을 수 없었다는 Putnam(1980)의 말을 인용하며, Kant 이후에도 여전히 많은 사람들이 '확실한 지식은 실재의 반영'이라는 전통적인 관념에서 자유롭지 못하다고 설명한다. 따라서, 우리의 인식은 객관을 표상하는 것이 아니라 외부 세계와 단절되어 있는 인식 주체가 스스로 구성하는 것이라는 생각이 구성주의의 가장 근본적인(radical) 부분이라는 것인데, 이는 분명 우리의 인식이 물자체(thing in itself)를 직접 표상한 것이 아니라 정신이 구성한 현상이라는 Kant의 생각을 이어받은 것이다.

그런데 앞에서 살펴보았듯이, Kant의 '구성'은 객관성과 필연성을 포기하지 않은 것이었고, 여기에서 객관성이란 '누구나 그렇게 구성할 수밖에 없는' 그런 것이었다. Piaget의 '조작적 구성'에 대한 관점도 이 점에서는 크게 다르지 않다. 그러나 누구나 그렇게 구성할 수밖에 없다는 생각은 또 다른 도그마가 아닌가? Glasersfeld(1984)는 Piaget가 구성주의에 엄청난 공헌을 했지만 그 또한 형이상학적 실재론, 즉 객관적이고 강건한 지식을 포기하고 싶어 하지 않았다는 점을 지적한다. 급진적 구성주의가 Kant나 Piaget의 인식론과 갈라지는 지점은 여기에 있다.

급진적 구성주의는 우리가 구성한 지식을 '참(true)'이라고 말할 수 있는 것은 그것이 '객관적'이거나 '보편적'이라는 의미가 아니며, 그 지식이 '유용(viable)'하다는 의미라고 본다. Glasersfeld의 지식(또는 진리)에 대한 관점을 이해하는 데에 핵심적인 개념 중의 하나가 바로 이 'viability'인데, 이 단어는 그동안 국내의 여러 연구자들에 의해 유용성, 생장성, 적합성 등으로 번역되어 왔다. 'vi-'라는 접두어의 의미를 어원적으로 해석하면 'viability'는 '살아남을 수 있는 가능성'을 의미하기 때문에 이 단어는 '생존가능성' 또는 '존속가능성'으로 번역할 수도 있겠는데, 그것이 어떻게 유용성, 생장성, 적합성의 의미와 연결되는지 우선 이해할 필요가 있다.

구성주의적 입장에서 보면 우리의 지식은 경험을 초월해서 실재하는 이데아와 같은 것을 정확하게 표상해서 얻어지는 것이 아니라 특정한 맥락의 경험을 해석하고 구성해 낸 것이므로, 우선 '경험의 맥락'이 지식 구성의 필요조건이 된다. 유사한 문제의식을 프래그머티즘(pragmatism, 실용주의)에서도 찾아볼 수 있는데, 프래그머티즘의 관점에서 보면 우리의 삶은 어떤 '문제 상황'에서 시작되며, 주어진 문제를 해결하기 위해 문제를 지적으로 정리하고 합리적인 계획과 실천을 통하여 그 문제를 해결해내는 것이 '반성적 사고(reflective thinking)'이다. 이때 우리의 지식이 문제를 해결하는 데에 '사용될 수 있다면' 그것은 지식으로서의 가치를 가지지만 문제를 해결하는 데에 도움이 되지 않는다면 그것은 지식으로서의 의미가 없다. 이와 같은 관점은 지식의 절대적인 '진리성'을 문제해결에의 '유용성'으로 바꾸어 놓은 것이라 할 수 있는데, 'pragma'라는 단어가 희랍어로 (문제해결을 위하여 '해 보는') '행동'이라는 뜻임에도 '프래그머티즘'을 '실용주의'라는 말로 번역한 배경에는 이러한 관점에 대한 이해가 깔려 있다.

어떤 지식이 참이냐 아니냐를 판단하기 위해 순수 이성이나 객관적 실재를 참조하지 않고, 문제 상황 또는 맥락에 그 지식을 적용해 보아서 그것의 '생존가능성(viability)'을 판단한다는 것, 만약 이때까지 특정 맥락에 유용한 지식이었다 하더라도 그것이 다른 상황에서 적용이 잘 되지 않는다면 그 지식은 폐기되거나 수정되어서 더 나은 지식으로 '발달' 또는 '성장'해 가야 한다는 것, 그것이 급진적 구성주의가 말하는 지식의 적합성, 유용성, 생장성이며 '시공을 초월하여 절대적으로 그럴 수밖에 없는 객관성'을 우리가 구성한 지식에서 더 이상 고수하려 할 필요가 없다는 관점인 것이다.

> 지식은 감각을 통하거나 커뮤니케이션에 의해 수동적으로 받아들여지는 것이 아니다. 지식은 인식하는 주체에 의하여 능동적으로 구성된다. 인식 기능은 적응적(adaptive)이며, 생물학적 용어로 적합성(fit)과 생존가능성(viability)을 지향하는 경향이 있다. 인식은 주체가 경험 세계를 조직하는 것이지 존재론적으로 객관적인 실재를 발견하는 것이 아니다. (Glasersfeld, 1990, pp. 22-23)

Glasersfeld(1984)는 지식의 적합성이 갖는 의미를 '열쇠의 비유'로 설명한다. 우리가 구성하는 지식은 존재론적인 실재와 얼마나 일치(match)하는가. 형이상학적 실재론자가 객관적인 지식이 실재와 일치해야 한다고 말하는 것은 마치 수선할 벽의 색깔과 같은 페인트의 색깔을 찾는 것과 같다. 그러나 우리가 어떤 지식이 적합(fit)하다고 말할 수 있는 상황은 주어진 자물통을 열 수 있는 열쇠를 찾는 것과 같다. 전문 털이범이 갖고 있는 만능열쇠를 생각해 보면, 주어진 자물통에 '맞는' 열쇠인가의 여부는 열쇠의 '모양'에 의존하는 것이 아니라 열쇠의 '기능'에 의존한다. 지식의 '적합성'이란 이와 같은 기능적 의미로 이해되어야 한다.

적합성의 이러한 의미는 Darwin의 진화론과도 관련지어 생각해 볼 수 있다. Darwin은 '적자생존(survival of the fittest)'을 말하면서 'the fittest'라는 최상급 표현을 사용했기 때문에 약간의 오해를 불러 일으켰는데, 그것은 '가장 잘 들어맞을 수 있는 것'이 존재한다는 관념이다. 그러나 종(species)의 입장에서 알 수 있는 것은 살아남느냐 죽느냐 둘 중의 하나일 뿐이고, 이 종이 저 종보다 '더 적합'했는지는 알 수 있지만 '가장 적합'했는지는 알 수 없다. 진화 과정의 '자연 선택'은, (긍정적 의미로) 최적자를 선택해서 이루어지는 것이 아니라 (부정적 의미로) 시험을 통과하지 못하는 개체를 파멸시켜서 이루어지는 것이다. 급진적 구성주의에서 말하는 인식의 이론도 이와 유사하다. 형이상학적 실재론을 받아들이지 않고 지식이 주체 스스로의 구성이라고 말한다면, 그렇게 구성한 지식이 '절대적'이라고 주장할 근거는 없다. McCulloch(1965)의 표현대로, "하나의 가설을 거짓으로 입증했다는 것, 그것이야 말로 지식의 절정인 것이다."[6]

Glasersfeld가 Piaget의 영향을 언급하는 외에도 급진적 구성주의는 생물학적인 접근 방식을 많이 드러내는데, 이는 Maturana로 대표되는 인지 생물학(biology of cognition)과 깊은 관련이 있다. Maturana는 개구리의 눈을 떼어내어 그것을 180도 회전하여 다시 넣으면 그 개구리는 곤충을 잡아먹으려 할 때 혀를 뒤로 뻗는다는 것을 확인하는 실험을 통해, 개구리의 신경 체계가 외부 세계와 단절된 체계(closed system)임을 주장하였다(Lettvin 外, 1968). 즉, 개구리는 외부의 자극에 대해 직접적으로 반응하는 것이 아니라 자신의 신경 체계 안에 형성된 독특한 '구조'에 의해 반응한다는 것이다. 이는 마치 야간 비행을 하는 조종사가 외부 세계를 직접 관찰하는 것이 아니라 조종실 안에 설치된 계기판에 나타나는 데이터들에 의해 판단하고 행동하는 것과 유사하다고 할 수 있다.

Maturana는 이로부터 우리의 인지[7] 활동이, 외부 세계를 정신 안에 그대로 그려 내는 것이 아니라 정신이 스스로의 삶에 적합한 세계를 구성하는 것이라고 주장한다. 이는 Kant가 우리의 지식이 물자체에 대한 지식이 아니라 현상에 대한, 우리가 구성한 지식이라고 말하는 것과 유사하지만, Maturana는 Kant와 달리 그 구성의 메커니즘을 생물학적인 '자기조직(self-organization)' 체계로 설명한다. 자기조직 체계는 외부 세계로부터 받아들인 정보를 고유한 방식으로 구성한 다음 그것을 외부 세계에 다시 부여하고, 그것을 또 다시 받아들여 경험하는 순환적, 재귀적 작업을 하는데, 이러한 체계에 관한 연구는 1960년대에 Foerster, Maturana 등에 의해 처음 시작되었지만 그 이전 1940년대에 열역학 분야에서 무질서로부터 질서가 만들어지는 카오스 이론을 연구한 Prigogine 등의 이론과도 깊은 관계가 있다. 이때 인간의 인지 체계를 포함하여 모든 자기조직 체계의 특징은, 외부로부터 유입되는 정보에 대한 '개방성'과 함께, 그 정보로부터 구성한 결과를 다시 받아들이는 순환적인 작동 방식의 '폐쇄성'으로 요약될 수 있다.

그런데 문제는, 이와 같이 우리의 인지 작용을 순환적인 닫힌 체계로 설명한다면 그것은 당연히 '주관적'인 것이 되어야 하기 때문에, Kant가 주장하는 정도의 객관성은 확보하기 어렵다는 것이다. 이에 대하여 급진적 구성주의는 Kant의 '필연적인 객관성'을 주장하는 대신 다음과 같이 '어느 정도의 객관성'을 가질 수 있음을 설명한다.

모든 유기체와 마찬가지로 인간의 인지 체계도 스스로를 환경에 적응시키는 오랜 진화

6) 이와 같은 관점은, Popper나 Lakatos가 주장하는 비판적 합리주의(critical rationalism), 즉 우리의 지식은 언제나 잠정적인 것이며, 반증 가능성에 열려 있어야 하고, 끊임없는 비판, 반증에 의해 개선되고 성장하는 것이라는 생각과도 맥을 같이하는 것이라고 볼 수 있다.

7) '인식(認識)'과 '인지(認知)'는 약간 구별해서 사용할 필요가 있다. 인식은 주로 철학적 인식론에서 사용되는 용어로, 인간이 갖게 되는 참(true)인 개념이나 그것을 얻는 과정을 의미하며, 인지는 인지과학(cognitive science)의 발달과 함께 인간뿐만 아니라 동물이나 컴퓨터를 포함하는 일반적인 인지 체계가 정보를 처리하는 것을 의미하는, 보다 포괄적인 용어로 이해될 수 있다.

과정의 산물이다. 각 개체의 인지 체계가 '구성'에 있어서 닫힌 체계라 하더라도, 오랫동안 종족과 자신의 발전에 유리한 방향으로 진화한 과정은 그 종족의 자연환경이나 문화에 따른 상당한 공통성을 가질 수밖에 없기 때문에, '어느 정도의' 객관성이나 보편성은 가지게 된다. 여기에서 말하는 '어느 정도의 객관성'이란, 우리가 확보하는 '규칙성'은 우리가 함께 겪어 온 생물학적, 사회적 역사의 산물이라는 것이며, 특정한 인지 체계에서 구성한 타당한 지식 외에도 다양한 인지 체계가 구성하는 다양한 세계와 그 세계에서 타당한 지식이 있을 수 있다는 것을 인정한다는 객관성을 의미하는 것이다.

결국 급진적 구성주의는 필연적인 진리를 추구하지 않는다. 그렇다면 이와 같은 급진적 구성주의는 단순히 상대주의적인 지식관이나 회의론적인 결론을 위해 지금까지 달려온 것일까. 그렇지 않다. 다른 존재가 구성하는 환경, 세계를 상호주관적으로 이해하는 '존중'은 나와 다른 세계관을 경의를 가지고 대하며 다른 사람의 의견을 근본적으로 정당한 것으로 받아들일 수 있게 하여 궁극적으로는 '이해의 진보'를 이룰 수 있게 하는 관점이다. 그리고 이는 근대의 이성에 대한 '확신'이 획일성과 폭력성으로 이를 수 있다는 문제를 의식하게 하는 '윤리적'인 관점이다. 우리의 지식이 윤리적이어야 한다는 것은 다양한 경로로 주장될 수 있지만, 급진적 구성주의는 생존과 진화를 위한 유용성이라는 생물학적인 이유만으로도 그것을 설명한다.

5. 사회적 구성주의

급진적 구성주의와 사회적 구성주의를 구분하는 것은 개인의 인식, 또는 인지 발달에 영향을 미치는 사회적 상호작용의 중요성을 강조하는 입장의 차이이다. 급진적 구성주의에서는 인식 주체의 인지 발달을 생물학적 발달 과정에 중점을 두고 바라보기 때문에 인식 과정에 영향을 주는 사회적 요인을 등한시하거나, 사회적 요인을 언급하더라도 개인의 주관적 인지 구성에 편향된 논의가 주로 이루어진다. 이에 비하여 사회적 구성주의는 인식 주체의 사회적 상호작용 과정을 인지 발달의 근원으로 생각한다.

사회적 상호작용이 인식의 근원이라고 생각하는 가장 큰 이유는, '지식'의 근본이 '언어'라고 생각하기 때문이며, 다시 그 '언어'는 '사회'가 전제되어야 가능한 것이기 때문이다. Gergen(1995)에 따르면, 지식의 원천에 대한 사회적 구성주의의 입장은, 외부 세계를 근본 관심사로 시작하는 외인적인 입장도 아니고 개인의 정신을 근본 관심사로 시작하는 내인적인 입장도 아니며, 언어를 관심의 초점에 두는 입장이다. 그리고 이러한 입장에서 언어의 의미는 사회적 상호 의존을 통해 이루어지는 것이고, 언어는 공동체의 우선적인 기능이라는 일반론이 가장 중요하다.

Ernest(1991)는 지식이 언어적 기초를 가진다는 기본 가정은 당연한 것이라고 말한다. 플라톤이 대화편 '테아이테토스'에서 지식이란 무엇인가 하는 질문에 대해 '정당화할 수 있는 참인 믿음(justified true belief)'이라고 대답한 이후, 이는 '지식'의 표준적인 정의가 되어 왔다. 이와 같은 '지식'은 기본적으로 명제적인 형태로 존재해야 하고, '명제'는 '언어'라는 토대를 떠나서는 생각할 수 없는 것이기 때문이다.

사회적 구성주의가 수학적 지식의 토대를 언어에 두는 관점에서 오히려 중요한 점은 언어를 가능하게 하는 것이 '사회'라는 데에 있다. 그것은 언어의 '사회성'으로 인하여 수학적 지식의 어떤 '객관성'을 확보하게 되며, 또한 그 '사회성'으로 인하여 수학적 지식의 변화와 발달의 근거를 설명할 수 있기 때문이다.

우선, 언어의 사회성이 객관성의 근거가 된다는 주장을 먼저 살펴보자. 이는 언어적 의사소통을 가능하게 하는 전제가 사회적으로 공유되는 규칙, 또는 형식에 있다고 설명하는 Wittgenstein의 논변을 바탕으로 한다(Ernest, 1991; Gergen, 1995).

Wittgenstein은 언어와 그 사용 규칙의 관계 등을 설명하기 위해서 '언어 게임(language game)'이라는 개념을 도입하였는데, 여기에서 언어를 게임에 비유하는 것은 그것이 '규칙을 따르는 활동'이라는 점과 그 규칙은 어느 정도 '자의적이거나 임의적'으로 정해진다는 점 때문이었다. 여기에서 규칙이 자의적이거나 임의적이라는 뜻은, 어떤 게임이든 그 게임의 모든 것을 '규칙'에 의해 규정짓거나 한계 지을 수 없다는 것과 관련된다. 예를 들어 테니스는 하나의 게임이며 규칙을 갖고 있지만 모든 경우에 대한 규칙을 가지고 있는 것은 아니라고 할 수 있는 것이, Wittgenstein은 서브를 할 때 공을 얼마나 높이 던져야 하는지에 대한 규칙은 없다고 말한다. 이를 두고 공을 던지는 높이는 상관없다는 규칙이 있는 것은 아니냐고 생각할 수도 있지만, Wittgenstein이 의미하는 것은 그런 것이 아니다. 실제로 그 질문이 제기되기 전까지는 아무도 그것을 규칙이라고 생각하지 않았을 것이며, 그런 것을 규칙이 규정하고 있다고도 생각하지 않았을 것이다. 즉, 테니스의 규칙은 발생 가능한 모든 상황을 규정하고 있을 필요가 없는 것이다.

Wittgenstein에게 게임의 규칙은 게임의 '실행'이 가져다 준 결과이다. 규칙에 앞서서 게임과 게임의 실행이 먼저 존재해야 한다는 것은 매우 독특한 생각인데, 이와 같은 생각을 언어 게임과 관련지어 보면, 단어의 '의미'는 그 '사용(use, 용법)'에 있다고 말할 수 있다. 어떤 단어의 의미를 이해하는 것은 그 단어의 사용 규칙을 암기해서가 아니라 그 단어가 사용되는 언어 게임에 참여하여 실행하는 과정에서 그 쓰임을 자연스럽게 알게 되는 것이다. 규칙은 이미 언어 게임이 존재하고 있을 때 의미가 있는 것이며, 단어의 의미는 그저 그것이 사용되는 언어 게임의 맥락에서 오는 것이라고만 말할 수 있을 뿐이고, 언어 게임은 그 외부에서 정당화될 수 있는 것이 아니며 그 '실행'에 참여함으로써 설명될 수 있을 뿐이다.

규칙 이전에 언어 게임이 먼저 존재해야 한다는 말은, '규칙'이라는 것을 개인적으로, 사적으로 만들 수 없다는 것으로부터 설명할 수 있다. '사적(私的) 언어 논증'으로 알려져 있는 이 논변을, Wittgenstein(1953, §258)은 "한 사람이 어떤 특정한 감각을 느낄 때마다 달력에 'E'라고 적어 넣는 게임"을 예로 들어 설명한다. 그가 느낀 감각이 'E'인지 아닌지는 자신만이 알 수 있으므로 그것은 이른바 '사적 언어'이다. 이러한 언어 게임은 가능할까? 문제가 되는 것은, 어떤 감각을 느껴서 달력에 'E'라고 적어 넣을 때 그것이 전에 'E'라고 명명했던 바로 그 감각이라는 보장이 없다는 점이다. 유일한 기준은 자신의 기억일 텐데, 그 기억의 올바름은 무엇으로 보장할 것인가? 'E'는 오직 자기 자신만이 알 수 있는 감각이고, 따라서 진위 여부에 대한 '공적 검증'을 기대할 수 없기 때문에, 이 경우에는 '참인 것'과 '참이라고 믿는 것' 사이의 구별이 불가능해진다.

Wittgenstein이 말하는 언어 게임은, 즉 언어는, 본질적으로 공적인 것이다. 사적 언어 논증은, '규칙'이라는 것 자체가 혼자서는 만들 수 없는 것이며 복수의 참여자를 요구하는 사회적 규약의 문제임을 잘 보여준다. 그리고 이로부터 지식, 그리고 앎의 문제 또한 개인적인 차원의 문제가 아니라 사회적인 차원의 문제임을 이해할 수 있다. 또한 그렇기 때문에 수학적 지식의 객관성도 사회적인 언어의 규칙과 관습을 개인이 준수해야 하는 만큼 확보될 수 있다.

한편으로, 수학적 지식의 그러한 객관성이 사회적으로 공유되는 상호주관성의 의미로 이해되는 사회적 구성주의의 관점은, 사회의 관습과 규약들이 변화하고 진화하는 만큼, 수학적인 진리의 의미와 본질이 변화하고 발달할 수 있음을 함의한다.

Ernest(1991)는 사회적 구성주의가 수학에 대한 주관적 지식과 객관적 지식 사이의 관련성을 다룬다는 점, 그리고 이로부터 지식의 발생과 관련된 문제를 다룬다는 점을 강조한다. 새로운 수학적 지식이 만들어지는 과정은, 개인이 만들어낸 주관적 지식이 공표를 거쳐 상호주관적인 조사, 재형식화, 수용에 의해 객관적 지식이 되어가는 과정이다. 또, 각 개인은 수학을 학습함으로써 객관적 지식을 내면화하고 재구성해서 개인의 주관적 지식으로 삼는데, 다시 이 지식은 개인이 새로운 수학적 지식을 만들어내는 과정에 사용된다. 이와 같이 하여 수학의 주관적 지식과 객관적 지식 사이에는 순환적인 관계가 만들어지면서 서로가 서로의 창조와 재창조에 기여하게 된다.

여기에서 주관적인 지식이 사회적으로 보증되어 새로운 객관적인 지식으로 창조되는 맥락은 주로 수학자들의 사회에서 이루어지는 '학문적 맥락'으로, 객관적인 지식이 개인적으로 재형성되어 새로운 개인적인 지식으로 획득되는 맥락은 주로 학교 등에서 이루어지는 '교육적 맥락'으로 이해될 수 있는데, 그 맥락적 차별성은 고려되어야 할 필요가 있다(Ernest, 1998). 두 맥락 모두에서 사회적인 합의라는 공적인 절차가 필요하지만, 학문적 맥락에서의 공적 절차는 Lakatos의 '수학적 발견의 논리'로, 교육적 맥락에서의 공적 절차는 Vygotsky의 '교수·학습 상호작용'으로 각각 설명 가능하다(홍진곤, 2002).

학문적 맥락과 교육적 맥락을 구분해서 생각하는 것은 사회적 구성주의가 교육적 상황에서 주는 시사를 탐구하는 데에 필수적이다. Ernest(1998)는 수학적 지식이 사회에서 공유되는 획득과 사용의 맥락으로부터 분리할 수 없는 것이며, 여러 사회적 맥락이 불연속적이고 다중적으로 존재할 수 있음을 설명한다. 특히 '학교'는 학습자가 수학의 학습과 관련하여 참여하는 여러 사회적 맥락 중 특수한 한 부분이고, 특기할 것은 수학을 가르치려는 사회의 의도가 전제된 '계획된' 학습 상황이라고 할 수 있다. 교사는 학습자에게 수학적 경험을 제공하기 위하여 그들 자신의 지식과 제도적으로 인가된 텍스트를 바탕으로 수학적 대화를 구조화하여 학습자와 수학적 지식의 소통(communicate)을 시도하고, 학습자는 이 수학적 지식을 점유(appropriate)하기 위해서 그 대화에 참여해야 한다. 그리하여, 수학자가 새로운 주관적 지식을 창조하여 수학자 사회 내의 합의(증명과 반박)에 의해 새로운 공적인 지식으로 '보증' 받는 과정에 대응되는, 학습자의 개인적인 수학적 지식이 형성되는 과정 중의 '인증' 과정은 (주로) 교사에 의한, 학습자의 개인적 재형성에 대한 '평가'로 이해될 수 있다. 이때 수학자가 창조한 지식에 대하여 인증 받는 것은 수학자가 공표한 '텍스트'가 되지만 개인이 주관적인 수학적 지식을 소유하는 과정에서 인증 받는 것은 그 지식을 내면화한 '개인(학습자)'이 된다.

인식론으로서의 사회적 구성주의는, 그것이 공적(公的)인 인식론이라는 점에서 핵심적으로 특징지어질 수 있다. Gergen(1995)은 급진적 구성주의도 '주체-객체'의 이원론적인 서구 인식론의 전통 위에 있는데 반해, 사회적 구성주의는 그 이원론적인 전통과 결별하고 있다고 말한다. 어떤 개인이 지식을 갖게 되는 것은 '타인과 공유하는 지식 체계'에 그 개인이 입문하는 것이고, 무엇이 참(true)인가를 결정하는 것 또한 개인적인 수준에서 이루어질 수 없는 일이며 근본적으로 상호주관적인 것이다. 그리고 이와 같은 인식론적 입장은 다시 윤리적인 입장과 결부될 때 공교육(public education) 이데올로기에 대한 철학적 기초를 제공할 수도 있게 된다(Ernest, 1991 참조).

6. 맺는 글

이 장에서는 구성주의의 인식론적 토대를, 조작적 구성주의, 급진적 구성주의, 사회적 구성주의의 세 가지 관점으로부터 고찰하였다. 우리의 앎을 '구성'으로 보는 것은 Kant가 철학적 인식론에서 그 선구적인 길을 연 이후, 생물학적인 인지 이론, 그리고 공적(사회적)인 인식 이론에 이르기까지 다양한 분야에서 수용되어 '구성주의'로 불릴 수 있는 폭넓은 이론의 스펙트럼을 만들어 내었다.

수학교육학 분야에서 이러한 구성주의의 인식론적 배경은 특히 우리나라의 경우, 그다지 깊이 있게 탐구되어 왔다고 말하기 힘든 면이 있다. 수학의 교수·학습에 대한 실천적인 요구가 수학교육학의 학문적 정체성을 어느 정도 규정하고 있는 것도 사실이기 때문에, 처방적인 기능을 하지 못하는 기술적 이론은 때로는 공허하게 여겨질 수도 있고, 그것이 인식론과 같은 분야가 활발히 연구되지 못하는 이유이기도 할 것이다. 기술적 이론은, '이렇게 해야 한다'는 실천적 처방을 직접적으로 도출하는 역할보다, '그렇게 했는데 잘 안 된 것은 이런 이유 때문이다'와 같은 반성적 역할을 수행할 수 있음을 우선 이해할 필요가 있다. 이 장에서 살펴본 다양한 구성주의 이론 또한, 수학적 인식의 충분조건이 아니라 필요조건을 논하고 있다고 생각하면 그 시사와 함의에 새로운 시각이 열릴 수 있다.

예를 들어, Piaget의 조작적 구성주의를 반영한 수학 수업은 학생들의 '활동'으로 이루어져야 한다고 말하지만, 중요한 것은 단순히 '활동을 하는' 것이 아니라 '활동을 조정'하는 것이고 그것은 눈으로 쉽게 판단될 수 있는 문제가 아니다. 급진적 구성주의가 지식은 절대적인 것이 아니고 생장하는 것임을 주장한다고 해서, 학생들에게 교사가 가르치는 내용까지도 절대적인 진리가 아님을 강조할 필요는 없다. 중학생들은 유클리드 기하의 강건성을 배워야 하는 것이지 그것이 비유클리드 기하와 양립가능하다는 것을 배워야 하는 것은 아니다. 사회적 구성주의가 지식의 본질이 사회적인 규약, 합의에 있다고 말하는 것은 수업의 형태가 소집단 협동학습이어야 한다고 주장하는 것이 아니다. 인식 주체로서의 학습자의 인식에 영향을 미치는 '사회'는 교사와 학생, 두 사람만으로 이루어진 사회도 그 역할을 수행할 수 있다.

우리는 조작적 구성주의로부터 목적이 있는 주체의 능동적 활동이 수학적 인식의 출발점임을 배웠고, 급진적 구성주의로부터 유용성과 생장성이 지식의 어떤 본질임을 배웠다. 사회적 구성주의는 개인의 수학적 인식에 언어와 사회적 상호작용이 매우 중요한 요소임을 깨닫게 했다. 이 모든 인식론적 아이디어는 양립 불가능한 것이 아니며, 우리가 '수학적 이해'의 본질에 대해 조금씩 더 발전된 안목을 가지게 하는 데에 각각 나름대로의 역할을 가지고 있다.

참 고 문 헌

Reference

박영배 (1996). 수학 교수·학습의 구성주의적 전개에 관한 연구. 서울대학교 박사학위 논문.

우정호 (2000). 수학 학습-지도 원리와 방법. 서울: 서울대학교 출판부.

홍진곤 (2002). 사회적 구성의 수학교육적 의미에 관한 고찰. 수학교육 41(3), 329-339.

Beth, E. W. & Piaget, J. (1966). *Mathematical epistemology and psychology*. Netherlands: D. Reidel Publishing Company.

Damerow, P. (1996). *Abstraction and representation.* New York, NY: Springer.

Dewey, J. (1916). *Democracy and education*. New York, NY: Free Press.

Ernest, P. (1991). *The philosophy of mathematics education*. Bristol, PA: The Falmer Press.

Ernest, P. (1998). *Social constructivism as a philosophy of mathematics*. New York, NY: State University of New York Press.

Gergen, K. J. (1995). Social Construction and the Educational Process. In L. P. Steffe & J. Gale (Ed.), *Constructivism in education* (pp. 17-40). Hillsdale, NJ: Lawrence Erlbaum.

Glasersfeld, E. (1984). An introduction to radical constructivism. In P. Watzlawick (Ed.), *The invented reality* (pp. 17-40). New York, NY: W. W. Norton & Company.

Glasersfeld, E. (1990). An exposition of constructivism: Why some like it radical, In Robert B. Davis, Carolyn A. Maher, & Nel Noddings (Eds.), *Constructivist views on the teaching and learning of mathemtaics* (pp. 19-29). Reston. VA: NCTM Press.

Hamlyn, D. W. (1978). *Experience and the growth of understanding*. Boston: Routledge.

Konold, C. & Johnson, D. K. (1991). Philosophical and psychological aspects of constructivism. In L. P. Steffe (Ed.), *Epistemological foundations of mathematical experience* (pp. 1-13). New York, NY: Springer-Verlag.

Lettvin, J. Y., Maturana, H. R., McCulloch, W. S., & Pitts, W. H. (1968). What the

Frog's eye tells the Frog's brain. In W. C. Corning & M. Balaban (Eds.), *The mind: Biological approaches to its functions* (pp. 233-258). New York, NY: Interscience Publishers.

McCulloch, W. S. (1965). *Embodiment of mind.* MIT Press.

Piaget, J. (1970). Genetic epistemology. New York, NY: W. W. Norton &Company.

Putnam, H. (1980). Reason, truth, and history. New York, NY: Cambridge University Press.

Schmidt, S. J. (1987). *Der diskurs des radikalen konstruktivismus.* Suhrkamp, Frankfuhrt am Main. 박여성 譯(1995). 구성주의. 도서출판 까치.

Wittgenstein, L. (1953). *Philosophische untersuchungen*, 이영철 譯(1994). 철학적 탐구, 서광사.

제 2 장

지식의 구성과정

이중권(동국대학교)

1. 구성주의의 형성 배경

구성주의의 형성 배경과 그 근원에 대해서는 많은 이견이 있을 수 있다. 지식의 본질에 관한 구성주의 논의는 18세기 Vico와 Berkely에 의해서 시작되었다고 볼 수 있으나, 교육에 있어서 구성주의는 행동주의나 인지주의 등의 객관주의에 대비된 하나의 인식론으로서 제시된 1960년대와 1970년대를 그 출발로 볼 수도 있다. 구성주의는 구성주의의 철학적 토대인 상대주의적 인식론으로서 Piaget(1964, 1965)와 Vygotsky(1962) 등의 이론을 중심으로 한 심리학적 이론으로서, 또는 심리학과 철학의 영역을 벗어난 사회적 영역에서 세계 이해를 위한 새로운 대안적 담론으로도 이해되고 있다(Vuyk, 1981).

인간의 지식이 형성되고 습득되는 과정에 대한 인식론적 이론이 구성주의의 논의인 것이다. 즉, 전통적인 인식론으로 볼 때 인간의 지식은 학습자의 외적 세계에 존재하며, 그러한 지식에 관한 정보는 외적 세계를 지각하고 표상하는 과정을 통하여 이루어진다. 이에 반하여 구성주의의 인식론은 지식을 의사소통에 의한 수동적인 방법으로 받아들이는 것이 아니라 인식주체가 적극적으로 형성한다는 하나의 대안적 관점이다(Gunstone, & Northfield, 1988).

구성주의는 산업사회의 패러다임인 객관주의 인식론에 대한 대안적 인식론이다. 지식이란 고정되어 있고 확인 할 수 있는 대상이라는 객관주의의 가정에 대한 의문을 제기하고 객관주의의 여러 문제점을 극복하려는 것에서부터 시작한다(Kilpatrick, 1987). 구성주의라는 용어는 인간의 인지구조를 구성하는 본질에 관한 Piaget의 인지 발달적 개념이 교육자들에게 전달된 것으로 출발하였고, 구체적인 논의가 시작되고 널리 퍼지게 된 것은 1980년대 후반 von Glasersfeld(1987a, 1987b)의 구성주의에 관한 논문과 '근접발달 영역'이라는 개념을 도입한 러시아의 심리학자 Vygotsky(1978)의 논문을 재조명하면서부터라고 볼 수 있다. Glasersfeld(1980, 1981, 1982, 1983)는 구성주의의 인식론적 근거를 회의주의에서 찾고 있다. 그는 구성주의의 바탕을 이루고 있는 여러 가지 개념의 기원을 인식론의 역사에서 찾고 있는데, 그에 의하면 구성주의의 형성에 기여한 인식론자로는 소크라테스 이전의 초기 회의주의자로부터 합리론자, 경험론자, 비판론자, 그리고 프래그머티즘 사상가들까지 생각할 수 있다.

하지만 구성주의가 20세기에 들어 새롭게 창출된 패러다임은 아니다. 철학사를 거슬러 올라가 보면 소크라테스 이전의 회의론자들이나 소크라테스, 플라톤의 사유로부터 구성주의의 이론적 근거를 찾아볼 수도 있다.

회의론자인 Xenophanes는 "어떤 사람이 진짜 세계가 어떤지 정확히 기술할 수 있다 하더라도 그는 진짜의 모습이라는 것을 알 수 있는 방법을 가지고 있지 않다"고 보았다. 이것은 우리가 가진 생각이나 지식은 느낌, 행동, 사고를 포함하는 우리의 경험에서 기인한 것이라는 뜻으로, 이러한 경험계에 의심을 갖고 기본적인 사실들을 부인했다.

프로타고라스는 인간 척도론을 제시하여 "모든 것의 척도는 인간이다. 있는 것에 대해서는 그것이 있다고 하는, 없는 것에 대해서는 그것이 없다고 하는 척도이다"라고 선언하였다. 여기서 인간은 인간일반이라는 의미가 아니고 개개의 인간을 의미한다. 따라서 그의 척도론이 의미하는 바는 모든 것은 그것이 각 사람에게 보이는 대로 있는 것이고 따라서 진리의 척도는 사물에 있지 않고 인간에 있다고 하는 것이다. 여기에, 모든 사람에 공통된 보편적 진리의 존재를 부정하고 동일한 사물도 그것을 보는 사람에 의해 달라진다고 주장하는 상대주의가 나타나는 것이다. 이러한 전통을 이어받은 것이 바로 합리론이다. 합리론은 인간의 경험과는 별도로 이성으로부터 보편적이고 필연적인 지식을 획득할 수 있다고 보았다. 즉, 합리론은 경험론과 대립하여 인식의 기원, 근거 및 타당성을 이성에서 찾는다. 이러한 경향의 합리론은 근대의 데카르트로부터 독일 관념론의 헤겔까지 이어간다. 경험론은 경험적으로 주어진 것에서 인식의 기원과 근거를 찾고자 했으나 이와 반대로 합리론은 이성 안에서 인식의 기원과 근거를 찾고자 했다. 합리론은 인식의 원천을 이성으로 여기며, 이성으로 파악한 보편 원리를 특수사실이나 개별법칙에 적용하는 연역법을 방법론으로 택한다. 데카르트는 필연적 보편적 인식을 얻으려면 모든 편견을 버리고 가능한 모든 회의를 미리 제거하여야 한다고 주장하였다(Bishop, 1985). 그리하여 그는 꿈, 감각, 수학 등 일체를 의심하여야 한다고 주장하였다. 그가 말한 의심은 명석 판명한 관념, 곧 제1원리를 찾기 위한 방법으로서의 의심이므로 그러한 의심은 방법적 회의라고 일컬어진다. 또 이러한 제1원리로부터 명석 판명한 인식은 진리이라는 제2원리를 이끌어 낸다. 이러한 방법적 회의에 의해서 데카르트는 신, 정신, 물체라는 세 가지 실체의 인식에 도달하였다.

경험론과 합리론은 인식의 원천에 대하여 대립된 견해를 가지고 서로 분리되었다. 경험론자들은 경험을 전체 지식의 유일한 원천이라고 주장하였고 합리론자들은 이성에 의한 본유적, 보편적으로 불변하는 개념과 법칙으로부터 확실한 대상 인식에 도달할 수 있다고 믿었다. 경험론과 합리론의 잘못은 경험이나 이성을 인식의 유일한 원천으로 여기는 일면성에 자리잡고 있다는 것이다. 그래서 칸트는 철학적 인식의 확고한 기초를 마련하기 위하여 경험론과 합리론의 전제들을 상세히 검토하고, 양자의 정당한 주장을 현실과 인식에 대한 하나의 새로운 통일적 파악방식으로 종합하고자 하였다. 칸트는 우리의 인식 능력 안에 선천적인 요소 내지 형식이 존재한다고 하였다. 칸트에 의하면, “만일 우리의 인식이 모두 경험적 즉 후천적 성격을 가지는 것이라고 한다면, 우리는 보편적, 필연적 인식에 도달할 수 없을 것이다”라고 하였고, 따라서 만일 우리의 인식이 필연성과 보편성을 가질 수 있다고 한다면, 이것은 우리 자신 속에 선천적인 인식형식이 존재하지 않으면 안 된다는 것을 증명해 주는 것임을 안다(Lave, 1988).

칸트는 이처럼 우리의 인식능력 자체 속에 선천적 형식이 존재함을 발견함에 의해, 우리의 인식의 확실성을 보증할 수 있다고 생각하였다. 그러면 우리의 인식이 주관 속에 있는 선천적 형식에 의해 성립한다면 우리의 인식이 어떻게 객관성을 가질 수 있을까? 여기서 칸트는 대상이라는 것이 결코 우리의 주관으로부터 독립해서 그 자체로서 존재하는 것이 아니고, 우리 주관의 선천적 형식에 의해 구성된 것이라고 생각하게 되었다. 종래에는 합리론이건 경험론이건 할 것 없이 인식의 문제를 고찰함에 있어서 항상 대상을 중심으로 생각해 왔고 또 인식은 대상을 그 자체에 있어서 있는 그대로의 모습을 파악함에 의해 성립하는 것으로 생각하였다. 그런데 칸트의 새로운 사고방식에 있어서는 인식의 대상은 주관의 선천적 형식에 의해 질서 지어짐으로써 비로소 성립하는 것을 알 수 있다. 우리가 대상이라고 생각하는 것은, 실은 주관이 자신의 형식에 의해 구성한 것에 불과하다. 중심은 이제 대상 쪽에 있는 것이 아니라 주관 쪽에 있는 것이다. 대상은 오히려 주관에 의해 구성되는 것임을 안다(Neisser, 1967).

프래그머티즘의 근본 사상은 경험을 중시하여, 지식을 본래 경험 · 삶에 봉사하는 것으로 생각하는 점에 있다. 즉 우리의 삶은 환경에 대한 적응인데, 지식은 환경에 대한 이러한 적응을 가능케 하기 위하여 작용하는 도구인 것이다. 따라서, 지식은 이성주의적 철학이 생각하는 것처럼, 진리를 위한 진리를 추구함을 목적으로 하는 것이 아니라 삶에 대한 유용성이란 것을 목적으로 한다. 어떤 개념이 진리인가 아닌가 하는 판단은, 그 개념이 삶에 대해 유익한가 어떠한가에 의해서 결정되지 않으면 안 된다. 이리하여 프래그머티즘에 있어서는 당연히 절대적인 진리라는 것은 존재하지 않고 일체의 진리는 상대적인 것으로 된다. 이처럼 구성주의는 회의론에서 프래그머티즘에 이르기까지 다양한 인식론에 토대를 두고 있다. 근세 이후 직접 구성주의의 계보를 논의하는 연구자들은 18세기초반의 Vico(1958)를 최초의 구성주의 이론가로 평가하고 그의 이론에서 구성주의의 아이디어를 찾기도 한다.

그리고 Nodding(1988, 1989)에 의하면 행동주의에서 여러 가지 형태의 구조주의와 인지주의로의 철학적 변화 속에서, 인지주의의 한 형태로 구성주의가 알려지게 되었다고 보고 있다. 구성주의자 이론의 철학적 근거는 인식론적인 측면과 존재론적인 측면에서 설명한다. 첫째 인식론적 측면에서 보면 구성주의는 경험주의적 인식론의 변형이다. 즉, 과학적 지식은 절대적인 것이 아니다라고 보는 것이다. 따라서 과학적 지식은 객관적인 것이 아니라 과학 하는 사람들의 주관적인 구성활동의 결과로 개인 외부에서 전달되거나 언어적 의사소통에 의해서 전파되는 것이 아니다라고 주장한다. 과학적 지식의 한계성을 지적하고 있다(von Glasersfeld, 1984). 또한 과학적 지식의 오개념의 근거를 제시하고 있다.

von Glasersfeld(1974)의 핵심적 인식론적 명제를 보면, 지식이란 인식하는 주체가 능동적으로 구성하는 것이지 외부환경으로부터 수동적으로 받아들이는 것이 아닌 것으로 간주한다. 그러므로 아는 일이란 한 인간이 자기의 경험적 세계를 조직하는 적응과정인 것이다. 따라서 인식자의 정신외부에 존재하는 독립적이고 이미 존재하고 있는 세계를 발견하지 못한다. 과학에 있어서 관찰을 통한 지식의 발견은 존재하고 있는 세계를 발견하지는 못한다. 과학에서 관찰을 통한 지식의 발견이란 존재하는 것이 아니고 특정 이론 체계에 의존한 명제적 지각에 불과하다고 말하고 있다. 그러므로 과학적 이론이란 개인의 경험적 근거에 의해서 결정된 것일 뿐이다라는 주장이다.

둘째, 존재론적 측면에서 보면 구성주의는 이상주의적 존재론의 변형에 불과하다. 이상주의의 존재론은 세계는 인간 사고에 의해서 창조되었기 때문에 그 존재도 인간 사고에 의존하고 있다는 가정이다. 이러한 존재론적 가정은 구성주의자들의 주장하는 것과 공통점을 가지고 있다. 구성주의자들이 말하는 지식이란 인간이 창안한 것이며 역사적이고 문화적 성격을 띠고 있다는 결론과 일치한다. 한편 구성주의자들은 실재론적 우주관과 차이를 보여주고 있다. 실재론자들은 지금까지 과학적 지식의 존재론적 근거를 제시해 주고 있다. 즉, 실재론자들은 존재의 구조에 독립되어 반영하거나 반추를 통하여 지식을 구성한다고 믿고 있는 반면에, 구성주의자들은 반영과 반추에서 경험자들의 역할이 모든 존재구조의 기원이 된다고 인식하고 있다. 예컨대, 조각 그림 맞추기에서처럼 개별적 조각들을 구성자가 짜맞추어 가지 않는 한 하나의 개별적 존재로 남아있게 된다는 것이다. 따라서 짜 맞추어진 구성체는 구성한 사람의 경험적 사고의 결과로서 그 그림이 다시 해체될 때까지 존재하고 있을 뿐이다라는 가정이다.

이러한 철학적 논의의 근거에 따라 유추할 수 있는 구성주의의 심리학적 배경과 그 근거는 무엇인가 논의해 본 내용은 다음과 같다.

객관주의적 심리학의 이론들과는 달리 구성주의 이론에서는 지식이란 학습자들이 그들의 경험들을 의미 있게 하기 위해서 그들 스스로 구성하는 것이라는 가정에 따르고 있다. 그러므로 학습자들은 채워지기를 기다리는 비어 있는 그릇이라기보다는 어떤 의미를 추구하는 능동적 유기체이다. 따라서 학습자들은 무엇이 학습되어지든 간에 구성적 과정을 진행해 가면서 만족할 만한 학습이 이루어 질 때까지 그들의 정신구조를 형성하고 정교화시키고 검증한다(Steffe & Cobb, 1983).

이와 같은 학습과정이 이루어지기 위해서 학습자들에게는 새롭고 상충되는 경험들이 기존의 인지구조에 동요를 일으키게 해서 그 새로운 정보에 의미를 부여하기 위하여 새로운 구성이 이루어 져야 한다. 이러한 정신구조의 발달과 수정과정을 Piaget는 스키마의 조절이라고 말했고 다른 심리학자들은 재구성과정이라고 불렀다(강옥기 외, 2012).

구성주의에 대한 심리학적 근거를 제시한 사람은 Piaget이다. 아울러 Bruner(1986)와 Vygotsky(1962, 1978)의 문화적 상호 작용이론 또한 학습의 상황적 성격을 강조한 점에서 구성주의이론의 근거를 제시하고 있다.

구성주의는 데카르트 이후 20세기에 이르기까지 우리의 인식과 실천의 세계전반을 지배해 온 객관적이고 과학적인 지식에 대해 상당한 도전을 하고 있으므로 이에 대한 반발과 거부감 또한 일고 있는 것이 사실이다. 또한 구성주의에 대한 부분적 이해나 극단적 이해로 적용에 혼란을 겪기도 한다.

따라서 교수·학습에 적용하기 앞서 우선 사람이 지식을 습득하고 형성해 가는 방법에 관한 구성주의적 인식론에 대한 이해가 필요하다(Confrey, 1983, 1985). 구성주의가 인식론으로부터 출발해야 함은 구성주의가 바로 '앎의 이론(theory of knowing)'이기 때문이다. knowing의 '-ing' 진행형이 의미하듯이 이것은 '지식 이론(theory of knowledge)'의 knowledge라는 단어와 구분하여 어떤 완료된 형태로서가 아니고 지속적으로 진행해 나간다는 의미를 강조하고 있다. 또 구성주의를 '의미 만들기(how to make meaning)' 혹은 '알아가기(how to come to know)'이론이라고 부르기도 하는데 이들 용어가 공통적으로 지니고 있는 의미는 '진행형'이라는 것도 역시 구성주의에서의 지식은 완결된 형태가 아닌 계속적인 진행의 의미가 크다.

2. 구성주의의 기본 이론

지금까지 교수·학습 분야에 가장 영향력을 미친 인식론으로 객관주의 인식론을 들 수 있는데 이것은 영국의 경험론으로부터 발달한 인식론이다. 객관주의는 인식의 주체와 세계를 분리시킨다. 즉, 지식은 인간의 주체 외부에 객관적으로 존재하며 그 의미 또한 인식 주체의 경험과는 분리, 독립되어 객관적 세계 속에 존재한다고 본다. 세계를 완벽하게 조직화되어 있는 것으로 보기 때문에 개인의 경험은 세계를 구조화하는데 별다른 역할을 하지 못한다. 따라서 무엇인가를 이해하고 학습한다는 것은 외부에 존재하는 '의미'의 실체, 특성, 관계를 파악하는 것으로 여겨진다.

물론 객관주의도 서로 다른 경험에 기초한 주관적 이해가 있을 수 있음을 인정한다. 그러나 개인의 주관적 이해는 객관적으로 존재하는 것을 알아보는 정도의 미미한 역할을 하며 부분적이고 편협한 이해를 유발시킬 수 있는 것으로 간주한다. 객관주의 인식론에서는 완전하고 정확한 이해를 추구한다. 따라서 인식 주체와 분리되어 독립적으로 존재하는 지식이 실재 정확히 반영할 때만이 그 지식은 참으로 간주된다(Lunkenbein, 1985, Lochhead, 1983).

이러한 객관주의 인식론은 교수·학습 과정에 대해 체계적으로 접근하여 처방적 모델을 제시한 점에서 그 공로가 인정되지만, 과연 인간이 지식을 정확하게 표상할 수 있는가, 인간의 경험과 정신작용의 역동성이 무시되어도 좋은가, 지식을 객관적으로 측정할 수 있는가에 대한 의문이 제기되고 있다.

이와 같은 객관주의 인식론의 문제인식을 바탕으로 구성주의가 제안되고 있다고 할 수 있다. 구성주의는 지식이란 인간주체와 분리되어 있으며 일방적으로 수용되는 것이 아니라 인식주체가 능동적으로 구성한다는 가정을 통해 의미를 만들어 나간다고 보고 있다. 구성주의자들은 객관적 실재란 존재하지 않거나 존재하더라도 인간이 완벽히 이해할 수 없다고 보고, 인간의 삶 속에서 실재를 찾고 있다. 삶 속에서 개인이 구성한 경험을 통하여 새로운 환경에 적응하고 자신이 구성한 세계를 내면화함으로 인해 성장하게 된다는 것이다. 즉, 인간은 자신의 삶 속에서 문제를 해결하고 적응해 가는 과정의 산물로 지식을 구성하게 되며, 그 지식은 유용성과 타당성을 가짐으로서 진화된다는 것이다.

따라서 구성주의는 '진리(truth)'의 개념보다는 개인이 현실을 살아가는데 얼마나 어울리고 적합한가에 대한 '타당성(validity)'이란 개념, 그리고 현실을 진리에 맞추어 가는 '일치(correspondence)'보다는 '어울림(fit)'이라는 개념으로 그 특성을 설명하는 것이 더 적합하다. 구성주의는 개인이 현실을 살아가고 이해하는데 의미 있고 적합하고 타당한 지식과 진리를 구성해 가는 과정 그 자체를 중요시한다(Goldin, 1987, 1989).

구성주의 인식론은 상대주의적인 인식론이다. 구성주의는 인간이 각기 인지적 구조를 지니게 되기 때문에 같은 지식일지라도 서로 다른 개인의 인지구조를 통해 나름대로 흡수되고 여과되어 자신에게 의미 있는 형태로서 받아들여지게 된다고 본다. 따라서 영원불변하고 시, 공을 초월하는 진리의 존재는 없다고 본다. 절대적인 형태와 가치를 지닌 '진리' 대신에 전달된 내용을 자신에게 의미 있게 소화시켜 사회의 한 구성원으로서의 역할을 하고 다른 사회구성원들과 상호의사소통이 이루어 질 수 있으면 그 자체로 가치 있다고 여기는 것이다.

3. 구성주의의 유형

3.1 조작적 구성주의

구성주의의 발생을 단계별로 구별할 때, 가장 먼저 나타나는 입장이 조작적 구성주의이다. 이 입장은 Piaget의 인식론을 원형으로 하고 있다. Piaget(1971a, 1971b, 1980a, 1980b, 1980c)는 시간과 공간 같은 범주 개념들이 외부의 현실에 대한 경험을 통해 발견된 것도 아니고 선천적으로 주어진 것도 아니며 지능 지식이 개인 환경간의 상호 작용에 의해 끊임없이 재구성된다고 보았다. Piaget(1965, 1969, 1970)는 수학적 지식 및 사고의 본질을 '조작(Operation)'으로 보고, 그 발생과정을 분석하였다. 그의 연구의 주된 목적은 지식의 발생과정을 분석하는 것이었다. 그는 지능의 발달을 개인의 고정된 특징이 아니라, 보다 지적인 행동양식, 사고 양식의 구성을 위해 발달에 따라 변화하는 것으로 보았다. 그래서 그는 발달 단계라는 특징적인 개념을 도입하여 발달의 계열적 순서를 기술하면서, 발달의 단계적 이행을 설명하고 있다. Piaget의 이론을 보다 정확히 파악하려면 도식, 동화와 조절이라는 개념의 이해가 필요하다.

- 도식: 한 개인이 가진 지식과 행동이 통합된 정신구조를 뜻하는 것으로, 동화와 조절을 가능하게 하는 일반적인 인지 양식이다. 도식의 사용은 아동이 성장함에 따라 감

각 운동적 차원을 넘어 개념적 차원까지 확대되어 간다. Piaget는 이러한 도식의 발달이 인지 발달을 가능하게 한다고 보았는데, 상대적으로 대략적, 미분화된, 정리되어 있지 않은 도식으로부터 보다 분화되고 조정된 통합적인 과정이 바로 인지 발달 과정이라고 했다(Fabricus, 1979).

- 동화와 조절: 인간의 인지 체계의 주체인 아동은 어떤 방식으로 외부 세계와 상호 작용을 하는가에 대한 물음에 대한 답을 Piaget(1970)는 외부세계와의 상호 작용에서 구하고 있다. 이러한 상호작용의 과정에 동화와 조절이라는 개념이 나타난다.

예를 들면, $2+4=6$이라는 자연수의 덧셈에 관한 도식을 가진 학생이 $2x+4x$를 계산할 때, 기존의 숫자의 계산과는 다른 형태이기 때문에 인지적 갈등을 겪게 된다. 이때, 주어진 식 $2x+4x$를 계산할 때, $2x$와 $4x$의 의미를 그대로 해석하여 $2x+4x=(x+x)+(x+x+x+x)=6x$라는 답을 구할 수 있다. 이 경우, 수의 덧셈이나 문자의 덧셈은 같은 알고리즘을 가진 것으로 '동화'시켜 문자의 계산이라는 새로운 도식을 만들어 낸 것이라고 볼 수 있다.

그러나, 때로는 새로 받아들이는 대상물이나 자극이 이미 가지고 있는 도식이나 구조로서는 해석하거나 받아들이기 불가능한 상태가 되는 경우도 있다. 이런 경우에는 도식이나 인지구조를 새로운 대상에 알맞게 수정해 나가야 하는데, 이러한 인지적 과정을 '조절'이라고 한다. $(ab)^2=a^2b^2$이라는 도식을 가진 학습자는 $(a+b)^2$를 계산하기 위해, 학습자 자신이 가진 기존의 도식을 그대로 적용시켜 $(a+b)^2=a^2+b^2$으로 계산하려고 한다. 하지만, 실제로 이 식은 $(a+b)^2=a^2+b^2$가 아니라 $(a+b)^2=(a+b)(a+b)=a^2+ab+ab+b^2=a^2+2ab+b^2$이라는 새로운 식이 되므로, 기존의 도식을 새로이 수정해야 할 필요가 생긴다. 이렇게 수정하여 만들어 내는 과정이 바로 조절인 것이다.

이때, 동화와 조절은 동전의 양면과 같아서 짧은 시간에 서로 반복하여 일어나게 되고, 이 과정은 균형을 이루게 되는데 이러한 균형의 상태를 평형상태라고 한다. Piaget는 평형 상태는 고정 불변의 것이 아니라, 어떤 자극이나 정보로 인해서 깨어질 수 있다고 본다. 이 경우 아동들은 기존의 도식을 수정하거나 변형하거나 하여 다시 평형화시키는 노력을 하게 되며, 이러한 과정은 반복적으로 계속 일어나게 된다.

한편, Piaget는 인지 발달 과정 동안 인지 주체가 논리 수학적 지식을 어떻게 구성하는지를 설명하기 위하여 반영적 추상화라는 개념을 도입하였다. Piaget에 의하면, 논리 수학적 지식은 '행동과 조작의 일반적 조정으로부터 반영적 추상화를 통해 형성된 조작적 도식(scheme)이다(Ginsburg & Opper, 1969). 도식은 행동과 조작을 가능하게 하고 그것을 일반화할 수 있게 하는 행동과 조작의 일반적 구조를 말한다. Piaget 이전에는 수학적 개념은 사물로부터 공통 성질을 추상화해서 얻어지는 것이라는 견해가 일반적이었다. 예를 들어 삼각형이라는 개념은 여러 삼각형들로부터 공통 성질을 뽑아낸 것이라는 견해이다.

Piaget (1948, 1953)는 지식을 역동적인 것으로 보고, 물리적 지식과 논리 수학적 지식으로 구분했다. 물리적 지식은 일반적으로 경험에 근거를 둔 지식으로 구체적이다. 예를 들어 큰 돌멩이가 작은 돌멩이보다 무겁다는 것을 경험하는 것이다. 이때 무게라는 성질은 아동이 돌멩이를 들어 보기 전부터 돌멩이가 갖고 있던 성질이다. 이러한 물리적 경험을 통해 얻어지는 것이다. 논리 수학적 지식은 대상들에 대한 활동, 조작, 그것의 통합으로부터 오는 지식으로 추상적이다. 예를 들어 돌멩이들을 어떻게 늘어놓고 세어도 그 개수가 동일하다는 것을 아는 것이다. 이때 수라는 성질은 이전부터 돌멩이 속에 있던 것이 아니라 주체의 행동의 조정에 의해서 도입된 것이다. 이러한 논리 수학적 경험을 통해 얻어지는 것이다. 새로운 지식이란 재조직하는 것이기는 하지만 앞에서의 어떤 사실들로부터 요소들을 끌어오기 때문에 추상화를 전제로 한다(Lerman, 1989).

반영적 추상화에는 두 가지 의미가 있다. 하나는 물리적 의미에서의 투사로 더 낮은 수준의 것을 더 높은 수준으로 바꾸는 것이다. 둘째는 투사된 것을 재조직 또는 재구성하는 것을 의미한다. 모든 수준에서의 지식의 발달은 투사와 재조직이 반복되면서 나선형 모양으로 발달해 간다. 모든 새로운 수학적 지식은 반영적 추상화에 의해 발달해 가고, 모든 논리 수학적 지식은 반영적 추상화에 의해 구성된다. 반영적 추상화는 '반사와 반성'의 두 요소로 이루어진다. 이 두 요소는 앞에서 언급했던 동화와 조절의 개념과 같은 의미로 이해될 수 있다. 반사와 반성의 순환으로써 내용(새로운 형식)과 같은 끊임없는 교대가 이루어져 개념영역이 확장되어간다.

박영배(1996)에 의하면, Piaget의 발달과 학습에 논의를 두 가지로 요약한다. 첫째, 구조의 학습은 이들 구조의 자연스러운 발달과 같은 법칙을 따르는 것처럼 보인다. 둘째, 모든 발달과 모든 학습에 관련되어지는 기본적 관계는 결합의 관계가 아니다. 즉, 자극-반응의 도식에서는, 반응과 자극 사이의 관계가 결합의 하나로 이해되어진다. 반성에 의해 생긴 새로운 것은 동화와 조절 사이의 평형화 과정에서 나타나는데 이런 평형을 Piaget는 인지적 평형이라고도 부른다(박영배, 1996).

조작적 구성주의에 따르면, 수학적 지식은 인간의 조작 활동에 그 근원을 두고 있다. 이로부터 수학 수업에서 그러한 수학적 지식의 발생적 근원이 되는 조작을 강조해야 한다는 시사를 얻을 수 있다. 또 수학적 지식구성의 과정은 반사와 반성으로 이루어지는 반영적 추상화의 과정이므로, 자신의 조작 활동을 사고의 대상으로 삼아 반성하는 활동을 수학 수업에서 강조해야 한다.

3.2 급진적 구성주의

급진적 구성주의의 원초적인 생각은 18세기 이탈리아의 G. Vico(1958)에 의해 제기되어, 오늘날에는 Piaget의 이론을 바탕으로 한 von Glasersfeld(1985)의 연구에 의해 토대가 굳어졌다고 할 수 있다. 오늘날, 이러한 구성주의자들을 급진적 구성주의자라고 하는 이유는 그들의 이론 모두가 '안다'는 것에 대한 기존의 입장에 반대하고 있다는 점이다. 즉, 급진적 구성주의자에게 있어서 어떤 사람의 이론이 참이라고 주장하는 것은 우리의 경험계 내에서 경험자와는 독립적으로 존재하는 진리를 표현할 수 없기 때문에 억지라는 것이다. '급진적'이라는 말에 해당되는 radical이란 말은 변화를 추구하는 속도가 급속하다는 의미도 포함되어 있지만 근본적이란 의미도 포함되어 있다. 즉 급진적 구성주의는 객관적 실체를 인정하고, 이에 대한 객관적 표상을 지식이라고 보는 표상주의 혹은 객관주의의 가정을 근본적으로 부정하는 새로운 인식론을 추구하고 있다. 이러한 급진적 구성주의는 표상주의에 대해 반대에 충실하기 때문에 주로 인식의 문제를 주요 탐구 주제로 설정하고 있다. 그래서 종종 급진적 구성주의는 인식론적 구성주의라고 일컬어지며, 지식의 표상을 극복하고자 지식의 구성적 특성을 드러내는데 열중하게 되었다.

이 이론의 중요한 점 가운데 하나는 이러한 진리를 인간의 이성으로는 절대로 만들어 낼 수 없다는 것이다. 따라서 급진적 구성주의에서는 우리가 만든 지적 구조와 실제세계와의 관계를 국한시키는 것이 앞서 언급한 난점을 극복하는 길이다. 지식을 표현하는 공상적인 관계 대신에, 지식과 실제의 관련방법을 일치나 조화가 아닌 방법으로 찾아야 한다.

Glasersfeld(1985)는 지식과 앎에 대한 전통적인 방법과는 다른 새로운 접근 방법으로 급진적 구성주의를 정의하고 있는데 다시 말하면, 급진적 구성주의는 객관적 실체를 인정하고, 이에 대한 객관적 표상을 지식이라고 보는 객관주의의 가정을 근본적으로 부정하는 새로운 인식론을 추구하고 있다. 급진적 구성주의는 지식이라는 것이 어떻게 정의되든 간에 사람의 머릿속에 있다는 것이고, 또 사고의 주체가 자신의 고유한 경험에 기반을 두고 지식을 구성할 수밖에 없다는 가정에서 출발한다. 객관주의에서는 외부 세계라고 일컬어질 수 있는 독립적으로 존재하는 실재가 있다고 보는 반면에 급진적 구성주의에서는 삶의 맥락 속에서 개인이 구성한 경험을 실재라고 보고 있다(Forman & Pufall, 1988). 개인은 삶의 맥락이라는 특수성 속에서 자신의 삶을 구성하며 그 결과가 지식이 된다. 객관주의에서의 지식의 타당성은 지식이 객관적 실재를 얼마나 정확히 표상하는가로 평가한다(Steffe, 1983). 그러나 급진적 구성주의에서 지식의 타당성은 현존 세계에 대한 명제의 대응에 근거를 두는 것이 아니라, 명제의 의미에 대한 이해에 근거를 둔다. 이와 같은 지식은 삶에 대한 유용성이란 의미에서 진화를 하며 이런 종류의 지식을 지닌 개체는 환경에 대해 적응적이게 된다. Glasersfeld(1981)는 생물학자들의 용어인 '존속가능성'을 채택했다. 만일 행위, 개념, 개념적 조작이 우리가 그것들을 활용하고 있는 의도적이거나 서술적인 문맥에 꼭 맞는다면 그것은 존속 가능하다. 그래서 구성주의자들의 사고방식에서 경험의 영역 내에 있는 존속 가능의 개념이 전통적인 철학자의 진리-실재에 부합되기 때문에 진리가 되는 것이 아니라 인식 주체의 사고와 행위를 규제하는 경험적 제한성 속에서 적합하다는 의미에서 존립 가능하다(Steffe, 1986, 1987, 1988). 급진적 구성주의에서는 표상주의나 객관주의와는 달리 진리성의 검증기준으로 지식과 실재 사이의 관계를 포기하고 대신 '적합성'을 검증 기준으로 대체했다.

Glasersfeld(1980, 1982, 1983)는 Piaget의 발생적 인식론에 영향을 받아 급진적 구성주의의 기초원리를 만들었는데 다음과 같다.

첫째, 지식은 감각을 통하거나 의사소통에 의해 수동적으로 받아들여지는 것이 아니다. 지식은 인식하는 주체에 의해서 능동적으로 구성된다.

둘째, 인식의 기능은 적응적이며, 생물학적인 용어로 적합성 또는 생장성을 지향하는 경향을 지닌다.

셋째, 인식은 주체가 경험세계를 조직하는데 도움을 주는 것이지 결코 객관적인 존재론적 실재를 발견하는 것을 돕는 것이 아니다. 이 세 가지는 각각 자주적 구성의 원리, 생장 지향성의 원리, 비 객관성의 원리라고 불린다. 이 중 세 번째 비 객관성의 원리가 급진적 구성주의를 '급진적'인 것으로 특징짓는다.

하지만 급진적 구성주의가 Piaget의 조작적 구성주의, 그 자체는 아니다. 급진적 구성주의가 Piaget의 조작적 구성주의와 다른 점을 열거해 보면,

첫째, 조작적 구성주의에서는 학습을 본질적으로 내용과 상황에 의존하지 않는 것으로 보는 반면, 급진적 구성주의에서는 의존하는 것으로 본다.

둘째, 조작적 구성주의에서는 학습을 보편적인 현상으로 학생이 성숙함에 따라 어떤 예정된 방향으로 발달되는 것으로 보는 반면, 급진적 구성주의에서는 학습을 작은 영역에 한정된 현상으로 또한 어떤 예정된 방향으로 발달되는 것이 아니며 연령과도 별로 관계가 없는 것으로 본다.

셋째, 조작적 구성주의에서는 발달 단계를 일반적인 논리적 능력의 발달을 중심으로 생각 하지만, 급진적 구성주의에서는 발달 단계를 어떤 현상에 대한 개인의 개념 발달로써 본다.

넷째, 조작적 구성주의에서는 인식의 주체와 주위의 대상과의 상호 작용에 의한 지식의 주관적인 구성을 강조하나, 급진적 구성주의에서는 개인의 지식구성에 있어서 사회적 과정 또한 중시한다.

다섯째, 조작적 구성주의는 합리주의적 철학관에 보다 가까운 것으로 객관성에 대하여

완전히 배제하고 있지 않지만, 급진적 구성주의는 상대주의적 철학관에 입각하여 객관성을 배제한다(박영배, 1996).

급진적 구성주의에 따르면, 각각의 주체는 그들 자신의 방식으로 그들 자신을 둘러싼 환경에 적응하기 위해 그들 자신의 경험을 조직한다(Cobb & Steffe, 1983). 각각의 주체는 개별적이고 주관적인 자신의 이해의 세계의 중심인 것이다(Cobb, 1981). 각 사람의 경험 세계는 그 사람에게 고유한 것으로 그 본질은 다른 사람이 접근할 수 없다. 그러므로 각 개인이 구성한 지식은 필연적으로 고유함을 안다. 급진적 구성주의는 지식이나 의미가 언어를 통해 말하는 사람에서 듣는 사람에게로 그대로 전달될 수 있다는 관점을 부정하였다. 언어는 의미를 그대로 수송하지 못하며, 듣는 사람은 자신이 들은 것에 자신의 주관적 의미를 부여할 수밖에 없다. 언어의 의미는 개인적 경험으로부터 구성되므로 주관적인 것임에도 불구하고 우리는 언어의 의미가 마치 사물로부터 순수하게 도출된 것처럼 착각한다는 것이다.

이러한 급진적 구성주의의 입장은 지식의 주관적 측면을 강조하고, 학생 개개인이 고유한 방식으로 그들 자신의 지식을 구성하도록 하는 교육을 지지하는 것으로 해석될 수 있다.

구성주의에서는 인간은 객관적 세계 속에서 삶을 영위하는 것이 아니라 개인의 경험 현실 속에 삶을 영위하고 있다는 것을 가정하고 있다(Thoresen, 1988). 즉 개인이 삶 속에서 가지게 되는 경험은 개별적 성격을 지니고 있기 때문에 이를 일반화 할 경우 그 경험이 지니는 개별적 의미가 상실되고, 개인에게 있어서 일반화된 경험보다는 개별적 경험이 삶에 있어 보다 중요한 의미를 지닌다. 따라서 개인이 지니고 있는 지식은 그가 삶을 사는 동안에 개별적으로 경험한 것이고 또한 구성의 산물인 것이다. 급진적 구성주의에서의 지식은 객관적 실재에 대한 표상이 아니라 구성물이며, 인식은 세계에 대해 의미를 부여하고 세계를 해석하려는 행위를 나타내고 있다. 앞서 지적한 바와 같이 인간은 보편성에 대한 순응을 거부하고 그 스스로가 행위자임을 요구하고 있다. 즉 인간은 자연의 개별적 경험을 개인적 의미를 지니도록 통제하려고 하여 스스로 주체가 되려고 한다. 즉 인간은 합리적이고 인간의 사고로 이해 가능한 법칙들에 의해 규제되는 세계를 창조하려고 한다. 이와 같은 세계는 유기체로서 인간이 환경에 대한 부단한 동화와 조절을 통해서 구성된다. 세계의 창조과정으로서 삶은 세계를 해석하는 인식의 행위이며 세계의 재구성 과정인 것이다.

급진적 구성주의는 주로 개인적 경험 맥락에서 지식의 구성문제를 다루고 있다. 이미 존재 구속성이란 의미로 지식의 사회적 의미가 주장되어 왔음에도 불구하고 급진적 구성주의는 이 점에 대해서 외면하고 있다. 급진적 구성주의는 표상주의의 오류를 지적하는데 주력했기 때문에 지식의 사회적 구성에 대해서 상대적으로 관심이 적어 지식의 사회적 구성에 대한 논의가 부족하다. 한편으로 지식의 사회적 구성에 대한 논의의 부족은 급진적 구성주의를 형성한 Glasersfeld(1987a, 1987b)가 Piaget의 발생론적 인식론에 많이 의존하고 있기 때문일 것이다. Piaget는 인간의 인지발달의 보편성을 추구하고 있었기 때문에 인지 내용보다는 인지의 형성에 관심이 많았다(Smedslund, 1977). 즉 인간 인지가 어떻게 발달하고, 무엇에 의해 발달하게 되는가라는 의문에 관심이 많았기 때문에 지식의 구성적 성격도 인지 구조의 발달을 이해하는 방법으로 이해했다(Davis, 1984).

3.3 사회적 구성주의

급진적 구성주의가 표상주의나 객관주의에 대한 비판으로 인간 자신의 경험을 지나치게 강조하게 되면서 지식 구성의 토대를 개인의 경험세계를 중심으로 보려는 흐름은 그 후 지식을 사회적 맥락 속에서 파악하는 지식사회학적 입장의 반발을 초래하게 되었다. 이러한 지식사회학적 영향은 Vygotsky 등에 의해 인간 개별체보다 인간의 상호작용 자체가 지식을 만드는 출발점으로 파악하는 사회적 구성주의를 낳게 하였다. Vygotsky는 그의 저서에서 '사고와 언어', '사회 속의 정신'을 사회적 구성주의의 이론적 토대로 보았다.

인간의 행동이 다른 사람과 단절된 상태에서의 혼자만의 몸짓, 태도, 생각으로 끝난다면 그것은 아무런 의미를 가질 수 없을 것이다. 인간의 행동은 다른 사람들의 행동에 실질적인 영향을 끼침으로써 비로소 의미를 갖게 된다. 이런 의미에서 인간 행동을 '상호작용'이라 부르며, 또한 상호작용을 개인들 간의 행동을 주고받음에서 이루어지는 관계라 정의 내릴 수 있다. 인간 개인이 갖는 경험은 처음에 개인적이고 그 다음에 사회적인 것으로 되는 것이 아니다. 각 개인은 처음부터 상징을 수단으로 하여 다른 사람과 더불어 일련의 공동의 일에 참가하며, 이것이 각 개인의 마음을 형성하게 된다. 따라서 인간에게서의 지식은 인간 개체에 의해 형성된 것이라기보다는 한 인간의 삶의 과정에서 타인과 더불어 발생하는 것이라 할 수 있으며, 그 삶의 과정이란 곧 인간이 상징을 통한 상호작용 과정이라 할 수 있다(Perret-Clermont, 1980). 그러므로 한 인간 개체의 삶 속에서 구성되는 지식조차도 상호작용을 통한 협동적 구성이라 할 수 있다. Vygotsky가 발생론적 방법론을 통한 연구에서 제기하는 인간의 질적 전환은 '초등정신 기능'과 '고등정신 기능'간의 구분이다. Vygotsky의 일반적인 전략은 어떻게 기억, 주의, 지각, 그리고 사고와 같은 정신기능들이 먼저 초등형태로 나타나고 후에 고등형태로 변화되는가를 연구하는 것이다. Vygotsky는 발달을 자연적 노선과 사회적 또는 문화적 노선으로 구분하고 자연적 발달은 초등형태에서 가능하게 하는 반면, 문화적 발달은 초등정신 과정을 고등정신 과정으로 변화시킨다고 하였다. 그는 초등정신 기능과 고등정신 기능을 구분해 주는 준거를 다음과 같이 제시하였다.

① 환경의 통제로부터 개인의 통제로의 이동, 즉 자발적인 규제의 출현을 말하는데 이는 초등정신 기능이 환경의 통제에 지배되는 반면, 고등정신 기능은 자기 규제에 의해 지배된다는 의미이다.
② 고등심리 기능의 기본적이고 뚜렷한 특징은 지성화와 숙달, 즉 의식적 실현과 자발성이다.
③ 고등정신 기능의 사회적 기원과 본질이다.
④ 고등정신기능을 매개하는 기호의 사용이다.

Vygotsky는 고등정신기능의 사회적 기원을 주로 '발생학적 문화 발달원리'에서 개인 내 심리적 기능보다 개인 간 심리적 기능에 훨씬 우위성을 두었다. 또 Vygotsky는 인간이 다른 동물보다 고등한 사고를 가능케 하는 이유를 고등정신 기능의 내면화를 통해 설명하고 있다.

Vygotsky는 고등정신 기능의 내면화 과정을 동물로부터 인간이 질적 도약을 하는 기초로 사용하고 있다. 그는 내면화를 '외적 작용의 내적 재구성'이라 정의하면서 고등 정신 기능의 내면화 과정을 다음과 같이 설명하고 있다.

① 외적 활동을 처음으로 나타내는 작용을 내적으로 재구성되어지고 내적으로 발생하기 시작한다. 고등 정신 과정의 발달에서 특히 중요한 것은 기호 사용 활동의 변형, 실천지능, 자발적 주의 그리고 기억의 발달에 의해 설명되어지는 역사와 특징이다.
② 개인 상호간의 과정은 개인 내 과정으로 변형된다. 아동의 문화적 발달에서 모든 기능은 두 번 즉 사회적 수준으로 사람 간에 그 다음으로 개인적 수준으로 아동의 내부에서 나타난다. 이것은 자발적 수준, 논리적 기억, 그리고 개념형성에 동일하게 적용된다. 모든 고등 정신 기능들은 개인 상호간의 실제적 관계에서 비롯된다.
③ 개인 간 과정에서 개인 내 과정으로의 변형은 긴 발달적 사건의 결과이다. 변형 과정은 명백히 내적으로 변형되기 전에 오랜 시간 동안 외적 형태로 지속적으로 존재하고 변화한다.

이처럼 그는 인간이 새로운 지식 구성을 구성함에서 처음에는 언어(상징)들이 개인 상호간에 나타나고, 그 다음으로 그것이 개인 내로 변형되어 문제를 해결해 가는 과정을 설명하고 있다. Vygotsky는 인간이 다른 동물 보다 고등한 행동을 할 수 있는 것은 일차적으로 인간이 형성하는 지식의 고등함, 즉 지식의 사회적 구성에 있고, 이차적으로 인간들이 구성한 고등정신 기능을 자신의 문제 해결 과정에서 내면화 할 수 있기 때문이라고 본다(Werschm, 1985). 인간의 고등 정신 기능은 상호작용을 통해 전달되며, 그 다음으로 개인의 문제해결 과정에서 고등정신 기능은 자기의 것으로 내면화된다. 이 전환 과정에서 개인 주위에 있는 상황 곧 부모와의 대화, 어른들과의 대화, 교사나 동료와의 대화 등의 상호작용은 개인에게 사회적임을 의미한다. 이는 개인의 고등정신 기능 형성 과정에서 사회적 면을 개인적인 면보다 우선시 하는 Vygotsky 이론의 핵심을 이루고 있다. 즉 그는 학습과 발달 사이의 관계에 대한 이론을 아동의 발달 과정은 학습과정과 독립적이며 우선한다고 보았고 또 학습이 곧 발달이라는 입장에 있었으며 학습과 발달을 서로 다른 것으로 보면서 아동 발달의 일정 시기에 서로 부단히 결합함을 지적하였다. 하지만 그는 학습과 발달이 서로 상이하게 진행되는 것으로 보면서도, 동시에 학습에 의해 발달이 촉진될 수 있다는 독특한 주장을 하고 있다(Kitchener, 1989). 이 점에서 그는 Piaget의 발달 범위 내에서만 학습이 가능하다는 주장을 비판하고, 학습에 의해 발달이 오히려 촉진될 수 있음을 주장하였다. 이는 바로 교수·학습 과정에서 교사와 아동간 혹은 아동과 아동 사이의 사회적 상호작용의 필요성을 요구하는 구체적 근거로 사용되고 있다. Vygotsky는 아동들이 남의 도움 없이 혼자서 문제를 해결할 수 있는 영역과 그럴 수 없는 영역으로 구분하고 전자를 실제적 발달 수준이라 하였다. 그리고 후자를 다시 다른 사람의 도움을 받아 해결할 수 있는 영역과 해결할 수 없는 영역으로 구분하고, 성인의 안내나 보다 능력 있는 또래들과 협동하여 문제를 해결할 수 있는 능력을 잠재적 발달수준이라 하였다. 그리고 이 수준에서 실제 학습 수준 사이의 거리를 근접발달 영역이라 하였다. 그는 아동이 독립적으로 문제를 해결할 수는 없으나 도움을 받으면 해결할 수 있는 범위 곧 근접발달 영역의 범위 내에서 사회적 상호작용을 통한 효과적인 협동학습이 가능함을 주장하고 있다. 다른 사람의 도움을 받아 문제를 해결할 수 있는 근접발달 영역을 사회적 상호작용을 통한 효과적인 학습 범위를 설정하고 있다. Vygotsky에 있어서 협동학습은 근접발달 영역 범위 내에서 이루어질 수 있고 이 학습이 이루어지면 인간에 있어서 실질적인 문제해결능력인 발달이 이루어진다는 것이다.

사회적 구성주의자들에 의하면 인간은 어느 특정 사회에서 태어나 자라면서 그들 사회만이 지니고 있는 독특한 문화적, 행동적 양식을 습득하는 사회적 동물이라고 주장한다. 따라서 한 개인이 성장한다는 것은 그 사회의 구성원들과의 상호작용을 반드시 전제로 하고 있다는 것이다. Russell은 "사회적 환경이라는 것은 단지 이미 태어날 때부터 인간 내부에 존재하고 있는 생물학적 기능을 작동시키고 발전시키는 자극으로서 뿐만 아니라 인간을 인간답게 만드는 수단이기도 하다"라고 말하고 있다. 즉, 사회적 구성주의는 인지적 구성주의(급진적 구성주의)와 마찬가지로 객관주의적 인식론을 부정하지만 이에 더 나아가서 Piaget의 인지적 발달이론을 "결정론적 인지적 발달이론－모든 사람들은 생물학적으로 이미 결정되어져 있는 인지적 발달단계를 거친다 – 이다"라고 비판하고 있다.

물론 사회적 요인을 강조한다고 하여 사회적 구성주의에서 개인의 개별성을 부정하는 것은 아니다. 사회적 구성주의에서는 개인의 개별성, 개인의 인지적 작용과 사회 문화적 관계를 서로 분리시켜 생각할 수 없다고 본다. 개인의 개별성은 생물학적 기본체제를 바탕으로 사회적 구성주의의 핵심원칙인 '지식은 사회적 집단의 발전을 이끄는 원동력'이 되는 것이다.

4. 구성주의에서 지식구성 과정

구성주의의 개념에 대해서는 학자들마다 약간씩 다른 견해를 나타내고 있어서 이를 정의 내린다는 것은 쉽지가 않다. 그러나 일반적으로 학습자 개개인이 어떤 실재에 대해서 주관적인 의미와 이해를 구성할 수 있도록 자신의 인지구조를 변형 또는 형성시키는 것으로 정의되고 있다. 이는 학습자가 어떤 특정한 지식을 획득함에 있어서 사건이나 대상에 대한 지각적·감각적 경험을 인지적 중개과정을 통해 개인의 지적 개념이나 구조 또는 상징적 해석체로 내면화하는 것을 뜻한다.

이러한 구성주의가 전제로 하고 있는 기본가정은 다음과 같다.

① 지식은 감각적·지각적 경험으로부터 구성되는 것이므로 학습은 본질적으로 구성적인 과정으로서, 이 과정을 통해 지식에 대한 내적 표상을 형성시켜 나가는 것이다.

② 이렇게 하여 형성된 지식은 기본적으로 외부세계(환경)에 대한 경험의 개인적 해석을 통하여 이해된다.

③ 학습자의 내부에서 표상화된 지식은 또 다른 지식의 구조와 연계되어 새로운 인지구조를 형성하는 데 기초로서 작용한다.

④ 학습은 학습자 개인의 경험을 기초로 하여 그 의미가 발달해 나가는 적극적 과정으로 볼 수 있다. 즉, 실제 세계에 대한 의미 이해를 인식의 주체자인 학습자가 자신이 알 수 있는 개념으로 계속적으로 확장, 변형해 나감으로써 학습발달이 이루어지는 것으로 본다.

⑤ 이때 학습자에게 생성되는 의미 이해는 다양한 시각에서 이루어질 수 있다는 사실을 전제로 한다. 즉, 학습자 자신의 경험세계에 대한 개인적 해석은 모든 가능한 인간적 해석의 범주 속에서 다양한 관점을 공유하려는 가운데 인지구조의 개념적 성장과 변화를 이룩해 나갈 수 있는 것으로 본다.

⑥ 학습은 실제 세계의 상황적 맥락 속에서 발생한다. 즉, 모든 학습은 학습이 실제로 이루어지는 실제 세계(환경)을 반영하는 가운데 전개되어야 하는 것으로 본다.

이상과 같은 구성주의의 학습에 대한 여섯 가지 이론적 기본가정은 지식은 학습자 자신의 경험에 기초하여 내적인 표상이 개인적인 의미 이해로써 구성된 지식을 의미하며, 이때 구성이란 학습자와 외적 세계(환경)와의 상호 작용적 중개과정이라고 요약할 수 있다.

이러한 구성주의의 지식구성과정은 인식론적 입장과 방법론적 관점으로 나누어 볼 수 있다(Noddings, 1973, 1986). 인식론적 입장에서 구성주의는 모든 지식은 구성되고 그 구성의 도구는 타고난 인식구조와(Chomsky, 1968, 1971) 후천적으로 발달된 구성물을 포함한다(Piaget, 1953, 1971a, 1971b). 방법론적 지식구성과정에서 구성주의는 세 가지 측면을 가정하고 있다. 첫째 인간은 주관적 실체를 알고 있다. 둘째 인간의 행동은 목적 지향적이다. 셋째 인간은 지식을 구조화 하는 능력이 매우 발달 하였다(Magoon, 1977).

Neisser(1967)에 의하면 모든 지적과정은 구성적이고 지각과 인식의 경계는 분명하지 않다고 주장하였다. 심지어 보는 것 듣는 것과 같은 수동적으로 여겨지는 지적과정들도 구성적이라고 묘사하였다. 만일 Neisser가 옳다면 학습자들은 암기 학습 상황에서 조차도 구성주의적 행동은 필요한 것이다. 이것은 von Glasersfeld(1987b)가 주장했던 "지각하는 것은 수동적으로 받아들이는 것보다는 항상 능동적 행위이다"라는 것과 맥락을 같이 한다.

참 | 고 | 문 | 헌

Reference

강옥기 외 (2012). 수학교육학 신서. 서울: 교우사.

김상배 (2006). 수학적 문제해결에 관하여. 한남대학교 교육대학원 석사학위 논문.

김판수 외 (2003). 구성주의와 교과교육. 서울: 학지사.

박영배 (1996). 구성주의 교수·학습. 서울대학교 박사학위 논문.

우정호 (2000). 수학 학습-지도 원리와 방법. 서울: 서울대학교 출판부.

이중권 외 (2006). 수학교육철학. 서울: 경문사.

Bishop, A. (1985) The social construction of meaning-a significant development for mathematics education?. *For the Learning of Mathematics, 5*(1), 24-28.

Chomsky, N. (1968). *Language and mind.* New York: Harcourt Brace Jovanovich.

Chomsky, N. (1971). *Syntactic structures.* The Hague and Paris: Mouton.

Cobb, P. (1981). *Constructivism, the teaching experiment, and modeling.* In C. Comiti and G. Vergnaud (Eds.), Proceedings of the International Conference of the International Group for the Psychology of Mathematics Education Vol. 1, (pp. 50-55). Grenoble, France.

Cobb, P., & Steffe, L. (1983). The constructivist researcher as teacher and model bulder. *Journal for Research in Mathematics Education, 14*(2), 83-94.

Confrey, J. (1983). *Young women, constructivism and the learning of mathematics.* Paper presented at the annual meeting of the North American Chapter of the International Group for the Psychology of Mathematics Education. Montreal.

Confrey, J. (1985). *A constructivist view of mathematics instruction: A theoretical perspective.* Paper presented at the annual meeting of the American Educational Research Association. Chicago.

Davis, R. B. (1984). *Learning mathematics: The cognitive approach to mathematics education.* Norwood, NJ: Ablex Publishing Company.

Fabricus, W. (1979). Piaget's theory of knowledge; Its philosophical context. *High/ Scope Report, 4*(7), 4-13.

Forman, G., & Pufall, P. B. (1988). *Constructivism in the computer age.* Hillsdale, NJ: Lawrence Erlbaum.

Ginsburg, H. P., & Opper, S. (1969). *Piaget's theory of intellectual development.* Englewood Cliffs, NJ: Prentice-Hall.

Goldin, G. A. (1987). Cognitive representational systems for mathematical problem solving. In C. Janvier (Ed.), *Problems of representation in the teaching and learning of mathematics* (pp. 125-145). Hillsdale, New Jersey: Lawrence Erlbaum Associates.

Goldin, G. A. (1989). *Constructivist epistemology and discovery learning in mathematics*. In G. Vergnaud, J, Rogalski, & M. Artigue (Eds.), Actes de la Conference Internationale de PME (*International Group for the Psychology of Mathematics Education*) Vol. 2, (pp 15-22). Paris.

Gunstone, R., & Northfield, J. (1988). *Inservice education: Some constructivist perspectives and examples*. Paper presented at the annual meeting of the American Educational Research Association. New Orleans.

Kilpatrick, J. (1987). *What constructivism might be in mathematics education.* In J. C. Bergeron, N. Herscovics & C. Kieran (Eds.), Proceedings of the Eleventh Conference of the International Group for the Psychology of Mathematics Education (pp. 2-27). Montreal: University of Montreal.

Kitchener, R. (1989). Genetic epistemology and the prospects for a cognitive sociology of science: A critical synthesis. *Social Epistemology, 3*(2), 153-169.

Lave, J. (1988). *Cognition in practice: Mind, mathematics and culture in everyday life*. Cambridge: Cambridge University Press.

Lerman, S. (1989). Constructivism, mathematics, and mathematics education. *Educational Studies in Mathematics, 20*(2), 211-223.

Lochhead, J. (1983). *Constructivist approach to teaching mathematics*. In J. C. Bergeron & N. Herscovics (Eds.), Proceedings of the Fifth Annual Meeting: PME/NA.

Lunkenbein, D. (1985). Cognitive structures underlying processes and conceptions in geometry. Paper presented at the research precession of the annual meeting of the National Council of Teachers of Mathematics. San Antonio, TX.

Magoon, A. J. (1977). Constructivist approaches in educational research. *Review of Educational Research, 47*(4), 651-693.

Neisser, U. (1967). *Cognitive psychology*. New York: Appleton-Century-Crofts.

Noddings, N. (1973). *Constructivism as a base for a theory of teaching*. Unpublished doctoral dissertation, Stanford University.

Noddings, N. (1986). *Teaching as a heuristic enterprise*. Paper presented at the annual meeting Mathematics Education Group. East Lannsing, Michigan.

Noddings, N. (1988). An ethic of caring and its implications for instructional arrangements. *American Journal of Education, 96*(2), 215-230.

Noddings, N (1989). Theoretical and practical concerns about small groups in mathematics. *The Elementary School Journal, 89*(5), 607-623.

Perret-Clermont, A. N. (1980). *Social interaction and cognitive development in children*. New York: Academic Press.

Piaget, J. (1948). *To understand is to invent*. New York: Viking.

Piaget, J. (1953). *Logic and psychology*. Manchester, England: Manchester University

Piaget, J. (1964). Learning and development. In R. E. Pipple, & V. N. Rockcastle (Eds.), *Piaget rediscovered* (Report of the Conference on Cognitive Studies and Curriculum Development). Ithaca, NY: Cornell University.

Piaget, J. (1965). *The child's conception of number*. New York: Norton.

Piaget, J. (1969). *Mechanisms of perception* (G. N. Seagrim, Trans.). New York: Basic Books.

Piaget, J. (1970). *Genetic epistemology*. New York: Columbia University Press.

Piaget, J. (1971a). *Biology and knowledge*. Chicago: University of Chicago Press.

Piaget, J. (1971b). *Insights and illusions of philosophy*. New York: World.

Piaget, J. (1980a). *Adaptation and intelligence: Organic selection and phenocipy*. Chicago: University of Chicago Press.

Piaget, J. (1980b). Afterthoughts and clarifications. In M. Piattelli-Palmarine (Ed.), *Language and learning: The debate between Jean Piaget and Noam Chomsky* (pp. 276-285). Cambridge: Harvard University Press.

Piaget, J. (1980c). The psychogenesis of knowledge and its epistemological significance. In M. Piattelli-Palmarini (Ed.), *Language and learning: The debate between Jean Piaget and Noam Chomsky* (pp. 231-243). Cambridge: Havard University Press.

Smedslund, J. (1977). Piaget's psychology in practice. *British Journal of Educational Psychology, 47*(1), 1-6.

Steffe, L. P. (1983). The teaching experiment methodology in a constructivist research program. In M. Zweng, T. Green, J. Kilpatrick, H. Pollak, & M. Suydam

(Eds.), *Proceedings of the Fourth International Congress on Mathematical Education* (pp. 469-471). Boston: Birkhauser.

Steffe, L. P. (1986, April). *Mathematical teacher education in a constructivist framework*. Paper presented at the annual meeting of the American Educational Research Association, San Francisco.

Steffe, L. P. (1987, April). *Principles of mathematical curriculum design in early childhood teacher education*. Paper presented at the annual meeting of the American Education Research Association. washington, DC.

Steffe, L. P. (1988, April). *Mathematics learning and teaching for today's schools*. Paper presented at the annual meeting of the National Council for the Teachers of Mathematics.

Steffe, L. P. & Cobb, P. (1983). The constructivist research as teacher and model builder. *Journal for Research in Mathematics Education, 14*(2), 83-94.

Steffe, L. P., Cobb, P., & von Glasersfeld, E. (1988). *Construction of arithmetical meanings and strategies*. New York: Springer-Verlag.

Thoresen, C. (1988). The constructivist concept: Primacy of the obscure. *The Counseling Psychologist, 16*(2), 249-255.

Vico, G. B. (1958). *De antiquissima itlorum sapietia* (1710). Naples: Stampempria de'Classici latini.

von Glasersfeld, E. (1974). *Piaget and the radical constructivist epistemology*. Paper prented at the Third Southeastern Conference of the society for Researches en didactique des mathematiques, 6, 69-118.

von Glasersfeld, E. (1980). Adaptation and viability. *American Psychologist, 35*(11), 970-974.

von Glasersfeld, E. (1981). The truth about Pythagoras. *Problem solving, 3*(5&6), 1-11.

von Glasersfeld, E. (1982). Subitizing: the role of figural patterns in the development of numerial concepts. *Archives de Psychologie. 50*(194), 191-218.

von Glasersfeld, E. (1983). On the concept of interpretation. *Poetics, 12*(2-3), 207-218.

von Glasersfeld, E. (1984). An introduction to radical constructivism. In P. Watzlawick (Ed.), *The invented reality* (pp. 17-40). New York: Norton.

von Glasersfeld, E. (1985). Reconstructing the concept of knowledge. *Archives de Psychologie, 53*(204), 91-101.

von Glasersfeld, E. (1987a). Learning as a constructive activity. In C. Janvier (Ed.), *Problems of representation in the teaching and learning of mathematics* (pp. 3-17). Hillsdale, Nawrence Erlbaum Associates.

von Glasersfeld, E. (1987b). Preliminaries to any theory of representation. In C. Janvier (Ed.), *Problems of representation in the teaching and learning of mathematics* (pp. 215-225). Hillsdale, New Jersey: Lawrence Erlbaum Associates.

Vuyk, R. (1981). *Overview and critique of Piaget's genetic epistemology* (Vols. 1 & 2). New York: Academic Press.

Vygotsky, L. S. (1962). *Thought and language*. Cambridge, MA: MIT Press.

Vygosky, L. S. (1978). *Mind in society: The development of higher psychological processes.* Cambridge, MA: Harvard University Press.

Werschm J. V. (1985). *Vygotsky and the social formation of mind.* Cambridge, MA: Harvard University Press.

제 3 장

구성주의 입장에서 보는 학습자 중심의 수학 교수·학습

김진호(대구교육대학교), 김상미(서울영도초등학교)

1. 구성주의에서 본 인간관 및 지식관

구성주의를 바탕으로 하는 교육을 실천한다는 것은 구성주의에서 인간의 지적 능력을 보는 관점과 지식을 보는 관점을 토대로 교육을 실천한다는 것을 의미한다. 이 근원적인 관점들을 배제한 채 구성주의를 바탕으로 하는 교육을 논의하는 것은 논의의 첫 단추를 잘못 끼운 것이라고 하지 않을 수 없다.

먼저, 구성주의에서 바라보는 인간의 지적 능력은 모든 인간(학생)은 지식을 구성할 수 있는 지적 능력을 갖고 있다는 것이다. 이 지적 능력을 바탕으로 적극적으로 지식을 구성하고자 노력하는 것이 기본적인 인간의 본성이라고 구성주의는 말한다. 그런데, 이 명제에 대해서 좀 더 명확히 해 둘 것이 있다. 구성주의 인식론을 정초한 칸트는 지식의 구성을 강조하고 있지만 인간은 모두 동일한 인식 또는 구성 틀을 가지고 있음을 전제로 한다. 반면에, Piaget와 같은 최근의 구성주의자들은 모든 인간은 지식을 구성할 수 있는 인식 틀을 갖고 태어나지만 인간은 성숙, 사회적 상호작용, 경험, 평형화 등의 과정을 거치면서 서로 다른 인식 틀을 갖게 된다고 한다. 최근에 구성주의를 반영한 교육을 한다는 것은 바로 이 후자와 같은 관점의 인간의 지적 능력에 대한 관점이 반영된 교육을 하고자 하는 것이다. 이와 관련해서 한 가지 더 진지하게 고민할 것이 있다. 그것은 바로 실제 수업은 한 학습자를 대상으로 실행에 옮겨지는 것이 아니라 이 서로 다른 지적 인식 틀을 가진 다수의 학습자들을 대상으로 실행에 옮겨진다는 사실이다. 간단히 말해서, 구성주의를 반영한 교육을 한다는 것은 이처럼 서로 다른 인식 틀을 갖고 있는 다수의 학습자들을 대상으로 한다는 것을 의미한다. 오늘날, 이 진술은 너무나 자명해 보임에도 불구하고, 현재 학교에서 실천되고 있는 많은 관행들은 모든 인간은 동일한 지적 능력을 갖고 있음을 전제로 실천되는 관행들로 충만해 있다. 서로 다른 인식 틀을 갖고 있는 학습자들을 동일한 인식 틀을 갖고 있는 학습자들인 양 취급하는 것처럼 잘못된 것은 없다하겠다.

이와 같은 구성주의에서 바라보는 인간의 지적 능력에 대한 근본적인 가정을 도외시한 채 구성주의를 바탕으로 하는 교수·학습 원리를 논의하는 것은 무의미하다 하지 않을 수 없다. 이런 근본 가정을 도외시한 채 구성주의를 바탕으로 하는 교수·학습 원리를 실천에 옮기고자 하는 교육종사자들이 있는데, 이런 접근을 행동주의를 바탕으로 한 학습자 중심 수업이라고 부르기도 한다(김신자, 이인숙, 양영선, 2003). 후속 절들에서 자세하게 다루겠지만, 이 점을 반영한다는 것은 곧 객관적 인식론을 토대로 이루어지는 교실에서 실천에 옮겨지고 있는 모든 교수·학습 관행들은 변해야 한다는 것을 의미한다. 물론 이에 대한 깊은 논의는 본고의 범위를 넘어서는 주제이기는 하지만, 좀 더 포괄적으로 언급하자면 이 점을 교육에 반영한다는 것은 교육 분야에서의 패러다임적 전환이라고 할 수 있다.

한편, 본 서의 1장에서도 다루고 있지만, 구성주의에서는 지식에 대해서도 다른 관점을 갖고 있다. Piaget는 지식을 물리적 지식, 사회적 지식, 논리 수학적 지식의 세 종류로 나누고 이 중 학습자들이 구성해야 할 대상은 논리-수학적 지식이라고 하였다. 이 중에서 특히 Piaget가 관심을 가진 것은 논리-수학적 지식이다. 논리-수학적 지식은 각 개인이 구체적 대상물들, 구체적 행위들, 구체적 현상들, 그리고 이들의 조합으로부터 구성해 낸 관계들로 이루어진다(Kamii, 1994). 더 나아가 이렇게 구성된 관계를 대상으로 관계를 맺어가는 것이 논리-수학적 지식이다. 즉, 구체적 대상물, 구체적 행위, 구체적 현상 그 자체에는 존재하지 않는 새로운 어떤 아이디어를 구성해 낸 것이 논리-수학적 지식이다. 이 말은 각 인식자는 저마다의 인식 틀과 기저 지식이 다르기 때문에 같은 대상물(행위, 현상)에 대해서도 인식자가 어떤 관점에서 그 대상을 구성하느냐에 따라서 이들이 구성한 논리-수학적 지식은 다름을 의미한다. 한편, 경험론과 이성론에서는 객관적 실재를 인정하는 반면에, von Glasersfeld는 지식의 객관성을 부정한다. von Glasersfeld(1996)는 "지식이라는 것이 어떻게 정의되는 간에 사람의 머릿속에 있다는 것이고, 또 사고의 주체가 자신의 고유한 경험에 기반을 두고 지식을 구성할 수밖에 없다는 가정에서 출발한다(p. 1)."고 하면서 경험론과 이성론과 같은 객관적 실재 중심의 인식론과 합리론 인식 방식을 강조한 인식론에서 더 나아가 인식자 중심의 인식론으로 넘어서는 계기가 되었다.

구성주의자들이 주장하는 것처럼, 서로 다른 인식 틀을 가진 인식자들이 같은 대상에 대해서 다른 구성을 한다면, 그러면 지식의 객관성에 대한 문제가 제기될 수 있다. 구성주의자들은 객관적 인식론자들이 말하는 인식자 밖에 존재하는 실재와의 대응이라는 측면에서의 객관성과는 전혀 다른 의미에서의 객관성을 접근한다. 객관성은 전적으로 지각 현상의 범위 내에서 존재하기 때문에, von Glasersfeld는 이것을 객관성이라는 용어로는 설명가능하지 않으므로 상호주관성이라고 부른다(1986). 상호주관성의 최고 수준은 인식주체와 타자간의 확증을 통해서 나타난다. 이와 같은 지식에 대한 관점을 반영하는 교육을 실천에 옮기고자 하는 노력이 구성주의를 반영한 교육이고 수업이라고 할 수 있다.

이처럼 인간의 근본적인 지적 능력과 지식이 무엇인지에 대한 관점의 변환이 이루어진 인식론이 구성주의이기 때문에, 구성주의를 반영한 교육을 패러다임적 전환이 이루어진 교육이라고 하지 않나 싶다. 이런 패러다임적 전환이 이루어진 사상들(예를 들어, 유클리드 기하학과 비유클리드 기하학, 천동설과 지동설, 집합론의 창시, 등)이 일반 대중들이 수용하고 보편적인 지식이 되기까지 상당한 시간이 흐르는 것이 일반적임을 지적하면서, Kamii(1994)는 구성주의가 반영된 교육을 실천하고 실현하는 날이 조기에 앞당겨지기를 희망하고 있다.

2. 구성주의에서 본 수학과 교수·학습 관행

2.1 학습의 측면

구성주의를 반영한 수업을 실행에 옮길 때, 학습목표를 어떻게 설정하는 것이 바람직한가 하는 것은 주요한 고민거리임에 틀림없다. 앞서 논의하였듯이, 분명히 한 학급에 모여 있는 학습자들의 인식 틀은 모두 다름에도 불구하고, 한 교실에 있는 모든 학습자들이 동일한 학습 목표를 달성할 것을 기대하는 것은 그 자체로 모순이다. 그런데 유감스럽게도, 제6차 교육과정에 따른 수학교과서로 객관적 인식론을 토대로 수학 수업을 진행할 때 만연하던 학습목표를 설정하던 방식과 동일한 방식이 구성주의를 교육과정의 인식론으로 한다는 제7차 교육과정 및 그 후로 몇 차례에 걸쳐서 수시 개정된 교육과정에 따른 수학 수업에서도 실천되고 있다. 이런 수업 관행이 실천되는 것은 여러 가지 원인이 있을 수 있을 것이다. 이에 대해서는 본고의 이곳저곳에서 다룬다.

학습자들은 저마다 서로 다른 인식 틀을 갖고 있음을 전제로 수업을 실천에 옮길 때, 학습이란 측면과 지식이란 측면에서 학습목표에 대해 살펴볼 필요가 있다. 먼저, 교사가 학습이란 측면에서 학습목표를 설정할 때, 교사는 개별 학습자의 측면과 학습공동체의 측면을 고려해야 한다. 먼저, 개별 학습자의 측면에서 학습목표를 설정하는 것에 대해 고려해 보자. 앞의 명제를 수용한다면, "개별 학습자들이 자신들의 현재의 앎의 상태로부터 최대의 성장을 하는 것"이 교사가 설정할 수 있는 자연스런 학습목표 설정이다. 이 진술이 의미하는 바는 학습목표란 모든 학습자들이 동일하게 성취해야 할 대상이 아니라 모든 학습자들이 자신의 현재의 이해 상태를 바탕으로 주어진 학습경험으로부터 자기 수준에서 구성해낸 서로 다르면서 유사한 그 어떤 것이다(Kim, Colen, & Colen, 2013). 뒤에 자세히 설명하겠지만 이런 점을 고려하면, 교사의 중요한 역할 중의 하나는 다름 아닌 개별 학습자의 서로 다른 인식 틀을 이해하고 이를 바탕으로 학습자들이 자신의 지적 능력에 맞게 배울 수 있도록 해주는 것이다(Skemp, 1986). 이것은 쉽지 않지만 가능하지 않은 것도 아니다. 앞서도 진술하였듯이, 서로 다른 인식 틀(지적 능력)을 갖춘 학습자들을 마치 동일한 지적 능력을 갖춘 인격체인 양 대우하는 것이 학습자들을 공정하게 대우해야 한다는 생각을 실천에 옮기는 교수·학습 관행이라는 데는 의문을 제기하지 않을 수 없다. 예를 들어, 학습능력이 매우 뛰어난 학습자가 자신의 지적 능력에 비해 낮은 과제나 논의에 참여해야 할 때, 과연 그가 자신이 이전에 구성해 둔 자신의 인식 틀을 최대한 활용할지에 대해서는 의문이다. 이 학습자가 이런 학습상황을 지속적으로 경험하게 되면 이 학습자는 지적나태에 빠지게 된다. 자신의 반영적 추상 능력을 활용하지 않음으로써 자신의 재능을 점차 잃어간다. 일반적으로 재능이 뛰어난 사람이 자신의 재능을 지속적으로 활용해도 세월이 지남에 따라 재능이 사라지는 것을 느끼게 된다(Hoffman, 1999). 같은 연유로, 이들은 진정한 의미에서의 지식 구성의 순간을 접해 보지 못할 가능성이 있다. 이 학습자들은 아마도 학업성취도 검사(자신의 지적 능력을 평가하는 것이 아닌 보통 수준의 학생들의 능력을 평가하기 위한 검사도구이므로 당연히 이들의 성적은 우수하다.)에서는 우수한 성적을 거둘는지 모르겠지만, 이들은 새로운 지식을 구성해 가는 과정에서 경험할 수 있는 가장 소중한 경험 중의 하나인 지식 구성의 즐거움과 이런 즐거움들을 축적할 수 있는 기회를 놓친다. 크고 작은 지적희열의 축적을 경험하는 학습자는 이 즐거움으로 인해서 스스로 새로운 지식을 찾아 구성해가는 자기주도적 학습자가 된다. 그렇다면, 모든 학생들이 동일한 학습목표를 성취해야 할 것을 목적으로 실행하는 수업에 참여하는 학습능력이 부족한 학생들에게는 이 학습목표는 적절한 학습목표라고 할 수 있는 것일까? 이 질문에 대한 대답 역시 같은 이유로 "적절하지 않다."이다. 이런 관점에서 학습자들에게 제시되는 과제나 논의는 이들에게는 자신들의 지적능력으로는 이해하기 어려운 대상이다. 이들 학습자들이 이런 학습 상황을 지속적으로 경험하면서 나타나는 현상은 학습 포기이다. 결과적으로 이들은 자신들의 지식 구성 능력을 잃어버리고 단지 경험적 추상화 수준의 사고 수준에 머무르게 된다.

개별 학습자란 측면에서 학습목표의 설정에 대해서 살펴보았다. 그런데, 교실은 이들 개별 학습자들, 즉 서로 다른 인식 틀을 형성하고 있는 학습자 집단이 모여 있는 공간이라는 측면에서 학습목표에 대해서 고민해 볼 필요가 있다. 즉, 교실이라는 학습공동체의 공유된 학습목표이다. 학습의 주체는 학습자이기 때문에 학습목표에 대한 논의가 개별 학습자에 초점을 맞추어야 하는 것은 당연하지만, 서로 다른 인식 틀을 갖춘 인격체들이 모여서 개별적으로 학습하는 것이 아니라 학급 공동의 경험을 한다는 점에서 학습공동체가 함께 성취해 가는 지식수준에 대해서 고려해야 한다. 서로 다른 인식틀을 갖고 있는 학습자들이 모인 공간이 학습공동체이기 때문에 마찬가지로 학습공동체마다 서로 다른 학습목표를 설정하는 것이 바람직하다. 여러 가지 이유로 학습능력이 뛰어난 학습자들이 모인 학습공동체와 그렇지 않은 학습공동체가 동일한 학습목표 달성을 위한 노력하는 학습행위가 바람직하다고 할 수는 없다. 이런 학습공동체의 구성원들이 수업 중에 이들이 이미 알고 있는 것을 확인하고 있다면, 이런 수업 관행이 이들에게 바람직한 수업 관행이라고 할 수 없음은 자명하다.

또한, 학습목표 설정과 관련해서 중요하게 다루어야 함에도 거의 다루어지지 않고 있는 측면이 있다. 그것은 바로 매 수업마다의 학습목표뿐만 아니라, 개인의 학습 과정이라는 관점에서의 학습목표이다. 사실, 학습은 지속적인 과정이다. 그런 점에서 보면, 각 학습자는 수업을 통해서 자신이 모르고 있던 것을 자신 나름대로 이해해 가는 과정에 있다. 따라서 학습목표도 각 학습자의 학습 과정의 발달사(즉, 각 학습자의 이해 과정의 총체적 과정)란 측면에서 살펴볼 필요가 있다(김진호, 2012a; Ronfeldt, 2003).

2.2 지식의 측면

한편, 구성주의를 다른 인식론과 두드러지게 구별해 주는 것이 바로 지식을 보는 관점기 때문에 학습목표의 진술과 관련해서 지식이란 측면에서도 살펴볼 필요가 있다. 학습자들이 학습해야 하는 객관적 지식이 있을 수 있을까? 객관적 지식의 실체를 부정하는 급진적 구성주의 관점에서는 당연히 학습자들이 객관적으로 학습해야 하는 학습목표와 같은 학습할 대상으로서의 지식을 설정할 수 없다고 할 것이고, 사회적 구성주의 관점에서는 사회구성원들의 합의에 의해서 정해진 지식을 학습자들이 학습할 필요가 있다고 주장할 것이다(이화진, 1999). 급진적 구성주의 입장을 반영하면 아마도 앞서서 학습자의 학습이란 관점에서 논의한 학습목표와 같은 논의들을 할 수 있을 것이라고 생각된다. 사회

구성원들의 합의로 정해진 것을 학습내용으로 인정하는 사회적 구성주의의 입장에서 학습목표를 진술할 수 있다고 하더라도, 현재와 같은 관점에서의 학습목표의 진술은 행해질 수 없다. 수학적 지식은 절대 불변의 지식이 아니라 지속적으로 발달해 오고 있는 중인 지식이며, 쉬운 것에서 어려운 것으로 분절될 수 있는 것이 아니라 상호 관계를 맺고 있는 복합적(통합적) 지식이며, 절차적 지식의 속성뿐만 아니라 개념적 지식의 속성 또한 지니고 있는 지식(더 나아가 이 개념적 속성을 이해하는 것이 학습자가 구성한 지식의 적응력이 뛰어나게 해준다.)이다. 따라서 지식의 이런 점을 반영한 수업을 한다고 할 때, 차시별 학습목표와 같은 것을 설정하는 것은 바람직하지 못하다. 일반적으로 차시별 학습목표는 단 한 가지 지식을 그것도 주로 절차적 지식으로 한정되기 때문이다. 이렇게 제한적인 지식은 구성주의의 지식관과는 대치되는 그것이라고 할 수 있다. 구성주의를 반영한 수업자료로 수업을 할 때는 매 차시마다 특정한 지식을 학습할 것을 학습목표로 제시하지 않는 대신에 사용 중인 수업 자료의 특징을 잘 나타나는 활동명을 제시하는 경향이 있다. 이런 사례는 Burns(2001; 2003), Kamii(1985, 1989, 1994), Tierney, Berle-Carman, & Akers(2003) 등에서 볼 수 있다. Kamii(1985)는 초등학교 1학년 학생들도 지식을 구성할 수 있는 지적 능력이 있음을 인정하면서 수학 수업을 하는데, 수업 중에 학생들이 배워야 하는 지식은 학생들의 현재의 이해 상태에 대한 이해를 바탕으로 정해진다. 예를 들어, 교사는 학생들의 이해 상태에 대한 자신의 이해를 바탕으로 점차적으로 한 수업 시간 내에서 받아올림이 있는 한 자리 수 더하기 한 자리 수, 받아올림이 없는 두 자리 수 더하기 두 자리 수, 몇십이 되는 두 자리 더하기 두 자리 수, 받아올림이 있는 두 자리 수 더하기 두 자리 수와 같은 다양한 지식들을 학습자들이 학습할 수 있도록 한다(Kamii, 1990).

구성주의를 반영한 교육을 할 때 학습 내용은 외부에서 제공되는 교육내용과 그에 대해 학습자 자신이 부여하는 의미의 통합체로 구성된다고 볼 수 있는데(이화진, 1999), 이는 곧 학습자들이 학습할 내용은 학습자들의 이해에 대한 교사의 이해를 바탕으로 한다는 점에서 교사는 학습자들의 이해에 대한 이해를 명료하게 할 필요가 있음을 시사한다. 이에 대해서는 "3.2.3 평가자로서의 교사의 수업 관행"에서 다루도록 한다.

2.3 과제 및 수업자료의 측면

모든 학습자들이 서로 다른 인식 틀을 갖고 있음을 전제로 할 때 이들에게 제공해야 하는 수업자료가 갖는 특징은 분명 모두가 동일한 학습 대상을 학습할 것을 목적으로 개발된 과제 및 수업자료들이 갖는 특징과는 전혀 달라야 한다는 것은 자명하다. 과제 및 수업자료를 개발하는 행위는 대체로 교사의 몫이기는 하지만, 이때 중요한 것이, 이는 학습할 대상으로서의 그 무엇을 어떻게 설정할 것인가와 깊은 관련이 있는데, 앞서도 진술하였듯이, 이는 학습자들의 반응을 토대로 정하는 것이 바람직하다. 어쨌든, 이런 목적으로 개발된 수업자료가 지녀야 하는 몇 가지 특징을 살펴보도록 하자. 첫 번째, 모든 학습자들이 자신의 인식 틀을 바탕으로 접근할 수 있어야 하므로, 이들에게 제공되는 수업자료는 개방형 과제 또는 문제이어야 한다(김진호 & Lee, 2012; Latterell, 2008). 개방형 과제 또는 문제의 속성 상 학습자들은 자신의 지적 수준에서 접근해서 자신의 지적 수준에서 결과물 또는 해를 구할 수 있다. 학습자들이 이런 과제를 제공받았을 때 이들은 동일한 결과물 또는 해를 구할 필요가 없는 것이다. 주어진 과제를 해결하는 동안, 학습자들은 서로 다른 사고 과정 및 결과물을 산출하였기 때문에 후에 전체 학급 토론에서 자신만의 그것을 발표하고 이런 발표들에 대한 의견 교환의 과정으로서 의사소통이 가능해진다[개방형 과제로 수업을 진행하는 예는 Burns(2001, 2003), Ronfeldt(2003) 등에서 볼 수 있다.]. 개방형 과제를 지식이란 측면에서 살펴보면, 자연스럽게 개방형 과제는 수학적 지식의 통합성, 개념성, 다의성 등의 조합을 충족시킬 수 있다. 두 번째, 복잡한 수학적 사고를 요구하는 수업자료이어야 한다(Boaler, 2010). 즉, 단 하나의 수학적 지식을 다루는 것이 아니라 다양한 수학적 지식을 종합하고 유추하고 연역하는 사고를 요구하는 수업자료이어야 한다. 이런 과제를 수행하면서 학습자들은 자신들의 서로 다른 인식 틀을 최대한 활용하려는 노력을 할 것이다. 단순한 문제 또는 과제의 수행이 학습자들의 지적 능력의 발달에 미치는 영향은 지극히 미미할 뿐이며, 이런 과제들에 익숙해지면 오히려 학습자들의 지적 능력은 퇴행할 가능성마저 배제할 수 없다(김진호, 2012a; Boaler, 2010; Tomlinson, 2001). 세 번째, 수업 자료는 수학적 지식들을 단절없이 연속적인 과정으로 다루는 수업자료이어야 한다. 즉, 서로 다른 인식 틀을 갖고 있는 학습자들이 모여 있는 교실에서 이들 학습자들과 함께 수업을 하고 있음을 인식하면, 자연스럽게 이르는 결론은 어떤 학습자는 이해하고 어떤 학습자는 이해하지 못하는 가운데 수업을 마무리할 수밖에 없다는 것이고, 개별 학습자의 학습이란 측면에서 더 중요한 것은 학습자들이 새로운 앎과 현재 자신이 이해하지 못한 것이 동시에 발생해야 한다는 것이다. 즉, 행동주의 이론을 토대로 실행에 옮겨지는 수업의 가정 중의 하나는 매 차시마다 학습정리를 통해서 학습이 마무리되어야 한다는 것인데, Skemp(1986)는 학습에서 가장 경계해야 할 것 중의 하나로 학습자들이 완벽하게 이해했다는 생각을 갖는 것이라고 하였다. 구성주의 관점에서 지식의 구성을 보면, 학습자는 “완벽하게 이해하기” 위해서 노력하기보다는 “임시적이며 가변적 이해”를 하고 있는 것이다. 이는 곧 학습자들에게 제공되는 수업자료는 여러 가지 수학들이 공존하고 있어야 한다는 것이다. 예를 들어, 학습자들이 2단 구구만 학습할 것을 목적으로 개발된 수업자료보다는 2의 배수, 3의 배수 등의 학습과 동시에 이들 사이의 관계를 학습할 것을 목적으로 개발된 수업자료이어야 한다는 것이다. 학습자들이 자신들에게 제공된 수업자료를 통해서 어떤 지식들을 학습하는 과정에서 단 한 번의 학습경험으로 인해서 이들을 이해하기를 기대하는 것은 바람직하지 못하다.

2.4 수업 구성의 측면

학습자들이 서로 다른 인식 틀을 갖추고 있음을 인정하고 이런 인적 자원으로 형성된 학습공동체의 구성원들이 서로 상승효과를 얻기 위해서 교사가 고려해야 할 것 중의 하나가 좌석배치이다. 앞서 논의한 수업자료 또한 좌석배치와 밀접한 관계가 있다. 구성주의 관점을 반영한 수업자료로 수업을 진행할 때, 학습자들은 주로 모둠별(짝활동, 소모둠, 전체학급) 활동을 하기 때문에, 학급구성원들이 모둠을 어떻게 구성하는가 하는 것은 구성주의를 반영한 수업의 성패를 가늠하는 주요 요소들 중의 하나이다. 최근 들어서, 몇몇 연구자들은(김진호 & Lee, 2012; Chapin, O'Connor, & Anderson, 2009) 서로 다른 인식 틀을 갖고 있는 학습자들을 대상으로 모둠을 구성할 때, 동질집단으로 구성해야 한다고 제안한다. 즉, 이질집단 내 동질집단을 구성하는 것이다. 이것은 수준별 수업을 할 때처럼, 학습능력이 유사한 학습자들을 모아서 동질집단을 구성하는 것과는 다른 것이다. 영국의 사례를 통해 살펴 본 동질집단으로 학급을 편성하여 실시하는 수준별 수업의 각 집단(학급)에서 나타나는 폐해는 심각하다(Boaler, 2010). 서로 다른 인식 틀을 가진 학습자들로 구성된 이질집단 내에서 유사한 지성을 가진 학습자들이 구성해 낸 지적 산출물에 대해 2차 추상을 할 수 있을 것이다. 서로 다른 인식 틀을 가진 학습자들이 모둠을 구성할 경우에 학습능력이 뛰어난 학습자가 부족한 학습자에게 설명을 해주는 것은 교사가 학습자들에게 설명을 해주어서 어떤 지식을 이해시키려는 교수 행위가 발생시킬 수 있는 부적절한 결과와 같은 결과를 초래할 수 있다(Skemp, 1986). 김진호와 Lee(2012)는 이질집단 내 동질집단을 구성하는 여러 가지 방법 중 다음과 같은 방법을 제안하였다.

> "학생들은 누가 자기 자신과 비슷한 지적 능력 수준에 있는지를 알고 있다. 교사는 각 학생들에게 함께 활동을 할 학생들을 자유롭게 선택할 수 있는 권한을 부여해야 한다. 그러면 자연스럽게 학생들은 유사한 지성을 지닌 학생들과 모둠을 형성할 것이다. *교사가*(이탤릭체는 의미를 보다 분명하게 하기 위해 추가한 것임) 한 모둠의 구성원의 수마저도 획일적으로 동일하게 지정해 줄 필요가 없다. 어떤 학생은 혼자서, 일부 학생들은 2인 1 모둠으로, 일부 학생들은 3인 1 모둠 등 다양한 형태로 모둠을 구성할 수 있다. 한 번 형성된 모둠마저도 일정 기간 동안 또는 한 차시 내에서 고정되는 것이 아니라, 학습자들의 개인적인 필요에 따라서 자유롭게 변동될 수 있도록 허용적이어야 한다. 학습자들은 저마다의 지적능력이 다르고 저마다의 기저지식이 다르기 때문에, 학습

> 능력이 뛰어난 학습자들은 학습능력이 처지는 학생들보다 심층적인 논의를 할 것이고 결과적으로 고차적 추상을 할 수 있다. … 학습능력이 뛰어난 학습자들에게 학습능력이 평범한 또는 처지는 학생들과 같은 수준에서 이해할 것을 강요하는 것은 사실은 이들의 입장에서 보면 지적 발달이 발생할 여지를 원천적으로 방해하는 것과 같다고 할 수 있다. 어떤 형태의 수업을 실행하든지 간에, 수업에서 가장 중요한 것은 모든 학생들이 저마다의 현재 수준보다 진일보한 지적발달을 가져오는 것이다. (p. 240)

위와 같은 방법으로 좌석배치를 할 때, 전통적인 교수방법에 익숙한 교육관련 종사자들은 학습능력이 부족한 학습자들로만 구성된 모둠에서도 학습이 발생할 수 있을까 하는 염려를 할 수 있다. 위와 같은 방식으로 좌석배치를 운영해 본 교사(홍선주, 2013, 개인적 대화)는 이들 학습자들도 적극적 학습자로 변해가는 모습을 목격할 수 있다고 증언한다. 이들은 교사가 학습자들에게 이런 기회를 제공함으로써 학습자들은 자연스럽게 동질집단으로 그는 모둠을 구성한다고 증언한다. 더 나아가 자연스럽게 자신들의 지적 능력의 발달에 따라 새로운 이합집산을 하고 주어진 과제에 따라 새로운 모둠을 끊임없이 만든다.

또한, 구성주의를 반영한 수업에서는 학습자간 의사소통이 필수적이기 때문에 학습자간 의사소통이 원활이 이루어질 수 있는 좌석배치 또한 중요하다. 의사소통이라고 하는 측면에서 교실 칠판을 바라보고 두 명씩 짝을 지어 앉는 형태의 좌석배치를 보면, 이런 좌석배치는 매우 비효율적인 의사소통이 발생시키는 좌석배치 형태이다. 수업 중 의사소통이란 각 학습자가 가진 아이디어들을 다른 학습자들이 이해할 수 있도록 설명하고 이 설명을 통해서 다른 학습자는 자신이 생각하지 못한 아이디어를 이해하는 과정인 동시에 각 학습자들이 구성해 낸 아이디어들을 토대로 2차 추상을 할 수 있는 과정이다. 이런 점에서 보면, 개별 학습자들이 자신들의 생각을 발표해서 학습자들의 많은 생각들이 학습공동체에 표출되는 것을 의사소통이라고 할 수 없다(김진호, 2012b; Smith & Stein, 2011). 학습자간 의사소통이 활발하게 이루어지는 학습환경을 조성하는 한 방법으로서 좌석배치는 따라서 주어진 환경 내에서 가급적 많은 학습자들이 면대면인 좌석배치이어야 한다. 전자와 같은 좌석배치에서는 침묵하는 수업, 수동적인 교수·학습을 실천에 옮기는 결과를 초래할 뿐이다.

3. 구성주의 입장에서 보는 학습자 중심의 추구

구성주의는 인식론의 한 부류이다. 즉 구성주의는 지식이 무엇이고, 그 지식을 어떻게 구성하는가와 관련된 논의하는 점에서, 구성주의 그 자체는 교수(teaching) 이론도 학습(learning) 이론도 아니다. 구성주의를 바탕으로 만들어낸 교수·학습 이론들 중의 하나가 학습자 중심 수업(Learner Centered Instruction)이다. 학습자 중심 수업을 중심으로 교수·학습 관행을 살펴보도록 한다.

3.1 학습자 중심의 의미

지금까지는 학습자들이 서로 다른 인식 틀을 지니고 있다는 구성주의의 기본적인 인간관을 토대로 수업과 관련한 몇 가지 점들에 대해서 살펴보았다. 이제는 수업 중 학습자의 역할을 통한 수업 관행에 대해 살펴보고자 한다. 첫 번째, 학습자는 수학적 지식 구성의 주체로서의 역할을 해야 한다. 수업 중에 발생하는 모든 행위는 바로 이것 즉 학습자의 수학적 지식 구성을 위해서 실천되는 것이다. 앞서도 언급하였듯이, 학습자들은 저마다 서로 다른 인식 틀을 지니고 있기 때문에 학습자들이 같은 경험을 하더라도 학습자마다 구성하는 지식은 다르다. 이 점을 인정하고 고려하면서 수업을 실천에 옮기는 것이 바로 학습자 중심 수업이다. 이 점을 인정한다는 의미는 한 학습공동체에 있는 모든 학습자들이 하나의 학습목표를 향해서 매진하는 것이 아니라 모든 학습자들이 자신의 현재의 이해 상태를 바탕으로 주어진 학습경험으로부터 자기 수준에서 지식을 구성하는 것이다(Kim, Colen, & Colen, 2013). 이 지식 구성의 차이를 학습 결과의 다양성이라고 할 수 있다. 따라서 교사는 수업 중 시기 적절한 때면 언제라도 “다른 생각, 다른 접근, 전략, 풀이 방법 등”을 발표할 학생이 있는지를 관찰해야 하고 이들에게 발표할 수 있는 기회를 제공해야 한다. 또한, 이들을 서로 서로 공유할 수 있는 논의의 시간도 가질 수 있어야 한다. 학습자들이 이런 기회를 갖지 못하면, 학습자들은 수동적이며 타율적인 학습자(Kamii, 1994: Ronfeldt, 2003)가 된다.

둘째, 학습자 중심 수업이 올바르게 실천되기 위해서는 지식 구성의 주체로서 학습자들은 저마다의 지적 능력을 충분히 발휘할 수 있어야 하고, 해야 하는 학습 상황에 놓여야 한다. 이를 위해서, 앞서 언급한 것처럼 수업자료도 학습자들이 자신들의 지적 능력을 최대로 활용해야 하는 수업자료이어야 하고, 학습자들이 협력해서 해결할 수 있는 과제이어야 한다. 또한, 교사는 학습자들이 생성해 낸 아이디어들이 존중받는 학급공동체 문화를 형성하는데 필요한 교수·학습 관행들을 수행해야 한다. 학습자들이 저마다의 수준에서 구성해 낸 아이디어들이 모두 존중되는 학습 문화를 조성하는 것은 교사의 중요한 역할 중의 하나인 동시에 학습자들의 측면에서는 자신의 지적 능력이 인정받고 있음을 인지하면서 자기 자신의 지적 능력에 대한 자신감이 형성하는 계기가 된다. 이를 위해서 학습자들이 배우는 내용은 학습자들이 이해할 수 있는 내용과 이해할 수 있을 것 같지만 더 노력이 필요한 내용들이 혼재해 있어야 한다.

세 번째, 물론 교사의 적극적인 역할이 수반되어야 하지만, 학습자들은 적극적으로 자신들이 알고 있는 것과 모르고 있는 것을 주저없이 발표할 수 있어야 한다. 이를 통해서 교사는 학습자들이 앞으로 학습해야 할 내용을 선정할 수 있다. 즉, 교사와 학습자 모두 학습할 내용의 선정의 주체가 되어야 한다. 학습자의 현재의 이해 상태가 고려되지 않은 채 학습자가 학습할 학습 내용을 선정하는 것은 바람직하다고 할 수 없다. 학습자가 학습할 필요가 있는 것을 학습자의 내부로부터 발산하는 것을 교사는 민감하게 잡아내야 한다(Skemp, 1986; Tomlinson, 2001).

네 번째, 학습자는 지속적으로 자신의 지적 능력을 발달시켜야 한다(김진호, 2012b; Skemp, 1986). 많은 요소들이 학습자의 학습을 촉진시키지만, 그 중 한 가지 분명한 것은 이미 알고 있는 지식이다. 한 가지 더 언급하자면, 지능(지적능력)이다. 이 지적능력의 발달 없이 거의 매일 실시되는 학교 수학 시간에 다루는 새로운 수학적 지식을 이해하는 것은 거의 불가능하다. 우리는 수학 지식을 학습하는 동안에 학습자들이 지능이 발달할 것이라고 암묵적으로 가정하지만, 이는 연구 결과에 따르면 그렇지 않다. 지능에 대해서 연구를 한 것은 아니지만, 추론능력에 대한 연구에서 수학교과서로 학습한 집단에서는 추론능력이 향상되지 않는 것을 볼 수 있었다(조수윤, 2011).

3.2 학습자 중심에서 교사의 위치

학습자들이 저마다 서로 다른 인식 틀을 지니고 있음을 전제로 하는 수학 수업을 실천에 옮길 때, 특히 패러다임적 전환을 실행해야 하는 교육 요소가 바로 "교사"이다. 즉, 수업 운영의 주체로서 객관적 인식론을 바탕으로 수업을 진행할 때 수행하던 거의 모든 관행들을 바꾸어야 하는 위치에 있는 요소가 교사인 것이다. 이와 관련해서 이미 언급한 몇 가지 관점들에 대해서 정리를 하도록 한다. 한 가지는 바로 "학습자들이 서로 다른 인식 틀을 가지고 있음"을 교사가 분명히 인지해야 한다는 점이다. 교사는 이로부터 "학습목표는 모든 학습자들이 자신의 현재의 이해 상태를 바탕으로 주어진 학습경험으로부터 자기 수준에서 지식을 구성하는 것이다."라는 점을 분명히 인지할 필요가 있다. 또 다른 것은 정해진 수업자료를 사용하기보다는 학습자들의 현재의 이해 상태에 대한 교사의 이해를 바탕(이는 곧 평가와 관련된다. 평가에 대해서 아래를 참고한다.)으로 그들에게 적합한 학습 내용을 선정해야 하고 그 내용에 적합한 수업 자료를 개발해야 한다. 이들은 학습자 중심 수업을 실천에 옮긴다고 할 때 교사에게 요구되는 필연적인 수업 관행 중의 몇 가지임에 틀림없다. 또한, 교사는 학습자와 함께 학습할 내용을 선정하는 역할을 해야 한다는 점에서 교육과정 운영자로서의 한 축을 담당해야 한다. 앞의 진술로부터, 이런 관행들은 서로 서로 밀접한 관련을 맺고 있음을 알 수 있다. 따라서, 교육의 각 요소에 대한 행동주의 관점의 일부를 구성주의 관점으로 대체하는 것은 바람직하지 않다(Kim, Colen, & Colen, 2013). 아래에서는 좀 더 구체적인 교사의 수업 관행에 대해서 살펴보도록 한다.

3.2.1 중재자로서의 교사의 수업 관행

서로 다른 인식 틀을 가진 학습자들이 모인 학습공동체를 운영하는 교사는 중재자로서의 역할을 해야 한다. 이런 특성을 가진 학습자들이 교실이라는 한 장소에 모여 있음을 인정한다는 것은 곧 이들이 같은 학습 경험을 하더라도 서로 다른 관점으로 자신들의 경험을 구성한다는 것을 인정한다는 것이다. 즉, 학습자들은 같으면서 다른 지적 경험을 하는 것이다. 이런 점 때문에, 교사는 이들이 구성해 낸 여러 가지 아이디어들을 중재할 필요가 있다. 왜냐하면, 이런 특성을 지닌 학습자들을 대상으로 수업을 한다는 것의 진정한 의미는 바로 학습자들이 자신들이 구성해 낸 아이디어에 대한 이해뿐만 아니라 다른 학습자들이 구성해 낸 다양한 아이디어들을 이해함으로써 하나의 학습 상황으로부터 다양한 추상을 구성할 수 있기 때문이다. 학습자들이 서로로부터 배우고 있음을 학습자들이 인식하는 것이 중요하며, 이런 인식이 학습자들이 속한 학습공동체를 건강하게 유지할 뿐만 아니라 발전시킨다.

이를 위해서 교사는 다음과 같은 수업 관행을 실천에 옮겨야 한다.

- 학습자들이 구성해 낸 모든 아이디어(옳은 아이디어뿐만 아니라 그른 아이디어까지 포함)를 존중해 준다. 학습자들의 아이디어를 교사가 재단하면, 학습자들은 자신만의 고유한 사고를 해서 자신만의 고유한 아이디어를 구성하려는 노력을 하지 않는다. 오류가 있는 아이디어도 수용하는 것이 중요한데, 교사는 이 수용에서 그치지 말고 학습자들이 스스로 오류를 수정할 수 있는 기회를 가질 수 있는 수업 관행을 실천에 옮겨야 한다. 학습자들이 스스로 오류를 수정하는 경험을 함으로써 학습자들은 자기 자신의 지적능력에 대한 긍정적인 태도 및 자신감을 갖게 된다.
- 학습자들이 구성해 낸 다양한 아이디어들을 발표할 수 있는 기회를 갖도록 한다. 즉,

교사는 학습자들이 구성해 낸 서로 다른 아이디어들을 발표할 수 있는 기회를 학습자들에게 제공한다. 이를 통해서 학습자들은 동료 학습자들이 구성해 낸 아이디어들을 보고 듣고 하면서 자신도 할 수 있을 것이라는 인식을 하게 된다.

- 학습자들이 구성해 낸 아이디어들을 동료 학습자들이 이해할 수 있도록 설명할 수 있는 기회를 갖는다. 즉 자신의 아이디어를 발표하는데 그치는 것이 아니라, 설명자와 청자 사이에 질의응답이 발생할 수 있는 수업 관행을 실천에 옮긴다.
- 교사가 학습자들이 구성한 아이디어들을 발표할 때 관심을 갖고 경청하고 그 아이디어들을 언급함으로써, 학습자들은 이를 통해 동료학습자들의 아이디어를 경청하는 태도를 형성하게 되고, 동료 학습자의 아이디어와 자신의 아이디어의 차이점과 공동점 등을 생각하게 된다.
- 교사는 학습자들에게 다른 학습자가 구성해 낸 아이디어를 자신의 언어로 표현하게 하거나 사용해 볼 것을 요구하는 수업 관행을 실천에 옮긴다. 이 수업 관행을 실천에 옮기는 것은 결국은 모든 학습자들이 학습공동체 구성원들이 구성해 낸 모든 아이디어들을 이해할 수 있는 기회를 갖는 것이다. 따라서 이 수업 관행을 실천에 옮기는 동안 학습자들은 그 수업 중에 학습해야 할 내용을 정리하고 있다는 점에서 학습정리를 하고 있는 것이다. 이 학습 정리의 산출물은 아마도 학습자마다 다를 것이다. 그럼에도 불구하고, 이것은 서로 다른 인식 틀을 갖고 있는 학습자들을 대상으로 수업을 진행한다고 할 때 발생할 수 있는 적절한 학습 결과인 것이다.

3.2.2 교육과정 운영자로서의 교사의 수업 관행

서로 다른 인식 틀을 가진 학습자들이 모인 학습공동체를 운영하는 교사는 교육과정 운영자로서의 역할을 해야 한다. 학습자들의 이해 상태는 외면한 채, 교육과정에 제시되어 있는 내용을 모두 다루는 것, 즉 수학교과서에 있는 내용을 모두 다루기만 한다고 해서 교육과정을 잘 운영하고 있다고 할 수는 없다. 교사가 수업을 실행에 옮기는 것은 학습자들이 새로운 내용을 배우는 데 도움을 주기 위함이다. 즉, 교사가 교육과정에 제시된 내용만 다루면 된다는 생각은 바람직하지 못하다. 제7차 교육과정 이후로 구성주의를 기본 인식론으로 설정한 후로 그리고 교육과정을 몇 차례에 걸쳐서 개정하면서 교사의 교육과정 운영의 자율권이 강화되고 있는 것도 이와 같은 맥락이다.

앞 절에서도 언급하였듯이, 학습자들이 학습할 새로운 내용은 학습자들로부터 발생해야 한다. 이 진술과 본고에서 주로 다루고 있는 서로 다른 인식 틀을 가진 학습자들을 대상으로 한다는 진술을 통합할 때, 교사들은 당혹스럽지 않을 수 없을 것이다. 왜냐하면, 서로 다른 인식 틀을 가진 학습자들로부터 발생하는 학습자들이 학습해야 할 새로운 내용은 서로 다를 수밖에 없기 때문이다. 즉, 이 진술은 한 수업 시간에 여러 가지 지식을 다루어야 한다는 것을 의미하고 더 나아가 이 지식들의 난이도 또한 달라야 한다는 것을 의미하기 때문이다. 하지만, 이것은 바로 구성주의에서 보는 지식관인 통합성, 임시성, 다의성 등의 지식관을 수용한다면 전혀 문제가 될 것이 없는 사안이다. 예를 들어, 아래와 같은 6×6의 배열을 생각해 보자.

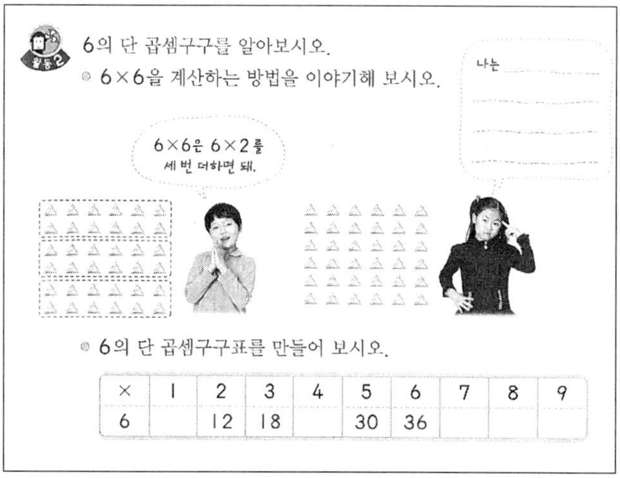

[그림 1] 곱셈단원 중 일부(교육부, 2013, p. 53)

6단 구구를 학습할 목적으로 이 배열을 보면 아마도 6×6과 6×2가 세 번 있는 정도로 인식될 수 있다. 그런데 이것을 학습자들의 현재의 이해 정도 즉 2학년 학생들의 현재의 이해 정도에 따라 이것을 곱셈식을 이용해서 표현해 보면 매우 다양한 표현이 가능하다. 어떤 학습자는 6+6+6+6+6+6을, 어떤 학습자는 1×36을, 어떤 학습자는 36×1을, 어떤 학습자는 4×9를, 어떤 학습자는 9×4를, 어떤 학습자는 2×18을, 어떤 학습자는 18×2를, 어떤 학습자는 (6×2)×3을, 어떤 학습자는 (6×3)×2를 생각해 낼 것이다. 물론, 이런 곱셈식이 아닌 다른 곱셈식들도 가능하다. 이는 주어진 배열을 학습자가 몇 개를 한 묶음으로 묶을 것인지를 결정하는 것에 따라 결정된다. 현재 초등학교 2학년 수학교과서([그림 1] 참고)처럼 주어진 배열을 단지 6개를 한 묶음으로 묶는 것으로 학습자들의 사고를 제한시킬 필요는 없다. 따라서 교사는 학습자들이 학습할 내용에 대한 깊은 이해와(Ma, 1999) 학습자들이 수학을 이해해 가는 과정에 대한 이해를 깊이 이해할 필요가 있다(Kamii, 1990; Kim, Colen, & Colen, 2013). 이런 두 유형의 이해에 대한 깊은 이해를 바탕으로 교사는 학습자들이 학습할 내용을 수업 중에 학습자들이 하는 반응으로부터 찾아 낼 수 있다. 이것이 바로 지식과 학습이 조우하는 지점이다.

그런 점에서 앞의 논의는 학습자들이 학습해야 할 내용에 대해서 지식이란 관점에서 살펴보았다면, 이제는 학습이란 측면에서도 논의를 전개해 볼 필요가 있다. 지속적으로 언급하고 있는 것이지만, 서로 다른 인식 틀을 가진 학습자들이 모인 학습공동체에서 발생하는 학습은 이들이 동일한 학습내용을 학습하는 것이 아니라 자기 수준에서 나름대로의 학습의 발생을 의미한다고 하겠다. 이 진술을 글자 그대로 해석하면, 교사는 서로 다른 인식 틀을 가진 학습자들 각자에 맞는 학습내용을 선정해야 한다는 것으로 오해될 소지가 있는데, 이 주장을 이렇게 생각하면 학습공동체를 운영하는 것이 가능하지 않을 것이다. 그러면 아마도 학습공동체를 운영하는 것보다는 교사와 한 학생간의 학습, 즉 튜터 학습시에나 가능한 학습일 것이다. 위의 진술은 서로 다른 인식 틀을 가진 학습자들이 학습공동체에서 공동의 과제 또는 문제를 함께 해결해 가면서 학습을 한다는 것을 의미한다. 이때 학습자들에게 공동의 과제 또는 문제를 선정할 때 고려해야 하는 점 중의 몇 가지에 대해서는 '2.3. 과제 및 수업자료의 측면' 절에서 언급하였다. 어쨌든, 학습자들의 학습이란 측면에서 학습자들이 학습해야 할 내용은 바로 학습자마다 다르다는 것이고, 중요한 것은 교사가 이것을 학습할 내용으로 인식하는 것이다. 학습자들은 새로운 내용을 학습하는 동안 자신들이 이해하고 있는 것, 이해할 수 있는 것, 이해할 수 없는 것, 오개념을 가지고 있는 것 등 다양한 자신의 스키마를 표현한다. 교사는 바로 학습자들이 드러내는 이런 다양한 자신들의 현재의 이해 상태에 민감하게 반응해야 한다. 바로 이들의 이해 상태에 대한 이해로부터 학습자들이 앞으로 학습해야 할 내용들이 무엇인지를 찾아낼 수 있기 때문이다.

3.2.3 평가자로서의 교사의 수업 관행

서로 다른 인식 틀을 가지고 있는 학습자들을 대상으로 수업을 실천에 옮기는 교사들은 수업 중에 학습자들이 구성 중인 지식과 이들의 지식 구성사(構成史)를 평가할 수 있어야 한다(김진호, 2012a; Kim, Colen, & Colen, 2013; Ronfeldt, 2003). 교사의 이런 능력은 학습자 중심 수업을 실천하는데 있어서 대단히 중요한 능력이다. 학습자들이 학습목표로 정해진 하나의 지식을 이해하려고 노력하는 것이 아니라 자신만의 이해를 구성하려고 노력하고 있기 때문에, 학습자들은 저마다 다른 이해를 한다. 이런 점이 강조되는 학습공동체에서 교사는 수업 중에 개별 학습자들이 이해하고 있는 사고 과정을 이해해야 하고 그리고 이 이해의 구성사가 바로 개별 학습자의 이해에 대한 평가이다. 이런 평가를 통해서 얻어진 학습자들의 이해에 대한 정보를 수업에 적절하게 반영할 수 있다. 따라서 교사가 이런 평가를 해야 한다는 것은 교사에게는 대단히 도전적인 과제임에 틀림없다. 왜냐하면 전통적인 수업에 익숙한 대부분의 교사들은 단원평가, 형성평가, 총괄평가 등을 하지만 이런 종류의 평가는 주로 표준화된 검사지 형태로 이루어져 있어서 이들은 사실상 학습자들의 사고과정 중심의 평가가 아닌 결과 중심의 평가에 익숙하기 때문이다. 누구나 그러하듯이, 자신에게 익숙하지 않은 관행을 실천에 옮기기는 쉽지 않다. 이런 현상에 대한 원인을 다양한 요인으로부터 찾을 수 있으나, 교사들이 이와 관련한 확고한 신념을 형성하지 못하고 또한 이에 따른 관행에 익숙해질 때까지 자신의 관행을 변화시키려는 의지를 지속적으로 보이지 않기 때문이다(강인애, 주현재, 2009; 김진호, 이소민, 2008; 장경원, 이지은, 2009).

학습자들이 구성 중인 지식과 이들의 지식 구성사를 가장 잘 평가할 수 있는 시·공간은 수업이 이루어지는 바로 그 교실, 즉 수업 중인 교실이다. 이런 평가를 위해 교사는 수업 중에 학습자들이 구성 중인 그리고 구성한 아이디어들, 방법들 등에 대한 자신들의 생각을 열고 공유하도록 하는 질문을 해야 한다. 또한 가능한 한 많은 학습자들이 자신들의 생각을 열고 공유하는데 참여할 수 있는 학습공동체 문화를 교사는 조성할 필요가 있다. 이런 학습공동체 문화의 조성에 기여하는 교수·학습 관행은 각 학습자들의 아이디어들을 존중해 주는 관행들이다. 이런 존중은 학습자들이 교사가 학습자들의 아이디어에 깊은 관심을 갖고 있음을 인지할 수 있도록 하는데 도움을 준다. 학습자들의 이런 인식은 학습자들이 자발적으로 수업에 참여하는데 기여를 한다. 또한 교사가 학습자들의 아이디어들을 바탕으로 수업을 함으로써, 학습자들은 자신들의 아이디어가 수업의 한 부분으로 기여하고 있음을 인식하고 보다 적극적으로 자신만의 고유한 아이디어를 구성하려고 하고 이를 공유하려고 한다. 이런 학습공동체 문화를 형성하는 것이 곧 교사가 학습자들이 구성 중인 또는 구성된 이해를 이해하는데 도움을 주는 교수·학습 관행이다. 이를 위해 교사는 다음과 같은 구체적인 관행을 실천에 옮길 필요가 있다.

- 교사는 학습자들이 공유하는 아이디어들을 주의 깊게 경청하고 이를 토대로 학습자들이 이해하고 있는 것을 알아 볼 수 있는 적절한 발문을 한다. 이를 위해 교사는 "답을 어떻게 구한 것이에요. 답을 구한 방법을 설명해 주세요", "너의 답이 맞는다는 것을 어떻게 확인할 수 있어요. 설명해 주세요", "왜 그 방법을 사용한 것이에요?"와 같은 발문들을 한다. 그래서 각 학습자들의 아이디어가 학습의 대상이 되게 한다. 즉, 학습자들의 아이디어가 학습의 대상이 되므로 해서 학습자들은 적극적으로 수업에 참여한다.
- 동료 학습자가 자신의 아이디어를 공유할 때 다른 학습자들은 동료의 아이디어를 경청한다. 이를 위해 교사는 늘 "다른 아이디어를 가진 사람 있어요?", "ㅇㅇ가 한 설명을 자신의 말로 할 수 있는 사람 있어요?", "ㅇㅇ가 방법대로 시도해 볼 수 있는 사람 있어요?", "ㅇㅇ의 아이디어에 대해, 질문 있나요? 보충할 것이 있나요?", "ㅇㅇ

의 전략은 앞서 발표한 전략들과 비교할 때 유사한 점은 무엇이고 다른 점은 무엇인가요?" 등과 같은 질문을 한다. 동료 학습자가 자신의 아이디어를 공유할 때 경청하지 않으면, 학습자들은 학급공동체의 학습에 참여할 수 없다. 학습자들의 풍부한 아이디어가 핵심 학습 대상인 학습공동체는 그 공동체의 모든 구성원들이 논의에 참여하는 건강한 공동체로 발달해 간다. 따라서, 경청이 가장 기본적인 교수·학습 관행이 되어야 한다.

- 교사는 학습자들이 적극적인 질문자가 되도록 한다. 학습자들이 그들 자신이 구성 중인 또는 구성한 이해에 대한 그들의 사고과정을 공유하는 것은 물론 학습자의 이해를 평가하기 위한 중요한 평가도구임에 틀림없지만, 또한 학습자가 제기하는 질문 속에 학습자의 현재의 이해에 대한 중요한 정보들이 숨어 있다는 점에서 학습자들의 질문은 학습자들의 현재의 이해를 평가하기 위한 중요한 평가도구임에 틀림없다. 따라서 교사는 학습자들이 질문을 제기하는데 익숙해지게 할 수 있는 다음과 같은 질문들을 지속적으로 일관성 있게 할 필요가 있다. "만약에 ~이 아니라, ~라면 어떻게 될까?", "수집한 정보들로부터 알 수 있는 것은 무엇일까?", "어떤 규칙이 있나요?", "우리가 알게 된 것을 더 확장할 수 있을까요?", "우리가 오늘 찾은 (알게 된) 것은 어제 찾은 것과는 어떤 관계가 있나요?" 뿐만 아니라 Polya(1944)가 제시한 문제해결 4단계에서 제기할 수 있는 질문들도 유용하다. 교사가 이와 같은 질문들을 지속적으로 제기하면 학습자들은 스스로 이와 같은 질문들을 제기하는 습관을 형성하게 될 수 있다. 교사는 학습자들이 제기하는 이런 질문들을 통해서 학습자들의 현재의 이해 상태는 물론이고 더 나아가 학습자들이 더 알고자 하는 내용까지도 찾아낼 수 있다.
- 학습자들의 아이디어를 즐긴다. 수업 중에 학습자의 아이디어가 수업 소재가 될 뿐만 아니라 학습자들이 낸 아이디어에 대해 이것을 판서하면서 그 옆에 학습자의 이름을 적어준다. 그리고 나서 이 아이디어를 사용할 때는 그 학습자의 이름을 들며 "○○의 아이디어" 하는 식으로 활용함으로써 학습자들이 자신들의 고유한 아이디어를 공유하기를 즐겨한다.
- 학습자들이 하는 실수, 오류, 오개념 또한 학습자들의 이해를 이해하기 위한 중요한 자원이므로, 교사는 이들을 수업 중에 어떻게 처리할 것인지와 관련된 관행에 대해서도 고민해야 한다. 대부분의 학습자들이 자신들의 실수, 오류, 오개념으로 인해 동료학습자들로부터 조롱당하거나 무시당하는 경험을 하게 되면, 이들은 자신들의 아이디어를 기꺼이 공유하려는 시도를 하지 않을 것이다. 먼저, 교사는 모든 학습자들이 실수, 오류, 오개념을 가질 수 있음을 인식하고, 학습자들의 그것을 허용하고 수용해 주어야 한다. 설명으로 가르치려하기보다는 허용하는 것이 학습자들이 수학을

이해하는 수월한 방법이다(Ronfeldt, 2003). 교사가 나서서 학습자들의 아이디어를 "맞았어.", "틀렸어."와 같은 언어로 재단해서는 안 된다. 교사가 "틀렸다"고 말하는 것만큼 "맞았다"고 말하는 것도 학습자들에게 부정적 결과를 초래할 수 있다. 더 나아가 학습자들이 보인 오류에 대해서 설명하려들기 보다, 학습자 스스로 오류를 발견하고 스스로 수정할 수 있는 기회를 제공하거나, 자신이 이해할 수 없는 접근 방법을 선택해서 실행에 옮김으로써 생긴 오류라면 자신이 이해할 수 있는 접근을 선택해서 새로이 시도해 볼 것을 권한다.

4. 구성주의를 반영한 수업의 실행되기를 기대하며

구성주의를 반영한 수업을 실천에 옮긴다는 것은 교육 분야에서의 패러다임적 전환이라고 하는 것처럼, 실천하고자 하는 구성주의가 무엇인가에 구성주의를 반영한 수업을 실천한다는 것은 교사들에게 지극히 도전적인 과제임에 틀림없다. 교사편에서 보면, 먼저 학습자들을 지식을 구성할 수 있는 지적 능력을 갖춘 인격체로 인식할 필요가 있다. 또한 교사는 학습자들의 현재의 이해 상태를 파악해서 이로부터 학습자들이 학습할 내용을 선정할 수 있는 교육과정 운영자로서의 능력을 계발해야 한다. 더 나아가 이를 바탕으로 학습자들에게 적절한 수업 자료 및 과제를 개발할 수 있는 경험을 쌓아야 한다. 그리고 더 나아가 학습자들이 스스로 지식을 구성해 가는 것을 돕는 조력자로서의 역할을 수업 중에 실천에 옮겨야 한다. 이처럼 구성주의를 반영한 교수·학습을 실천에 옮긴다는 것은 교육과 관련한 여러 요소들 사이의 관계를 긴밀하게 유기적으로 조절할 수 있는 능력을 교사에게 요구한다. 이런 능력을 갖춘 교사들을 길러야 한다. 이런 교사들이 많아지는 날을 기대해 본다.

참 | 고 | 문 | 헌

Reference

강인애, 주현재 (2009). '학습자 중심 교육'의 의미에 대한 재조명: 현직교사들의 이해와 실천을 중심으로. 학습자중심교과교육연구, 9(2), 1-34.

교육부 (2013). 초등학교 1-2 학년군 수학 4. 서울: ㈜천재교육.

김신자, 이인숙, 양영선 (2003). 교육공학의 이론과 실제. 서울: 문음사.

김진호 (2012a). 아빠 수학 공부하자. 경기도: 학술교육정보.

김진호 (2012b). 학습자의 창의적 수학 학습. 과학·수학교육 뉴스레터, 34, 1-11.

김진호, 이소민 (2008). 학습자 중심 수학 수업을 한 한 초등교사의 학습자 중심 수업에 대한 인식 변화. 학교수학, 10(1), 105-121.

김진호, Lee, J. K. (2012). 수학 수업의 일부 국면에 나타나는 수업의 실제에 대한 일 논의. *East Asian Mathematical Journal, 28*(2), 233-249.

이화진 (1999). 구성주의와 교육과정 구성. 초등교과교육, 2, 35-61.

장경원, 이지은 (2009). 학습자 중심 교육에 대한 교육행정가, 교사, 예비교사의 인식 비교 연구. 학습자중심교과교육연구, 9(1), 315-339.

조수윤 (2011). 구성주의 수학 수업이 추론 능력에 미치는 영향: 초등학교 3학년 나눗셈을 중심으로. 대구교육대학교 교육대학원 미간행 석사학위논문.

Boaler, J. (2010). *The element in the classroom: Helping children learn and love maths*. London: Souvenir Press Ltd.

Burns, M. (2001). *Lessons for introducing multiplication-Grade 3*. Sausalito, CA: Math Solutions.

Burns, M. (2003). *Lessons for multiplying and dividing fractions: Grades 5-6*. Sausalito, CA: Math Solutions.

Chapin, S., O'Connor, C., & Anderson, N. C. (2009). *Classroom discussion: Using math talk to help students learn* (2nd ed.). Sausalito, CA: Math Solutions.

Hoffman, P. (1999). 우리 수학자 모두는 약간 미친 겁니다 (신현용 옮김). 서울: 승산. (원본은 1998년에 출판됨).

Kamii, C. (1985). *Young children reinvent arithmetic: Implication of Piaget's theory*. New York, NY: Teachers College Press.

Kamii, C. (1989). *Young children continue to reinvent arithmetic-2nd grade:*

Implication of Piaget's theory. New York, NY: Teachers College Press.

Kamii, C. (1990). *Young children reinvent arithmetic-Multiplication of two-digit numbers (Videotape): Implication of Piaget's theory*. New York, NY: Teachers College Press.

Kamii, C. (1994). *Young children continue to reinvent arithmetic-3rd grade: Implication of Piaget's theory*. New York, NY: Teachers College Press.

Kim, J., Colen, Y., and Colen, J. (2013). Reform based instruction. In J. Kim, I. Han, M. Park, & J. Lee (Eds.), *Mathematics education in Korea: Curricular and teaching and learning practices* (pp. 104-129). Singapore: World Scientific Press.

Latterell, C. M. (2008). 수학 전쟁 (박성선 역). 서울: 교우사. (원본은 2004년에 출간됨).

Ma, L. (1999). *Knowing and teaching elementary mathematics*. Mahwah, NJ: Lawrence Earbaum Associates, Publishers.

Polya, G. (1944). *How to solve it*. Garden City, NY: Doubleday Anchor Books.

Skemp, R. R. (1986). *The psychology of learning mathematics* (2nd ed.). London: Penguin Books.

Smith, M. S., and Stein, M. K. (2011). *5 practices for orchestrating productive mathematics discussions*. Reston, VA: NCTM Press.

Tierney, C., Berle-Carman, M., & Akers, J. (2003). *Things that come in groups: Multiplication and division*. Upper Saddle River, NJ: Scott Foresman/Pearson Educati.

Tomlinson, C. A. (2001). *How to differentiate instruction in mixed-ability classroom* (2nd.). NJ: Person Education, Inc.

Ronfeldt, S. (2003). *Third grade math: A month-to-month guide*. Sausalito, CA: Math Solutions.

von Glasersfeld, E. (1986). Steps in the construction of "Others" and "Reality". In R. Trappl (Ed.), *Power, autonomy, utopia* (pp. 107-116). London/New York: Pleum Press.

von Glasersfeld, E. (1996). *Radical constructivism*. New York, NY: The Falmer Press.

제 4 장

구성주의 관점에서 본 초등수학과 교육과정

박만구(서울교육대학교)

교육과정은 단순하게 말하자면 학습자에게 어떤 내용을 가지고 어느 정도까지 어떤 순서로 지도하고 학습하도록 하는가에 대하여 목표, 내용, 교수·학습 방법, 평가 등을 일목요연하게 제시한 것이라고 할 수 있다. 따라서 이것은 학교에서의 교수·학습과 평가 등에 가장 중요한 방향과 내용을 결정하게 된다. 학습자의 자율적인 학습을 존중해야 한다는 소위 구성주의적인 방법은 그 동안 수학과 교수·학습에서도 많이 논의되어 온 이슈 중의 하나이다. 최근에는 이를 지나간 하나의 조류쯤으로 생각하는 사람들도 있다. 그러나 학습이라는 것은 아무리 뛰어난 교사의 지도가 있더라도 결국 학습자가 스스로 구성해 가야 한다는 것을 생각해 볼 때, 학교 수학교육 및 기타 이외의 장면에서의 교수·학습에서 이 방법에 대하여 관심을 가지고 적용해 볼 필요가 있다.

우리나라의 초등수학과 교육과정에서도 명시적으로 언급하고 있지는 않지만 학생들의 자발적인 학습을 장려하고 있다. 즉, 자기 주도적 학습, 탐구적인 학습, 스스로 학습하도록 하는 등의 내용을 담고 있다. NCTM(2000)에서도 명시적으로 'Constructivism(구성주의)'을 언급하여 말하고 있지는 않지만 마찬가지로 construct(구성)나 self-(스스로)라는 말을 사용하여 학습자 스스로 학습하는 것을 장려하고 있다. 우리나라 수학과 교육과정이나 미국 NCTM의 Principles and Standards for School Mathematics에서 명시적으로 구성주의를 언급하지 않는 것은 구성주의가 가지고 있는 다의적인 해석이나 접근으로 인하여 오히려 제한적인 해석이나 오해를 불러일으킬 수 있음으로 이해할 수 있을 것이다.

소위 잘 가르친다고 하는 것도 결국 교사가 어떻게 하여 학생이 스스로 학습하려는 마음을 가지게 하고, 의도한 것을 학습자 스스로 이해하고 배워나갈 수 있도록 도울 수 있는가의 문제라고 할 수 있다. 이를 위해서는 수학과 교수·학습의 지침이 되는 수학과 교육과정에서 이를 보다 적절하게 기술할 필요가 있고, 교과서 자체도 학생들의 자발적인 학습과 구성적인 성격을 촉진할 수 있는 방향으로 집필할 필요가 있다. 그리고 교사들이 보는 교사용지도서에서도 이를 교실에서 어떻게 구현할 수 있을지에 대하여 적절하게 기술하여 교사들이 이를 효과적으로 활용할 수 있도록 할 필요가 있다.

본 장에서는 구성주의와 수학교육, 구성주의와 수학과 교육과정에 대하여 간단히 알아보고, 우리나라 2009 수학과 교육과정(교육과학기술부, 2011) 중 특히 초등 분야에 집중하여 목표의 제시, 교육 내용 및 성취기준, 평가에 대하여 구성주의적인 관점에서 어떻게 기술하고 있는지를 분석하였다. 그리고 구성주의적인 관점에서 교사는 학생의 수학을 어떻게 보아야 하는지 그리고 어떤 역할을 해야 하는지에 대하여 이를 어떻게 기술하고 있는지 살펴보았다. 그리고 마지막으로 구성주의적인 관점에서 교육과정의 개발 및 운영에 있어서의 고려 사항을 제안하였다.

1. 구성주의와 교육

인간은 태어나면서 신체적으로나 정신적으로 미성숙한 존재로 세상에 태어난다. 그래서 신체의 성장을 위해 적절한 영양을 공급할 필요가 있고, 정신적인 성장을 위해서는 적절한 교육을 받을 필요가 있다고 생각한다. 그런데 유독 후자의 문제인 교육에 대해서는 그 방법에 있어서 보다 다양한 의견들이 있어왔다. 그리고 시대가 복잡다단하게 발달하면서 교육의 내용이나 방법의 중요성이 점증하고 있다. 그리고 예로부터 중요시되어 왔던 산술 더 나아가 수학의 교육을 어떻게 해야 할 것인가에 대한 고민이 계속되고 있다.

구성주의는 예로부터 소위 ‘가르친다’라는 생각을 학습자의 외부에 있는 지식을 전수(傳受)한다는 생각에 대한 반성으로 나온 것이라고 할 수 있다. 학생들의 학습의 장면을 관찰해 보면 교사가 어떤 지식을 마치 머리에 깔때기를 대고 주입하듯이 학습이 일어나지 않는다는 것을 알 수 있다. 우리 인간의 몸은 Maturana와 Varela(1980)의 언급처럼 닫혀 있어서 스스로 자체적으로 살아가는 시스템이다. 결국 이런 견해에서 본다면 교육이라고 하는 것은 이런 닫혀 있는 시스템에 어떠한 자극을 가하여 자체적으로 반응하면서 스스로 발달해 가도록 도울 수 있는가의 문제라고 볼 수 있다. 따라서 교사가 학습자를 효과적으로 돕기 위해서는 가능한 학습자의 상태나 수준을 정확하게 파악할 필요가 있다. 이를 위하여 교사는 학습자를 심층적으로 가능한 장기간에 걸쳐서 관찰할 필요가 있다.

구성주의자들은 학습자의 능동적인 학습을 인정하고 이를 어떻게 도울 수 있을지에 대하여 관심을 갖는다. 따라서 구성주의적인 생각을 가지는 교사들은 학생들이 수학을 학습하는 동안에 그들이 어떤 생각을 하는지에 관심을 많이 가지게 된다. 그러나 학생들의 뇌 안에서 일어나는 일을 직접적으로 알 수 있는 방법은 없다. 따라서 교사는 학생들에게 다양한 질문과 학생들의 반응을 관찰을 하면서 학생들의 수학을 가정하고 교수·학습의 과정에서 이를 검증하면서 보다 효과적인 학습이 되도록 할 필요가 있다. 우리가 교육이나 학습자를 어떤 관점으로 보느냐에 따라서 이에 따른 학습 내용이나 배열 그리고 교육의 방법에 영향을 주게 된다.

교육과정은 쉽게 말해서 어떤 내용을 어떤 순서에 의하여 배열하고 제시해야 하는지를 나타낸 것이라고 할 수 있다. 위에서 진술한대로 교육을 보는 관점에 따라서 교육과정의 개발 및 실행의 방향이나 내용에도 영향을 주게 된다.

[그림 1] 보는 방향에 따라서 달리 보이는 그림
(Vernon, 1974, p. 79; Glasersfeld, 2000, p. 8에서 재인용)

[그림 1]의 왼쪽 그림은 별 의미 없는 그림 같지만 이 그림을 오른쪽처럼 180° 회전하면 우리에게 익숙한 동물인 강아지 그림이라는 것을 알 수 있다. 우리 인간은 사물을 인식할 때 매우 제한된 지각을 가지고 사고하게 된다는 것을 알 수 있다. 따라서 관찰에서는 가능한 한 우리가 교육을 보는 관점을 다양하게 볼 필요가 있다. 당연히 보는 관점에 따라서 교육과정의 의미와 성격도 다양하게 규정할 수 있다. 이런 의미에서 구성주의적인

관점에서 수학과 교육과정을 고찰해 보는 것은 의미가 있을 것이다. 본 장에서는 주로 교육과정은 학교에서 배우는 교과에 한정하여 생각할 것이나 사실은 교육과정을 좀 더 광의의 의미로 인간의 전 생애에 걸친 의미 있는 경험으로 볼 필요가 있다(Pinar et al., 1995).

본 장에서는 초등학교 수학과 교육과정을 구성주의적인 관점에서 분석해 보고, 이 관점에서 고려해 볼 수 있는 방안을 간단히 제시하였다.

2. 구성주의와 수학과 교육과정

구성주의에 대한 견해는 다양하지만 일반적으로 학습자는 스스로 학습을 할 수 있는 존재라는 것을 인정하고 학습자가 스스로 지식을 구성하도록 도와야 한다는 생각을 기본으로 하고 있다고 할 수 있다. 구성(構成)은 글자 그대로의 사전적인 의미로 볼 때, '몇 가지 부분이나 요소들을 모아서 일정한 전체를 짜 이룸'을 일컫는다. 구성한다는 것은 영어로는 'construct'라고 할 수 있다. 이는 마치 건물을 지어 올리는 것과 같이 지식을 쌓아 머릿속에서 '만들어 나감'을 생각하게 된다. 이런 의미를 학습에 적용해 보면, 학습 또는 배움이라고 하는 것은 결국 학습자의 머릿속에 이전에는 없었던 것이 어떻게 일정 기간의 학습 후에는 생기게 되는지에 관심을 가지게 된다.

교육에서 구성주의에 대하여 본격적으로 관심을 두기 시작한 것은 20세기 초반부터라고 볼 수 있다. 인식과정에 대한 이전의 플라톤을 위시한 전통적인 객관주의적인 관점이 인식자의 주관적인 인지 측면과 지식의 타당성을 적용성 여부로 보기 시작하는 대안적인 관점(예를 들면, Polanyi, 1958; Kuhn, 1970; Piaget, 1967; Rorty, 1979; Maturana & Varela, 1987)에 의하여 구성주의가 주목을 받게 되었다. 우리가 잘 아는 Piaget는 교육학에 단골로 등장하는 인물로 그의 생각이 고리타분하다고 생각하는 사람들이 많을지 모르지만, 그의 학습에 대한 생각은 매우 급진적이라고 할 수 있다. 그에 대한 생각을 면밀하게 조명한 인물이 von Glasersfeld인데 그는 급진적 구성주의를 제안하였다. 그는 지식은 수동적으로 받아들이는 것이 아니라 인식자에 의하여 능동적으로 구성하게 된다고 주장한다(Glasersfeld, 1995, p. 51). 더 나아가 인식은 생물학에 기반을 두고 적응적으로 반응하게 된다고 보며, 교수 활동은 인식 주체자의 경험 세계를 만들어 가는 것을 돕는 것이라고 할 수 있다. 구성주의에서는 우리가 생각하는 '같은' 것을 정확하게 같은 것이 아닌 '어울리는(fit)' 것으로 인식한다.

또한 개인의 내면에 있는 구성에 관심을 두는 조작적 또는 반영적 구성주의와는 다르게 사회적 구성주의로 가장 대표하는 Vygotsky(1978)는 인간의 인지 발달이 사회 구성원들 간의 상호작용에 의하여 내면화된다고 보고 있다. 그 또한 개인의 내면에서의 구성활동을 부인하는 것은 아니지만 외적인 상호작용에 보다 많은 관심을 가지고 있었다.

일반적으로 교육과정은 학교에서 학생들이 학습해야 할 교육목표, 교육내용, 교육방법, 평가에 대한 규준이라고 할 수 있다. 실제로 초등학교 수학과 교육과정에 따라서 수학교과서가 만들어지고 학교에서의 교수·학습의 방법에도 결정적인 영향을 주게 된다. 이와 같이 교실에서 교사가 학생을 교육할 때, 교육의 내용과 방법은 교육과정의 규준에 의하여 절대적으로 영향을 받게 된다.

특히, 수학 교과는 다른 교과보다도 더욱 그 지도 내용이 미리 정해져 있고 많은 교사와 학생들은 학생들로 하여금 그 정해진 내용을 가능한 정확히 배우는 것이 학습을 잘하는 것으로 생각되고 있다. 그러나 이는 구성주의적인 교육과는 거리가 먼 것으로 특히 우리나라의 학생들이 국제성취도 검사에서 우수한 수학 성취도를 거두는 반면에 수학에 대한 태도는 매우 부정적으로 만드는데도 영향을 줄 수 있다고 본다. 따라서 수학도 단순히 정의나 공식 등을 외우는 것에서 벗어나 학습자가 공부할 수학 내용을 결정하고 자신의 흥미나 수준에 따라서 학습의 방법 등도 선택할 수 있는 부분도 고려할 필요가 있다(이홍우, 1998, 장상호, 2000).

본 장에서는 2011년에 공포한 초등학교 수학과 교육과정의 각 항목에 대하여 구성주의적인 관점에서 조명해 보고, 이 관점에서 각 학생들의 능동적인 참여를 통한 수학 지식의 학습을 위하여 고려해 보아야 할 것을 언급하고 이 구성주의 관점에서 앞으로 교육과정의 개정에서 고려해야 할 사항을 제언하였다.

3. 초등수학 교육 목표

초등학교 교육과정의 총론(교육과학기술부, 2011)에서 제시하는 교육과정 구성의 방향을 보면 교육과정의 목적으로 "우리나라의 교육은 홍익인간의 이념 아래 모든 국민으로 하여금 인격을 도야하고, 자주적 생활 능력과 민주 시민으로서 필요한 자질을 갖추게 하여 인간다운 삶을 영위하게 하고, 민주 국가의 발전과 인류 공영의 이상을 실현하는 데 이바지하게 함을 목적으로 하고 있다"(p. 1)라고 기술하고 있다. 그리고 추구하는 인간상으로 기초 능력의 바탕 위에 새로운 발상과 도전으로 창의성을 발휘하는 사람으로 규정하고 있다. 이를 보면 총론에서는 구성주의적인 관점에서 볼 때, 자주적인 생활 능력과 새로운 발상과 창의성을 발휘하도록 규정함으로써 각 개인의 차별화된 학습을 존중하고 있다. 그리고 학년군을 설정함으로써 학년간의 연계와 협력을 통하여 학교 교육과정의 편성과 운영에 있어서 유연성을 부여하고 있다.

수학 과목의 목표를 "수학과는 수학의 개념, 원리, 법칙을 이해하고 기능을 습득하여 주변의 여러 가지 현상을 수학적으로 관찰하고 해석하는 능력을 기르며, 수학적 문제 상황을 수리·논리적 사고를 통하여 합리적으로 해결하는 능력과 태도를 기르는 교과이다"(p. 152)로 규정하고 있다. 그리고 세부 항목으로 다음과 같이 3가지를 제시하고 있다(교육과학기술부, 2011, pp. 152-153).

가. 생활 주변이나 사회 및 자연 현상을 수학적으로 관찰, 분석, 조직, 표현하는 경험을 통하여 수학의 기본적인 기능과 개념, 원리, 법칙과 이들 사이의 관계를 이해하는 능력을 기른다.
나. 수학적으로 사고하고 의사소통하는 능력을 길러, 생활 주변이나 사회 및 자연의 수학적 현상에서 파악된 문제를 합리적이고 창의적으로 해결하는 능력을 기른다.
다. 수학에 대하여 관심과 흥미를 가지고, 수학의 가치를 이해하며, 수학 학습자로서 바람직한 인성과 태도를 기른다.

현재 수학과 교육과정에서 제시하고 있는 '주변의 여러 가지 현상을 수학적으로 관찰하고 해석하는 능력'을 기르는 것과 '합리적이고 창의적으로 해결하는 능력' 그리고 '수학에 대하여 관심과 흥미를 가지고, 수학의 가치를 이해하며, 수학 학습자로서 바람직한 인성과 태도를' 기르는 것을 목적으로 하고 있다. 목표 자체 내에서 구성주의적인 관점의 강조를 찾아볼 수는 없으나 '창의적으로 해결하는 능력'을 기르기 위하여 학생들 스스로 자신만의 해결 방안을 찾는 능력도 포함할 수 있을 것이다.

그리고 수학을 왜 배워야 하는지에 대한 이유에 대해서는 여러 가지 견해들이 있지만 일반적으로 많이 거론이 되는 것이 수학의 도야성(陶冶性)이다(강완, 김상미, 박만구, 백석윤, 오영열, 2009). 쉽게 말해서, 수학을 학습하면 머리가 좋아져서 다른 교과나 분야의 학습에 도움이 된다는 생각이다. 그런데 이 관점에서 볼 때, '~기능을 습득하여, 주변의 여러 가지 현상을 수학적으로 관찰하고 해석하는 능력'은 이런 측면을 반영한 것이라고 할 수 있다. 이를 위하여 기본적인 수학의 개념, 원리, 법칙을 이해하고 기능을 익힐 필요가 있으며 학생 자신만의 관찰과 해석 방법에 대한 강조를 포함할 필요가 있을 것이다. 물론 개념, 원리, 법칙을 이해하고 익히는 데에도 구성주의적인 방법을 적용할 필요가 있다.

4. 초등수학 교육내용 및 성취 기준

교육과정을 구성주의적인 관점에서 볼 때, 가장 핵심적인 부분이 바로 교육내용을 선정하고 조직하는 것이라고 할 수 있다. 간단히 말해서 교육과정은 학습자들이 학습해야 할 범위(scope)와 연계성(sequence)이라고 할 수 있다. 사실 구성주의적인 접근은 교수·학습의 과정에서의 접근 방법이라고 할 수 있으므로 교육내용이나 성취 기준의 선정 측면에서는 언급할 것이 많지 않다.

개정된 초등수학과 교육과정에서는 1-2학년군, 3-4학년군, 5-6학년군으로 나누어 제시하고 있다. 이는 학습자의 수준별 학습을 고려한 것으로 학습자를 배려한 것으로 실제 현장에서 사용하는 수학교과서 등이 학년군으로 제시한 것은 의미 있는 일이라고 생각한다. 이 목적을 효과적으로 달성하기 위하여 실제적으로 교실 안에서 사용하는 교과서를 유기적으로 사용하기 위해서는 책자형 교과서와 함께 전자형태로 된 교과서도 병행할 필요가 있다. 수학교육에서 전자교과서의 활용은 자유로운 사고의 제약, 손으로 글을 쓰는 기능의 약화 등 많은 문제점에도 불구하고 학습자 스스로의 수학을 선택하고 자신의 진도에 맞추어 학습을 할 수 있도록 한다는 점에서 적절한 프로그램이 뒷받침된다면 가장 구성주의적인 방법으로 수학을 학습할 수 있도록 할 것이다.

이 부분에서는 제시한 성취 기준 중에서 구성주의적인 접근을 고려할 수 있는 부분을 검토해 보고, 이 관점에서 부가적으로 고려해 볼 수 있는 사항을 간단히 제안하였다. 다음은 각 학년군별 성취 기준 중에서 구성주의적인 측면이 강한 부분이다(교육과학기술부, 2011, pp. 155-156).

초등학교 1-2학년군

(4) 물체, 무늬, 수의 배열에서 규칙을 찾고, 규칙에 따라 물체, 무늬, 수를 배열할 수 있다.

(6) 실제로 해보기, 그림 그리기, 식 만들기, 규칙 찾기, 거꾸로 풀기 등의 문제 해결 전략으로 문제를 해결할 수 있다.

초등학교 3-4학년군

(3) 초 단위까지 시각과 시간을 이해하고, 1mm와 1km, 1L와 1mL, 1kg과 1g, 1도(°)를 알고 길이, 들이, 무게, 각도를 잴 수 있으며, 양에 대한 어림과 측정을 통해 양감을 기른다.

(4) 다양한 변화와 대응표에서 규칙을 찾아 설명하고 수나 식으로 표현할 수 있다.

(6) 표 만들기, 예상과 확인, 단순화하기, 논리적 추론 등의 문제 해결 전략으로 문제를 해결하고, 문제 해결 과정을 설명할 수 있다.

초등학교 5-6학년군

(6) 여러 가지 문제 해결 전략을 비교하여 문제를 해결하고, 주어진 문제에서 필요 없는 정보나 부족한 정보를 찾을 수 있으며, 조건을 바꾸어 새로운 문제를 만들 수 있으며, 문제 해결 과정의 타당성을 검토할 수 있다.

물론 제시한 성취 기준이 어떠하든 간에 물체, 무늬, 수의 배열의 규칙을 찾고 배열할 수 있도록 할 때, 자신의 생각대로 규칙을 만들어 배열 하도록 할 수 있다. 교과서에서 제시하는 문제해결의 전략은 각 전략을 하나씩 소개하는 방식으로 소개를 하고 있는데 이 보다는 학습자의 자발적인 의사에 따라서 아이디어를 제안하고 나름대로의 전략을 만들어 해결하도록 하는 부분이 필요하다. 각 학년군에 공통적으로 들어가 있는 문제해결에 대한 부분은 일반적으로 각 전략을 소개하는 형식을 취하고 있고, 전략을 제시하는 과정에서 스텝식으로 하나하나 따라가는 방식으로 제시하고 있다. 구성주의적인 방식으로 제시하기 위해서는 각자 나름의 생각대로 전략을 생각해 보도록 한 후에 다른 친구들과의 의견 교환을 하면서 의사소통을 하면서 자신의 생각을 반성해 보도록 할 필요가 있다.

양감에 대한 부분도 스스로 각자의 다양한 물건에 대하여 자신의 감각을 활용하여 측정의 감각을 가지도록 할 수 있다. 이를 활용하여 동료 간에 감각에 대한 비교활동을 해 볼 수 있도록 할 수 있다. 다양한 변화에 대하여 규칙을 설명하도록 하고 수나 식으로 표현 하도록 하는 것은 학습자의 다양한 아이디어를 생각해 보도록 할 수 있다. 이때 규칙을 단순히 제안하는 것보다는 스스로 규칙을 생활 속에서 찾고 더 나아가 규칙을 만들어 보도록 하는 것도 필요하다. 초등학교 교육과정의 내용 및 성취기준에서도 보다 명시적으로 학습자의 입장에서 구성주의적인 접근을 고려한 기술이 필요하다고 할 수 있다.

5. 초등수학 교수·학습 방법

교수·학습의 방법은 학습자로 하여금 결국 효과적으로 학습을 할 수 있도록 돕는 것이라고 할 수 있다. 수학의 특징 중에 가장 두드러진 것은 추상성이라고 할 수 있다. 따라서 교사들에게 눈에 보이지 않는 것을 '가르쳐야'하는 일이 어려운 일이다. 그런데 많은 교사들은 수학이라는 것은 정의와 공식 등으로 이루어진 것으로 학생들에게 이를 암기와 연습에 의하여 습득시키도록 하는 것이 수학교육이라고 보는 경우가 많이 있다. 비록 그렇게 생각을 하지는 않는다고 할지라도 실제 수학수업에 있어서는 소위 주입식으로 지도하는 교사들이 많이 있다(황혜정 외, 2010).

현재 초등학교 수학과 교육과정에서 제시하고 있는 수학 교수·학습의 방법에서의 유의점 중에서 구성주의적인 측면이 강한 내용은 다음과 같다(교육과학기술부, 2011, pp. 175-177).

가. 교육과정의 성취 기준은 학생의 특성, 내용의 연계성, 지역성 및 현실성을 고려하여 지도한다.

나. 학년군별 내용의 배열 순서가 반드시 교수·학습의 순서를 의미하는 것은 아니므로, 교수·학습 계획을 수립하거나 학습 자료를 개발할 때에는 내용의 특성과 난이도, 학교 여건, 학생의 수준 등을 고려하여 내용, 순서 등을 재구성할 수 있다.

다. 교육과정에 제시된 내용을 지도한 후 학습 결손이 있는 학생에게는 보충 학습, 우수한 학생에게는 심화 학습의 기회를 추가로 제공할 수 있다.

라. 수학과 수업에서는 교육 내용과 학생의 특성을 고려하여 발견 학습, 탐구 학습, 협동 학습, 개별 학습, 설명식 교수 등 다양한 교수·학습 방법을 활용할 수 있다.

교육과정에서 제시한 성취 기준은 학생의 특성, 연계성, 지역성이나 현실성을 고려하도록 하고 있다. 그리고 학년군별로 제시한 배열 순서나 내용 등을 재구성할 수 있음을 분명히 밝히고 있다. 이는 내용이나 학습의 순서 등을 일방적으로 제시만 하기 보다는 교실 안에서 실제 학습에서 유연하게 제시할 수 있도록 해야 한다. 그리고 학생들의 여건이나 수준에 맞게 보충 또는 심화 학습을 할 수 있도록 하고 있다. 그리고 교수·학습 방법에 있어서는 다양한 학습을 권고하고 있다.

마. 수학의 개념, 원리, 법칙, 기능의 교수·학습에서는 다음 사항에 유의한다.
  (2) 구체적 조작 활동과 탐구 활동을 통하여 학생 스스로 개념, 원리, 법칙을 발견하고 이를 정당화하게 한다.
바. 의미 있는 발문을 하기 위하여 교수·학습에서 다음 사항에 유의한다.
  (1) 발문을 할 때는 학생의 인지 발달과 경험을 고려하며, 발문에 대한 학생들의 반응을 의미 있게 처리한다.
  (2) 학생의 사고를 촉진시키기 위해 가능하면 열린 형태의 발문을 통해 하나의 문제를 여러 가지 방법으로 해결하게 하고 다양한 방법을 비교하여 설명해 보게 한다.
사. 수학적 창의력을 신장시키기 위하여 교수·학습에서 다음 사항에 유의한다.
  (1) 수학적 창의력의 신장이 이루어지도록 수학적 문제 해결력, 추론 능력, 의사소통 능력을 강조한다.
  (2) 다양한 아이디어를 산출할 수 있는 수학적 과제를 통해 학생들의 확산적 사고를 촉진시킨다.
  (3) 하나의 수학 문제를 여러 가지 방법으로 해결한 후 그 해결 방법을 비교해 보고, 더 높은 차원으로 확장해서 사고할 수 있게 한다.
  (4) 수학 개념이나 용어의 정의를 직접적으로 제시하기보다 학생 스스로 개념과 용어의 필요성을 인식하고 정의해 보게 한다.

교수·학습에서 학생 스스로 개념, 원리, 법칙을 발견하고 정당화 하도록 한다. 교육과정에서 제시한 성취 기준은 학생의 특성, 연계성, 지역성이나 현실성을 고려하도록 하고 있다. 그리고 발문은 학생의 인지 발달 단계를 고려하고 열린 발문을 사용하고 반응에 대하여 의미 있게 대처하도록 하고 있다. 그리고 학생들 스스로 설명하도록 하고 있다. 그리고 수학적 창의성을 신장하도록 수학적 문제해결력, 추론 능력, 의사소통 능력을 강조하고 있다. 이는 결과보다는 과정에 강조점이 있다고 할 수 있다. 그리고 확산적 사고를 촉진하도록 하면서 더 높은 차원으로 확장해 가도록 하고 있다. 이는 학습자 스스로 효과적으로 수학·학습을 할 수 있도록 하는 구성주의적인 측면을 고려한 부분이라고 할 수 있다.

아. 수학적 문제 해결력을 신장시키기 위하여 교수·학습에서 다음 사항에 유의한다.

(2) 학생 스스로 문제 상황을 탐색하고 수학적 지식과 사고 방법을 토대로 해결방법을 적절히 활용하여 문제를 해결하게 한다.

자. 수학적 추론 능력을 신장시키기 위하여 교수·학습에서 다음 사항에 유의한다.

(2) 수학적 사실이나 명제를 분석하고, 수학적 관계를 조직하고 종합하며, 학생 자신의 사고 과정을 반성하게 한다.

차. 수학적 의사소통 능력을 신장시키기 위하여 교수·학습에서 다음 사항에 유의한다.

(2) 수학적 아이디어를 말과 글로 설명하거나 시각적으로 표현하여 다른 사람과 효율적으로 의사소통할 수 있게 한다.

(3) 수학적 아이디어를 표현하고 토론하며 다른 사람의 수학적 아이디어와 사고를 이해하는 과정을 통해 의사소통의 중요성을 인식하게 한다.

수학적 문제해결력을 신장시키기 위하여 학생 스스로 문제 상황을 탐색하고 학생 자신의 사고 과정을 반성하도록 한다. 수학적 의사소통에서는 수학적 아이디어를 말과 글로 설명하게 하거나 표현하며 토론하도록 한다. 이를 보면, 자기 주도적인 학습을 하도록 하고 있음을 알 수 있다. 다만 구성주의적 관점에서 볼 때, 학습자가 문제상황에서 새로운 수학적 아이디어를 추출하고, 문제를 적절하게 만들어 내는 측면을 강조할 필요가 있다.

카. 학생들의 인성을 함양시키기 위하여 교수·학습에서 다음 사항에 유의한다.

(1) 다른 학습자의 풀이 방법과 의견을 존중하며, 이를 통해 타인을 배려하는 성품을 기르게 한다.

(2) 자신의 수학적 아이디어를 설득력 있게 논리적으로 표현하여 그 타당성을 입증하고 이에 기초하여 합리적으로 결론을 내리는 과정을 통해 민주 시민의 소양을 기르게 한다.

타. 수학에 대한 긍정적 태도를 신장시키기 위하여 교수·학습에서 다음 사항에 유의한다.

(1) 생활 주변 현상, 사회 현상, 자연 현상 등의 여러 가지 현상과 관련지어 수학을 배움으로써, 수학에 대한 가치를 인식하고 수학의 필요성을 알게 한다.

(2) 수학에 대한 흥미, 관심, 자신감을 갖도록 학습 동기와 의욕을 유발한다.

파. 수학 교수·학습 과정에서 교육기자재 및 수학 교과 교실의 활용은 다음 사항에 유의한다.

(3) 구체적인 조작과 탐구 활동을 통해 수학의 개념과 원리를 이해하고 수학 주제에 대해 모둠으로 토론함으로써 수학 학습의 효율을 높일 수 있도록 수학 교과 교실을 구축하여 활용한다.

그리고 교수·학습과정에서 교육기자재를 활용하고 구체적인 조작과 탐구 활동을 하도록 권하고 있다. 이는 학생들의 인지 발달 과정을 고려하여야 하는 것으로 구성주의적인 접근이라고 할 수 있다.

하. 수학 학습 시 학생 스스로 학습 목표를 설정하고 학습을 수행하며 학습 결과를 스스로 평가하는 자기 주도적 학습 능력을 신장시킨다.

갸. 학교에서 수준별 수업을 운영할 때에는 다음 사항에 유의한다.

(1) 수준별 수업을 위해 집단을 편성할 때에는 학생 개인의 학습 능력과 수준, 성과 희망 등을 감안하고, 교사 수급과 유휴 교실 등 학교 상황을 고려한다.

(2) 수준별 수업은 내용 요소를 차별화하기보다는 내용의 깊이나 접근 방법에 차이를 두어 진행한다.

수학 학습에서 학생 스스로 학습 목표를 설정하고 학습을 수행하며 학습 결과를 스스로 평가하는 자기 주도적 학습 능력을 강조하고 있다. 이 부분은 구성주의가 제안하는 부분 중에서 가장 적절하게 부합하는 부분이라고 할 수 있다. 그리고 수준별 학습을 위하여 학생 개인의 학습 능력과 수준, 성과, 희망 등을 감안하도록 하고 있다. 이 또한 학습자를 고려한 것이다. 학습자의 수준에 따라서 내용의 깊이나 접근 방법을 적절히 제시하거나 학습자 스스로 선택하도록 하는 것이라고 할 수 있다.

구성주의자들의 관점에서 볼 때, 학생들의 수학에 대한 다양한 견해를 생각해 볼 수 있다. 그리고 학생들의 교육을 위하여 교사는 학생의 수학에 대한 이해를 보다 새롭게 할 필요가 있다. 학생들의 수학과 관련하여 [그림 2]에서 제시한 수학을 보면, '학생의 수학'은 실제로 학생들의 머릿속에서 일어나고 있는 수학을 말한다. 이는 어떤 작용이 일어나는지를 가정할 수는 있으나 실제로 어떤 작용이 일어나는지는 알 수 없는 수학으로 가정만 할 수밖에 없는 수학을 말한다. '학생에 대한 수학'은 실제로 학생의 머릿속에서 일어나는 수

[그림 2] 학생의 수학에 대한 관점

학은 알 수 없으므로 교사가 '학생의 수학'을 가정하여 생각하는 수학을 말한다. 이는 학생의 수학에 대한 하나의 모델로서의 수학이라고 할 수 있다. 유능한 교사일수록 보다 잘 맞아들어 가는 세련된 모델을 가지고 있다. 마지막으로 '학생을 위한 수학'은 교사로서 학생에 대한 수학을 기반으로 학생들에게 제시해 줄 수 있는 적절한 수학을 말한다. 이 수학은 학생의 수준이나 요구에 적절한 수학을 말한다. 학생의 수학에 관심이 있는 수학교사는 학생의 수학하는 과정을 장기간의 심층적인 관찰을 통하여 보다 세련된 수학 모델을 만들어 가는 노력을 해야 할 것이다. 그리고 이런 모델에 입각하여 교육과정을 구성하고 교수·학습에 반영해야 할 것이다.

우리나라 초등학교 수학과 교육과정의 교수·학습에 대한 유의사항은 일반적으로 구성주의에서 제안하고 있는 학습자의 수준이나 여건을 고려하고 학습자로 하여금 스스로 수학 과제를 선택하고 자신의 진도로 나가도록 권고하고 있다. 교육과정은 일반적으로 교사 중심의 언어로 기술이 되고 있는데 학생들의 심리, 발달, 수준을 고려하여 좀 더 세밀하면서도 융통성 있게 제시할 필요가 있다. 교육과정에서는 일반적인 진술을 할 수밖에 없겠으나 다양한 교구나, 게임 또는 퍼즐을 활용하여 실제의 학습 과정에서 좀 더 능동적으로 학습자의 수준이나 요구에 적절하게 학습 활동에 참여하도록 할 필요가 있다.

6. 초등수학 평가

교육과정에서 수학교육의 목적이나 내용, 그리고 교수·학습의 방법이 아무리 학습자를 고려한 구성주의적인 방법으로 제시하고 있다고 하더라도 평가의 방법이 이를 뒷받침하지 하지 못한다면 효과적으로 이를 달성하기는 쉽지 않을 것이다. 다음은 초등수학 교육과정에서 제시하고 있는 평가의 규준 중에서 구성주의적인 접근과 밀접하게 관련이 있는 항목들이다(교육과학기술부, 2011, pp. 177-178).

가. 수학 학습의 평가는 학생의 인지적 영역과 정의적 영역에 대한 유용한 정보를 제공하고, 학생 개개인의 수학 학습과 전인적인 성장을 돕고 교사의 수업 방법을 개선하는 데 활용되어야 한다.

나. 수학 학습의 평가에서는 학생의 인지 발달 단계를 고려하고, 교육과정에 제시된 내

용의 수준과 범위를 준수한다.

다. 수업의 전개 국면에 따라 진단평가, 형성평가, 총괄평가 등을 적절히 실시하되, 속적인 평가를 통하여 다양한 정보를 수집하고 수업에 활용한다.

라. 수학 학습의 평가에서는 선택형 위주의 평가를 지양하고 서술형 평가, 관찰, 면담, 자기평가 등의 다양한 평가 방법을 활용하여 수학 학습에 대한 종합적인 평가가 이루어질 수 있게 한다.

마. 인지적 영역에 대한 평가에서는 학생의 수학적 사고력 신장을 위하여 결과뿐만 아니라 과정도 중시하여 평가하되, 수학의 교수·학습에서 전반적으로 요구되는 다음 사항을 강조한다.

(5) 생활 주변 현상, 사회 현상, 자연 현상 등의 여러 가지 현상을 수학적으로 관찰, 분석, 조직하는 능력

(7) 수학적 지식과 기능을 바탕으로 창의적으로 사고하는 능력

바. 정의적 영역에 대한 평가에서는 학생의 수학에 대한 긍정적 태도를 신장시키기 위하여 수학 및 수학 학습에 대한 관심, 흥미, 자신감, 가치 인식 등의 정도를 파악한다.

현 초등학교 수학과 교육과정에서 제시하고 있는 평가의 규준 중에서도 구성주의적인 관점에서 볼 때 맥을 같이하는 항목들이 있다. 수학 학습의 평가는 학생의 인지적 영역과 정의적 영역에 대한 유용한 정보를 제공하게 됨으로써 학생 개개인의 수학 학습과 전인적인 성장을 돕고 교사의 수업 방법을 개선하는 데 활용하도록 하고 있다. 따라서 교사는 학생 개개인의 인지 발달 수준이나 수학적인 능력을 고려할 것을 권고하고 있다. 그리고 다양한 평가의 시기와 방법으로 학생에 대한 다양한 정보를 수집하도록 하고, 지필형 평가 방법을 포함한 수행평가 및 관찰, 면담, 자기평가 등의 다양한 평가 방법을 활용하여 학생들의 수학 학습에 대한 종합적인 평가를 하도록 권하고 있다. 그리고 결과에 대한 평가뿐만 아니라 과정에 대한 평가를 포함하도록 하고 있다.

평가의 방법은 서술형, 수행평가, 장기간의 일지쓰기 등을 포함하여 보다 다양화할 필요가 있다. 그리고 학생들의 수학에 대한 관심, 흥미, 자신감, 가치 인식 등의 정도를 파악하는 것을 포함한 정의적 영역에 대한 평가를 활용하여 학생의 수학에 대한 긍정적 태도를 신장을 돕도록 하고 있다. 이는 우리나라 학생들에게 가장 취약한 부분으로 교육과정이나 교실에서의 교수·학습의 과정에서도 수학에 대한 긍정적인 태도를 갖도록 하는데 교육과정에서도 보다 세밀하게 포함하여 강조할 필요가 있다.

7. 초등수학 교육과정의 개정 방향

지금까지 우리나라의 초등수학 교육과정을 각 항목별로 구성주의적인 관점에서 살펴보았다. 인식론이나 지식의 구성에 대한 다양한 관점들이 있지만 교육과정의 개발에 있어서 구성주의적인 생각을 고려하는 것은 인간은 모든 지식을 결국 자신의 경험과 인식체계를 가지고 주관적으로 구성해 갈 수밖에 없다는데 있다.

Maturana(1987)는 모든 것은 관찰자에 의하여 말해진다는 유명한 말을 하면서 인식의 상대성과 주관성에 대하여 설명하고 있다. 이는 구성주의자들의 생각과 맥을 같이하는 것으로 교사의 입장에서 수학교육을 효과적으로 하려면 우선은 학습자인 학생을 이해할 필요가 있다. 이를 위해서는 앞에서 언급한 '학생의 수학'을 이해할 필요가 있고, 이를 위해서 교사는 학생들의 수학에 대한 장기적이고 심층적인 관찰이 필요하다. 교육과정에서 제시하고 있는 내용이 무엇이든 교실 안에서 교사와 학생 간의 상호 작용에 의하여 수학 교수·학습이 결정되고 이는 궁극적으로는 학생들이 학습하는 수학이 되는 것이다.

학생들이 수학교실 안에서 주체적으로 자신의 수학 활동을 하면서 수학의 힘을 경험하면서 수학에 대한 긍정적인 태도를 갖도록 하려면 교육과정의 구성이나 실행에 있어서 구성주의적인 접근 방법이 많은 장점을 가지고 있다고 할 수 있다. 앞으로의 초등수학 교육과정의 개정에 있어서 구성주의적인 관점을 고려한다면 다음과 같은 사항을 보다 더 고려할 필요가 있다.

첫째, 가능한 더 많은 학생이 자신의 목소리를 낼 수 있도록 하고, 개별적인 아이디어를 표현할 수 있는 방향이 고려되어야 한다. 학생들의 입장에서 수학의 학습 소재나 장면이 의미 있어야 하고 이에 기꺼이 참여할 수 있도록 할 필요가 있다. 그리고 초등수학 교육과정의 목적에 학생들이 스스로 자신의 수학을 만들어 내는 부분까지 고려할 필요가 있다. 이를 위해서는 결과도 중요하지만 과정을 함께 고려하여 학생들이 수학을 하는 과정이 중요함을 인식하도록 할 필요가 있다.

둘째, 학생들의 요구와 수준에 맞게 스스로 선택하여 진도를 나갈 수 있도록 하는 접근 방법이나 다양한 교재의 개발도 동반할 필요가 있다. 이를 위해서는 빠른 시간 안에 답을 내는 방식 보다는 다양한 각 개인의 의견으로 논의하면서 수학적인 아이디어를 수렴하고 확산해 가도록 할 필요가 있다. 이를 위하여 수학 학습에 적절한 전자교과서의 개발 등 맞춤형 수학 학습이 가능하게 하는 방안들에 대한 연구가 지속적으로 이루어질 필요가 있다.

셋째, 교수·학습에서는 그 방법을 다양화하고, 각 개인의 학습 방법에 대한 고려를 할 필요가 있다. 이는 먼저는 교사들의 인식 전환이 필요하고 학교 현장의 이에 대한 고려가 있어야 가능한 일일 것이다. 학급당 학생 수는 아직도 이를 효과적으로 이행하기에는 많은 편이다. 그리고 교사들의 교육활동을 돕기 위하여 교육에 보다 더 많은 시간과 에너지를 할애 할 수 있도록 할 필요가 있다. 그리고 의미 있는 자료 개발과 보급도 병행할 필요가 있다.

마지막으로, 수학과의 개별적인 평가의 방법에 대하여 연구해 볼 필요가 있다. 평가는 단지 학습의 결과를 점검하는 것을 넘어서 교사들에게 차후의 학습을 위하여 학습자들에 대한 유용한 정보를 제공할 필요가 있다. 구성주의자들이 사용하는 '교수실험(박만구, 1999)'과 같은 자연스런 교수활동이면서 평가로서 실험을 해 볼 수 있는 것도 의미 있는 평가의 한 방법이라고 할 수 있다.

초등수학과 교육과정에 이러한 관점의 반영을 위해서는 학교 현장의 교실의 시설이나 학급당 학생 수의 적정화 등을 포함한 물리적인 환경이나 교사의 신념 변화 및 구성주의적 관점에서 교수·학습을 적절히 실행할 수 있는 능력을 갖추도록 적절한 교사연수도 병행되어야 할 것이다.

학교는 단순히 주어진 교육과정을 이행하는 장소가 아닌 학생과 교사의 삶의 장이 되어야 한다. 새롭게 개정된 초등수학 교과서에서는 학생들의 흥미와 수학의 의미를 위하여 스토리텔링 방식을 가미한 단원이 들어가 있는 교과서를 개발하여 보급하였다. 이는 새로운 시도로 학생들이 이야기 속에서 수학을 학습할 수 있도록 하는 것으로 흥미 면에서는 적극적인 호응을 얻고 있으나 아직까지 수학 본연의 학습에는 어느 정도 효과적인지 체계적인 연구는 미흡한 실정이다. 이 부분에 대하여 구성주의적인 관점에서도 어떠한 의미가 있는지에 대하여 보다 심도 있는 연구가 필요하다.

끝으로, 초등수학교육에서 교육과정과 관련한 구성주의적인 접근이 모두가 긍정적이라는 의미는 아니며, 수학교육이나 수학과 교육과정의 개발 및 실행에 있어서 현장에서의 장기적이고 다양한 실험들을 통한 심층적인 연구를 통한 검증작업이 있어야 할 것이다.

참 고 문 헌

Reference

강완, 김상미, 박만구, 백석윤, 오영열 (2009). 초등수학교육론. 서울: 경문사.

교육과학기술부 (2011). 초등학교 교육과정. 서울: 교육과학기술부.

박만구 (1999). 구성주의자의 실험 교수. 학교수학, 1(2), 513-528.

이홍우 (1998). 교육과정: 개관. 서울대학교 교육연구소(편). 서울: 하우동설.

장상호 (2000). 학문과 교육. 서울: 서울대학교 출판부.

황혜정, 김창일, 정여옥, 박만구, 고호경, 김선희, 한혜숙, 한세호, 김현아, 장미라, 정은선 (2010). 창의 중심의 수학 수업 내실화 및 평가 방안 연구. 한국과학창의재단 연구 보고서 2010-2.

Glasersfeld, E. V. (2000). Radical constructivism and teaching. Retrieved on May, 10, 2013 at http://www.univie.ac.at/constructivism/?and=on&keys=glasersfeld&days=.

Glasersfeld, E. V. (1995). *Radical constructivism: A way of knowing and learning*. London: The Falmer Press.Kuhn, T. S. (1970). *The structure of scientific revolutions* (2nd ed.). Chicago and London: The University of Chicago Press.

Maturana, H. (1987). Everything said is said by an observer. In W. Thompson (Ed.), *Gaia: A way of knowing* (pp. 65-82). Hudson, NY: Lindisfarne Press.

Maturana, H. R. & Varela, F. J. (1987). *Der Baum der Erkenntnis*. 최호영(역). (1995). 인식의 나무. 서울: 자작아카데미.

Maturana, H. & Varela, F. J. (1980). *Autopoiesis and cognition: The realization and the living*. London: D. Reidel Publishing Co.

National Council of Teachers of Mathematics (2000). *Principles and standards for school mathematics*. Reston, VA: Author.

Piaget, J. (1967). *Biology and knowledge*. Paris: Gallimard.

Pinar, W. F. et al. (1995). *Understanding curriculum: An introduction to the study of historical and contemporary curriculum discourses*. New York: Croom Helm.

Polanyi, M. (1958). *Personal knowledge: Towards a post-critical philosophy*. Chicago: The University of Chicago Press.

Rorty, R. (1979). *Philosophy and the mirror of nature*. Princeton: Princeton University Press.

Vygotsky, L. S. (1978). *Mind in society: The development of higher psychological processes*. Cambridge: Harvard University Press.

제 5 장

중학교 수학과 교육과정에서의 구성주의

고호경(아주대학교)

1. 들어가는 말

'백번 읽으면 뜻이 자연히 통한다'라는 표현은 필자가 어렸을 때 학교 수업에서 많이 들었던 말이다. 이 말의 원뜻이 무엇이었든 간에 필자가 수업 시간에 들은 의미는 아마도 반복 학습의 중요성을 강조한 것으로서 어떤 지식을 익혀야 함을 강조한 전통적 교육과정에서 가용되었던 표현이라 생각된다.

교육과정을 사회적으로 처방된 지식의 구조, 인식 주체자의 외부에 존재하여 익혀야 할 구조로 보는 관점은 '사실로서의 교육과정(curriculum as fact)' 으로서 이는 전통적 교육과정 패러다임이라 할 수 있다. 그러나 전통적 교육과정 패러다임은 실체로서의 자아를 탐구하면서 지식의 본질과 관련하여 주체와 객체의 상호작용, 생성성, 다원성 등을 전제하지 못하였다는 지적을 받는다(양미경, 2002). 반면, '실천으로서의 교육과정(curriculum as practice)' 관점은 '구성되어 가는 교육과정'으로서 자신의 고유한 생활 세계에 대한 지각과 관련된, 실존하는 개인의 가능성으로 인지하는 대안적 관점을 의미한다. 이는 개별 학생과 협동하는 과정에서 상호작용을 통해서 새로운 의미들이 창출된다고 보는 것으로 교육과정 역시 가르치고 배우는 교육 당사자에 의해 구성되어 가는 것이라 본다(양미경, 2002).

수학교육 측면에서, 박경미(1995)는 구성주의의 교육적 의미를 다음과 같이 이야기한다. 교육 측면에서 볼 때 구성주의의 가장 중요한 특징 중의 하나는 성취력을 기르기 위한 훈련과 이해력을 함양하기 위한 지도의 구분으로 구성주의는 행위 반응의 모사를 목적으로 하는 전자보다는 개념적 이해에 주안점을 두는 후자를 지향해간다. 구성주의는 학습과 지도의 양쪽 측면에서 해석할 수 있는데, 먼저 학습의 관점에서 본 구성주의는 지식의 습득은 전수에 의한 것이 아니라 내적 인지구조를 재구조화함으로써 학생 스스로 구성해 간다는 것을 골자로 하는 것이라는 기본 관점을 밝힌 바 있다. 또한 지도의 관점에서 본 구성주의의 지도의 목표는 학생들이 수학적 지식을 효과적으로 받아들일 수 있도록 하는 전략의 수립보다는 학생들의 구성 활동을 관찰하고 조정하는 것이라는 요지를 담고 있다.

그러나 이러한 구성주의에 관한 현재까지의 연구들은 주로 학교교육에서 교수·학습 환경이나 학습 과정과 관련된 것들이 대부분이었다. 즉 구성주의를 지식의 맥락적 특수성을 강조하고 이를 학습자 중심의 교수 방법이나 전략으로만 인식하는 경향이 강하다(강인애, 1997; Jonassen, 1991, van Glaserfeld, 1989). 이처럼 학교교육에서 논의되고 있는 구성주의 이론의 적용은 교수 기법의 측면에 치중한 결과, 상대적으로 구성주의의 인식론적 측면에서의 교육과정의 구성, 교육과정의 성격 규명 등과 연계된 문제에 관한 논의는 다소 미약하다(소경희, 2005). 다시 말해서, 구성주의에 기초한 교육 내용의 문제, 즉 어떤 내용을 가르칠 것인가, 교육과정 구성에서 어떤 내용을 포함할 것인가의 문제에 대한 논의는 상대적으로 적다.

따라서 본 장은 2009 개정 교육과정에 따른 중학교 수학과 교육과정에서 구성주의 입장을 반영하고 있는 내용과 그 의미가 무엇인지를 '교육과정 목표', '교육내용 선정 및 조직', '교수·학습 방법' 등의 교육과정의 문서로 나타나는 범주로 나누어 고찰하고자 한다.

2. 구성주의적 관점에서의 중학교 수학과 교육과정의 의의

2.1 교육과정 목표

구성주의적 관점에서 보면, 목표는 상당히 포괄적이고 일반적인 수준에서 진술되며, 교육과정 개발의 궁극적 지표라기보다는 교육과정의 포괄적인 틀을 제공하는 방향 제시의 기능을 한다(양미경, 2002). 구성주의 입장에서 교육과정의 목표는 가치 연관적으로서, 그 활용 가치를 높일 수 있는 개념적 도구를 의도화하면서 동시에 학습자의 삶의 맥락, 학습자의 학습 맥락성을 중시한다. 다음은 중학교 교육 목표로서, 이는 그 의미가 다중적이고, 포섭적이며, 사회적 가치를 고려하고 맥락 제한적, 문화 구속적, 시간 연관적인 구성주의적 관점을 반영한 결과라고 볼 수 있다.

중학교의 교육은 초등학교 교육의 성과를 바탕으로, 학생의 학습과 일상생활에 필요한 기본 능력을 배양하며, 다원적인 가치를 수용하고 존중하는 민주 시민의 자질 함양에 중점을 둔다.

- 심신의 건강하고 조화로운 발달을 추구하며, 다양한 분야의 경험과 지식을 익혀 적극적으로 진로를 탐색한다.
- 학습과 생활에 필요한 기초 능력과 문제 해결력을 바탕으로 창의적 사고력을 기른다.
- 자신을 둘러싼 세계에 대한 경험을 토대로 다양한 문화와 가치에 대한 이해를 넓힌다.
- 다양한 소통능력을 기르고 민주 시민으로서의 자질과 태도를 갖춘다.

구성주의 입장에서의 학습하려는 과제의 성격은 구조화하거나 정형화되지 않은 과제, 과제의 배경이 되는 사회집단에 문화적 동화가 이루어질 수 있도록 실제 상황성이 깃들여진 과제, 혹은 여러 상황이 함께 고려되어 학제간 지식의 활용을 필요로 하는 복잡한 과제 등으로 정리할 수 있다. 중학교 교육과정에서의 수학과의 목표는 이러한 구성주의적 입장에서 제시하는 다양한 과제를 가지고서 학생들은 협동 학습, 탐구적 학습 등을 통해 문제해결 전(全) 과정에서 교수적 도움과 학생의 학습 활동 참여를 통해 자기 주도적으로 학습하고 문제해결 능력을 키울 수 있도록 하고 있다. 또한 비순차적이고 다원적이고, 임의적 접근을 시도하고 있으며 단지 수학적 개념을 학습하는 것에 그치는 것이 아니라 이를 여러 관점에서 다양한 목표로 접근하는 것에 주안점을 두고 있다는 점에서 구성주의가 반영된 것이라 할 수 있다.

수학적 개념, 원리, 법칙을 이해하고, 수학적으로 사고하고 의사소통하는 능력을 길러, 여러 가지 현상과 문제를 수학적으로 고찰함으로써 합리적이고 창의적으로 해결하며, 수학 학습자로서 바람직한 인성과 태도를 기른다.

- 생활 주변이나 사회 및 자연 현상을 수학적으로 관찰, 분석, 조직, 표현하는 경험을 통하여 수학의 기본적인 기능과 개념, 원리, 법칙과 이들 사이의 관계를 이해하는 능력을 기른다.

• 수학적으로 사고하고 의사소통하는 능력을 길러, 생활 주변이나 사회 및 자연의 수학적 현상에서 파악된 문제를 합리적이고 창의적으로 해결하는 능력을 기른다.
• 수학에 대하여 관심과 흥미를 가지고, 수학의 가치를 이해하며, 수학 학습자로서 바람직한 인성과 태도를 기른다.

2.2 교육내용 선정 및 조직

구성주의 관점에서 교육내용을 선정하는 가장 중요한 준거의 하나는 선정된 내용이 학습자의 상황적 맥락을 적절히 고려하고 있는가의 문제이다. 즉 교육과정에서 다루는 교육내용은 학습자의 인지적, 정의적 수준을 토대로 학습자를 고려하여 선정되어야 한다. 이때 선정한 내용은 실세계를 반영하여 사회생활에서 유용성이 높고, 학습자의 흥미와 요구, 학습 가능성을 충분히 고려하여 조직되어야 한다는 것이다.

객관적 인식론 관점에서는 지식이 독립된 실재를 표상한다거나 보편적 가치를 지니고 있기 때문에 교육과정 내용 구성은 객관적인 가치를 지닌 교육과정을 개발하고 실행하는 데 초점을 맞춘다. 즉, 지식을 가르치기 위해서는 논리적으로 구분할 수 있는 인지적 측면에 따라 지식을 분류하고, 그 분류된 지식의 특성에 맞게 교수·학습 되어야 할 것이다. 이를 위해서 교육과정은 지식의 형식에 대한 설명과 분류를 시도하고 지식의 형식들은 고유한 중심 개념, 고유한 논리적 구조와 경험에 비추어 검증 가능한 표현과 진술들로 구축되고 그것들을 검증할 수 있는 기법 등의 특성을 지니고 있다(Hirst, 1974).

반면, 구성주의 관점에서 지식이란 시대와 사회, 맥락, 인식 주체자의 수준과 관심 등과 불가분의 관계를 지닌 것으로 여긴다. 여기서는 진리의 관점을 주체의 경험적 세계의 범위 내에서의 '존속 가능성'의 개념으로 대체하는 것으로 간주한다(von Glaserfeld, 1995). 따라서 지식은 인식주체에 의해 구성되는 것으로서 개인이 수동적으로 받아들이는 것이 아니라, 스스로의 경험을 바탕으로 능동적으로 구성한다는 것이다.

• 귀납, 유추 등을 통해 학생 스스로 수학적 사실을 추측하고, 이를 정당화할 수 있게 한다.
• 구체적 조작 활동과 탐구 활동을 통하여 학생 스스로 개념, 원리, 법칙을 발견하고 이를 정당화하게 한다.
• 점, 선, 면, 각과 관련된 용어의 뜻을 직관적으로 이해하고, 이를 토대로 여러 가지 도형의 성질을 추론할 수 있게 한다.

위의 교육과정 문서에 사용한 '정당화'라는 표현은, 수학적 명제가 참임을 밝히는 가장 엄밀하고 형식적인 과정을 증명이라 하지만, 수학적 명제가 참임을 자신 또는 다른 사람을 확신시키는 방식으로 사용되는 의미로서 사용하고 있다(이환철 외, 2012). 이는 전통적인 증명 외에도 다양한 방법으로 명제가 참임을 설명하는 과정이 증명을 한 분야로 포함하면서(Sowder & Harel, 1998), 증명의 포괄적인 의미로 사용하고 있는 것이다. 이렇듯 '정당화'라는 개념이 도입된 이유는 엄밀한 증명을 포함한 다양한 형태의 논리적 설명이나 기술을 통해 학생들이 보다 쉽게 기하학적 성질을 이해하고 그 논리적 타당성을 습득(이환철 · 하영화, 2011; 한인기, 2005; 황선욱 외, 2011; Back et al., 2009; Sowder & Harel, 1998; Tall, 1995)하는 데에 목적을 둔 것으로 학생들 개개인의 주관적 경험을 바탕으로 지식을 능동적으로 구성한다는 맥락을 반영한 것이라 할 수 있다.

전통적인 의미의 지식은 세계를 일목요연하게 인식, 표현, 예측할 수 있다고 생각하는 '결정론적 세계관'에 의한 '주제적 또는 교과적 지식'(subject knowledge)이었다. 이런 교과적 지식은 학교 제도에 의해 지속될 수 있는 지식으로 인식되었기 때문에 학교 교육의 내용으로 당연시 되어 왔다. 이러한 지식관을 따르는 교육과정은 핵심 원리나 개념을 터득하게 하는 최선의 방식으로 그 원리나 개념을 직접 제시하고, 그것을 암기하고 내면화하도록 요구한다. 따라서 교육과정이나 교과서의 내용을 익혀야 될 정련된 내용을 제시하는 방식으로 구성하여 교과 내용을 얻을 수 있도록 절차를 안내하거나 유도하고 있다.

반면, 과학의 발달로 세계에 대한 새로운 사실들이 밝혀지면서 이제는 더 이상 '결정론적 세계관'에 의한 교과적 지식은 무의미하거나 낡은 지식으로 여겨지고 있다. 또한 지식 정보량이 하루가 다르게 늘어나고 있기 때문에 올바른 교과적 지식이라고 해도 이 지식을 주입하는 교육은 무의미할 뿐 아니라 학습자의 다양한 학습 기회를 빼앗는 결과를 초래 할 수도 있다는 주장이 나오고 있다(김성재 · 김창복, 2009).

이에 구성주의 관점에서 교육과정은 구조적 변화를 경험하도록 해체하거나 안내하는 역할을 할 수 있도록 안내하면서, 수학 교과의 내용은 학습 목표에서 추출된 세부적 요소들을 논리 정연하게 제시하고 있다.

- 중학교 수학은 '수와 연산', '문자와 식', '함수', '확률과 통계', '기하'로 구성된다. '수와 연산' 영역에서는 정수, 유리수, 실수의 개념과 사칙계산을, …, '기하' 영역에서는 기본 도형의 성질, 피타고라스 정리, 삼각비, 원의 성질과 활용을 다룬다.
- 학년군별 내용의 배열순서가 반드시 교수 · 학습의 순서를 의미하는 것은 아니므로, 교수 · 학습 계획을 수립하거나 학습 자료를 개발할 때에는 내용의 특성과 난이도, 학교 여건, 학생의 수준 등을 고려하여 내용, 순서 등을 재구성할 수 있다.

이러한 교육과정의 특징은 학습이 학습자 자신의 경험을 통해 깨달아지거나 발견되는 것이며, 목표가 달성되면 학습자 스스로에 의해 끊임없이 바뀌면서 설정된다고 보는 것이다. 이는 지식의 성장 과정을 어떤 특정 분야를 단위로 하든, 학습자 개인을 단위로 하든지 '입증된' 지식의 축적 혹은 '참'인 것의 증가라기보다는 새로운 관점으로 끊임없이 재해석하는 과정이라고 보기 때문이다(Kuhn, 1970).

또한 구성주의에서는 정형화되지 않은(ill-structured) 학습 환경을 중시하면서, 학생들이 인지적 불일치나 갈등, 모순 등을 느낄 때 학생들의 인지 발달은 더욱 촉진된다는 구성주의자들의 주장이 있다. 이를 위하여 학생들에게 제시될 내용들은 학습자들이 인지적 불일치를 느낄 수 있는 수준의 것을 제공하는 것이 도움이 된다고 한다(양미경, 2002). 수학과 교육과정에서 역시, 그 단계의 학습자들의 흥미를 반영한 소재, 자주 범하는 오류, 모순, 부적절한 추론 등을 활용한 소재를 제시해줄 것을 요청하고 있다

- 다양한 상황에서 자료를 수집하게 하고, 수집한 자료가 적절한지 판단하는 활동을 하게 한다.
- 눈금 등을 잘못 사용하여 자료를 부정확하게 나타낸 표나 그래프에서 오류를 찾는 활동을 하게 한다.

이때, 학습이란 학습자의 실질적인 상호작용을 통해서만 그 의미가 발현되게 되며, 학습자로 하여금 주체적이고 비판적인 사고를 하도록 한다.

- 수학적 사실이나 명제를 분석하고, 수학적 관계를 조직하고 종합하며, 학생 자신의 사고 과정을 반성하게 한다.

교육과정에서 선정된 교육내용은 일관된 형태로 조직되어야 하는데, 그 조직의 방법은 크게 논리적 조직과 심리적 조직 두 가지로 나뉠 수 있다. 논리적 조직은 선정된 교육 내용이 서로 논리적인 관련을 갖도록 조직하는 것이고, 심리적 조직은 교육 내용이 학습자의 심리적 과정에 적합할 수 있도록 조직하는 것이다. 즉 논리적 조직은 완성된 결과로서 교과 그 자체를 의미하는 것인 반면, 심리적 조직은 교과가 학습자의 마음속에서 학습되어 가는 심리적 과정의 결과를 의미한다. 이것을 구성주의적 관점에서 보면 교육 내용을 조직하는 방법으로서 논리적 조직과 심리적 조직이 각각 독립적으로 분리되어 있다기보다는 상호 의존적, 통합적으로 조직되어 있다고 본다. 왜냐하면 논리의 내재적 특징은 인식 주체인 학습자의 활동 속에 그 기원을 두고 있기 때문이다(권낙원 · 민용성, 2002).

결국, 교육과정에서 선정되어야 하는 교육 내용이란 계속성, 계열성, 통합성이라는 논리적 조직과 동시에 학습자의 발달 수준, 인지 구조, 학습자의 흥미와 요구 등의 심리적

조직과 관계를 맺으면서 조직되어야 한다는 것이다.

- 도형의 성질을 이해하고 설명하는 활동은 학생의 수준에 따라 달리할 수 있다.
- 피타고라스 정리의 역은 직관적으로 이해하게 한다.
- 점, 선, 면, 각과 관련된 용어의 뜻을 직관적으로 이해하고, 이를 토대로 여러 가지 도형의 성질을 추론할 수 있게 한다.
- 공학적 도구나 다양한 교구를 활용하여 도형의 성질을 추론할 수 있게 한다.

구성주의적 입장에서는 어떠한 지식이 아무리 학문적으로 가치가 있다고 판단되는 것이라 할지라도 인식의 주체인 학습자 개개인에 의해 주체적이고 통합적인 의미를 지닐 수 있도록 하지 못한다면 무의미하다는 관점을 갖고 있다. 이를 반영한 실효책으로서 교과 영역의 경계를 완화시켜 어떤 문제나 쟁점, 사고 기능, 개념, 범주 등을 중심으로 교과 간의 학습 내용을 통합적으로 재조직하여 가르치는 방식을 활용하고자 하는 시도가 일고 있다. 교과별 지도는 각 교과의 내재적이고 고유한 맥락을 강조함으로써 학생들로 하여금 그 논리를 무조건 따르게 하는데 비해, 특정한 주제나 소재를 중심으로 여러 교과를 통합하여 고려해 보게 하는 활동은 각 교과의 성격에 대해 사려 깊게 고려하는 기회를 제공해 준다는 점에서 각 교과의 내용을 보다 의미 있는 개인적, 사회적 주제 혹은 문제의 맥락 속에서 연관시켜 나가고자 하는 것이다(소경희, 2005).

이를 반영하여 교육과정에서는 다양한 상황이란 표현을 빌리고자 하였는데, 여기서 제시된 다양한 상황이란 과학, 공학, 기술, 예술, 사회 등 타교과의 다양한 상황과 수학을 연계시켜 수학을 보다 의미 있게 학습해 나갈 수 있도록 하는 것뿐만 아니라 지식에 대한 비판적이고 융통적인 안목을 기를 수 있도록 하고자 한 것이다

- 다양한 상황을 문자를 사용한 식으로 표현하고, 그 식을 간단히 나타낼 수 있다.
- 다양한 상황의 자료를 표나 그래프로 나타내고, 그 분포의 특성을 설명할 수 있게 한다.
- 공학적 도구를 활용하여, 함수의 그래프를 그리고 다양한 상황을 해석할 수 있게 한다.

또한 위와 같은 관점의 교육과정에서는 체험을 동반하지 않은 앎이라고 하는 것은 생명력이 없는 무기력한 정보 수준에 지나지 않아 인간의 인식 수준을 높이거나 경험을 재구성하는 데 거의 영향력을 미치지 않는다고 본다. 따라서 교육과정에 제시된 다음의 예시 내용들은 '지식의 구성' 그 자체 외에도 '삶의 구성'을 강조하고 있다.

- 생활 주변 현상, 사회 현상, 자연 현상 등의 여러 가지 현상을 학습 소재로 하여 수학의 개념, 원리, 법칙을 도입한다.
- 일차방정식으로 나타낼 수 있는 실생활 문제를 찾아 해결하게 한다.
- 삼각비의 뜻을 알고 활용하여 간단한 실생활 문제를 해결할 수 있다.
- 학생 스스로 문제 상황을 탐색하고 수학적 지식과 사고 방법을 토대로 해결 방법을 적절히 활용하여 문제를 해결하게 한다.

2.3 교수·학습 방법

구성주의에서 지식은 객관적 실체로서 발견되는 것이 아닌 다른 사람과 맺는 상호관계 속에서 구성되는 것으로 인식되어 있기 때문에 지식이 구성되는 과정에서 문화적·역사적 맥락을 중시한다(한승희, 2002). 앞에서 논한 것처럼 구성주의 관점에서 교육과정 내용 선정은 논리적인 계열성을 지니기보다는 학습자들의 인지가 발달하는 순서, 질문의 순서 등 경험적인 계열을 기초로 조직, 전개된다. 따라서 교육과정에서 역시 학습 장면에서 개인적인 관심, 해석, 활동 등 학습자의 주체적인 역할에 큰 비중을 두며 또한 학습자의 적극적인 참여를 요청한다.

- 발문을 할 때는 학생의 인지 발달과 경험을 고려하며, 발문에 대한 학생들의 반응을 의미 있게 처리한다.
- 학생의 사고를 촉진시키기 위해 가능하면 열린 형태의 발문을 통해 하나의 문제를 여러 가지 방법으로 해결하게 하고 다양한 방법을 비교하여 설명해 보게 한다.
- 다양한 상황을 이용하여 음수와 무리수의 필요성을 인식하게 한다.
- 수의 계산에서 자신의 풀이 방법을 설명하게 한다.

또한, 구성주의에서는 사회 관계에 참여하는 개인의 인지 발달을 주목하며 관련 공동체에의 문화적 동화를 학습으로 보고 있다. 또한 이러한 활동들의 최종 목표는 개인간의 활발한 상호작용에 의한 사회·문화적 관습을 습득하는 것으로서 사회·문화적 동화 과정에 관심을 두고 있다. 따라서 관련 공동체의 요구 사항이나 사회·문화적 공동체의 양식을 교육에 반영하는 것을 배제하지 않는다.

21세기 지식 기반 사회의 민주 시민에게 필요한 소양과 경쟁력을 갖추는 것이 교육과정에 대한 사회적 요구 사항이다. 미래 사회는 변화하는 환경을 주도하는 새로운 인재상을 요구하고 있다. 이에 따라 교육과학기술부(2011)는 글로벌 사회를 주도할 창의적 인재를 새로운 인재상으로 보고, 국가 교육과정을 통해 배려와 나눔을 실천하는 창의적인 인재를 기를 수 있도록 명시하고 있다. 미래 사회의 창의 인재는 단순히 새로운 가치를 창출하는 사람일 뿐만 아니라 다문화·다민족·글로벌 사회 및 지속 발전이 가능한 사회에 요구되는 수준 높은 인성을 동시에 갖춘 사람을 의미한다. 따라서 학교교육은 국가 교육과정에서 상정하고 있는 이러한 창의·인성 교육에 중점을 둘 필요가 있으며, 이러한 교육은 21세기 세계 시민으로서 살아가기 위해서뿐만 아니라 국가 경쟁력의 강화를 위해서도 절실히 요구되고 있다.

2009 개정 교육과정에 따른 수학과 교육과정에서는 수학적 과정을 통해 핵심 역량을 키우고 이를 통하여 타 교과의 성공적인 학습에 기반이 될 수 있도록 할 뿐만 아니라, 나아가 개인의 전문적 능력을 증진시키고 창의·인성을 육성하는 것이 수학교육의 목적이라고 밝히고 있다.

■ 학생들의 인성을 함양시키기 위하여 교수·학습에서 다음 사항에 유의한다.

(1) 다른 학습자의 풀이 방법과 의견을 존중하며, 이를 통해 타인을 배려하는 성품을 기르게 한다.

(2) 자신의 수학적 아이디어를 설득력 있게 논리적으로 표현하여 그 타당성을 입증하고 이에 기초하여 합리적으로 결론을 내리는 과정을 통해 민주 시민의 소양을 기르게 한다.

(3) 수학 문제를 해결함에 있어 결과에 이르는 과정이 중요함을 인식하게 한다.

■ 수학적 창의력을 신장시키기 위하여 교수·학습에서 다음 사항에 유의한다.

(1) 수학적 창의력의 신장이 이루어지도록 수학적 문제 해결력, 추론 능력, 의사소통 능력을 강조한다.

(2) 다양한 아이디어를 산출할 수 있는 수학적 과제를 통해 학생들의 확산적 사고를 촉진시킨다.

(3) 하나의 수학 문제를 여러 가지 방법으로 해결한 후 그 해결 방법을 비교해 보고, 더 높은 차원으로 확장해서 사고할 수 있게 한다.

(4) 수학 개념이나 용어의 정의를 직접적으로 제시하기보다 학생 스스로 개념과 용어의 필요성을 인식하고 정의해 보게 한다.

구성주의의 또 다른 관점에서는 학습자의 인지 갈등이 학습의 자극이나 동기가 되고 학습 활동의 질을 좌우할 수 있다고 주장한다. 인지 갈등은 반성적 사고를 불러일으키고, 이 반성적 사고는 인지의 재구조화를 자극하는 요인으로 역할을 하게 된다(강인애, 1995).

구성주의 관점에서 교수·학습 방법은 학습자에게 이러한 인지 갈등에 의해 새롭게 형성된 지식에 대하여 상호 신뢰를 바탕으로 한 상호 평가에 의해 인지 구조를 수정하거나 강화하면서 자신만의 인지 구조를 조직하도록 요구한다.

- 수학적 추론을 통해 합리적으로 사고하는 능력을 키우고, 일상생활에서 자신의 의견을 정당화할 때 적절한 근거에 기초하여 논지를 전개할 수 있게 한다.
- 학생 스스로 문제 상황을 탐색하고 수학적 지식과 사고 방법을 토대로 해결 방법을 적절히 활용하여 문제를 해결하게 한다.

인지적 구성주의에서는 학습자의 인지적 갈등이 학습의 자극이 되고, 학습자의 학습동기와 학습 활동의 질을 좌우할 수 있다고 주장한다. 인지적 갈등은 반성적 사고를 불러일으키고, 이 반성적 사고는 인지적 재구조화를 자극하는 요인으로 역할을 하게 되는 것이다(강인애, 1995).

구성주의 관점에서의 교수·학습 방법은 학습자는 이러한 인지적 갈등에 의해 새롭게 형성된 지식에 대하여 상호평가나 상호 신뢰에 의해서 인지 구조를 수정하거나 강화하면서 자신만의 인지 구조를 조직화하도록 요구한다.

- 발문을 할 때는 학생의 인지 발달과 경험을 고려하며, 발문에 대한 학생들의 반응을 의미 있게 처리한다.
- 학생의 사고를 촉진시키기 위해 가능하면 열린 형태의 발문을 통해 하나의 문제를 여러 가지 방법으로 해결하게 하고 다양한 방법을 비교하여 설명해 보게 한다.

또한 이러한 맥락과 같이하여, 어떤 문제 상황을 재차 삼차 보다 정련된, 복합적인 맥락에서 다시 다루어보는 방식을 도입하여 문제 만들기 활동을 제안하고 있다.

- 문제 해결의 결과뿐만 아니라 문제 해결 방법과 과정, 문제를 만들어 보는 활동도 중시한다.

구성주의 학습 장면은 전통적 교실 장면과 다르다. 구성주의 관점에서는 지식이 형성되는 과정을 개인의 인지 작용과 개인이 속한 사회 구성원들 간의 사회적 상호 작용·사회적 협의를 통해 타당하게 형성된 지식을 바탕으로 현재의 사회 구성원들의 상황에 대한 이해와 해석적인 면이 반영되고 협동적인 활동을 거쳐 상대방을 이해하고 더불어 사는 지혜를 배울 수 있는 협동 수업 등이 활성화되어야 한다(이원희, 1998). 이를 위해 교육과정에서는 학습자 자신의 목표 의식과 주체적인 해석 그리고 적극적인 참여를 보장하고 격려하기 위한 학습 환경을 구축하고 학생의 특성에 따른 다양한 교수·학습 방법을 시행하도록 권장하고 있다.

- 수학과 수업에서는 교육 내용과 학생의 특성을 고려하여 발견 학습, 탐구 학습, 협동 학습, 개별 학습, 설명식 교수 등 다양한 교수·학습 방법을 활용할 수 있다.
- 도형의 성질을 이해하고 설명하는 활동은 학생의 수준에 따라 달리할 수 있다.
- 교육과정의 성취 기준은 학생의 특성, 내용의 연계성, 지역성 및 현실성을 고려하여 지도한다.

또한, 전통적으로 정제된 지식과 권위적 교사 편에 쏠렸던 수업의 주도권이 구성주의에서는 유동적 지식과 학습자 쪽으로 옮겨진다. 구성주의 교실 상황에서는 학생이 학습의 주도자이기 때문에 지식이 주체가 될 수 없으며, 더 이상 교과서가 유일한 정보원이라 할 수 없다(조용기, 1996; 이원희 1998). 구성주의에 따른 학습은 자신의 능력과 필요에 따라 교사와 동료들의 도움을 받고 다양한 매체를 통하여 자신의 지식을 만들어 나갈 수 있는 환경을 제공한다.

- 교수·학습의 전 과정을 통하여 적절하고 다양한 교육 기자재를 활용하여 수학 학습의 효과를 높이도록 한다.
- 계산 능력 배양을 목표로 하지 않는 경우의 복잡한 계산 수행, 수학의 개념, 원리, 법칙의 이해, 문제 해결력 향상 등을 위하여 계산기, 컴퓨터, 교육용 소프트웨어 등의 공학적 도구와 다양한 교구를 활용한다.
- 구체적인 조작과 탐구 활동을 통해 수학의 개념과 원리를 이해하고 수학 주제에 대해 모둠으로 토론함으로써 수학 학습의 효율을 높일 수 있도록 수학 교과 교실을 구축하여 활용한다.
- 수학 학습의 평가에서는 평가하는 학습 내용과 방법에 따라 학생에게 계산기, 컴퓨터, 교육용 소프트웨어 등의 공학적 도구와 다양한 교구를 이용할 수 있는 기회를 제공한다.

3. 나오는 말

패러다임이 변환될 경우, 이전의 패러다임 안에서 이루어지던 개념과 현상에 대한 해석들은 그 모습을 달리 하게 되는 것이 당연스러운 현상으로서 이는 Kuhn(1970)이 주장한 대로 학문의 발달 과정은 같은 문제에 대한 해답의 발전이 아니라, '문제 자체가 달라지는' 구조적인 변화 과정이라는 것과 그 맥락을 같이 할 수 있다.

전통적인 입장에서 교육과정은 학생들의 교수·학습을 주관하는 모든 구성 요소들의 준거로, 교육과정 개발 전(全) 과정에서 의사결정의 근거로 작용하기 때문에 구체적인 행동 목표로 진술된다(양미경, 2002). 반면에 구성주의적 관점에서 보면, 목표는 상당히 포괄적이고 일반적인 수준에서 진술되며, 교육과정의 궁극적인 지표라기보다는 구성주의적 관점의 중요한 특성이라고 할 수 있는 학습자의 상황·맥락적 특성을 고려하여 교육과정의 포괄적인 틀을 제공하는 방향을 제시하는 기능을 한다. 이를 통해 교육과정은 고정되지 않은 가변적이고 유용한 지식의 구성을 강조하되, 보다 풍부하면서도 실제적인 문제해결 관점이 주어짐과 동시에 학습자가 적극적으로 중심 역할을 할 수 있는 학습 환경이 마련되고 창의적이면서도 인성교육이 함께 이루질 수 있는 기반을 제공해주는 기능을 하게 된다.

이런 관점에서 볼 때 새로운 관점을 반영한 교육과정의 개발과 수행은 무엇보다 중요한 일임에 분명해 보이긴 하나, 학교가 변화된 사회 패러다임을 충실히 수행할 수 있도록 기능하고자 하는 교육과정이 오랜 세월 지향해 온 고유의 가치와 병행해서 새로운 가치를 실현하기 위해서는 보다 깊이 있는 연구가 후속 과제로 남아 있다.

참 | 고 | 문 | 헌

Reference

교육과학기술부 (2011). 수학과 교육과정. 교육과학기술부 고시 제2011-361호[별책 8]. 서울: 대한교과서주식회사.

강인애 (1995). 인지적 구성주의와 사회적 구성주의에 대한 간략한 고찰. 교육공학연구, 11(2), 3-20.

강인애 (1997). 객관주의와 구성주의: 대립에서 대화로. 교육공학연구, 13(1), 3-19.

이환철·김선희·고호경 (2012). 2009 개정 교육과정에 따른 중학교 수학과 교육과정의 기하 성취기준에 대한 논의. 수학교육학연구, 22(4), 601- 615

권낙원·민용성 (2002). 학교중심 교육과정 개발의 의의: 구성주의적 관점. 학습자중심교과교육연구, 2(2), 167-184.

김성재·김창복 (2009). 구성주의 이론에 기초한 유아체육교수학습이 예비유아교사의 교사효능감에 미치는 효과 탐색. 한국열린유아교육학회 학술대회 발표논문집 5집, 209-233.

박경미 (1995). 수학교육에 있어서의 구성주의. 수학교육, 5(1), 217-224.

소경희 (2005). 교육과정 개발-주요 쟁점 및 새로운 접근. 서울: 교육과학사.

양미경 (2002). 구성주의와 교육과정. 한국교육과정학회 (편), 교육과정 이론과 실제 (pp. 449-476). 서울: 교육과학사.

이원희 (1998). 교사 교육의 구성주의 접근. 한국교사 교육, 15(2), 56-78.

이환철·하영화 (2011). 중학교 수학 교과서 분석을 통한 정당화 유형 제안. 한국학교수학회논문집, 14(3), 325-337.

조용기 (1998). 구성주의 교육의 구성. 초등교육연구, 12, 77-92

한승희 (2002). 교육과정 이론의 새로운 이해. 한국교육과정학회 (편), 교육과정 이론과 실제 (pp. 449-476). 서울: 교육과학사.

한인기 (2005). 한국과 러시아의 7~8학년 수학교과서 도형 영역에 나타난 직관적 정당화와 엄밀한 증명. 수학교육, 44(4), 535-546.

황선욱 외 33인 (2011). 창의 중심의 미래형 수학과 교과내용 개선 및 교육과정 개정 시안 연구. 서울: 한국과학창의재단.

Back, R. J., Mannila L., & Wallin S. (2009). *Student justifications in high school mathematics*. Proceedings of CERME 6. Lyon France INRP 2010.

Hirst, P. H. (1974). *Knowledge and the curriculum*. London: Routledge & Kegan Paul.

Jonassen, D. H. (1991). Evaluating constructivistic learning. *Educational Technology, 31*(9), 28-33.

Kuhn, T. S. (1970). *The structure of scientific revolutions* (2nd ed). Chicago: University of Chicago Press.

Sowder, L. & Harel, G. (1998). Types of students' justifications. *Mathematics Teacher, 91*(8), 670-675.

Spender, D. (2001). *What kind of curriculum for our nation?* Paper presented in 2001 Curriculum Corporation 8th National Conference, Sydney.

Tall, D. (1995). Cognitive developments, representations and proof. *The conference Justifying and Proving in School Mathematics Institute of Education* (pp. 27-38). London.

van Glaserfeld, E. (1989). Cognition, construction of knowledge, and teaching. *Synthesis, 80*(1), 121-140.

van Glaserfeld, E. (1995). *Radical constructivism: A way of knowing and learning.* Falmer Press: London.

제 6 장

수학적 지식에 대한 두 관점과 지식 구성의 실제

한인기(경상대학교)

1. 서론

수학적 지식이 인식 주체와 무관하게 선재하는 것인지, 능동적인 인식 주체가 활동을 통해 구성하는 것인지에 대한 논의는 오랜 역사를 가진 인식론의 중요한 문제이다. 이것은 지식의 성격에 대한 인식론적으로 한정된 문제가 아니며, 인간의 본성 자체에 대한 철학적, 심리학적 탐구를 바탕으로 하는 근원적인 문제라 할 수 있다.

20세기 이후에 인식 주체의 능동적인 역할을 강조하는 관점들, 이론들이 철학, 심리학 분야에서 폭넓게 연구되었다. Vygotsky, Leont'ev, El'konin, Davydov로 이어지는 러시아의 심리학자들은 인식 주체에 의한 지식의 구성을 옹호한다. 특히 Davydov(1996)는 '인간은 다양한 유형의 활동과정에서 그리고 다른 사람들과의 소통과정에서 지식들과 능력들을 터득한다'고 주장하면서, 인식 주체의 능동성을 바탕으로 활동을 통한 지식의 구성을 강조하였다.

우리나라에서도 1990년대 이후에 교과교육학 영역에서 교사에 의한 지식의 전달이라는 관점보다는 능동적인 주체로서의 학생이 교과내용 지식을 구성한다는 관점이 우세하며, 이에 관련된 다양한 연구들이 진행되고 있다. 이러한 연구들은 지식의 본질, 지식 구성의 의미와 같은 근본적인 문제들로부터 교사와 학생의 의사소통과 같은 교실의 실제적인 문제에 이르기까지 다양한 주제들을 다루고 있다. 그런데, 수학적 지식의 본질에 근거하여 수학적 지식이 어떤 방향으로 구성되어야 하며, 이에 상응하는 수학 교육과정, 수학 교수·학습 자료의 구성 등에 대해서는 충분한 연구가 진행되지 못하였다.

본 연구에서는 지식의 구성에 관련된 사고의 특징들, 구성되는 지식의 특징들, 지식 구성의 보편적인 방향, 수학적 지식 구성의 다양한 예들에 대한 러시아 연구들을 분석하여, 수학적 지식의 구성 방향 및 구성의 실제에 대한 심리학적 측면들, 교수학적 측면들에 대한 의미로운 시사점들을 모색할 것이다.

2. 경험적 사고와 이론적 사고

인간의 사고에 관련된 문제들은 인간의 지적 활동에 대해 연구하는 철학, 심리학, 교육학 등과 같은 학문 분야에서 오랫동안 연구되어 온 중요한 주제들이다. 다양한 학문 영역에서 많은 전문가들이 연구를 해왔기 때문에, 사고에 대한 다양한 관점들이 존재한다. Dygun(2001, p. 43)은 사고에 대한 다양한 관점들과 연구들을 정리하여, 사고의 유형을 [표 1]과 같이 개괄적으로 정리하였다.

[표 1]에서 기술한 것 이외에도, 인간의 사고활동에 대한 다양한 측면들을 밝히기 위해 많은 유형의 사고들에 대한 연구가 진행되고 있다.

본 연구에서는 [표 1]에 기술된 유형들 중에서 문제해결 성격에 따라 나뉜 이론적 사고와 실제적 사고에 관련하여 살펴볼 것이다. 일부 연구자들은 이론적 사고와 실제적 사고를 대응시키고, 일부 연구자들은 이론적 사고와 경험적 사고를 대응시킨다. 역사적으로, 이론적 사고에 관련된 논의는 독일의 철학자 Kant, Hegel에서 찾아볼 수 있다. Kant와 Hegel은 오성과 이성을 구분하여 인간 사고의 본질을 밝히려 하였다.

문학비평용어사전(한국문학평론가협회, 2006)에 의하면, “칸트에게 있어서 오성은 감성에 주어진 것에 의거하여 대상을 구성하는 개념 작용의 능력을 의미하고, 헤겔에 있어서는 이성과는 달리 어떤 것을 고정화하고 다른 것과의 구별에 머물며, 다른 것과의 내적 연관 및 다른 것으로의 전화의 필연성을 이해하는 데까지는 나아가지 못한 사고의 능력”을 말한다. 즉 오성과 이성은 구체적인 대상이 아니라 개념에 관련된다는 점에서 직관과 구별된다. 그렇지만, 오성은 주어진 인식 대상을 다른 대상들로부터 구별하도록 하는 것

[표 1] 사고의 유형

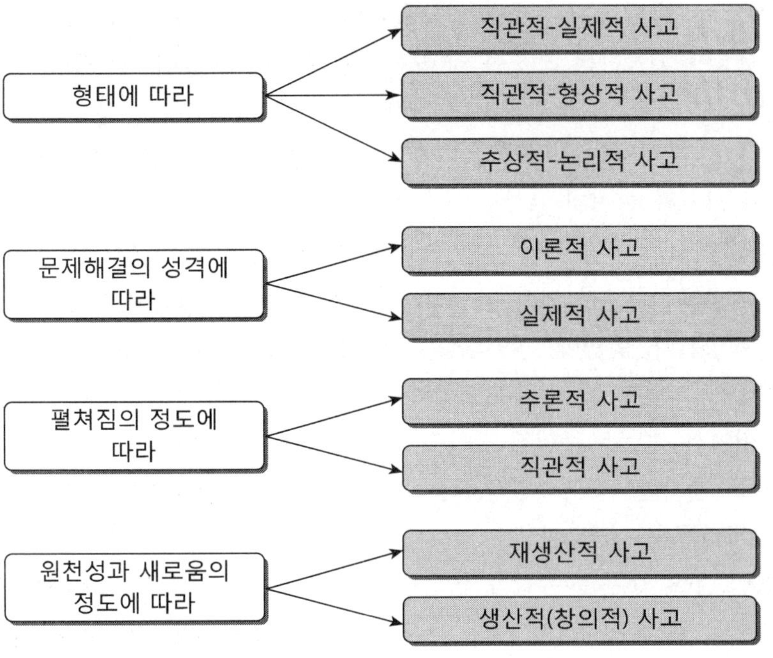

에 관련되며, 이성은 인식 대상들 사이의 내적 연결성, 옮김, 이들 사이의 필연성의 인식에 관련된다는 것에서 차이가 있음을 알 수 있다.

한편 철학사전(임석진 외, 2009)에 의하면 "칸트는 오성을 범주(範疇)의 능력으로 보고 이성은 이념의 능력이라고 하는 새로운 구별을 하였다. 그에게 있어서는 양(量)·질(質)·관계 등의 범주를 사용하여 인식의 대상을 구성하는 것이 오성의 능력이며, 이에 비하여 이념에 의해서 오성의 작용에 통일과 체계를 주는 것이 이성의 능력이다… 헤겔은 오성에는 추상적 개념의 능력을, 이성에는 구체적 개념의 능력을 부여함으로써 양자를 구별하였다. 그에게 있어서 이성은 오성에 의해서 구별되고 고정된 것, 또는 부분적으로 상호 유리된 경험적 인식 내용을 유동화(流動化)시키거나 용해시킴으로써 생동하는 전체성과 대립의 통일을 이룩하는 변증법적 사유 기능을 담당하는 역할을 지닌다"고 하였다. 즉 오성이 인식 대상의 범주, 구성, 추상성, 구별, 견고함 등의 개념과 관련된다면, 이성은 인식 대상들의 통일성, 체계성, 전체성, 변증법적 사유 등과 관련된다. 결국 오성과 이성은 대상에 대한 인간의 능동적인 인식 작용이라는 측면은 같지만, 무엇을 인식하느냐에 관련해서는 명확히 구별되는 인식의 두 가지 방법이라는 것을 알 수 있다.

Vygotsky는 심리학 연구에서 철학적 개념인 오성, 이성의 개념을 바탕으로 아동의 개념적 사고에서 경험적 일반화, 이론적 일반화를 구분하였다. 그 후 러시아의 심리학자들은(예를 들어, Zak, El'konin 등) 학생의 발달에서 이론적 사고의 역할에 주목하여 다양한 연구를 진행하였으며, 특히 Davydov는 경험적 사고와 이론적 사고를 현대적인 관점에서 체계적으로 정리, 발전시켜 발달교육이론을 정립하였다. Davydov(1996, p. 62)는 "직관적인 형상에 의거하는 오성적 사고를 경험적 사고라 부를 수 있다. 자신의 고유한 근거의 본질 탐구–개념들의 탐구–와 관련된 이성적 사고를 이론적 사고라고 부르는 것이 타당하다"고 주장하면서, 철학적인 개념인 오성과 이성을 심리학적인 개념인 경험적 사고, 이론적 사고를 연결시켰다.

이제 '경험적'인과 '이론적'인 것의 의미를 자세히 살펴보자. 인식론과 철학 백과사전(Kasavin, 2009)에 "학문적 인식에서 경험적 연구는 관찰, 실험에서 주어진 실제 대상을 직접적으로 지향한다. 반면에 이론적 연구에서는 학문의 개념적 도구의 완성, 발달에 대한 활동, 다양한 개념적 체계들, 모델들과의 작업이 중심을 이룬다. … 경험적 연구에서는 관찰, 실험에서 새로운 주어진 것들을 추출하면서 이론적 연구의 발달을 자극하고, 새로운 문제들을 제기한다"고 하였다. 즉 '경험적'인 것은 실제 대상들과 관련되며, '이론적'인 것은 개념들과 관련된다.

한인기(2006, pp. 16-17)는 감각적인 인식과 경험적 인식을 동일시하면서, "감각적인 인식의 측면에서 분석은 대상에 대해 아직 추출되지 않은 어떤 감각적인 특성 및 성질의 추출을 포함한다. … 경험적인 인식의 수준에서 분석과 종합의 결합은 비교를 통해 명화하게 나타난다. 주변 인식의 초기 단계에서 대상들은 무엇보다도 먼저 비교에 의해 인식된다. … 이론적 인식의 수준에서 분석은 현상의 본질적인 것들로부터 본질적인 것들을 분리하며, 우연적인 것들로부터 필연적인 것들을 분리하며"와 같이 주장하였다. 이때 경험적 인식 수준의 분석에서 비교를 통해 유사한 것들, 공통적인 것들을 추출한다고 하였다. 이러한 분석은 추상화로 나아가며, 추상화의 경험적 측면과 이론적 측면을 체계화시킨 심리학자가 Piaget이다.

우정호(2004, p. 243)에 의하면, "일단의 지각할 수 있는 대상으로부터 단지 그 공통성질을 이끌어 내는 것을 경험적 추상화라고 부르고, 행동(과 조작)의 일반적인 조정으로부터의 추상화를 반영적 추상화라고 부르고 있다. 전자는 감각론적·경험론적인 사고방식을 나타내는 용어이고, 후자는 내적인 구성을 나타내는 용어라고 생각된다"고 하였다. 즉 Piaget의 연구에서도 감각적인 실제 대상에 대한 인식작용이 '경험적' 추상화이며, 조작이나 개념들에 대한 인식작용이 반영적 추상화에 관련된다는 것을 알 수 있다. 그리고 일반적으로 '경험적'인 것은 실제 대상들과 직접적으로 관련되어 작용하지만, 실제 대상에 대한 관조, 직관 등과는 구별되는 개념이다.

이제, 경험적 사고와 이론적 사고에 대한 다양한 관점들을 살펴보자. Aismontas(2013)에 의하면, "경험적 사고는 대상들의 그룹핑, 분류를 지향한다. 이러한 사고의 바탕에는 경험적(또는 형식적) 일반화가 놓여 있다. 이러한 경험적 일반화에서는 대상들의 비교를 통해 대상들의 유사한, 동일한, 공통인 어떤 것을 밝혀내고, 그런 다음 이 공통인 것을 단어로 나타내어 이를 대상들의 다른 성질들로부터 구별하며(추상화하며), 이를 통해 경험적 개념을 만든다. 이러한 개념은 유사하거나 같은 대상들에서 공통인 특성들을 추출하며, 그 안에서 다시 그룹을 만들며 이를 단어로 고정하게 된다. 경험적 개념들을 이용하여, 다른 대상들의 분류를 만들게 된다. 그 후 일상생활에서 만나는 각각의 대상은, 이 대상과 같은 단어 표기를 가지는 다른 유사한 대상들을 통해 인식하게 된다. 경험적 일반화와 개념들, 그리고 이들에 근거하여 수행되는 사고는 사람들의 삶에서 큰 역할을 담당하며, 주변 세계에 질서를 부여하며, 방향을 설정하는데 중요한 역할을 한다"고 하였다. 경험적 사고는 앞에서 살펴본 '경험적'인 것의 의미와 같은 맥락에서 고찰할 수 있다. 즉 경험적 사고의 대상은 감각적인 실제 대상들이며, 경험적 사고의 내용은 감각적인 실제 대상들을 넘어서는 추상적인 공통성이라는 것을 알 수 있다.

그리고 경험적 사고의 구성 요소에 대한 Aismontas의 주장은 경험적 사고가 대상들의 감각적인 징표들을 바탕으로 하며, 비교를 통해 공통인 징표들을 추출하고 대상들을 분류하여, 이를 바탕으로 특정 대상을 인식하게 된다는 Davydov(2004)의 주장과도 일맥상통한다.

한편, 심리학 사전(Karpenko, Petrovskii, Yaroshevskii, 1998)에서 "이론적 사고는 탐구하는 상황 또는 해결하려는 문제의 출발점의 근본적인 불일치(모순)의 추출과 분석에 근거한 사고 유형이다. 불일치의 해소 도구의 탐색은 행위 방법의 형성으로 귀착되는데, 이 행위 방법은 어떤 부류 전체의 문제들을 해결하게 한다. 이론적 사고는 탐구하는 현상들의 내적인 특성들의 분석에 근거하며, 탐구 대상을 사고 속에서 변화시키도록 하며, 이를 통해 내적인 특성들과 관계들을 밝혀 그 대상을 더 완전하게 연구하도록 한다"고 하였다.

경험적 사고가 탐구 대상들의 공통성을 출발점으로 한다면, 이론적 사고는 탐구 대상 또는 문제 상황의 근본적인 관계, 불일치를 출발점으로 한다. 결국 경험적 사고와 이론적 사고는 같은 탐구 대상에 대해 작용할 수 있지만, 다른 출발점을 가지며, 다른 사고 작용, 다른 사고의 방향을 가지게 된다. 특히 Davydov(2000)는 이론적 사고가 탐구 대상들의 매개화, 본질, 반성 등의 개념과 관련된다고 하였는데, 이로부터 Piaget의 반영적 추상화도 이론적 사고의 한 형태라는 것을 알 수 있다. 즉 우정호(2004)는 반영적 추상화가 반사와 재구성(반성)으로 구성된다고 하였는데, 이는 인식의 이론적 측면의 중요한 특성이 되기 때문이다.

한편 Aismontas(2002, p. 27)는 Davydov의 연구들을 바탕으로, 경험적 사고와 이론적 사고를 통해 얻어지는 경험적 지식과 이론적 지식을 [표 2]와 같이 정리하였다.

[표 2] 경험적 지식과 이론적 지식

경험적 지식	이론적 지식
대상들, 현상들을 직접적인 관찰하면서 발생한다.	대상들, 현상들에 대한 사고 변환을 하면서 발생한다.
대상들, 현상들, 표상들을 비교하면서 만들어진다.	전체성을 띤 체계로써의 대상, 현상의 내부에서 발생하는 임의의 관계들의 역할, 기능의 분석을 통해 발생한다.
대상들, 현상들의 비교를 통해 이들의 공통인 특성들이 추출된다.	대상들, 현상들의 분석을 통해 관계들이 드러나는데, 이 관계들로 인하여 대상들, 현상들은 체계로서 존재한다.
대상들의 추출된 공통인 특성들은 유일한 것, 추가적인 것과 같은 것들로 지각되고 인식된다.	공통인 특성들은 특수한 관계들로써 지각된다. 이 관계는 전체 공통인 기저로부터의 대상들, 현상들의 부분적인 출현에 대한 것이다.
지식들은 예들, 예시들을 통해서 구체화된다.	전체 공통인 기저로부터 전체성을 띤 체계의 특수하고 유일한 출현에 대한 사고 추출을 통해 지식들이 구체화된다.
단어들-용어들을 통해 고정된다.	지적 활동의 방법들, 상징-기호 체계 속에서 고정된다.

이제 이론적 지식의 구성 방향에 대해 살펴보자. Davydov, Zak, Zinchenko, Ilyenkov 등의 학자들에 의하면, 이론적 지식의 구성은 '추상에서 구체로의 상승' 방향으로 이루어진다. 특히 Davydov(1996, p. 66)에 의하면, '이론적 추상화와 이론적 일반화는 추상에서 구체로 사고가 상승하는 한 과정의 두 측면을 이룬다. 그러한 상승에서 이 사고 행위들은 형식-논리적인 추상화, 일반화의 기능과는 원칙적으로 다른 기능을 수행하므로, 내용 있는 추상화, 내용 있는 일반화라 부른다'고 하였다. 이로부터, 이론적 사고, 이론적 지식의 구성에서 이론적 성격의 추상화(내용 있는 추상화), 일반화(내용 있는 일반화)는 주요한 구성요소가 됨을 알 수 있다.

Davydov(1996, p. 66)는 "내용 있는 추상화에서 사람은 어떤 전체성을 띤 체계의 출발점 관계를 추출하는데, 체계로의 사고 상승에서 출발점 관계의 특수성이 보존된다"고 하였다. 즉 내용 있는 추상화에서 전체 체계를 구성하는 출발점 관계가 추출되며, 이것이 전체성을 띤 체계의 근본이 된다. 이때 출발점 관계란 어떠한 것인가라는 물음이 발생한다. 앞에서 살펴보았듯이, Karpenko, Petrovskii, Yaroshevskii(1998)는 이 관계를 출발점의 근본적인 불일치(모순)이라고도 했고, Davydov(1996, 1997, 2000)는 이것을 본질, 세포, 단위로 표현하기도 하였다.

특히 Davydov(1996, p. 24)는 "변증법 논리에서 본질은 발생적으로 출발점인 또는 대상들 체계의 전체 공통인 관계로, 이것은 체계의 특수하고 개별적인 특징들을 생겨나게 한다. 본질 이것은 체계 자체의 발달의 법칙"이라고 하였다. 결국 출발점 관계(본질, 세포, 단위)는 전체성을 띤 체계로 성장하는 씨앗이며, 그 자체로 전체성을 띤 작은 체계라고 할 수 있을 것이다. 그리고 전체성을 띤 작은 이 체계는 이론적 일반화를 통해 체계로 발달, 성장하게 된다.

Davydov(1996, p. 66)에 의하면, "전체 공통인 것과 특수한 것들, 개별적인 것들 사이의 실제적인 상호연결들이 드러나고 추구되는 그러한 일반화를 내용 있는 일반화라 부른다(경험적인 일반화에서는 단지 서로 다른 분류들에서 형식적인 종관계와 류관계가 확인된다). 내용 있는 일반화를 수행하는 것은 어떤 법칙, 특수한 개별적인 현상들과 전체의 기저 사이의 필요한 상호연결을 밝히는 것을 의미하며, 이 전체의 내적인 통일성 형성의 규칙을 밝히는 것"이라고 하였다. 즉 내용 있는 일반화를 통해, 대상들의 모임이 내적인 통일성을 가지는, 상호 연결성을 가지는, 전체성을 띠는 체계로 변환된다는 것을 알 수 있다. 결국 '추상에서 구체로의 상승'은 출발점 관계로부터 이론적 일반화에 의한 지식의 확장이라고 표현할 수 있으며, 확장된 지식은 전체성을 띤 체계의 모습을 가지게 된다.

구성주의와 관련된 많은 연구들이 있었다. Glasersfeld는 지식의 자주적 구성 원리, 지식의 생장 지향성 원리, 지식의 비객관성 원리 등을 제시하였으며, 국내의 많은 연구자들도 구성주의의 여러 측면(조작적 구성주의, 급진적 구성주의, 사회적 구성주의 등)에 관심을 가지고 있다. 특히 박영배(2004)는 수학교육의 구성주의 교수·학습 원리로, 학생중심적 개별화의 원리, 발문중심적 상호작용의 원리, 의미지향적 활동의 원리, 반영적 추상화의 원리를 제시하였다. 그러나 지식의 구성, 교과의 구성, 학생의 구성적 활동 등에 대한 근본적인 방향을 제시하는 연구들이 많지 않은 것 또한 사실이다.

본 연구에서 고찰하는 이론적 성격의 분석, 추상화, 일반화에 근거한 이론적 사고와 이에 관련된 추상에서 구체로의 지식의 구성은 수학 교과를 구성함에 있어 의미로운 방향이 될 것으로 기대된다. 그러나 추상에서 구체로의 지식의 구성이 실제로 어떠한 모습으로 구현될 것인가에 대해서는 아직 충분히 연구되지 못했으며, 지금도 다양한 교과에서 연구가 진행되고 있다.

3. 수학적 지식들의 구성 방향과 방법들

3.1 추상에서 구체로의 상승에 의한 수학적 지식의 구성

수학적 지식들의 구성에서 '추상에서 구체로의 상승'은 이론적 추상화를 통해 수학적 지식들, 사실들, 정리들의 모임에서 출발점 관계, 출발점 명제를 추출하고, 이론적 일반화를 통해 이 모임에 포함된 개별적인 수학적 지식들 사이의 상호 연결성을 밝혀 지식들의 모임을 전체성을 띤 체계로 발달시키는 것을 의미한다. 이것은 의도하는 또는 학습하려는 수학적 지식들의 전면적 구성을 의미한다.

수학적 지식을 '추상에서 구체'로의 상승으로 전면적으로 구성한 예를 Davydov가 동료인 Gorbov, Mikulina, Savel'eva와 함께 집필한 초등학교 수학교과서에서 찾아볼 수 있다. 그리고 이 교과서의 내용 구성의 특징이 Davydov(1996)에 제시되어 있다. 한인기(2013)는 Davydov의 초등학교 1학년 수학교과서와 교사용 지도서의 내용을 중심으로, Davydov가 주장한 지식의 구성, 학습문제 등에 대한 분석을 시도하였다. 이 연구에서는 수개념에 대한 추상에서 구체로의 상승 과정이 구체적인 자료와 함께 분석되었다.

'추상에서 구체로의 상승' 방향으로의 수학적 내용들의 전면적 구성에 대한 다른 예를 한인기, 이정순(2009)의 연구에서 찾아볼 수 있다. [표 3]은 이 연구에 제시된 다양한 작도문제들 사이의 상호 연결성을 도식으로 표현한 것이다(한인기, 이정순, 2009, p. 385).

[표 3]에는 18개의 작도문제가 포함되어 있으며, 이 문제들의 해결에 바탕이 되는, 출발점 명제가 되는 문제가 바탕문제로 표시된 M_a, A, O이다. 이때 M_a는 삼각형 ABC의 변 BC의 중점, A는 꼭짓점, O는 외심을 나타내며, M_a, A, O라고 표시된 것은 '세 점 M_a, A, O가 주어진 삼각형 ABC를 작도하는 문제를 의미한다.

한편 [표 3]에서 H_a는 꼭짓점 A에서 그은 수선의 발, H는 수심, G는 무게중심, I는 내심, T_a는 꼭짓점 A에서 그은 각의 이등분선과 변 BC의 교점, W_a는 꼭짓점 A에서 그은 각의 이등분선과 외접원의 교점을 의미한다.

[표 3]에 나타난 연결성을 자세히 살펴보면, (M_a, A, W_a)에 의한 삼각형 작도 문제는 바탕문제인 (M_a, A, O)로부터 유도되며, (M_a, G, W_a)에 의한 삼각형 작도 문제는 (M_a, A, W_a)로부터 유도된다. 이와 같이 [표 3]에 나타난 상호 연결성은 문제들 사이의 유도관계이다.

[표 3] 작도문제들 사이의 상호 연결성

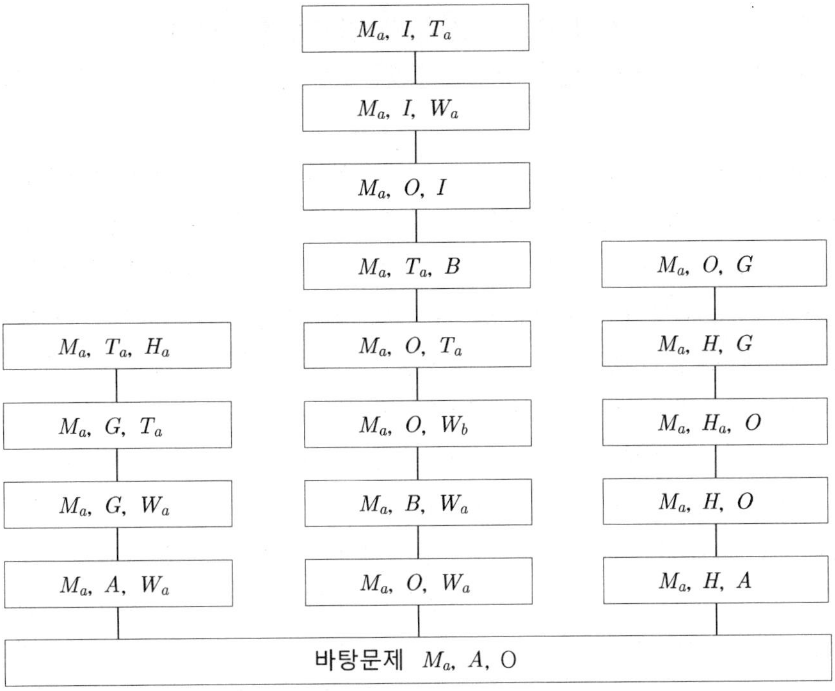

3.2 Erdniev & Erdniev의 확장된 교수학적 단위

Erdniev & Erdniev는 러시아의 수학 교수학자들로, Vygotsky, El'konin, Davydov 등의 심리학자들과는 다른 관점에서 확장의 개념을 연구하였다. 비록 Davydov와 같이 이론적 분석, 이론적 추상화, 이론적 일반화, 추상에서 구체로의 상승과 같은 개념들에 근거하지는 않았지만, 수학 교과에서 교수학적 단위를 확장시키는 구체적인 방법들을 연구하였다.

이제, Erdniev & Erdniev의 확장된 교수학적 단위에 대해 살펴보자. Erdniev & Erdniev는 '교수학적 단위' 개념 자체에 대해선 심도 있는 분석을 수행하지는 않았으며, 직관적인 개념으로써의 '교수학적 단위'를 확장시키는 구체적인 방법들을 제시하였다. 교수학적 단위의 개념과 관련하여, 한인기(2010, p. 39)는 다양한 문헌연구를 통해, '교수학적 단위는 교과목의 교수·학습에서 하나 또는 몇몇 개의 프레임으로 구성되며, 학습 대상의 특성들을 보유하고 있는 논리적으로 독립된 학습 자료, 정보의 일부분'으로 규정하였다. 이와 같이 규정된 '교수학적 단위'의 개념은 앞에서 살펴본 출발점 관계, 근본적인 불일치, 본질, 세포, 단위 등과 같은 맥락에서 이해할 수 있다. 특히 Davydov(1997)는 이론적 지식의 추상에서 구체로의 상승에서 '추상'의 본질에 대해 기술하면서, '단위, 일반적인 개념으로의 활동의 단위와 이것의 전체성에 대해 생각할 수 있다. 이때 활동의 단위는 모든 활동에 반드시 존재한다'고 하였다. 즉 단위가 활동의 출발점, 추상에서 구체로 상승할 때의 '추상'에 해당하며, 교수학적 활동의 출발점으로써 교수학적 단위를 생각할 수 있다.

한편, Erdniev & Erdniev(1996, p. 9)는 "확장된 교수학적 단위란 정보적인 공통성을 가지는 서로 다른 논리적 원소들로 구성된 학습 과정의 세포를 의미한다. 확장된 교수학적 단위는 체계성과 전체성, 기억에서 정보 저장의 견고성과 빠른 재생성을 특징으로 가진다"고 하였다. 즉 확장된 교수학적 단위는 교수학적 단위를 확장하여 얻어지며, 추상에서 구체로의 상승에서 '구체'가 가지는 전체성, 체계성의 특징을 가진다는 것을 알 수 있다. 결국 Erdniev & Erdniev가 지식의 변증법적 구성, 이론적 사고, 이론적 지식, 내용있는 추상화, 내용있는 일반화 등과 같은 개념들에 근거하지 않았지만, 지식의 구성의 출발점과 지식 구성의 전체적인 방향성은 Davydov와 유사하다는 것을 알 수 있다.

Erdniev & Erdniev와 Davygov의 접근 방법에서 차이를 간단히 살펴보자. Davydov는 철학적인, 그리고 변증법적인 관점에서 출발하여 지식의 구성에 대한 일반적인 방향성을 제시하면서 이에 관련된 개념들을 체계화시키는데 연구의 초점을 맞추었다. 반면, Erdniev & Erdniev는 수학교과의 교수학에서 출발하여, 확장의 개념을 바탕으로 수학 내용들을 체계적으로 구성하는 구체적이며 국소적인 방법들에 초점을 맞추었다고 할 수 있을 것이다.

Erdniev & Erdniev(1996, pp. 9-10)는 수학적 지식을 구성하는 국소적 방법들을 제시하였는데, "획득 단위의 확장 개념은 충분히 일반적이며, 이 개념은 교육에 대한 상호 관련된 다음의 구체적인 접근들을 채용하고 있다. 첫째, 연관된 연산들, 조작들, 함수들, 정리들(특히 서로 역인)에 대한 동시 학습, 둘째 문제 제기와 해결의 통합, 셋째 잘 정의된 과제와 덜 정의된 과제들의 상호 교류, 넷째 처음 과제와 변형된 과제들의 대조를 위한 환경을 만드는 연습문제 체계, 다섯째 수학적 지식의 체계성, 여섯째 연습문제 체계에서 보완성의 원리"를 주장하였다. 이 방법들은 수학적 지식들을 확장시키는 국소적 방법들로, 수학 교과내용을 학습하는 과정에서 폭넓게 이용할 수 있다.

중등학교 수학 내용을 중심으로 Erdniev & Erdniev가 제시한 국소적 구성의 방법들을 구체적으로 살펴보자.[1)]

1) Erdniev의 교수학적 단위의 확장 방법들에 근거한 초등학교 3학년 수학교과서 내용의 분석은 한인기(2010)에 제시되어 있음.

3.2.1 연관된 연산들, 조작들, 함수들, 정리들의 동시 학습

상호 연관된 수학적 개념들, 조작들, 정리들의 동시 학습은 확장하려는 지식들을 함축함과 동시에 시간적인 동일성을 부여하여 이들을 사이의 연관성을 공고히 하는데 의미로울 것으로 여겨진다. 구체적인 예들을 Erdniev & Erdniev의 7학년 수학교과서에서 살펴보자.

<table>
<tr>
<td>
다음 두 거듭제곱의 곱을 계산해야 한다고 하자: $2^3 \cdot 2^2$
$2^3 \cdot 2^2 = (2 \cdot 2 \cdot 2) \cdot (2 \cdot 2)$
$= 2 \cdot 2 \cdot 2 \cdot 2 \cdot 2 = 2^5$
즉 $2^3 \cdot 2^2 = 2^{3+2} = 2^5$.

확인.
$2^3 = 8,$
$2^2 = 4,$
$2^5 = 32,$
$8 \cdot 4 = 32$
예로부터, 곱인 거듭제곱의 지수는 인수인 거듭제곱들의 지수들을 합하여 얻어진다는 것을 알 수 있다.
</td>
<td>
역문제인 거듭제곱들의 나눗셈 문제를 해결하자: $2^5 : 2^2$ 2)
만약 두 인수의 곱 $2^5 = 2^3 \cdot 2^2$을 이 인수들 중의 하나로 나누면, 다른 인수를 몫으로 얻게 된다:
$2^5 : 2^2 = \cdots = 2^3,$
$32 : 4 = \cdots = 8.$
그리고 $5 - 2 = 3$.
예로부터, 몫인 거듭제곱의 지수는 피제수인 거듭제곱의 지수에서 제수인 거듭제곱의 지수를 빼서 얻어진다는 것을 알 수 있다.
$2^5 : 2^2 = 2^{5-2} = 2^3.$
왜냐하면 $2^3 \cdot 2^2 = 2^5$이다.
</td>
</tr>
</table>

(Erdniev & Erdniev, 1995, p. 25)

기술한 내용에서는 거듭제곱들의 곱셈 문제와 이것의 역문제인 나눗셈 문제를 동시에 다루고 있다. 이를 통해 시간적인 동시성, 내용들 간의 연관성이 명확하게 드러낼 수 있을 것으로 생각된다. 한편 Erdniev & Erdniev는 위의 기술 내용과 함께 수의 거듭제곱에서 곱셈, 나눗셈 문제로부터 곧바로 문자에 대한 거듭제곱을 소개하며, 이로부터 규칙으로 나아가도록 하였다.

<table>
<tr>
<td>
한 가지 예를 더 살펴보자.
$a^2 \cdot a^4 = (a \cdot a) \cdot (a \cdot a \cdot a \cdot a)$
$= a \cdot a \cdot a \cdot a \cdot a \cdot a = a^6,$
$a^2 \cdot a^4 = a^{2+4} = a^6.$

규칙. 거듭제곱들을 곱하려면, 각 인수들의 지
</td>
<td>
한 문제를 더 풀어보자.
$b^6 : b^2 = b^{6-2} = b^4.$
왜냐 하면 $b^4 \cdot b^2 = b^6$이기 때문이다.

규칙. 거듭제곱들을 나누려면, 피제수인 거듭제곱의 지수와 제수인 거듭제곱의 지수의 차와 같
</td>
</tr>
</table>

2) 러시아에서는 나눗셈 기호로 '÷' 대신에 ':' 를 사용함.

수들의 합과 같은 지수를 가지는 거듭제곱을 구하면 된다. $a^2 \cdot a^3 = a^{2+3} = a^5$, $a^x \cdot a^y = a^{x+y}$.	은 지수를 가지는 거듭제곱을 구하면 된다. $b^k : b^p = b^{k-p}$, $\frac{b^k}{b^p} = b^{k-p}$. 단 $k > p$이다.

이 규칙들을 결합하여, 다음과 같이 짧게 쓸 수 있다.

규칙. 거듭제곱들을 $\frac{\text{곱하려면}}{\text{나누려면}}$ 거듭제곱들의 지수를 $\frac{\text{더하면}}{\text{빼면}}$ 된다.

(Erdniev & Erdniev, 1995, pp. 25-26)

살펴본 두 열로 병렬 표기하거나 한 줄에 병행 표기하는 것은 Erdniev & Erdniev의 수학교과서에서 역연산, 역조작, 역문제 등을 기술하는 특징적인 방법이다. 예를 들어, 분수식의 곱셈과 나눗셈, 덧셈과 뺄셈, 다항식과 단항식의 곱셈과 나눗셈, 공통인수를 괄호 밖으로 꺼내는 인수분해와 그 역연산인 전개, 다항식의 인수분해와 전개 등과 같은 학습 내용의 기술에서도 살펴본 것과 같은 두 열로 병렬 표기하는 방법과 한 줄에 병행 표기하는 방법이 동시에 이용되고 있다.

연관된 수학적 내용의 동시 학습은 대수 영역뿐만 아니라, 기하영역에서도 폭넓게 제시되고 있다. 기하영역에서 이러한 접근의 대표적인 예는 평면기하학과 공간기하학의 사실을 함께 제시하는 것이다. 예를 들어 다음과 같은 기술을 찾아볼 수 있다.

직사각형의 넓이를 구하려면, 직사각형의 가로와 세로의 길이를 곱하면 된다: $S = a \cdot b$	직육면체의 부피를 구하려면, 직육면체의 가로, 세로, 높이를 곱하면 된다: $V = a \cdot b \cdot c$
직사각형의 대변들은 평행하다(즉 공통점을 가지지 않는다). 예를 들어, 직사각형의 왼쪽 변은 오른쪽 변과 평행하다(그림 1): $AB \parallel CD$, $BC \parallel \cdots$	직육면체의 마주보는 면들은 평행하다(공통점을 가지지 않는다). 예를 들어, 왼쪽 면은 오른쪽 면과 평행하다(그림 1): $(ABA_1) \parallel (DCD_1)$ 등
직사각형의 인접변들은 한 점에서 교차한다: $AB \cap BC = B$	직육면체의 인접한 면들은 직선을 따라 교차한다: $(ABC) \cap (ABB_1) = AB$
직사각형의 대변들은 같은 선분들이다. 직사각형의 아랫변은 윗변과 같다: $AD = BC$	직육면체의 마주보는 면들은 같은 직사각형들이다. 즉 아랫면은 윗면과 같다: $ABCD = A_1B_1C_1D_1$

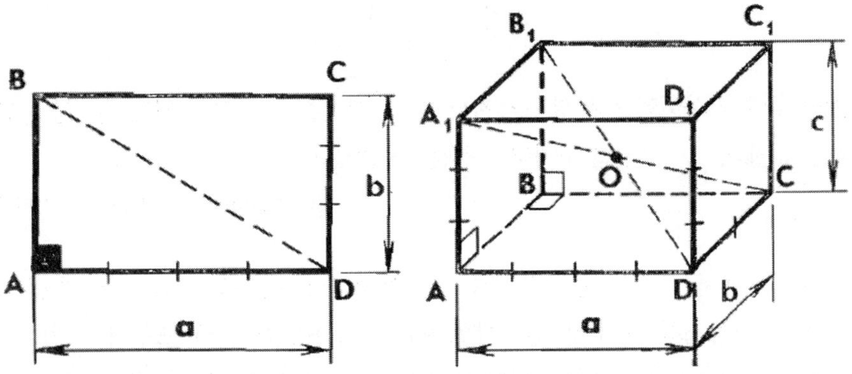

[그림 1]

(Erdniev & Erdniev, 1995, pp. 240-241)

서로 관련된 기하학적 사실들을 병렬로 동시에 제시하는 것은 일부 학자들에 의해 긍정적으로 평가받고 있다. 예를 들어, 프랑스의 수학자인 Hadamard는 자신의 기하학 저술에서 몇몇 기하학적 사실들을 Erdniev & Erdniev와 같이 두 열로 병렬 표기하는 방법을 이용했다. 그리고 Gusev나 Smirnova와 같은 러시아 수학교육자들은 평면기하학과 공간기하학을 함께 학습하는 교수방법에 대해 전문적으로 연구를 수행하였다.

3.2.2 문제 제기와 해결의 통합

문제 제기(문제 구성)와 문제해결을 별개의 것으로 취급하지 않고, 이를 함께 수학교과서에 기술하여 학생들에게 문제해결능력뿐만 아니라 문제 제기의 능력을 기르도록 하는 것은 교수학적으로 타당한 것으로 인정받고 있다. 특히 우리나라의 수학교육과정에서 문제해결능력뿐만 아니라, 문제 제기의 능력을 강조하는 것은 이 접근의 타당성을 보여주는 것이라 할 수 있다. 이에 관련된 예들을 살펴보자.

문제 (a) 한 학생은 4권의 공책과 2권의 스케치북을 구입하기 위해 840루블을 지불했다. 다른 학생은 같은 공책 2권, 스케치북 3권을 구입하기 위해 660루블을 지불했다. 공책 한 권은 얼마인가? 스케치북 한 권은 얼마인가?
(b) 다음 연립방정식에 근거하여 문제를 만들고 해결하여라.

$$\begin{cases} 20x + 10y = 70 \\ 15x + 12y = 66 \end{cases}$$

문제 다음 항등식의 쌍에 근거하여 문제를 만들고 해결하여라.

$$\begin{cases} 10 \cdot 4 + 6 \cdot 5 = 70 \\ 8 \cdot 4 + 9 \cdot 5 = 77 \end{cases}$$

이들 등식을 확인하여라. 두 항등식에서 수 4 대신에 x, 수 5 대신에 y를 대입하여라. 상응하는 문제의 조건을 말하여라. 문제를 풀어라.

(Erdniev & Erdniev, 1995, p. 213)

살펴본 문제들에서는 주어진 문장제를 연립방정식을 이용하여 식을 세워 해결하고, 역으로 주어진 연립방정식에 대해 문장제를 만들어서 해결하도록 요구하고 있다.

한편 Erdniev & Erdniev의 수학교과서의 기하영역에서는 문제 제기에 관련된 문제상황이 대수영역에 비해 적은 편이다. 다음은 기하영역에 제시된 문제이다.

문제 다음 정리들을 완성하여라.

직정리	역정리
만약 사각형이 …… 이면, …… 각들이 …… 이다(그림 2).	만약 사각형에서 …… 각들이 …… 이면, …… 은 평행사변형이다.
만약 사각형이 평행사변형이 아니라면, 이 사각형을 같지 않은 대각들의 쌍을 적어도 하나 가진다(그림 3).	만약 사각형에서 같지 않은 …… 이 적어도 한 쌍이 있으면, 이 사각형은 …… 이 아니다.

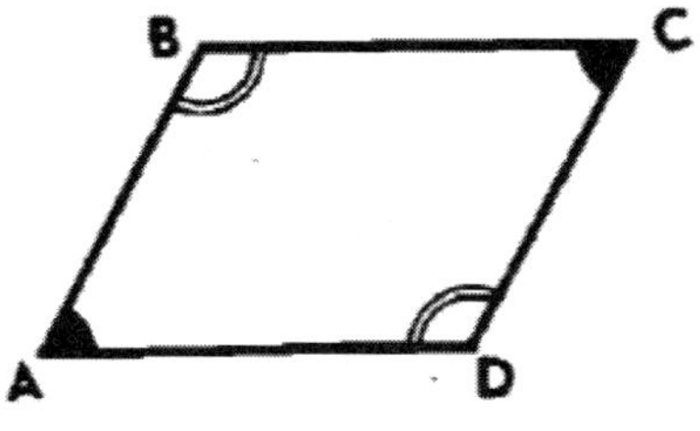

[그림 2]

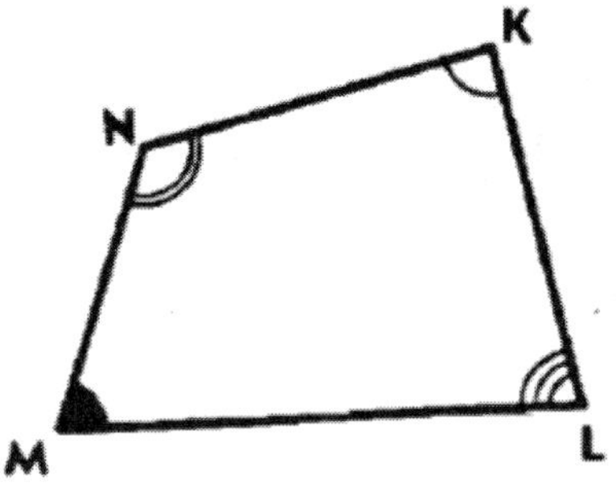

[그림 3]

(Erdniev & Erdniev, 1997, p. 218)

일반적으로 기하영역에 제시된 과제들은 완성된 형태의 문제들, 정리들이 주어진 후에 문제에서 요구되는 답 또는 정리들의 증명을 구하는 것들이다. 그런데 살펴본 문제에서는 기하학적 그림을 제시한 후에, 추측을 통해 이에 상응하는 문제를 만들도록 요구하고 있다. 기하영역에서 문제제기에 관련된 문제들은 Verner et al. (1999)의 기하학 교과서에서 많이 찾아볼 수 있다. 한 예로 다음을 들 수 있다.

문제 한 직선과 이 직선에 선분 BC를 작도하자. 선분 BC의 내부에 점 A를 표시하자. 각 BAK를 작도하자. 직선 BC의 다른 쪽에 각 ABK와 같은 각 CAM을 작도하자. 여러분은 무엇을 알 수 있는가? 이것을 어떻게 설명할 수 있는가?

(Verner et al., 1999, p. 95)

3.2.3 잘 정의된 과제와 덜 정의된 과제들의 상호 교류

잘 정의된 과제에서는 문제해결을 위한 조건들이 충분하게 주어진 과제를 의미하며, 덜 정의된 과제는 문제해결의 위한 조건들이 불충분한 과제를 의미한다. 대부분의 수학 교과서와 참고서에는 잘 정의된 과제들이 제시되며, 학생들의 문제해결도 대부분 잘 정의된 과제들에 관련된다.

Krutetskii(1968)는 덜 정의된 과제들을 이용하여, 학생들이 주어진 과제의 수학적 정보를 어떻게 수용하는지, 문제의 수학적 구조를 어떻게 인식하는지에 대한 정보를 수집하였다. 즉 덜 정의된 과제의 활용은 특정 문제의 해결과는 다른 교수학적 의미를 가지고 있다고 할 수 있다. 특히 덜 정의된 과제들은 다답형 문제, 개방형 문제로 발전시킬 수 있으므로, 교수학적으로 많은 활용 가능성을 가지고 있다.

Erdniev & Erdniev의 수학교과서에서는 잘 정의된 과제들뿐만 아니라, 덜 정의된 과제들도 다양하게 제시되어 있다. 몇 가지 예들을 살펴보자.

문제 동류항들을 계산하고, 빈 칸을 채워라.

(a) $10xy-8xy+xy=3xy$

$9a^2-12a^2-\square=-20a^2$

$0.6bk-1.2bk+\square=2bk$

$\frac{3}{7}a^2x-1.5a^2x+\square=2a^2x$

(b) $\frac{7}{2}-\frac{3}{4}+2=\square$

$\square+1.01x^3-0.02x^3=x^3$

$3k^2p^2-9k^2p^2+2k^2p^2=\square$

$\frac{4}{9}mn^2-\square-3.2mn^2=4mn^2$

문제 세 개의 동류항들을 써서, 이들의 합이 주어진 식(수)과 같도록 하여라.

(a) $6a^3+3a^3-a^3=8a^3$

$\square-5xy-\square=2xy$

$6x^2+\square-\square=5x^2$

$\square-\square+3c=c$

(b) $5b^4-3b^4+2b^4=6b^4$

$6x^2y+\square+\square=x^2y$

$\square-7+\square=-1$

$\square-\square+9=0$

(Erdniev & Erdniev, 1995, p. 14)

살펴본 문제에서 $\frac{7}{2}-\frac{3}{4}+2=\square$, $3k^2p^2-9k^2p^2+2k^2p^2=\square$는 잘 정의된 과제에 해당하며, $9a^2-12a^2-\square=-20a^2$와 같은 형태의 문제는 덜 정의된 과제에 해당한다. 한편 $6x^2y+\square+\square=x^2y$, $\square-7+\square=-1$와 같이 빈 칸이 두 개인 문제들은 빈 칸이 한 개인 문제들과는 다른 교수학적 활용 가능성을 가진다. 즉 빈 칸이 하나인 경우에는 오직 하나의 답만을 가질 수 있지만, 빈 칸이 두 개인 경우에는 다양한 답들을 찾을 수 있으며, 이로부터 답들 사이의 관계나 답들의 특징을 분석하는 것과 같은 다양한 방향으로의 탐구를 진행할 수 있다.

잘 정의된 과제와 덜 정의된 과제의 상호 관련성은 Erdniev & Erdniev의 수학교과서 다른 영역에서도 찾아볼 수 있다. 예를 들어, 주어진 연립방정식의 답을 구하는 잘 정의된 과제들과 함께 다음과 같은 덜 정의된 과제들이 함께 제시되었다.

문제 연립방정식의 해가 $x=2$, $y=5$이 되도록, 다음 연립방정식을 완성하여라.

$$\begin{cases} \square\cdot 2+\square\cdot 5=\triangle \\ \square\cdot 2+\square\cdot 5=\triangle \end{cases}$$

(Erdniev & Erdniev, 1995, p. 182)

3.2.4 처음 과제와 변형된 과제들의 대조를 위한 환경을 만드는 연습문제 체계

주어진 과제의 다양한 변형들, 이 과제들 사이의 대조는 수학적 지식들을 유기적으로 조직하는데 의미 있는 역할을 할 수 있을 것이다. Bruner는 네 가지의 수학 학습이론을 제시하였는데, 그 중의 하나가 '대조와 변화 이론'이다. Bell(1978, p. 144)은 Bruner의 이 네 가지 이론을 설명하면서, '대조는 학생들이 새로운 수학적 주제에 대한 직관적 이해를 가지도록 도우며, 그러한 주제에 대해 학생들이 추상적인 표상으로 진행하도록 돕는 가장 유용한 방법의 하나'라고 주장하였다. 즉 대조는 수학 교과 내용의 직관적 이해뿐만 아니라, 추상화에도 중요한 역할을 한다는 것을 알 수 있다.

Erdniev & Erdniev는 과제들의 대조를 위한 연습문제 조직의 한 방법으로 연습문제 체계의 완비성을 제시하였다. Erdniev(1965, p. 30)는 "우리의 경험은 연습문제 체계에서 순환적 완비성 도달이 유익하다는 것을 잘 보여준다. 이 순차적 완비성을 위해 주어진 식(주어진 문제)의 각 항들이 순차적으로 미지의 구하는 요소가 된다"고 하였다. 한인기(2010, p. 40)는 "연습문제들의 순환적 완비성은 주어진 문제 또는 식에서 각각의 요소가 차례로 구하는 것이 되도록 문제를 다양하게 변환시키는 것에 관련된다. 즉 처음 문제의 주어진 요소들이 구하는 것이 되도록 문제의 구조를 변형시켜 새로운 문제들을 얻고, 이를 통해 이들 연습문제가 순환적 완비성을 가지게 된다"고 하였다.

Erdniev는 어떤 문제에서 주어진 것을 구하는 것으로, 구하는 것을 주어진 것으로 변형시켜 얻어지는 문제 또는 가정과 결론을 바꾼 문제를 역문제라고 하였으며, 이러한 유형의 문제들이 가진 교수학적 의미를 높게 평가하였다. 결국 앞에서 살펴본 연습문제 체계의 완비성도 체계적인 역문제들의 조직에 의해 달성된다고 할 수 있다. 우선 역문제의 예를 살펴보자.

문제 방정식 $x^2-2mx+m^2-1=0$의 두 근이 -2와 4 사이에 놓이려면, 수 m은 어떤 범위에서 변해야 하는가?

역문제 방정식 $x^2-2mx+m^2-1=0$이 주어졌다. 변수 m이 $-3<m<5$에서 변하면, 방정식의 근은 어떤 범위에서 변하는가?

문제 만약 a^2, b^2, c^2이 등차수열을 이루면, 수 $\frac{1}{b+c}$, $\frac{1}{c+a}$, $\frac{1}{a+b}$도 등차수열을 이룬다는 것을 증명하여라(a, b, c는 양수).

역문제 만약 수 $\frac{1}{b+c}$, $\frac{1}{c+a}$, $\frac{1}{a+b}$가 등차수열을 이루면, a^2, b^2, c^2이 등차수열을 이룬다는 것을 증명하여라(a, b, c는 양수).

(Erdniev, 1965, p. 35)

한편, 앞에서 살펴본 잘 정의된 과제와 덜 정의된 과제들의 상호 교류에서 다루었던 예들도 역문제의 개념을 바탕으로 체계적으로 변형시키면 연습문제의 순환적 완비성을 가질 수 있다. 예를 들어 잘 정의된 과제인 $9a^2-12a^2-17a^2=\square$에서 각 항을 미지의 것으로 순차적으로 바꾼 다음과 같은 문제들을 제시함으로써 연습문제의 순환적 완비성 개념에 접근할 수 있다.

$$\square-12a^2-17a^2=-20a^2, \qquad 9a^2-\square-17a^2=-20a^2,$$
$$9a^2-12a^2-\square=-20a^2, \qquad \square-12a^2-17a^2=-20a^2,$$
$$9a^2\square 12a^2-17a^2=-20a^2, \qquad 9a^2-12a^2\square 17a^2=-20a^2,$$
$$\cdots\ \cdots \qquad\qquad \cdots\ \cdots$$

이와 같은 연습문제들과 관련하여, Erdniev(1965, p. 30)는 “이러한 방법은 연습문제의 다양성을 달성할 뿐만 아니라, 수학 교과의 모든 주제들에서 학습 내용의 더 나은 이해와 터득으로 나아가게 한다”고 하였다.

Erdniev가 제시한 처음 과제와 변형된 과제들의 대조를 위한 환경을 만드는 연습문제의 예를 살펴보자.

제곱근의 값을 배우면서 학생들은 다음과 같은 형태의 과제를 수행한다.

(a) $a<3$일 때, 식 $\sqrt{a^2-6a+9}$의 값은 무엇인가?

[답: $-(a-3)=3-a$]

이 예에는 다른 의미를 가지는 세 개의 식 a^2-6a+9, $a<3$, $3-a$가 포함되어 있다. 이들의 성공적인 이해를 위해서는 문제집에서는 일반적으로 다루어지지 않는 다음 두 가지 과제들도 제시해야 한다.

(b) 어떤 m값에 대해서 다음 등식이 성립하는가?

$$\sqrt{m^2-4m+4}=m-2$$

[답: $m\geq 2$, $m\leq 2$]

(c) $c>1$일 때 $\sqrt{x}=1-c$이다. 식 x를 구하여라.

[답: 해가 없음]

(Erdniev, 1965, p. 31)

우리나라의 수학교과서에서도 과제 (a)와 같은 유형의 문제들을 쉽게 찾을 수 있다. 그러나 과제들 사이의 대조, 즉 차이점을 밝히는 반성적 사고의 기회를 제공하기 위해서는 과제 (b), (c)와 같이 유사한 문제 상황이지만 구하는 것과 주어진 것이 바뀐 그러한 연습문제들도 의미로울 것이다.

3.2.5 수학적 지식의 체계성

수학적 지식들이 체계적으로 구성되어 체계성이라는 특징을 가지는 것은 상식적으로도 의미롭게 받아들일 수 있을 것이다. Erdniev & Erdniev(1996, pp. 198-199)는 “지식들에서 체계성이라는 특징의 발생은 여러 가지 요인들의 영향을 받는다: 교과서에서 학습 내용들의 배열 순서 및 학습내용의 기술, 수업 시간에 연습문제들의 구조, 인접한 과제들의 정보적 연결성의 존재, 교사의 설명 방법 등. ...만약 확장된 분량을 통해 지식들의 터득이 이루어진다면, 지식들의 체계성 발생에 좋은 환경이 조성될 것이다. 왜냐 하면, 오직 지식 요소들 사이의 다양한 연결성들에 의해서만 지식 요소들이 확장된 획득 단위를 형성하기 때문이다”라고 하였다.

결국 Erdniev & Erdniev에게 있어, 수학적 지식의 체계성은 독립적인 하나의 요인에 의한 것이 아니라, 앞에서 고찰한 연관된 수학적 요소들에 대한 동시 학습, 문제 제기와 해결의 통합, 잘 정의된 과제와 덜 정의된 과제들의 상호 교류, 과제들의 대조를 위한 연습문제 체계 등을 바탕으로 이루어지는, 즉 교수학적 단위의 확장의 결과로 얻어지는 수학적 지식들의 중요한 질적 특징이라고 할 수 있다.

한편 Erdniev & Erdniev는 지식들이 체계성을 가지게 되는 교수학적 상황으로 그림(표현)의 공통성을 제시하였다. 그리고 그러한 예로 작도문제를 제시하였다.

(a) 선분을 이등분하기, (b) 직선 밖에 주어진 점으로부터 직선에 수선을 작도하기 문제를 해결하자(그림 4).

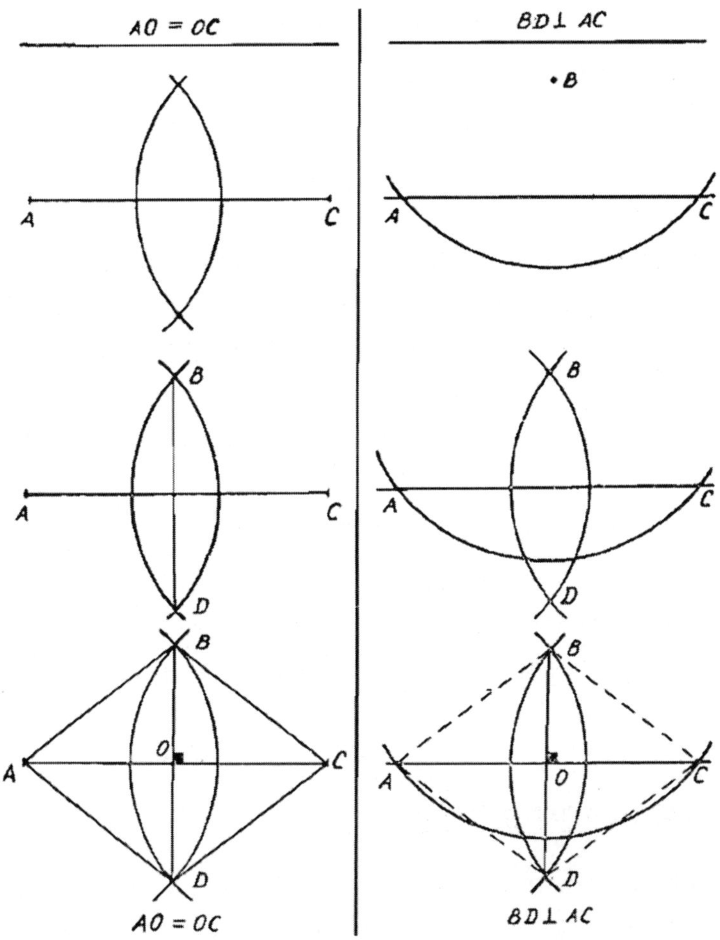

[그림 4]

이 두 문제의 해결 과정에서 결국엔 같은 도형인 마름모를 작도하게 된다. 이러한 그림은 다음과 같은 다양한 기본 작도 문제들의 해결을 위한 모델이 된다.

－직각 BOC을 작도하기
－서로 직교하는 직선 $AC \perp BD$를 작도하기
－점 O를 지나는 직선 AC에 대한 수선 OB를 작도하기(O는 직선 AC에 속함)
－점 B를 지나는 직선 AC에 대한 수선 OB를 작도하기(B는 직선 AC에 속하지 않음)
－선분 AC의 중점 작도하기
－각 BAC의 절반을 작도하기
－호 BAC의 절반을 작도하기
－밑변 OA, OB가 주어진 직각삼각형 AOB를 작도하기
－빗변과 밑변 OA가 주어진 직각삼각형 AOB를 작도하기
－두 대각선 AC, BD가 주어진 마름모 작도하기
－변 AB, 대각선 중의 하나 AC가 주어진 마름모 작도하기

> 많은 교과서에서 이 작도 문제들은 개별적으로 기술되어 있으며, 어떤 경우에는 다른 단원에 기술되기도 한다. 이러한 교과서들에서 어디에도 이 문제들의 해결에서의 공통성이 언급되지 않았다. 우리의 경험에 비추어 보면, 공통의 그림을 가지는 몇몇 작도 문제의 해결은 동시에, 함께 이루어져야 한다. 이러한 경우에, 지식들의 체계성은 무엇보다도 그림의 공통성에 의해 달성된다.
>
> Erdniev & Erdniev(1996, pp. 201-202)

살펴본 예에서 Erdniev & Erdniev는 수학적 지식들의 체계성을 문제들의 공통성에서 찾고 있다. 위의 예들에서 마름모는 Davydov의 표현을 빌자면 출발점 관계, 세포에 해당할 것이며, 기술한 다양한 작도문제는 마름모가 변환을 통해, 발달을 통해 구체성을 가지게 된 것이라 할 수 있다. 물론, 이 작도문제들은 유기적인 관련성을 가지는 체계를 형성하게 된다.

3.2.6 연습문제 체계에서 보완성의 원리

Erdniev & Erdniev(1996, p. 154)는 "교육 방법들의 보완성 문제는 최근의 정신생리학적인 발견에 근거한다. 지식들의 견고성을 위한 중요한 생리학적인 조건으로써 정보의 형상적인 측면과 논리적인 요소들의 유기적인 결합은 결국 두뇌의 반구들의 비대칭에 대한 발견으로부터 유래한다(두뇌의 우반구는 형상, 감정, 시각적 사고, 일차적 신호들, 과거에

집중되며, 좌반구는 언어, 논리, 계산, 이차적 신호체계, 미래, 예측에 집중된다)"고 하였다. 즉 Erdniev & Erdniev는 두뇌의 좌반구, 우반구의 비대칭 기능에 대한 생리학의 연구 결과로부터 출발하여, 좌반구와 우반구의 기능들의 상호 보완성 문제를 수학교육학의 연구 영역으로 들여왔다.

이중석(2000, p. 102)은 두뇌 좌반구와 우반구의 기능의 비대칭적인 특징들을 다음 [표 4]와 같이 정리하였다.

[표 4] 두뇌 좌반구와 우반구의 기능

두뇌 좌반구의 기능	두뇌 우반구의 기능
언어	비언어, 시각, 공간
계열, 시간, 숫자	동시적, 공간, 비유
논리, 분석	형태(Gestalt), 종합
합리적 사고	직관적 사고
논리적 분석에 따라 결론을 유도	직관, 통찰에 의한 사고의 비약
수렴적 생각	확산적 생각
의식적 추정	무의식적 추정
추상적	구체적
자제	정서적
객관적	주관적

두뇌 반구들의 비대칭성을 고려한 수학 교수학적 접근에 관련하여, Erdniev & Erdniev는 수학적 언어로 표현된 지식들(두뇌 좌반구의 기능에 관련된)의 기하학화(두뇌 우반구의 기능에 관련된)를 강조하면서 다음과 같이 주장하였다.

> 쌍을 이루는 두 메커니즘을 포함시키면, 사고는 새로운 질적 특성을 획득하게 되며, 증명은 커다란 경이로움을 가지게 된다. 다음과 같은 흥미로운 합들을 생각하자.
>
> $$1+2+1=4^2,\ 1+2+3+2+1=9=3^2,$$
> $$1+2+3+4+3+2+1=16=4^2 \text{ 등.}$$
>
> ………

대수적인 방법으로 이러한 합들을 계산하는 것은 복잡하지는 않지만 놀랍지도 않다. 그러나 이 합에 시각적인 그림에 의한 접근(두뇌의 우반구 기능에 관련된)을 이용하면, 수들의 합에 대한 놀라운 결론을 볼 수 있다(그림 5).

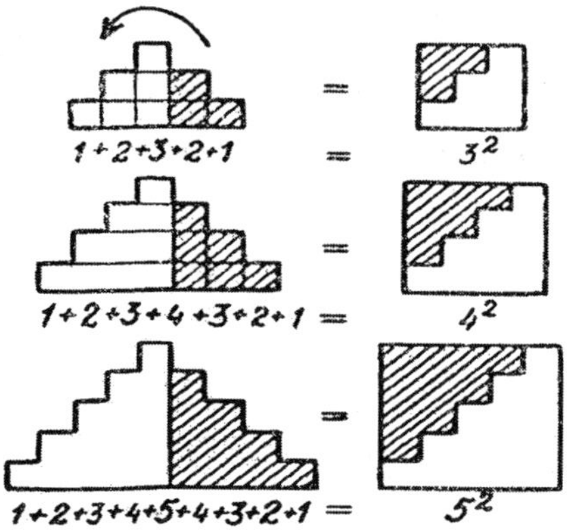

[그림 5]

(Erdniev & Erdniev, 1996, p. 156)

살펴본 예에서 Erdniev & Erdniev는 대수적인 언어, 수식으로 표현된 식(두뇌의 좌반구 기능에 관련된)을 기하학의 그림(두뇌의 우반구 기능에 관련된)으로 보완하면서 서로 유기적으로 결합시키고 있다.

이러한 접근을 Erdniev & Erdniev의 수학교과서 연습문제 구성에서 찾아볼 수 있다.

문제 (a) [그림 6]은 방정식의 어떤 성질을 나타내고 있는가? 상응하는 방정식을 적어라.

(b) [그림 7]은 부등식의 어떤 성질을 나타내고 있는가? 상응하는 부등식을 적어라.

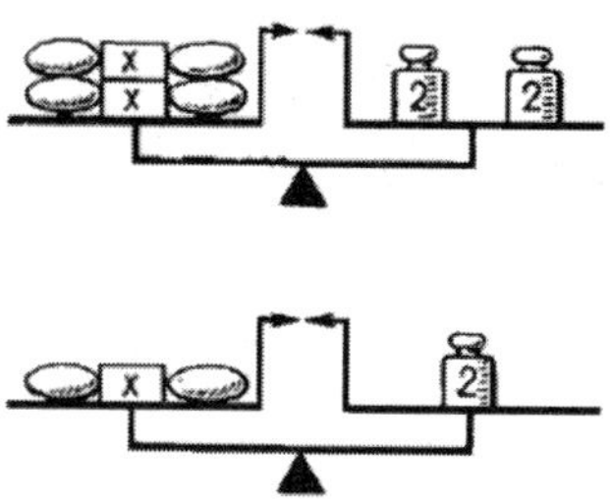

[그림 6]

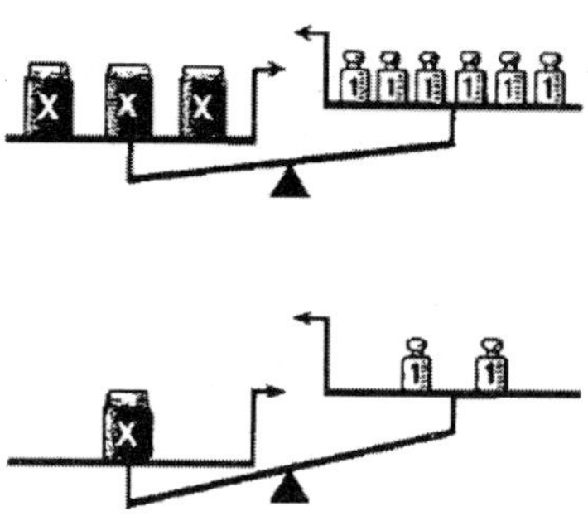

[그림 7]

문제 (a) 방정식과 부등식의 성질들을 이용하여, 다음 방정식과 부등식을 풀어라. 답을 확인하고, 답을 수직선에 나타내라.

① $6x = 12$, $3b = -15$, $-8 = 4k$, $-15 = 5b$

② $6x > 12$, $3b < -15$, $-8 > 4k$, $-15 < 5b$

(b) 다음 방정식과 부등식을 풀어라.

① $6x-10=4x+2$, $5-4y=2y-1$, $8-2a=20+4a$, $15-3c=2c-5$

② $6x-10 \geq 4x+2$, $5-4y \leq 2y-1$, $2b+3<4$, $6c-1 \geq 2-3c$

(Erdniev & Erdniev, 1995, pp. 144-145)

살펴본 문제들에서 방정식, 부등식의 구성, 해결이 수식의 대수적인 조작으로 끝나는 것이 아니라, 이에 관련된 기하학적인 표현, 해석을 통해 상호 보완하고 있음을 알 수 있다. 이와 같이 수학적 지식들, 개념들을 다양한 방법으로 표현하는 것은 교수학적으로 건전한 방법이라 할 수 있다. 특히 우정호(2004, p. 205)에 의하면, "여러 가지로 표현될 수 있는 지식은 유연성이 크고 문제해결능력을 높여주므로, 학습내용을 여러 가지로 바꾸어 표현하는 능력을 길러주어야 할 것"이라고 주장하였다.

한편 수학교과서의 기하학 영역과 관련하여, Erdniev & Erdniev는 논증과정을 다양한 방법으로 도식화하여 제시하고 있는데, 이것도 두뇌 좌반구와 우반구 기능의 상호 보완의 한 예라고 할 수 있을 것이다.

문제 '보각의 이등분선들은 서로 직교한다'는 것을 증명해야 한다. [그림 8]에 주어진 도식을 이용하여, 증명을 완성하여라. 도식에 여섯 개의 화살표와 I, II, ⋯, VI이 적혀 있다. 각 화살표는 '만약 ⋯이면, ⋯이다'를 의미한다.

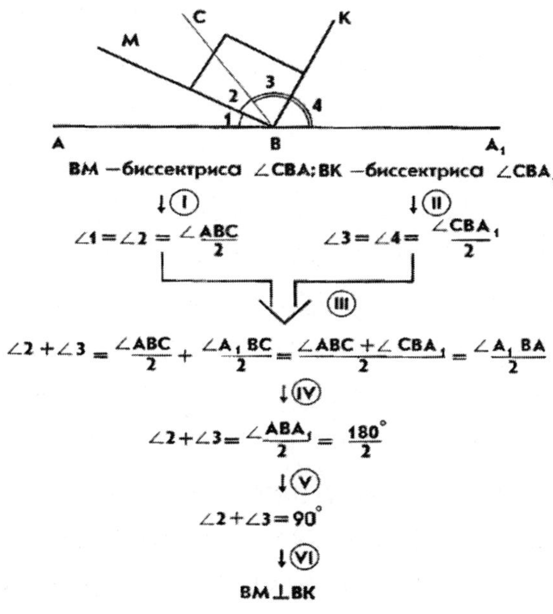

[그림 8]

(Erdniev & Erdniev, 1995, pp. 289-290)

4. 결론

20세기 이후에 인식 주체의 능동적인 역할을 강조하는 관점들, 이론들이 철학, 심리학, 교육학 분야에서 폭넓게 연구되었다. Vygotsky, Leont'ev, El'konin, Davydov로 이어지는 러시아의 심리학자들은 인식 주체에 의한 지식의 구성에 대한 다양한 연구를 진행했으며, 인식 주체의 능동성에 근거한 이론적 지식의 구성 가능성 및 사례들을 제시하였다. 본 연구에서는 지식의 구성에 관련된 사고의 특징들, 구성되는 지식의 특징들, 지식 구성의 방향, 수학적 지식 구성의 사례들에 대한 러시아 연구들을 분석하였다.

지식의 구성에 관련된 인간의 사고를 다양한 관점에서 분류할 수 있지만, 본 연구에서는 사고를 경험적 사고와 이론적 사고로 나누는 관점을 지지하여, 지식 구성과 관련된 경험적 사고와 이론적 사고의 특징을 분석, 고찰하였다.

경험적 사고는 철학에서 논의되는 오성에 관련되며, 이론적 사고는 이성에 관련된다. 경험적 사고의 대상은 감각적인 실제 대상들이며, 경험적 사고의 내용은 감각적인 실제 대상들을 넘어서는 추상적인 공통성이다. 그리고 경험적 사고에서는 대상들의 감각적인 징표들을 바탕으로 하며, 비교를 통해 공통인 징표들을 추출하고 대상들을 분류하여 이를 바탕으로 대상을 인식한다. 반면에 이론적 사고는 탐구하는 문제 상황의 근본적인(바탕이 되는) 불일치의 추출, 분석에 근거한 사고라 할 수 있다. 즉 경험적 사고가 탐구 대상들의 공통성을 출발점으로 한다면, 이론적 사고는 탐구 대상의 근본적인 관계, 불일치를 출발점으로 한다.

경험적 지식은 대상들, 현상들, 표상들을 비교하면서 만들어지며, 이론적 지식은 전체 공통인 기저로부터 전체성을 띤 체계로 발달, 성장하면서 만들어진다. Davydov는 수학적 지식이 경험적 지식과 이론적 지식 중 이론적 지식에 속하며, 수학적 지식의 구성은 이론적 지식 구성의 보편적 방향을 따라 이루어져야 한다고 주장하였다.

이론적 지식에 관련된 선행 연구들을 분석하여, 본 연구에서는 이론적 지식의 구성이 '추상에서 구체로의 상승' 방향으로 이루어진다는 주장을 제시하였다. 그리고 이론적 지식의 구성은 이론적 성격의 추상화와 일반화를 통해 이루어진다.

본 연구에서는 '추상에서 구체로의 상승'에 의한 수학적 지식의 전면적 구성의 사례를 구체적으로 분석하여 제시하였다. 한편 교수학자들인 Erdniev & Erdniev의 확장된 교수학적 단위의 개념을 이론적 지식의 국소적 구성이라는 관점에서 재해석하였으며, 수학적 지식의 국소적 구성의 구체적인 방법들을 교수학적 단위의 확장 방법들을 중심으로 제시하고, 이에 대한 구체적인 사례들을 제시하였다.

본 연구는 지식의 구성에 대한 새로운 이론을 정립하려는 것이 아니라, 20세기에 새롭게 발전한 철학, 심리학, 교수학의 연구 결과들을 바탕으로, 지식의 구성에 관련된 사고의 특징들, 이론적 사고의 본질에 근거한 수학적 지식의 구성, 수학적 지식 구성의 방향과 구체적인 사례들을 체계적으로 정리하는 것을 목적으로 삼았다. 본 연구의 결과들은 구성주의적 관점에서 수학 교과내용의 재해석, 수학 교과내용의 새로운 재구성, 인식 주체인 학생의 수학활동의 개념 및 방향 정립을 위한 기초 자료가 될 것으로 기대된다.

참 고 문 헌

Reference

박영배 (2004). 수학 교수·학습의 구성주의적 전개. 서울: 경문사.

우정호 (2004). 수학 학습-지도 원리와 방법. 서울: 서울대학교 출판부.

이중석 (2000). 불타는 10대. 충북: 협신사.

임석진 외 (2009). 철학사전, 중원문화. 인터넷 자료(2013년 10월 7일 검색, http://terms.naver.com)

한국문학평론가협회 (2006). 문학비평용어사전, 국학자료원. 인터넷 자료(2013년 10월 7일 검색, http://terms.naver.com)

한인기 (2006). 수학교육학의 기초와 실제. 경남: 경상대학교 출판부.

한인기 (2010). Erdniev의 교수학적 단위의 확장 및 그의 초등학교 수학교과서의 확장된 교수학적 단위에 대한 연구. 초등수학교육, 3(1), 37-48.

한인기 (2013). Davydov의 활동이론에 기반한 초등학교 수학교과서의 내용 분석. *East Asian Mathematical Journal*, *29*(2), 137-168.

한인기, 이정순 (2009). 한 변의 중점과 다른 두 점이 주어진 삼각형 작도문제의 해결에 대한 연구. 한국학교수학회논문집, 12(4), 365-388.

Aismontas B. B. (2002). *Obshaya psihologiya*. Moscow: Vladoc Press.

Aismontas B. B. (2013). Pedagogicheskaya psihology. 인터넷 자료(2013년 10월 7일 검색, http://www.ido.rudn.ru/psychology/pedagogical_psychology/index.html)

Bell F. H. (1978). *Teaching and learning mathematics* (in secondary school). Iowa: Wm. C. Brown Company Publishers.

Davydov V. V. (1996). *Teoriya razvivayushego obucheniya*. Moscow: INTOR.

Davydov V. V. (1997). Novyi podhod k ponimaniyu struktury i soderzaniya deyatelnocti, Doklad na seminare MPO. 인터넷 자료(2003년 4월 29일 검색, http://maro.newmail.ru)

Davydov V. V. (2000). *Vidy obobsheniya v obuchenii*. Moscow: Pedagogicheskoe Obshestvo Rossii.

Davydov V. V. (2004). *Problemy razvivayushego obucheniya*. Moscow: Arademiya.

Dygun M. A. (2001). *Opory po obshei psihologii: osnovnye ponyatiya, personali, blok-shemy*. Mozyr: Belyi Veter.

Erdniev P. M. & Erdniev B.P. (1995). *Matematika 7*. Moscow: Prosveshenie.

Erdniev P. M. & Erdniev B.P. (1996). *Obuchenie matematike v shkole*. Moscow: Stoletie.

Erdniev P. M. & Erdniev B.P. (1997). *Matematika 8*. Moscow: Prosveshenie.

Erdniev P. M. (1965). *Metodika upraznenii po arifmetike i algebre*. Moscow: Prosveshenie.

Karpenko L. A., Petrovskii A. V., Yaroshevskii M. G. (1998). Kratkii psihologicheskii slovar. Rostov-na-Donu: GRNIKS. 인터넷 자료(2013년 10월 7일 검색, http://psychology.academic.ru)

Kasavin I. T. (2009). Entsiklopediya epistemologii i filosofii nauki, Moscow: Kanon. 인터넷 자료(2013년 10월 5일 검색, http://epistemology_of_science.academic.ru)

Krutetskii V. A. (1968). *Psihologiya matematicheskih sposobnoctei shkolnikov*. Moscow: Prosveshenie.

Verner A. L. et al. (1999). *Geometriya 7*. Moscow: Prosveshenie.

제 7 장

구성주의를 반영한 수학수업과 효과에 대한 분석

서보억(대구가톨릭대학교)

1. 들어가기

구성주의의 출발이 누구였고, 어떤 이론적 배경과 철학적 관점을 지니고 있는가에 대한 다양한 논의가 아무리 훌륭한 학문적 가치를 지닌다고 할지라도, 그 이론이 실제 수학수업에 적용 불가능하다면 수학교육적 가치는 거의 지니지 않는다. 수학교육학은 실천 중심적 학문으로 이론체계와 함께 행동체계를 갖추고 있고, 이론과 실천의 균형을 통해 수학교육의 발전을 이룰 수 있기 때문이다.

이번 장에서는 구성주의에 바탕을 둔 수학 수업과 그 수업의 효과에 관심을 모으고자 한다. 1990년대부터 우리나라에 도입된 구성주의 이론은 수학수업에서는 어떠한 모습으로 나타났는지 살펴보고, 이를 구체적으로 적용한 수학수업을 통해 도출된 구체적 효과에 대한 다양한 연구 결과물을 체계적으로 정리하였다.

지난 20여 년 동안의 수학교육계에서 수행하였던 다양한 연구 성과들을 중심으로 구성주의 수학수업의 모습과 그 효과에 대해 고찰하는 것은 여러 가지 의미가 있다. 구성주의는 하나의 철학이론으로 아직 명확한 이론적 체계가 형성되었다고 보기 힘든 상황에서 새로운 이론을 제시하기 보다는 지난 20여 년간의 수학교실 수업과 관련된 다양한 연구들의 관점을 소개하고 정리함으로써, 새로운 혼돈을 피하고, 우리의 환경에 부합된 구성주의 이론을 수립하는데 도움이 될 것이기 때문이다. 또한 동일한 이론을 보는 학자들 사이의 관점의 차이로 인해 서로 상이한 연구결과가 존재하는 현실에서, 이러한 다양한 결과들을 수업활동과 직접적으로 연관시켜 봄으로써 연구자들과 현장 수학교사로 하여금 합리적인 의사결정을 내리는데 소중한 자료로 활용될 것으로 기대된다.

20세기 말부터 세계는 지식의 소유를 중요시하는 지식 중심 사회에서 주어진 지식을 가공, 편집하여 새로운 지식을 재생산하는 정보화 사회로 급격하게 변화하였다. 이러한 시기에 그 중요성이 부각되어 등장한 이론이 바로 구성주의이다. 단순한 지식의 습득이 중요한 사회에서 지식의 사용 주체이자 생산의 주체인 개인의 자기 주도적 활동이 중요해진 사회에로의 변화는 교육에서도 새로운 패러다임의 등장을 촉진하였다. 그것은 교수상황에서 지식을 많이 가진 자인 교사 중심에서 지식을 능동적으로 수집, 가공, 재생산해야하는 주체인 학습자 중심으로의 전환에 대한 요구였다. 이러한 새로운 패러다임은 1997년에 공포된 제7차 교육과정의 가장 중요한 이념으로 자리 잡았고, 현재에도 기본적인 이상에는 큰 변화가 없이 그 기조는 유지되고 있다.

이러한 새로운 패러다임은 교사 중심의 교수(instruction)에서 학습자 중심의 학습(learning)으로의 코페르니쿠스적 발상의 전환이며, 교수·학습에서의 산업혁명과도 같은 사건이라 할 수 있다. 초기에는 구성주의 이론은 인간의 앎의 문제, 인식의 문제로 인식되었지만, 구성주의 이론의 발전과 적용 분야의 확대에 따라 학습이론으로 급격하게 발전하였다. 구성주의 이론은 학습이론으로써의 관점에서는 개인에 의해 지속으로 진행된다는 관점, 개인이 처한 상황에 적합성 유무에 따라 진리가 결정된다는 관점, 지식은 학습자에 의해 주체적으로 구성되어진다는 관점에 대한 이론이다. 즉, 구성주의 이론에 비추어보면 '앎', '의미를 만드는 방법', '알아가는 방법'에 대한 이론이라고 볼 수 있다.

구성주의 이론을 기반으로 발전한 학습이론에 따르면, 오늘날 수학교육계에서 가장 보편적으로 알려져 있는 생각 중의 하나가 수학 학습은 '구체적 활동을 통하여 학습자 스스로 새로운 수학지식을 구성해 가는 과정'이라는 것이다. 새로운 수학지식은 교사의 도움을 받은 학습자에 의해 독립적으로 구성되어져 가는 것으로 간주한다. 즉 수학지식은 교사의 주도에 의해 학생에게 수동적으로 부과되어지는 것이 아니라, 인식의 주체인 학습자에 의해 독립적으로 구성되어지는 것으로 인식한다.

이러한 구성주의에 기반을 둔 수학수업은 교사에 의해 지식이 전달되어지기 보다는 교사에 의해 적절한 안내와 학습에 필요한 적절한 도움이 제공되고, 이를 바탕으로 학습자가 능동적으로 새로운 수학지식을 구성하고 재발명할 수 있도록 재조직하는 것이다. 이러한 관점에서 수학수업의 근원적인 물음과 실제 수학수업 모습 및 수학수업의 효과에 대해 구체적으로 살펴본다.

2. 수업계획과 구성주의

실제 교실 수업에 대한 구체적인 사례를 고찰하기 전에 수업계획을 위한 교수학습에 대한 구성주의의 관점, 교수학습에 대한 기본전제와 학습원칙 등에 대해 고찰하고자 한다. 구성주의 이론을 기반으로 한 교수학습 계획, 기본전제, 학습의 원칙에 대한 여러 실험과 연구가 진행되었다(강옥기 외, 2012; 김연식과 박영배, 1994; 김판수 외, 2003; 박영배, 1996; 이중권 외, 2006). 이들의 이론을 바탕으로 구성주의 관점에서 수학수업의 효과를 체계적으로 고찰하기 위해 '구성주의 관점에서 수업계획을 위한 교수· 학습에 대한 관점', '구성주의 관점에서 수업계획을 위한 교수· 학습에 대한 기본전제', '구성주의 관점에서 수업을 위한 학습원칙'으로 세분화하여 살펴보자.

2.1 구성주의에서 수업계획을 위한 교수·학습에 대한 관점

구성주의자들에게 수업은 무엇일까? 어떻게 수업이 계획되어지고 수업이 실행되기를 기대하는 것일까? 특히 수학교과는 도구적 성격과 함께, 고유한 학문적 내용의 전달이라는 목적이 수업을 통해 달성되어야 한다. 이러한 목적의 달성을 위해 구성주의자가 생각한 지식의 관점이 무엇인지 명확하게 규명하는 것은 중요한 의미를 지닌다. 앞에서도 지적하였듯이 구성주의는 앎에 대한 이론인데, 수업이 바로 앎의 행위가 이루어지는 현장이다. 구성주의 이론을 기반으로 지식의 앎에 대한 세 가지 측면인 '지식의 구성', '지식의 적합성', '지식의 유용성'이 어떤 의미를 지니는지 고찰하는 것은 수업계획을 위해 선행되어야 할 과제일 것이다.

먼저 구성주의자가 주장하는 앎에 대한 이론 중 가장 중요한 위치에 있다고 볼 수 있는 '지식의 구성'의 측면이다. Piaget를 비롯한 구성주의자들에게 지식의 획득은 '학습자 스스로 독립적인 구성'에 의해 이루어진다는 관점이다. 구성주의자들은 주관주의적 인식론에 근거하고 있으며, 학습자 개개인이 처한 학습상황에서 교사의 주관에 의해 외부에서 제공되는 능동적인 학습경험에 의해서 지식이 학습자에 의해 구성된다는 점을 강조하고 있다. 즉, 수업을 통한 수학지식의 습득은 학습자에 의해 구성된 것이며, 이러한 구성은 학습자가 속한 사회와 문화적 전통, 교실 및 주변 상황을 통해 만들어진 의미 구성의 산물이다. 이런 의미에서 교육활동은 학습자가 처한 사회 문화적 상황 및 교실 상황에 부합되도록 의미를 구성할 수 있는 환경을 조성하고, 또한 학습자가 이러한 상황과 상호 일치하는 지식이 내적으로 구성될 수 있도록 학습활동을 조력하여야 한다. 이를 통해 학습자가 속한 사회에 쉽게 적응하고, 학습자가 속한 사회를 능동적으로 변화시킬 수 있어야 한다. 결론적으로 구성주의 철학자들의 관점에서 교수·학습은 학습자가 속한 사회 문화적 환경과 능동적으로 상호 작용하는 '의미 만들기'의 과정이고, 교수·학습의 과정이 단순히 지식을 파지하고 습득하는 과정이 아니라 학습자가 능동적으로 지식을 구성하는 과정이며, 더불어 사회 문화적 과정이다.

다음은 '지식의 적합성과 유용성'의 측면이다. Piaget를 원류로 하는 조작적 구성주의자들은 지식의 구성과정에 대한 보편성에 관심이 있다. 반면, 급진적 구성주의자와 사회적 구성주의자들은 보편성보다는 학습자 개개인의 지식 구성 과정에 관심이 있다. 학교현장 교사들은 학습결과의 상이성에 대해 매우 민감하게 반응한다. 동일한 상황에서 동일한 수업내용으로 동일한 경험이 학습자에게 제공되더라도, 개개인의 학습결과의 동질성은 보장되지 않는다. 지식은 학습자에 의해 자주적으로 구성되기 때문에 학습자의 개인적 특성에 따라 동일하지 않은 학습결과를 나타낸다. 게다가 학습자가 자주적으로 구성하는 지식은 학습자의 과거의 경험과 처한 상황에 따라 매우 상이한 형태로 구성될 것은 너무나도 분명해 보인다.

그렇다면 완전히 동일한 사전경험과 동일한 지적구조를 가진 두 학습자가 존재한다면, 개인의 구성한 지식은 동일할까? 이에 대해서도 구성주의자들은 매우 회의적이다. 그것은 학습자가 처한 상황, 학습자가 구성한 지식을 적용할 맥락이 지식의 구성 방향을 결정하기 때문이다. 즉, 학습자는 학습자가 처한 상황과 맥락에 있어 얼마나 유용하느냐와 적합하냐에 따라 지식의 구성 방법과 지식의 가치를 결정할 수 있다는 점이다. 여기서 지식의 유용성과 적합성은 지식이 가진 고유의 도구적 성격이 아닌, 학습자 개인적인 삶의 의미에 있어서 얼마나 유용하느냐와 적합하냐에 달려 있다. 이것은 곧, 구성주의 이론에서 학습은 지식이 외부 세계와 대응하는 것이 아니라, 학습자에 의해 주도적으로 외부 세계에 의미를 부여한다는 것과 일맥상통하는 부분이다. 결국, 구성주의자에게 있어서 학습자는 수업의 주인이자 능동적이고 적극적인 참여자이다. 또한 학습자는 무엇을 학습할 것인지를 결정하는 주체이다.

구성주의 관점에서 수업에서 교사의 역할은 무엇인가? 교사가 설정한 목적이나 목표는 학습자에게 도움이 되기는 하지만 그것만으로는 학습의 달성 유무를 확인할 수 없고, 학습목표를 학습자 스스로 만들고 자신의 것으로 이해하고 받아들이지 않는다면 학습에 큰 영향을 미치지 못한다고 한다. 그렇다고 해서 교사의 역할이 줄어드는 것이 아님을 명심할 필요가 있다. 교사는 학습자에게 학습 자료를 유의미하고 적합하게 잘 다룰 수 있도록 도와주는 더 중요한 역할을 수행하게 된다. 구성주의자는 전통적인 교수·학습과 비교에서 교사와 학생의 역할이 조금 바뀌었을 뿐임을 암시하고 있다.

2.2 구성주의 관점에서 수업계획을 위한 교수·학습에 대한 기본 전제

2.2.1 교수학습에 대한 기본 전제

구성주의 관점에서 교수·학습에 대한 기본적인 관점을 살펴보았다. 이러한 관점을 기초로 하여 구성주의에 기초한 교수·학습 실행을 위한 몇 가지 전제조건에 대해 살펴보자. 구성주의 관점에서 연구를 실행한 교육학자, 현장 교사들에 의해 제안되어진 내용을 중심으로 제시하고자 한다.

첫째, 학습의 결과인 지식은 본질적으로 학습자의 인지 속에만 존재할 수 있다. 이것은 학습의 대상인 지식은 교사나 학습자의 외부, 즉 인지 외부에 존재하는 것이 아니라, 교사와 학습자의 내부에 존재하고 있음을 의미한다.

둘째, 학습자가 독립적으로 지식을 구성하고, 이를 통해 학습자를 둘러싼 외부환경과 맥락 속에 존재하는 사물에 의미를 부여하는 활동은 전적으로 학습자가 형성한 지식에 근거하고 있다. 이것은 동일한 시간, 동일한 장소에서 동일한 학습내용을 학습하더라도 학습자가 구성하는 학습결과는 자신의 기존 지식과 신념에 따라서 매우 다르게 나타날 수 있기 때문에, 의미 부여의 결과는 구성된 지식에 큰 영향을 받을 수밖에 없다.

셋째, 학습자에 의한 지식의 자주적 구성은 환경과의 긴밀한 상호작용을 통해 이루어진다. 학습자가 습득하는 지식은 모두 구성되는 것이고, 학습은 곧 구성의 과정이다. 학습자는 교실 뿐 아니라, 교실 밖 환경과의 상호관계 속에서 지식을 구성하고, 그 대상에 의미를 부여하면서 지식을 구성하게 된다.

넷째, 학습자에 의해 구성되는 지식은 절대적이지 않고, 상황과 맥락 속에서 적합성과 사회적 협상을 통해 발전하게 된다. 지식을 전달하는 교사는 물론이고, 지식을 재발명하는 학습자가 형성하는 지식은 결코 절대적인 모습을 가지지 않는다. 지식은 임시적이고, 상황에 따라 보다 유용하고, 보다 적합할 뿐이다.

다섯째, 학습자에 의한 지식의 구성은 학습자에게 제공되는 경험에 크게 의존하고, 지각과 활동, 행위 등을 기반으로 지식이 구성되어진다. 학습자는 나름대로 특정 지식과 개념 등을 구성하고 있는데, 이러한 지식과 개념 등은 학습자 개인의 일상적인 경험에 기초하여 구성되어진 것들이다. 따라서 학습자는 자신이 가진 경험을 기초로 하여 새로운 지식을 구성하기 때문에, 학습자 개인이 지닌 다양한 경험들을 긍정적으로 수용해 주어야 한다.

또한 학습자는 교사나 동료들과의 상호작용을 통한 지각과 활동, 행위 등을 통해 새로운 지식을 구성하기 때문에, 교수·학습과정에서 교실환경을 다양하게 하고, 폭넓은 경험을 할 수 있도록 계획하여야 하며, 학습자는 자신의 생각을 자유롭게 표현할 수 있도록 하는 것이 중요하다.

여섯째, 학습자에 의한 지식의 자주적 구성을 위해서는 많은 시간과 열정을 필요로 한다. 비록 학습자가 지식을 구성하는데 많은 시간과 열정이 필요하지만, 이러한 과정을 거친 학습자는 학습결과에 대한 높은 쾌감과 즐거움이 수반되게 된다. 따라서 교사는 학습자를 존중하고 따뜻하게 잘 보살펴 주어야 할 뿐만 아니라, 우호적인 학습 환경을 제공해야 할 의무가 있다.

일곱째, 학습자에 의해 구성되어지는 지식은 맥락성을 지니고 있다. 자주적 구성에 의한 학습이 능동적으로 일어나게 하기 위해서는 기계적인 암기가 아니라, 진정한 이해와 문제 해결 그리고 대상에 의미가 부여되도록 하는 맥락과 상황 속에서 학습이 이루어져야 한다.

지금까지의 의견을 종합해 볼 때, 구성주의 이론에 따른 교수·학습의 기본 가정은 다음과 같이 요약될 수 있다. 지식은 경험을 통해 구성의 기초를 형성하게 되며, 학습은 학습자의 자주적 구성의 과정으로 지식을 인지 구조 내로 표상하고 경험을 개인적으로 해석하는 일련의 과정이다. 이러한 관점에서 학습은 학습자에 의한 능동적 과정이고, 자신의 경험에 근거하여 대상에 의미를 부여하는 활동이다. 이러한 구성주의 이론에 바탕을 둔 교수·학습에 대한 관점은 학습은 실제 세계에 대한 존재의 부정에 의한 것이 아니라, 우리가 속한 세계에 능동적으로 참여하여 우리의 경험을 해석하고 의미를 부여하는 활동이다. 따라서 교수·학습은 개인의 구성 과정을 촉진하고 전이가 잘 일어날 수 있도록 풍부하고 다양한 실제 세계의 맥락 속에서 이루어질 필요가 있다.

2.2.2 구성주의 수업실현을 위한 교사의 역할

구성주의 관점에서 교실수업이 실제로 진행되기 위한 수학교사의 역할은 절대적이다. 단순히 지식을 전달하는 역할이 아니라, 학습자가 자주적으로 지식을 구성할 수 있도록 정확히 안내해 주어야 하기 때문에 그 역할은 매우 중요하다. 이에 관해 Brooks(1993)는 교사가 행해야 할 실천 과제 12가지를 제시하고 있다.

첫째, 구성주의 수업실현을 위해 교사들은 학생들 서로 간에, 또 교사와 학생들 간의 대화에 참여하는 것을 격려해야 하고, 둘째, 교사들은 학생들의 자율성과 진취적인 자발성을 북돋우어 줄 수 있어야 하고, 셋째, 학습 과제를 구성함에 있어서 구성주의 수업실현을 위해 분류, 분석, 예상, 창조와 같은 인지적인 용어를 사용해야 하고, 넷째, 학생들의 반응에 따라 수업을 진행하고, 수업 전략을 바꾸거나 내용을 변경해야 하고, 다섯째, 자신이 알고 있는 어떤 개념을 학생들과 나누기 이전에 이 개념에 대한 학생들의 이해 정도를 알아보아야 하고, 여섯째, 살아있는 생생한 정보나 학생들이 직접 얻을 수 있는 자원을 사용하되, 조작이 가능하고, 통합적이며 실체적인 물질과 함께 사용해야 하고, 일곱째, 고등 사고를 필요로 하는 열린 질문을 통해 학생들이 탐구학습을 할 수 있도록 권장하여야 하며 학생들 상호간에 이러한 질문을 하도록 권장해야 하고, 여덟째, 질문을 제시한 후 기다리는 시간적 여유를 가져야 하고, 아홉째, 학생들이 그들이 설정한 가설에 반대가 되는 결과를 초래하는 학습 경험을 하게 하기도 하고, 이를 토론하게 해야 하고, 열째, 학생들의 첫 반응을 보다 알차게 구성하는 방법을 강구해야 하고, 열한째, 학생들이 학습내용들 사이의 관계를 구성하고, 비유를 생각해 낼 수 있도록 충분한 시간을 주어야 하며, 마지막으로 구성주의 수업실현을 위해 교사들은 학생들의 원초적인 관심에 주의집중하고, 그들의 관심을 북돋우어 주어야 한다.

또한, Kilpatrick(1991)은 구성주의적 입장에서 수업을 진행하기 위해 교사가 가져야 할 기본적인 태도로 다섯 가지를 제안하고 있다. 첫째, 구성주의 수업을 위해 교사들은 보이는 것보다는 보이지 않는 학생들의 정신적 사고 과정에 관심을 가져야 하고, 둘째, 구성주의 수업을 위해 교사들은 학생의 반응이 교사의 예상과 다른 것은 학생들이 오해하고 있는 것을 알기 위한 수단으로 인식해야 하며, 셋째, 구성주의 수업을 위해 교사들은 언어는 지식을 전달하는 수단이라기보다는 학습을 안내하는 수단이라는 생각을 해야 하고, 넷째, 구성주의 수업을 위해 교사들은 가르친다는 것과 훈련한다는 것을 구별해야 하고, 마지막으로 구성주의 수업을 위해 교사들은 토론에 의한 지도는 학생들의 인지 구조를 알려는 것 뿐만 아니라 학생들을 변화시키려는 시도로 인식해야 한다.

2.3 구성주의 관점에서 수업을 위한 학습원칙

실제 수업을 실행하기 위해 가장 중요한 교사의 활동이 무엇일까? 그것은 수업 이전 단계의 학습계획, 수업진행 단계에서 학생과 교사의 역할에 대한 규명, 그리고 학습을 둘러싼 주변 학습환경에 대한 명확한 이해일 것이다. 따라서 앞에서 제시한 구성주의 관점에서 수업을 실행하기 위한 기본전제를 바탕으로 구성주의 수업 실현을 위한 학습계획, 학생과 교사의 역할, 학습 환경에 대해 생각해 보자.

구성주의 학습이론에서 볼 때, 학습계획에서 가장 중요한 것은 지식은 개인의 경험으로부터 구성되고, 학습은 개인의 해석에 의해 이루어진다는 점이다. 사물이나 사건의 의미는 다양한 관점에서 해석될 수 있기 때문에 한 개인에 의한 학습이 아니라, 교실 구성원 모두가 참여하는 협동학습 상황에서 이루어져야 한다. 학습은 실제와 유사하도록 계획되어야 하고, 평가는 과제의 연속적인 수행과정 속에서 이루어지도록 계획되어야 한다.

구성주의 수학수업에서 학생의 역할은 매우 중요하다. 학습이란 학생들이 현재 지니고 있는 지식과 경험, 관심에 따라 문제를 선택하고 설정하며 해결하는 것이 가장 이상적이다. 따라서 학습자의 지속적인 수업활동에의 참여를 통해 지식과 기술을 습득하고 구성할 수 있는 수업을 진행할 수 있도록 계획을 수립하여야 한다. 반면, 교사의 역할은 전통적인 수업과 비교해서 많은 역할의 변화를 요구한다. 교사는 조력자로서 다양한 학생의 의견과 관심이 충분히 투영되어진 학습결과를 드러낼 수 있도록 학습구성원 모두를 이끌어 주어야 한다. 교사는 자기 스스로가 학생들과 함께 탐구하고 배우는 자로서의 태도를 취해야 한다.

마지막으로 학습환경은 매우 중요한 의미를 지니고 있다. 구성주의에 있어서 학습의 주도권이 학생에게 있기 때문에, 학생들이 자유롭고 편안한 분위기 속에서 다양한 의견이 분출될 수 있도록 하는 것이 매우 중요하다. 이를 위해 학습자 개인의 부담을 덜어주고, 지식의 범주는 확장시키고, 더욱 깊은 사고활동이 왕성하게 일어날 수 있도록 환경을 조성해야 한다. 이를 위해, 학습목표는 학생 스스로 도출하도록 하고, 평가는 학생들이 문제를 푼 결과가 아니라, 푸는 과정 중에 이루어질 수 있는 접근방법의 변화가 요구된다.

이러한 수업계획, 교사와 학생의 역할, 학습환경에 대한 적극적인 고려를 바탕으로 교실 수업을 실현하기 위한 교수·학습의 원칙이 여러 가지로 제안되어지고 있다. 먼저, 학습자의 학습에 대한 주인공 의식에 대한 강조이다. 학습자는 수동적인 지식의 습득자가 아닌, 적극적이며 자율적인 지식의 형성자이자, 스스로 학습을 할 수 있는 인지적 기술과 능력을 갖추고 있는 지식의 재발명가이다. 학습자 스스로 책임감 있게 자신의 학습을 관리하고 학습의 목표와 방향을 설정할 수 있도록 책무성, 주인의식, 자율성을 강화하는 학습을 진행해야 한다. 구성주의에 있어서 학습은 학습자에 의한 자기 구성의 끊임없는 과정이므로, 학습자 스스로 학습에 대한 주인의식과 학습결과에 대한 책임의식을 가지는 것이 매우 중요하다. 따라서 어떤 학습내용을 언제, 어떻게 학습할 것인지 결정하는 능력을 성숙시키는 것은 반드시 수반되어야 한다.

학습자는 진정으로 의미 있는 과제와 유의미한 맥락 속에서 학습이 진행되도록 해야 한다. 학습자가 지금 배우는 지식의 유용성을 깨닫기만 한다면, 더 강력한 학습 동기를 부여할 수 있다. 따라서 학습자에게 현재 학습에 대한 공감대를 형성하는 것은 중요한 당면과제임에 분명하다. 실제로 많은 구성주의 이론가들은 지금 학습내용에 대한 충분한 공감대의 형성 없이는 복잡한 과제에 대한 학습을 기대할 수 없다는 견해를 밝히고 있다.

따라서 학습 이전에 학습 내용에 대한 필요성과 이유를 명료하게 밝혀주고, 학습한 내용이 실제 상황에서 효율적으로 적용될 수 있도록 학습내용을 적극적으로 안내해 주어야 한다.

구성주의 교수·학습에서 학습자 자신의 경험, 일상, 현상에 대해 의문을 품고 분석하는 습관, 학습내용과 학습의 과정 및 성과에 대해 스스로 되돌아보는 반성활동은 매우 중요한 의미를 가지고 있다. 학습자 자신의 학습으로부터 무엇인가를 얻기 위해서는 학습한 내용과 학습활동의 과정 및 성과에 대한 반성적인 태도, 반성적인 사고경험을 제공해야 한다. 반성은 자기 평가를 통해 고차적인 사고 기능을 정련하고 강화하는데 도움을 주고, 의사결정과 문제해결 방법에 대한 다양한 사고를 할 수 있는 기회를 제공해 준다.

구성주의 이론에서 교수·학습의 진행 중 빼 놓을 수 없는 중요한 과정 한 가지가 소그룹 협동학습이다. 지식의 습득 및 형성의 과정은 순수 개인의 지적 활동만으로 완전하게 이루어질 수 없다. 특히 사회적 구성주의 입장에서 소그룹 내 타인과의 상호작용은 지식 획득에 결정적인 역할을 한다. 구성주의 입장에서 학습은 개인이 속한 사회 문화적 배경과의 상호작용에서 일어난다는 것을 전제로 하기 때문에, 소그룹에서의 협동학습은 한 개인의 인지적 부담을 줄여준다는 의미보다는 오히려 학습공동체에 속한 여러 학습자의 다른 생각과 견해를 배우게 하고, 다른 학습자와 상호작용을 통해 공유된 지식에 의한 지식의 형성을 강조하고 있다. 즉, 다른 학습자와의 소그룹 협력학습을 통해 사회적 상호작용을 촉진하고, 타인과의 사회적 과정을 통해 지식이 확정된다. 특히 사회적 구성주의자들에 따르면, 학습공동체에 속한 타인과의 대화를 통한 상호교류와 반성적 사고에 의해 지식의 협의가 가능하다. 결과적으로 구성주의 관점에서 소그룹 협동학습은 집단 구성원들과의 상호작용을 통해 사회적 기능을 배우고, 본질적인 지식에 대한 견해를 공유하게 된다.

앞에서도 언급하였지만, 구성주의를 배경으로 하는 교수·학습에서 교사의 역할은 조력자이자, 배움을 같이하는 동료학습자이다. 교사가 학습자에게 제공하는 다양한 질문을 통해 학습자의 인지적 활동을 자극하고, 학습 과제에 대한 교사의 시범을 통해 학습자에게 개념 형성을 위한 인지적인 틀을 제공한다. 또한, 교사는 학습자가 주도적으로 문제해결을 할 수 있도록 다양한 학습 자료를 제시하고, 학습결과에 대한 평가에 적극적으로 참여시키며, 학습자들과 지속적인 접촉과 참여를 통해 좀 더 배우는 역할을 수행하도록 교수·학습을 구성하는 역할을 수행한다.

학습과제의 성격도 구성주의 교실환경에서는 기존의 수업과 차별화된다. 학습내용은 추상적이거나 피상적인 것이 아니라, 구체적 상황을 배경으로 한 실제적 성격을 지니고 있어야 한다. 구성주의 입장에서 학습은 항상 구체적 상황을 전제로 하고 있다. 왜냐하면, 구성주의자들은 맥락성과 적합성을 강조하는 이론적 배경을 지니고 있기 때문이다.

구성주의자들은 지식의 획득과정은 단순히 전달되는 것은 아니라는 입장을 보인다. 구성주의자는 이러한 관점에서 학습환경의 중요성을 역설하고 있다. 적절한 학습환경이 구축되어져 있을 때에, 자신의 고등정신능력을 사용하여 학습자 스스로의 힘으로 의미 있고 새로운 지식을 구성할 수 있다는 것이다. 특정 상황에 대한 예측과 해석 및 가설을 설정하도록 하고 스스로 탐구, 실험하도록 하는 등 고등 수준의 사고를 촉진하는 다양한 활동의 기회를 제공되는 학습환경의 구축을 강조한 것이다. 또한 상이한 조건들이 다양하게 주어졌을 때, 내용과 문제를 서로 다른 관점에서 재조명할 수 있도록 격려하고, 자신의 생각, 해결방법과 전략 등을 스스로 명확히 표현하여 제시할 수 있도록 교수·학습이 구성되어야 한다.

수업의 방법에 대한 변화를 요구하고, 지식의 형성과정에 대한 새로운 시각이 등장하였다는 것은 곧 평가의 방법에 대한 개선도 필연적으로 요구된다. 구성주의자에게 평가는 한 마디로 다양성과 과정성을 추구한다는 점이다. 학습자는 수업을 통해 다양한 관점들을 경험하고, 그 다양한 경험만큼이나 다양한 평가의 기회를 충분히 제공하도록 수업이 구성되어야 한다. 구성주의에서 강조하는 실제성과 적합성은 한두 가지 접근이나 해결과정만을 가지지는 않는다. 학습자 자신의 이해를 검증하고 강화하기 위한 수단으로 다양한 대안들을 평가할 수 있어야 한다. 학습자의 단순한 행위조차도 지극히 합리적인 사고활동의 결과이므로, 교사는 자신의 관점에서는 잘못되고 혼란스러워 보일지라도, 학습자의 생각을 학생들의 관점에서 조망하고 그 가치를 인정하는 자세가 요구된다. 이를 위해 창의적, 비판적 사고와 문제해결 능력 등의 고차적인 교육 목적의 성취와 복잡하고 실제적인 맥락에서의 능동적인 활용 여부에 초점을 둔 다양한 평가방법의 시도, 수행평가, 포트폴리오 등의 새로운 접근이 수업과정에서 도입되어야 할 것이다.

3. 구성주의 수업 학습모델과 수업의 효과

구성주의를 적용한 학습 모델과 수업의 구체적인 형태, 이러한 수업을 적용한 학습의 효과로 나누어 고찰해 본다.

3.1 구성주의 학습 모델

구성주의 이론에서 학습자의 인지활동에 초점을 맞춘 학습모형 중 대표적인 네 가지 모형인 인지적 도제모델, 인지적 유연성모델, 상황적 학습모델, 참여 학습모델에 대해 구체적으로 살펴보자.

3.1.1 인지적 도제모델

인지적 도제모델에서 도제는 음악, 미술, 의학 등의 분야에서 널리 사용되어 왔던 용어이다. 이 모델은 스승이 제자를 체계적으로 육성하는 과정으로 학습자 중심으로 수업이 진행되는 가장 전형적인 형식이다. 도제모델에서 교육의 과정을 살펴보면, 먼저 시연 단계에서는 실제 과제의 문제해결의 전 과정을 전문가인 스승이 시범을 보이고, 다음 교수적 도움 단계에서는 문제해결을 위한 인지적 틀을 제시하고, 그 다음 교수적 도움의 중지 단계에서는 제자인 학습자가 스스로의 힘으로 문제해결을 할 수 있게 된다.

한편, Brown 외(1989)에 의하면, 학습과정에서 학습자가 문제해결의 전체 상황에 대한 '인식'을 가지고 학습활동을 하게 될 때, 효과적인 학습결과를 얻을 수 있게 되는데, 이러한 관점을 효과적으로 적용한 모델이 인지적 도제모델이다. 인지적 도제모델에 따른 학습의 과정에서는 초보 학습자의 경우, 마치 중세 시대의 도제처럼 견습하는 동안 그들의 지식을 신장하고 기술을 개발하며 필요한 도구를 적절히 사용하는 방법을 배워 사회에서 스스로 독립하여 문제해결을 할 수 있게 된다. 일반적 관점에서 혹자는 인지적 도제모델은 교사와 학습자간의 힘의 관계, 즉, 힘이 있는 자와 힘이 없는 자의 관계로 보기도 하지만, 구성주의 관점에서 도제 사이의 이러한 힘의 관계에 대해 합법적인 주변적인 참여라고 하여 '힘 없는 자의 위치에서 출발하는 학습자가 점차 특정 사회 집단에서 사회 참여도를 증진시키며 자신의 힘을 쌓아 힘이 있는 위치'로 대체되어 가는 과정이라고 설명한다(Lave, 1988).

구성주의에 근거한 인지적 도제모델은 기존의 도제 모델에서 추구하는 물리적 기술과 지식의 습득과는 달리, 초인지적 기술을 습득하기 위한 방법으로 학습자의 자발적 인지활동을 촉진하는 자아성찰과 반성을 매우 강조하고 있다. 여기서 자아성찰과 반성은 내적 사고 작용으로 '학습자가 필요로 하는 실제 과제에 참여하여 자신의 행동을 관찰·조명하고 자신의 행동을 전문가의 행동과 비교하며, 교사와 학습자의 위치를 상호 바꾸어 봄으로써 자신의 제한적 시각을 넓히는 것'을 의미한다.

결과적으로 인지적 도제모델은 전통적인 도제이론을 본 뜬 이론으로 스승의 시범과 학습자의 견습 과정으로 설명된다. 여기서 중요한 것은 도제 혼자서도 특정 작업을 수행할 수 있게 되면, 전문가는 도제에게 일을 전적으로 맡기게 되는데, 이러한 점을 학습의 인지적 활동에 적용시킨 것이 인지적 도제모델이다. 즉, 교사의 사고활동 과정을 교사와 학생 모두가 직접 눈으로 볼 수 있게 만드는 것이 인지적 도제모델의 목적이다. 인지적 도제모델에서는 전통적 의미의 도제에서 보이는 원리를 활용하고 있으므로 스승은 실제적 과제 수행 과정을 시범으로 보이고, 문제해결을 위한 인지적 구조를 제시하고, 학습자 스스로 문제를 해결해 볼 수 있도록 점차 도움을 줄여 가는 과정을 도입하고 있다.

특히, 수학이라는 특수한 교과 영역에서 인지적 도제모델은 매우 가치가 있는 것으로 보고되고 있다. 왜냐하면, 수학 문제해결과 같은 복합적이고 인지적인 기능을 요하는 교과 분야에서는 인지적 도제모델에 근거하여 수업했을 때, 교사로부터 훨씬 많은 도움을 받을 수 있기 때문이다. 인지적 도제모델에 의한 수업은 학생들로 하여금 주어진 자료를 이해하는 데 도움을 줄 뿐만 아니라 학생들이 직면한 새로운 상황에서 그들이 갖고 있는 잠재적 지식과 기능을 적용할 수 있도록 해 줄 수 있다.

3.1.2 인지적 유연성모델

인지적 유연성모델은 사전에 계획되지 않은 비정형화된 학습의 특성에 초점을 맞춘 수업모델이다. 인지적 유연성이란 수업상황에서 학습자의 다양하고 즉흥적으로 떠오르는 사고결과를 바탕으로 지식을 재구성 할 수 있는 능력을 의미한다. 순간순간 나타났다 사라지는 학습자의 사고활동, 학습자를 둘러싼 환경의 급격한 변화 상황에 여러 가지 방법으로 적절하게 대처하는 능력을 의미한다.

인지적 유연성모델을 적용하기 위해서는 첫째, 학습활동은 다양한 내용의 제시가 선행되어야 하고, 둘째, 학습자료의 제시는 너무 단순한 내용은 피하는 것이 좋고, 수업 상황에 따라 적합한 지식을 얻을 수 있는 것이어야 하고, 셋째, 수업은 반드시 구체적 사례에 근거를 두어야 하고, 정보의 전달보다는 지식의 구성을 강조하여야 하며, 넷째, 제공되는 지식은 단편적이 아니라, 서로 다른 지식들과 유기적이고 통합적이어야 한다.

결론적으로 인지적 유연성모델은 주로 학습 이전의 상황에 있는 지식과 기능의 전환에 관련되어 있고, 학습은 다양한 관점에서 주어진 정보의 제공과 주어진 여러 가지 예와 관련된 다양한 결과들을 활용하는 것을 중요시한다. 인지적 유연성모델을 적용한 수업에서 효율적인 학습이 일어나기 위해서는 실생활과 관련되어야 하고, 매우 구체적이어야 한다. 더 나아가 인지적 유연성모델은 이미 구성된 지식의 중요성을 강조하고 있으며, 효율적인 학습이 일어나기 위해서는 학습자에게 이미 주어진 정보를 가지고 자기 자신을 새롭게 계발할 수 있는 기회를 가지도록 수업을 구성해야 한다.

3.1.3 상황적 학습모델

상황적 학습모델은 인지적 도제모델과 이론적 전제가 거의 유사하다. 상황적 학습모델에서는 학습자의 인지적 성찰을 통한 사고력 배양, 상황성을 전제로 전개되는 학습환경, 실제가 반영된 과제, 특정 사회집단의 문화적 동화, 과제를 해결하기 위한 협동학습 등을 강조하는 모델이다. 특히 학생 주도의 학습문제의 결정과 문제해결을 매우 중요하게 생각하고 있고, 특정 상황을 둘러싼 모든 과제와 자료 등을 세세하게 포함하여 이를 토대로 학생 스스로 풀어야 할 문제가 무엇인지를 결정하고, 이와 관련된 다양한 하위 과제까지 만들며, 이를 스스로 푸는 과정까지 평가하는 것을 중요시하고 있다.

상황적 학습모델은 현재의 우리 교육체제가 효과성과 효율성, 신뢰성 등을 강조하고 있어서 모든 학생에게 동일한 학습상황을 추구하고 있다고 진단하고, 모든 학습자에게 획일화된 상황이 아니라, 학습자가 속한 사회에서 자연스럽게 사용할 수 있는 지식과 상황성, 적합성을 강조하고 있다. 따라서 상황적 학습모델은 미리 구조화되고 정형화된 틀 안에서 제공되는 학습환경이 아니라, 덜 구조화되어 다소 복잡해 보일 수 있지만 접근이 가능한 학습환경의 제시를 표방하고 있다. 이러한 덜 구조화된 수업의 틀 안에서 학생과 교사들이 활발하고 적극적인 인지적 활동을 강조하고 있다. 즉, 상황적 학습모델은 학생들의 독립적이고 개인적인 인지적 성찰과정과 이러한 능력의 개발을 중요시 하고, 학생들이 문제를 해결해 나가는데 학습문제의 결정과 그 문제의 해결과정, 그리고 최종적으로는 그 행위의 평가에 이르는 전 과정에 주도권을 가지고 학습하는 학습자 중심의 수업모델이다.

3.1.4 참여 학습모델

참여 학습모델은 Lave(1988)에 의해 체계화된 것으로 일반적으로 학습은 하나의 활동이고, 생활의 맥락이며 문화의 기능이라는 관점이다. 참여 학습모델에서는 사회적 교류가 학습의 중요한 요소를 이루고 있고, 학습자는 특정한 신념과 행동의 습득이 이루어질 수 있도록 구성한다. 이를 위해 실천사회(community of practice)의 필요성이 고안되어졌고, 학습자는 이 사회에의 적극적 참여를 강조한다. 이러한 실천사회에서 교사는 전문가 혹은 선배, 선임자의 역할을 하고, 학습자는 초보자가 되며, 이곳에서 일어나는 학습은 계획적이기 보다는 무의도적으로 일어난다는 것을 강조한다. 실제로, 참여 학습모델에서 지식은 실제적인 생활 맥락에서 제시되어야 한다는 점을 강조하고 있고, 지식은 실생활과 밀접한 관련이 있어야 한다.

지금까지 살펴본 네 가지 수업모델, 즉 인지적 도제모델, 인지적 유연성모델, 상황적 학습모델, 참여 학습모델 등에 따른 구성주의적 수업모델은 예전의 일방적 교사 중심 수업, 수동적 수업 참여에서 벗어나 학습자 자신의 인지구조, 학습 스타일에 부합되는 능동적 수업 참여로의 변화를 의미하는 수업모델들이다.

3.2 구성주의 수업모델을 적용한 몇 가지 구체적 수업형태

구성주의를 적용한 수업의 형태 중에서 Driver와 Oldham(1986)의 구성주의적 수업모형에 대해 살펴보자. 그는 수업의 단계를 오리엔테이션, 개념 드러내기, 생각의 재구성, 새로운 생각의 구성, 생각의 적용, 복습 여섯 단계로 수업모형을 정립하였다. 오리엔테이션 단계에서는 수업의 목적에 대한 이해와 학습동기 부여를 위한 기회가 제공되고, 개념 드러내기 단계에서는 본시 학습주제에 대한 자신의 생각을 명확히 하기 위한 다양한 소그룹 토론, 포스터 그리기, 쓰기 등이 진행되고, 생각의 재구성 단계에서는 명료화 및 사고결과에 대한 공유 등이 이루어지고, 새로운 생각 구성 단계에서는 다양한 사고활동의 공유를 통해 새롭게 파악된 지식 등을 스스로 평가하고 세분화하고, 생각의 적용 단계에서는 개발한 자신의 생각을 다양하게 적용하여 적합성과 유용성을 가지게 되며, 마지막으로 복습 단계에서는 자신의 생각의 변화를 비교하고 반성하는 활동이 일어난다.

다음은 Osborne과 Freyberg(1985)의 발생수업모형이다. 발생수업모형은 수업의 단계를 예비단계, 초점단계, 도전단계, 적용단계로 세분화하여 제시하였다. 예비단계에서는 교사에 의한 수업의 준비, 학습자에 대한 선수학습 정도의 파악 등이 이루어지고, 초점단계에서는 학습주제에 관한 학생들의 생각을 도출해내는 구체적인 활동이 이루어지고, 도전단계에서는 교실 내의 다른 학습자와의 상호작용을 통해 서로의 생각을 비교 및 공유하고, 교사의 발문과 질문에 의해 학생들이 도전할 수 있는 기회를 제공하며, 마지막 적용단계에서는 학습자에 의해 자발적으로 구성되어진 개념을 주어진 다양한 상황에 적용할 수 있도록 학습활동을 진행한다.

마지막으로 문제중심학습(PBL) 적용 수업모형이다. 최근 학습자 중심의 수업형태로 문제중심학습을 자주 언급한다. 실제로 학습자의 자주적 구성과 생산 활동이 왕성한 다양한 학습 모형이 있지만, 실제 학교현장에서 특히 수학교과에서는 이 수업모형을 가장 많이 사용하고 있다(Wheatley, 1991). 이 모형은 앞에서 설명하였던, 구성주의 교수·학습의 가장 중요한 결과인 외부상황에 의미 만들기, 지식의 구성 과정을 통하여 고등정신능력을 기르기 위해 매우 유용하다(Tennyson, 1990). PBL 적용 수업모형의 수업형태에서는 먼저, 학생들 스스로 당면한 문제를 분석하여 학습자 스스로 배워야 할 문제 및 학습목표를 정하고, 다음으로 개인적으로 맡은 부분에 대한 연구를 하는 자율학습단계를 거치게 된다. 그 다음으로 다 같이 모여 토론하고 평가하는 방식으로 학습을 진행하게 된다. 평가는 학습내용, 문제해결과정, 소그룹의 한 일원으로서 토론기술에 관한 내용을 평가하게 된다.

3.3 구성주의 수학수업의 효과

구성주의 이론을 기반으로 둔 다양한 시도는 다양한 관점에서 여러 가지 효과를 제시하고 있다. 문제해결능력 측면, 학업성취능력, 학력 차 해소관점, 학습의 태도와 흥미, 수학적 태도, 의사소통능력 및 사회성과 수학적 표현능력, 수학적 추론능력 등에서 여러 연구의 결과를 정리하였고, 마지막으로 구성주의 이론의 한계에 대한 부분을 다루었다.

3.3.1 문제해결능력

수학교육에서 가장 중요한 것이 문제해결능력의 신장이다. 수학교육의 본질적인 목적이 문제해결력에 있다고 볼 때, 구성주의 이론을 적용한 수업에서 문제해결능력에 대한 연구는 매우 의미 있는 연구결과이다.

구성주의 수업의 효과를 밝히기 위해 Wheatley(1991)는 문제중심수업을 토대로 구안한 구성주의적 문제중심수업의 전개 과정을 실제 수업에 적용하여 문제해결능력에 미치는 효과를 검증해 보고자 하였다. 구성주의적 문제중심수업은 교사가 학생들이 실생황에서 경험한 일이나 실생활과 밀접한 관계가 있는 문제를 제시하고, 학생들은 그 문제를 인식하여 모둠별로 대화와 토의를 통하여 합의해 나감으로써 문제를 해결할 수 있도록 계획된 수업을 말한다. 이러한 수업에서 교사의 역할은 학습의 조언자, 대화의 촉진자, 중개자 역할을 한다. 연구결과를 보면, 구성주의적 문제중심수업이 전통적 수업에 비해 긍정적 효과가 있었다. 이러한 결과는 문제 중심의 과제를 소집단 활동을 통해 해결하고 전체 토의에서 각자에게 맞는 문제해결방법을 이해함으로써 문제해결능력의 향상에 효과가 있었음을 보여준다. 이러한 결과는 수학교과에서 구성주의 수업이 학업성취도에 높은 효과를 보였던 다른 연구결과와 일치하고, 고차적 지식에 효과가 있다는 박영배(1996) 등의 주장과도 일치한다.

3.3.2 학업성취능력

구성주의 수업이론을 적용한 수업효과 실험에서 가장 많은 연구를 차지하고 있는 것이 학업성취능력과 관련된 연구이다. Wheatley(1991)는 수학교과에 있어서 구성주의적 문제중심수업의 학습환경을 조성하여 학업성취도의 파지효과를 향상시키는데 성공하였고, 이것은 학습자 스스로 지식을 구성하고, 능동적으로 학습에 참여함으로써 장기간 동안 학습에 긍정적인 영향을 미친다는 것을 증명해 주었다.

조수윤(2011)은 구성주의 수학 수업이 추론 능력에 미치는 영향에 대한 연구에서 초등학교 3학년을 대상으로 구성주의 수업모형을 적용하였다. 이 연구에서 실험처치가 끝난 후 두 집단에 대해 학습한 내용을 얼마나 재생할 수 있는지 검사해 본 결과 두 집단 사이에 유의미한 차이가 있음을 보고하고 있다. 검사문항별로는 개념·원리 문항과 학습하지 않은 내용을 얼마나 해결할 수 있는지에 대한 검사에서 유의미한 차이가 나타났다. 즉, 구성주의 이론에 따른 학습자 중심 수업에서는 재생력에 대해서도 긍정적 영향을 미치지만 학습하지 않은 내용에 대해서도 큰 영향을 미친다는 것을 보여주고 있다.

반면, 최원순(2008)은 구성주의 관점의 교수학습이 학업성취에 미치는 영향이라는 연구에서 고등학교에서 수업효과성을 밝히려고 시도하였지만, 그의 연구결과를 보면, 구성주의 관점의 교수·학습 지도 활동이 확률과 통계 단원에서는 유의미한 차이가 나타나지 않았다고 보고하고 있다. 이러한 연구결과에 대해 연구대상이 된 학생들이 2학년 자연계열을 선택한 학생으로서, 평소 수학과목에 대한 관심이 높으며, 다른 과목에 비하여 학교 수업 외에 학습량이 매우 많은 편이라 단기간의 실험으로 두 집단의 성취도의 차이가 나타나기에는 무리였다고 밝히고 있다. 더불어, 학업성취도의 유의미한 차이는 없었으나, 두 집단의 점수 분포를 자세히 관찰 해보면, 실험 전에는 실험집단의 분산이 비교집단의 분산보다 컸으나 실험 후에는 실험집단의 분산이 비교집단에 비하여 크게 줄어들었음을 알 수 있는데, 이는 수준별 집단간의 성취도 편차가 많이 줄어들었다는 것을 시사한다. 즉, 구성주의 관점의 수업이 학생들의 학력 편차를 줄이는데 긍정적인 역할을 한 것으로 판단할 수 있다.

구성주의 수업계획이 학업성취와 학습태도에 미치는 성취수준별 효과에 대한 연구에서 이신동(2002)은 초등학교 2학년을 대상으로 구성주의에 입각한 수학과 수업을 계획하고 적용하였다. 이 연구를 통해 전통식 수업계획에 비교해서 학업성취와 학습태도에 어떤 영향이 있는가와 학습성취 수준에 따라 학업성취와 학습태도에 어떤 차별적 효과가 있는가를 규명하려고 노력하였다. 그 결과 구성주의 수업계획이 강의식 수업계획에 비해 학업성취도에 미치는 유의미한 효과를 발견할 수 없었다고 보고하고 있다.

3.3.3 학습의욕과 흥미, 동기부여, 학습태도

구성주의에 기반을 둔 수업 환경과 학습자의 학습의욕과 흥미에 대한 연구를 수행한 Wheatley(1991)는 다음과 같은 지적을 하였다. 구성주의 수업활동은 학습의욕과 흥미 유발에 긍정적인 효과가 있다. 특히 Wheatley는 구성주의적 문제중심수업에서 모둠별 학습과제 해결 과정에 초점을 맞추었는데, 이 과정에서 학습자 스스로 판단하고 해결하는 활동이 요구되고 이러한 요구로 인해 학습에 참여하려는 흥미나 호기심을 증대시켰다고 판단하고 있다.

왕경수와 정혜영, 김계연(2004)은 초등학교 학생을 상대로 한 '사회적 구성주의 수학 수업 모형 개발 및 적용 연구'를 진행하였고, 이 연구에서 구성주의 수업은 학습자 스스로 해법을 능동적으로 찾아가야하기 때문에 학습에 흥미를 가지고 적극적으로 참여하는 동기가 부여되었다고 주장하고 있다. 또한 이러한 과정을 통해 얻게 된 수학적 지식은 학생들에게 의미 있는 지식으로 남았고, 이후의 수학 수업에서 이러한 지식이 능동적으로 재구성되어지고 확장되어질 수 있음을 제언하고 있다.

그리고 왕경수 외(2004)는 구성주의적 수업이 학습의욕과 흥미에 긍정적인 효과가 있음을 밝히고 있다. 이러한 결과를 보인 원인에 대해서 첫째, 소집단에서 서로 토의하고 대화하면서 학생들이 호기심을 가지게 하였고, 둘째, 학습자 스스로 문제를 해결하고 지식을 구성하는 경험이 큰 자극이 되었음을 제시하였다. 이는 구성주의 수업이 수학에 만족감을 주고(Linda, 1993), 구성주의적 문제중심수업이 학습자의 지적 만족감을 높였다는 다른 연구결과와도 일치한다. 구성주의 수업에 따른 다른 연구결과와 달리, 학습의욕과 흥미, 동기부여에서는 대부분의 연구자와 학자들이 유사한 연구결과를 제시하고 있었다. 따라서 구성주의 수업이 학생들의 능동적인 수업참여에 큰 기여를 한 것으로 판단할 수 있다.

구성주의 수업을 통해 학습자의 학습태도에 대한 연구도 매우 활발하게 진행되었다. 이신동(2002)은 구성주의 수업은 '학습태도' 전체 점수에 유의미한 영향을 미치고 있었다고 하면서, 맥락성, 주의집중, 자율학습 등에 큰 효과가 있음을 밝혔다. 이는 구성주의 이론에 기반을 둔 수업의 경우, 학습자의 능동적인 참여를 강조하고 있기 때문으로 보이며, 이로 인해 맥락적 태도, 주의집중, 자율학습 태도 등을 높이는데 큰 기여를 한 것으로 보인다. 또한 왕경수와 정혜영, 김계연(2004)의 연구에서는 수업 활동 중 학생 상호간의 학습협력으로 수업시간 동안 교사가 모든 학생들을 일일이 봐 줄 수 없다는 단점이 보완되어, 소집단 중 특히 짝과 의사소통하는 수업활동에서 학생들은 심리적 안정감을 가지고 더욱 활발히 의견을 나누면서 교사가 제공하는 것보다 더 많은 정보를 학습자끼리 알기 쉽게 설명하고, 친숙한 생활언어로 전달 받을 수 있었다고 밝히고 있다.

3.3.4 개인차의 해소

구성주의 수업이 학업성취도에 미친 영향에 대해서는 서로 다른 이견이 많다. 그런데 특정 집단으로 적용대상을 제한하면 흥미로운 연구결과가 제시되고 있다. 그것은 수준에 따라 구성주의 수학수업에 대한 효과가 서로 차이가 있다는 점이다. 즉, 구성주의에 기반을 둔 수업이 특정 집단 특히, 중, 하위 집단에는 비교적 큰 효과가 있다는 연구 결과이다. 최원순(2008)은 구성주의 수업은 상위권 학생들 보다는 중·하위권 학생들에게 더 긍정적인 교수·학습 활동이라 하면서, 그 원인으로 '교사 중심의 설명식 수업으로는 개념의 이해가 부족한 학생들이 구체적인 경험을 통한 학생들과의 조별 수업에서 개념의 이해에 많은 도움을 받아 문제 해결에서도 비교집단보다 오류가 적었다'라고 지적하였다.

또한 이신동(2002)은 사전 학업성취도를 기준으로 집단을 상, 하위로 구분하고, 수준별 효과를 분석하였다. 그 결과, 수학 학업성취능력이 낮은 하위수준의 학습자들에게 구성주의 수업계획은 유의미한 효과가 있었지만, 상위수준의 학습자들에게는 그렇지 않았다고 보고하고 있다. 이것은 구성주의 수업은 학업능력에 의해 중재되는 변별적 효과가 있음을 보여준다. 이를 통해 구성주의 수업은 학습능력이 낮은 학습자들에게 더 효과적이라는 결론을 도출할 수 있었고, 이러한 결과는 학습태도의 효과에서는 동일한 결과를 보여주고 있어서, 하위 수준의 학습자들에게는 구성주의 수업이 자신감을 얻게 하는 중요한 계기가 된 것으로 보인다.

마지막으로 조수윤(2011)은 학습자의 성취도를 상, 중, 하로 나누어 비교집단과 실험집단의 학업성취도를 분석해 본 결과, 재생검사에서는 모든 수준에서 유의미한 차이를 보였고, 그 중 성취도가 하인 집단에서 가장 큰 평균차이를 보였다고 제시하고 있다.

3.3.5 의사소통 능력 및 사회성, 표현능력

사회적 구성주의에서는 사회적 협의, 의사소통, 사회성을 매우 중요하게 생각을 한다. 실제로 이에 대한 왕경수 외(2004)는 초등학교 수학수업에서 이 부분과 관련된 다음과 같은 연구결과를 보고하고 있다. 첫째, 학생들은 사회적 상호작용, 즉, 의사교환의 과정을 통해 보다 다양한 해법을 접하게 되어 교과서나 교사가 제시하는 것보다 질적으로나 양적으로 풍부한 수업이 이루어졌고, 학생들에게 잠재된 수학적 아이디어를 얼마든지 표출시킬 수 있는 계기가 마련되었다. 둘째, 학생들이 자신의 아이디어나 의견을 표현할 기회를 가지게 됨으로써 학생들이 오류를 일으키는 부분을 쉽게 발견하여 교정을 해 줄 수가 있으며 학생의 사고과정을 관찰하여 심화, 발전시킬 수 있는 계기를 마련할 수가 있었다. 셋째, 학생들은 사회적 구성주의 수업을 통해 다른 사람과 상호작용하는 사회적 기능과 토론과 협상의 대화 기술을 익혀나갈 수 있었다. 학생들은 수업을 진행하는 동안 학생들의 대화기술이나 수학적 표현력이 조금씩 향상되어 가는 것이 보였고, 교육적 효과도 큰 것으로 나타났다.

3.3.6 수학적 추론능력

조수윤(2011)은 반영적 추상화를 강조하는 구성주의 수학 수업이 반영적 추상화와 밀접한 관계를 가진 추론능력 및 학업성취도에 긍정적 영향을 미칠 것이라는 구성주의자들의 가정을 확인하고자 노력하였다. 이를 위해 구성주의를 근간으로 하는 교수·학습 이론인 학습자 중심 수업으로 나눗셈 수업을 실천하고, 학생들의 추론능력과 학업성취도의 변화 양상을 고찰하였다. 그 결과 구성주의 수업에 따른 추론능력의 변화는 유의미한 차이가 나타나는 것으로 보고하고 있다. 구성주의에 기반한 학습자 중심 수업이 학생들의 추론능력에 긍정적 영향을 미쳤다고 볼 수 있다.

3.3.7 구성주의 수업의 한계

지금까지 다양한 관점에서 구성주의 수업의 긍정적인 효과에 대해 살펴보았고, 일부 그 효과의 미미한 점도 지적하였다. 여기에서는 구성주의 이론의 한계로 인해 제기되고 있는 교육적 효과의 한계성에 대해 고찰하고자 한다. 비록 김연식과 박영배(1994)는 비관적인 시각이 아니라, 우리의 현실을 끊임없이 개선해 나가 구성주의 교육이론의 현실적용을 주장하고 있지만, 이와 반대의 의견을 살펴보는 것도 의미가 있을 것으로 판단된다.

김영복(2008)은 '구성주의 수업의 가치와 한계'라는 연구에서 구성주의 수업의 한계를 다음 여섯 가지로 지적하고 있다. 첫째, 구성주의 수업은 지식의 상대성과 유용성을 강조함으로 인해, 옳지 않은 지식을 다룰 개연성을 가지고 있다는 점이다. 지식의 일시성과 비객관성의 문제를 갖고 있는 급진적 구성주의는 물론이고, 지식의 공유를 강조하고 있는 사회적 구성주의도 사회적 합의의 기준을 지식의 참됨이 아니라 유용성에 두고 있기 때문에 그렇다. 둘째, 유용성의 기준을 명확하게 단정내릴 수 없다는 점이다. 특히 기존의 교과내용이 그 학문분야의 최고 학자들에 의한 유용성이라 결론을 내리더라도, 객관적 지식을 담고 있는 것으로써의 유용성에 대한 기준은 다소 문제의 소지가 있다. 셋째, 구성주의 수업을 적용할 수 있는 구체적인 교과내용의 한계이다. 구성주의 수업에서는 학습내용을 병렬적, 전체적으로 제시하지만, 이에 부합되지 않는 내용영역도 많이 존재한다. 넷째, 구성주의 수업이 적용되어질 수 있는 대상에 한계가 있다. 특히 학생들의 특성에 따라 수업 효과가 달라질 수 있다. 다섯째, 전통적 수업이 낮은 수준의 사고력을 조장한다고 보고 있으나, 객관적 지식도 발견이나 탐구활동을 통하여 높은 수준의 사고력을 증진시킬 수 있는 특성을 갖고 있다. 사실 Ausubel의 유의미한 설명식 수업은 높은 수준의 사고력 증진의 한 사례가 될 수 있다. 여섯째, 구성주의 수업의 전면적 실시는 많은 수학 수업내용에 대한 포기 혹은 제한을 가져올 수 있다.

4. 구성주의 수학수업과 그 효과에 대한 소고

지금까지 구성주의 관점에서 수업실천을 위한 이론적인 측면, 수업모델, 수업모형, 실제 그 효과에 대해 논의하였다. 먼저, 구성주의 교수·학습은 '지식의 구성', '지식의 적합성', '지식의 유용성'의 측면에서 접근할 것으로 제시하였고, 수업계획을 위한 교수·학습에 대한 기본 전제와 수업에서 가장 중요한 변인인 교사가 갖추어야 할 전제에 대해 고찰하였다. 또한 구성주의 관점에서의 수업실천을 위한 학습원칙으로 첫째, 구성주의 수학수업 실현을 위한 학습계획, 학생과 교사의 역할, 학습 환경에 대한 관점, 둘째, 교실 수업을 실현하기 위한 교수·학습의 관점에서 살펴보았다. 마지막으로는 수업 방법에 대한 이론과 실제, 그리고 그 효과를 중심으로 고찰하였는데, 첫째, 구성주의 학습 모델로 인지적 도제모델, 인지적 유연성모델, 상황적 학습모델, 참여 학습모델로 구분하여 고찰하였고, 둘째, 구성주의 수업의 구체적 형태로 Driver와 Oldham의 구성주의적 수업모형, Osborne과 Freyberg의 발생학습 모형, 문제중심학습 모형 등을 소개하였으며, 셋째, 구성주의 수학수업의 실제와 효과를 문제해결능력 측면, 학업성취도, 학력차 해소, 학습의 태도와 흥미 및 태도, 의사소통능력 및 사회성과 수학적 표현능력, 수학적 추론능력 등으로 구분하여 살펴보았으며, 넷째, 구성주의 수업의 한계에 대한 부분을 간략히 소개하였다.

구성주의는 '이론(theory)'이 아니라 '주의(-ism)'이다. 즉 구성주의에 대한 명확한 개념 정립이나 학문으로서의 체계화는 진행 중에 있다는 것을 시사한다. 따라서 구성주의에 기반한 수업에 대한 효과나 실제적인 모습에 대한 연구도 지속적으로 진행되어야 할 우리의 과제이기도 한다. 더 나은 수학교육활동과 학습의 효과와 수학의 긍정적인 태도와 인성 함양을 위해 지속적인 관심이 구성주의 연구와 함께 진행될 때, 더 높은 가치 창출을 기대할 수 있을 것이다.

참 고 문 헌

Reference

강옥기 외 (2012). 수학교육학 신서. 서울: 교우사.

교육과학기술부 (2011). 2009 수학과 교육과정. 서울: 교육과학기술부.

김득남 (2002). 인지적 도제 수업이 학습장애아의 수학학업성취도 및 교과에 대한 태도에 미치는 효과. 동아대학교 대학원 석사학위논문

김상배 (2006). 수학적 문제해결에 관하여. 한남대학교 대학원 석사학위논문.

김연식·박영배 (1994). 수학교실에서의 구성주의의 실제. 대한수학교육학회논문집, 4(2), 11-21.

김영복 (2008). 구성주의 수업의 가치와 한계. 공주대학교 교육연구소 교육연구, 22, 81-104.

김판수 외 (2003). 구성주의와 교과교육. 서울: 학지사

박영배 (1996). 수학 교수·학습의 구성주의적 전개에 관한 연구. 서울대학교 대학원 박사학위논문.

왕경수·정혜영·김계연 (2004). 사회적 구성주의 수학 수업 모형 개발 및 적용 연구. 초등교육연구, 17(2), 389-417.

우정호 (2000). 수학 학습-지도 원리와 방법. 서울: 서울대학교 출판부.

이신동 (2002). 구성주의 수업설계가 학업성취와 학습태도에 미치는 성취수준별 효과. 교육심리연구, 16(1), 123-130.

이중권 외(2006). 수학교육철학. 서울: 경문사.

조수윤 (2011). 구성주의 수학 수업이 추론 능력에 미치는 영향. 대구교육대학교 대학원 석사학위논문.

최원순 (2008). 구성주의 관점의 교수학습이 학업성취에 미치는 영향. 강원대학교 교육대학원 석사학위논문.

홍진곤 (2002). 사회적 구성의 수학교육적 의미에 관한 고찰. 수학교육, 41(3), 329-339.

Davis, R. B. (1984). *Learning mathematics: The cognitive approach to mathematics education.* NJ: Ablex Publishing Company.

Driver, R. & Oldham, V. (1986). A constructivist approach to curriculum development in science. *Studies in Science Education, 13*(1), 105-122.

Ernest, P. (1998). *Social constructivism as a philosophy of mathematics.* NY: State

University of New York Press.

Kilpatrick, J. (1987). What constructivism might be in mathematics education. In J. C. Bergeron, N. Herscovics & C. Kieran (Eds.), *Proceedings of the eleventh conference of the international group for the psychology of mathematics education* (pp. 2-27). Montreal: University of Montreal.

Lave, J. (1988). *Cognition in practice: Mind, mathematics and culture in everyday life.* Cambridge: Cambridge University Press.

Magoon, A. J. (1977). Constuctivist approaches in educational research. *Review of Educational Research*, *47*(4), 651-693.

Noddings, N (1989). Theoretical and practical concerns about small groups in mathematics. *The Elementary School Journal*, *89*(5), 607-623.

Osborne, R. & Freyberg, P. (1985). *Learning in science: The implications of children's science.* London: Heinemann.

Perret-Clermont, A. N. (1980). *Social interaction and cognitive development in children.* New York: Academic Press.

Resnick, L. B. (1987). Constructing Knowledge in School. In Lieben, L. S. (Ed.), *Development and learning: Conflict or congruence?* (pp. 22-51). NJ: Lawrence Erlbaum Associates.

Thoresen, C. (1988). The constructivist concept: Primacy of the obscure, *The Counseling Psychologist*, *16*(2), 249-255.

Wheatley, G. H. (1991). Constructivist perspectives on science and mathematics learning. *Science Education*, *75*(1), 9-21.

제 8 장

구성주의를 반영한 유아수학교육

이혜경(오산대학교)

1. 서론

지식의 객관적 실재보다는 지식을 받아들이는 개인의 주체적, 능동적 의미구성을 중요시한 구성주의는 교육계에 교육철학적 관점, 학습이론, 학습자에 대한 관점, 교수·학습의 실제 측면에서 많은 영향을 미치고 있다. 구성주의는 Piaget의 인지발달이론에 의한 인지적 구성주의와 Vygotsky의 사회적 인지이론의 영향을 받은 사회적 구성주의로 분류된다(강인애, 1995).

인지적 구성주의는 개인은 환경과의 능동적 경험을 통해 지식을 구성하고 발달적으로 단계를 거친다는 개념을, 사회적 구성주의는 개인이 지식을 구성할 때 사회, 문화적 맥락의 영향을 받는다는 개념을 기본으로 한다. 인지적 구성주의와 사회적 구성주의는 모두 발달개념에 기초하고 지식 구성에서 아동을 주체로 본 점은 공통적이다(이지헌, 2001; 전제아, 권희경, 김원경, 2002; Kamii & Devries, 1993). 구성주의는 교육을 교사 중심에서 학습자 중심으로, 지식전달에서 지식의 탐구과정과 내면화로, 탈맥락화에서 맥락중심으로, 객관적 실재에서 주관적 실재로, 계층화에서 개별화 교육으로 이끄는데 기여하고 있다.

구성주의가 교육현장에 시사하는 바를 몇 가지로 요약해 보면 첫째, 학습자인 유아들은 스스로 지식을 구성할 능력을 지니고 있다. 환경적 자극으로부터 얻어진 지식을 그대로 수용하는 것이 아니라 개체 스스로 이전 경험과의 비교, 재결합, 수정, 추론 등의 과정을 통해 스스로 만들어가며 이러한 지식은 초기의 자극과는 달리 유아들이 재구성한 지식이 된다. 따라서 유아는 지식의 습득, 내면화 과정에서 능동적 주체이다.

둘째, 유아들의 지식구성은 이들이 현재 살고 있는 사회·문화, 역사적 상황에 영향을 받는다. 개인적 변인 뿐 아니라 개인이 더불어 살아가는 가족, 공동체, 국가의 사회적, 문화적 수준이 개인의 지식구성에 영향을 미치므로 같은 연령이라 할지라도 학습상황, 생활환경, 교육적 경험, 국가의 경제적 수준, 역사적 상황 조건에 따라 지식구성의 정도가 달라질 수 있다.

셋째, 지식의 구성은 객관적이 아니라 주관적으로 이루어진다. 또래 혹은 성인과의 상호작용을 통한 개인간의 심리적 기능이 개인내의 고등정신으로 내면화되기 위해서는 개인의 심리적 요인이 중요한 역할을 한다. 따라서 일정한 형식의 지식을 다루려 할 때 고려해야 하는 것은 학습자의 생물학적 연령이 아니라 선개념의 정도, 개별적 발달 차이와 학습자의 학습양식 등이 고려되어야 한다는 것이다.

넷째, 또래 혹은 성인들과의 협동학습이 유아 발달을 지원한다. 협동학습을 통해 다양한 수준의 타인들과 상호작용하며 유아들은 생각을 공유하고 차이를 발견하며 혼자 문제를 해결할 때 더 높은 수준의 지식에 도달하게 된다. 따라서 학습은 유아들의 인지 수준 간 차이를 경험할 수 있도록 협동적으로 이루어질 때 효과가 있다.

위와 같은 구성주의의 특성으로 학습과 지식, 학습자에 대한 근대적 시야에서 벗어나 적극적인 학습자, 학습의 주도권을 지닌 학습자에 대한 인식 전환을 가져왔으며 학습 상황에 대한 고려, 지식 구성 과정, 효과적인 지식 형성과 내면화에 대한 관심을 불러일으켰다. 구성주의는 유기체가 지식을 구성해가는 과정을 탐구하며 지식을 어떻게 형성해 가는가에 대한 인식에서 출발하여 교육에 있어서 아동의 주체적 역할을 부각시키며 학습자, 교사의 역할, 교수·학습 과정에 대한 관점을 재정립한 것이다. 구성주의는 유아수학교육에도 유아의 능력에 대한 인식전환, 수학교육의 내용, 수학교육 방법에 많은 영향을 주었다.

2. 구성주의와 유아수학교육

교육내용과 방법의 변화는 시대적 흐름이나 학습자에 대한 이해를 기반으로 한다. 구성주의적 관점은 교육의 주도권이 아동에게 있어야 한다(Savery & Duffy, 1994)고 본다. 교육현장에서 아동의 주도권은 학습자의 능력, 교사의 역할, 교수·학습의 방법과 연관성을 갖는다. 학습자가 지닌 주도권의 인정 범위에 따라 교사의 역할과 교수방법이 달라진다. 여기에서는 구성주의가 유아수학교육에 어떻게 반영되고 있는지를 유아의 수학적 능력에 대한 관점, 유아수학교육의 내용과 교수·학습 방법으로 나누어 살펴보고자 한다.

2.1 유아의 수학적 능력에 대한 관점

학습자, 즉 유아를 어떤 관점으로 볼 것이냐는 교육 철학적이기도 하나 유아에 대한 관점을 기반으로 교육과정이 이루어짐을 고려할 때 유아교육에서 유아에 대한 관점 변화의 흐름을 살펴보며 구성주의 교실에서 유아의 위치를 확인할 수 있을 것으로 생각된다.

유아교육에서 유아에 대한 관점은 유아의 본성과 자발성의 발현과 환경적 요소들간의 논쟁으로부터 출발한다. 고대 그리스의 Plato로부터 유아기는 기본적인 성격과 습관의 형성 시기로서 중요하게 인식(팽영일, 1992)되었지만 중세에 이르러 아동을 성인의 축소판으로 봄으로써 아동이 지닌 발달적인 특수성을 인정하지 않았다. 근대에 들어서 코메니우스, 루소, 페스탈로치, 프뢰벨에 이르면서 유아들이 지닌 본성에 대한 관심과 이러한 본성이 발현되도록 성인의 역할, 유아에게 적합한 환경에 대한 관심과 체계화가 시작되었다고 볼 수 있다. 이들은 모두 기독교 사상에 바탕을 두고 신성이 내재한 유아, 선한 본성의 발현, 자연과 인간의 합일 등을 교육목적으로 하였다. 근대적인 유아에 대한 이러한 관점은 아동의 권리, 발달적 과정, 적절한 교수방법과 매체에 관심을 갖는데 기여하였다.

이 후 20세기의 듀이, 피아제, 비고스키는 지식의 습득과정에서 발생하는 유아들이 지닌 능력과 그 능력의 발현과정에 관심을 두었다. 아동의 본성이 무엇인가에 대한 논쟁에서 벗어나 외부의 환경적 자극을 수용하여 지식을 형성해가는 과정에 집중하였다. 유아들은 자발적, 능동적인 존재로서 자신이 스스로 앎을 추구해 나갈 수 있다는 인식이 대두되었다. 이러한 인식은 이제까지의 유아를 미약한 존재로서 보호하고 보살펴주어야 하는 대상이라는 기존의 인식을 극복하고 교육과정의 주체자로서 유아를 보도록 한다.

교육주체로서 유아를 본다는 것은 유아가 자발적으로 참여하는 활동에서 나타내는 능력을 살펴보는데서 출발한다. 개인이 경험을 인지구조로 형성해가는 과정에 관심을 지녔던 Piaget의 인지발달이론은 특히 유아 수학교육에 지대한 영향을 주었다. Piaget는 일대일 대응, 유목포함 분류, 수세기 등의 실험 결과를 제시하며 감각운동기, 전조작기로 이어지는 인지적 수준의 발달단계가 있음을 밝혔다. 이 발달 단계들마다 독특한 인지적 특성이 있으며 각각의 단계는 뛰어넘지 않고 순차적으로 발생한다고 보았다.

Piaget는 유아가 사물의 조작을 통하여 둘간의 관계나 수학적 지식을 유아 스스로 알아가도록 해야 한다고 하였으며 이러한 입장을 반영한 하이스코프 프로그램, Kamii와 Devries의 구성주의 프로그램이 등장하게 되었다(홍혜경, 2007). Piaget의 인지적 구성주의는 인지 발달의 단계를 기술함으로써 각각의 단계에 따라 나타나는 유아들의 수학 개념을 교육과정의 기초로 삼는 바탕이 되었다. 그렇지만 Piaget의 유아에 대한 관점, 즉 유아들은 전조작기에 해당하여 직관적 사고, 비가역적 사고, 자기 중심적 사고를 하므로 논리적 사고가 불가능하며 추상적 개념에 대한 이해를 할 수 없다는 주장은 유아들이 수학에 있어서 능력이 제한되어 있다는 인식을 불러일으키기에 충분했다. 피아제의 길이, 면적, 부피, 조망능력에 대한 일련의 실험과정들은 유아교육자들에게 유아가 제한된 능력을 지녔다는 인식을 광범위하게 갖도록 하였으며 이 때문에 유아들이 일상생활에서 나타내는 수학적 능력을 발견하고 이에 의미를 부여하여 교육의 장으로 이끄는데 소홀하게 되었다.

Vygotsky의 사회적 구성주의에 대한 성찰을 통해 유아들이 자신이 살아가고 있는 현재의 맥락에서, 그들이 이해하는 수준에서의 수학에 대한 이해를 넓혀가는 것이 중요하다고 인식되었다. Vygotsky는 수학적 사고와 획득과정이 보편적이라고 보는 Piaget와 달리 사회적, 역사적 맥락이 유아의 인지과정의 틀을 제시한다고 보았기 때문에 Piaget처럼 지식은 머릿속에 독자적으로 존재하는 것이 아니라 그들이 참여하는 사회활동의 패턴이 존재한다고 보았다(Sophin, 1999; 홍혜경a, 2010 재인용). Vygotsky를 통해 유아가 경험하는 상황 맥락의 중요성이 인식되기 시작하고 수학적 상황에서 문제를 해결하고 사고하는 사회적 인식 패턴이 교육과정에서 중요한 문제로 대두되게 된 것이다.

Piaget가 주장한 인지발달의 한계성을 지적한 학자들(Flavell, 1985; Baroody, 1987)과 Vygotsky의 사회적 구성주의의 견해에 따라 학습자에 대한 관점이 보다 확장적으로 변화하기 시작하였다. 또 Piaget의 입장에서 유아들이 지닌 발달적 한계성에 고착되어 감각운동기, 전조작기의 발달적 틀 안에 머물러 이를 넘어서지 않으려는 태도를 견지했다면 최근의 경향은 유아들이 보이는 평균적인 발달 지표를 인식함과 동시에 영유아들이 나타내는 수학적 능력의 발달 징표들을 발견하고 이를 교육과정으로 연계하려는 시도들이 이루어지고 있다.

최근 뇌 과학 및 신경생리학의 발달과 인지 심리학 연구를 통해 영아들이 지닌 수학적 능력에 대한 흥미로운 결과들이 제시되었다. Geist(2001)는 영아들이 선천적으로 수학을 습득하기 위한 기제를 갖고 태어난다고 하였다. Boyd(2006)에 의하면 영아는 적은 수뿐만 아니라 규칙을 만들고, 크다/작다, 위/아래 등의 추상적 개념을 이해할 수 있고, 쌓여진 블록을 모방하여 활동을 하는 등의 수학적 탐색능력이 가능함을 제시하고 있다(천혜경, 홍혜경, 2009 재인용). 또한 5개월의 영아도 수와 비율을 표상하고 이를 계산하는 능력을 보이기도 하고(Antell & Keating, 1983; Baillargeon, Needham, & DeVos, 1992),

1세 미만의 영아도 물체의 규칙을 이해하고 예상밖의 움직임을 인지하는 추론한다는 MIT연구진의 발표도 있었다. 이러한 결과들은 영아들이 태생적으로 지닌 수학적 능력과 사회적 상호작용을 통해 습득되어져야 하는 수학능력이 무엇인가에 관심을 갖도록 하였으며 수학교육 연령 하향화와 교육 내용에 대한 논의에 영향을 주고 있다.

Piaget는 수의 보존 개념을 익히기 전까지 진정한 수개념을 형성한 것이 아니므로 형식적 수학교육은 의미가 없다고 했지만 Gelman(1980)에 따르면 4-5세 유아들이 수의 본질에 대한 많은 부분을 이해하고 있으며 정신적으로 수를 조작하고 자신만의 방식으로 수 연산, 공간, 측정에 관한 표상을 나타내기도 한다. 또 영유아들은 형식적 교육 이전에도 이미 일상적인 경험을 통하여 상당한 비형식적인 수학지식을 형성하고 있으며(Baroody, 2000; Ginsberg, Pappas, & Seo, 2001) 교사가 교육적으로 의도하지 않은 유아교육 기관의 일상경험에서도 비형식적 수학 경험을 활용하고 있으며 수학적인 문제에 관심을 가지고 있어(서동미, 염지숙, 2006) 이미 수학적으로 유능한 존재임을 밝히고 있다(김세루, 홍지명, 김권일, 홍혜경, 2008).

또한 사회문화적 요인에 영향을 받아 각 문화에 따라 영유아들의 수학적 능력이 다르게 나타난다는 사실은 유아수학교육에서 영유아들의 수학교육에 대한 중요성과 필요성을 강조하게 되는데 기여하였다. 또한 사회적 구성주의 관점은 수 활동이 사회문화적 상황에서 결정되며 수 학습은 사회속으로의 문화화 과정(이지현, 1999)으로 본다. 문화 혹은 국가간 비교연구 결과들은 유아들의 수학능력에서 많은 차이가 있음을 보여주고 있다. 아시아 국가의 경우 한자문화와 각 나라의 고유 언어체계로 인해 수에 대한 이중 명명 체계를 가지고 있다. 이 때문에 초기에는 미국, 독일 등의 유아들에 비해 수세기의 능력이 뒤처지나 6, 7세경이 되면 수세기가 월등한 것으로 나타난다(김영실, 김지영, 2002; Fuson & Kwon, 1992). 예를 들어 브라질의 거리에서 물건을 파는 나이어린 행상아들은 스스로 계산방법을 만들어 실수 없이 계산할 수 있으며(Thompson, 2002) 극지방에 사는 유아들은 지표물이 없이도 길을 찾을 수 있는 능력이 있는 것으로 나타났다. 위와 같은 사실들은 학습도구로서 수 언어는 문화적인 도구이며(신은수, 2000), 수 단어의 체계와 사용빈도, 삶의 일상과 연계된 상황맥락이 유아의 수학능력에 영향을 미침을 보여준다.

유아들이 지닌 수학적 능력에 대한 인식에서 수학적 지식이 보편적이라는 Piaget의 인식에서 벗어나 유아들이 생활하는 사회에서 요구하는 상황, 경험의 양과 질에 따라 유아들은 독자적인 수학적인 능력을 키워갈 수 있다는 것을 보여준다. 교육과정에서 유아들의 수학적 능력을 확장하기 위해서는 유아들이 경험하는 일상생활 맥락과 이러한 맥락을 학습내용으로 연계할 수 있는 연결고리의 형성이 중요하다.

구성주의적 입장에서 유아의 수학적 능력에 대한 관점을 정리해본다면 영유아들의 삶의 장면에서 '무엇을 하고 있는지' 살펴본 바 이미 영유아들은 수학을 할 수 있는 능력을 갖고 태어나며 유아기에 이르러 상당한 수준의 수학적 이해에 도달하고 있다는 점을 알 수 있다. 영유아들은 태생적 능력과 더불어 사회 문화를 바탕으로 수학적 활동을 할 수 있는 광범위한 수학적 능력을 지닌 존재이다(Bodrova & Leong, 1996). 따라서 영유아들이 나타내는 수학적 능력에 기초하여 수학교육이 체계적으로 이루어져야 할 바탕이 마련되었다고 본다. 또한 전조작기의 유아들이 지닌 발달적 한계성은 있지만 이 발달적 한계가 유아들의 지닌 능력의 한계를 나타내는 것은 아니며 사회구성원들과의 실제적 경험과 상호작용을 통해 얻어지는 수학적 사고의 변화에 교육적 관심을 기울이는 계기가 되었다.

2.2 유아수학교육 내용

우리나라 유아 수학교육의 내용은 주로 미국의 교육과정의 변천에 영향을 받아왔다. 행동주의 이론은 수학교육과정에서 구조화, 체계화된 지도와 반복 연습을 통해 빠르고 정확하게 계산해내는 능력을 중시하였다. Piaget의 인지발달에 근거한 수학교육은 수 보존 개념을 획득하기 전까지 유아들의 수개념은 기계적 수세기에 지나지 않으므로 수나 수에 관한 학습 이전에 사물이나 사건에 대하여 다양하게 관계지어보는 경험이 선행되어야 한다고 하였다(이정희, 2009). 형식적인 수학교육이 이루어지기 전에 수 이전의 활동을 통해 사물과 관계성을 파악하고 수학적인 논리를 발달시킬 수 있어야 한다는 것이다. 이후 Vygotsky의 학습과 발달에 대한 이론은 사회와 문화의 영향력을 부각시킴으로써 수학교육의 내용에도 변화를 가져오게 되었다.

20세기의 산업화, 정보화 사회의 발달과 사회문화적 요구에 따라 수학교육의 목적도 일상생활에서 수학적으로 사고하고 논리적으로 문제를 해결하는 능력을 가진 인간육성으로 변화를 거듭해왔다. 단순한 수 익히기와 의미 없는 연산이 아닌 실질적으로 수의 다양한 의미를 파악하고 이를 적절하게 활용할 수 있는 능력을 중시하게 된 것이다. 또한 최근의 유아 수학지식에 대한 연구들을 기반으로 하여 비형식적 수학을 확장하고 유치원 이전 시기부터 수학교육의 대상으로 삼아야 한다는 주장이 제기되었다. 그리하여 NCTM (2000)은 유치원 이전 시기부터 유치원을 학교 수학교육의 대상으로 포함시켰으며 유아기부터 초등 2학년까지의 수학교육의 내용으로 수와 연산, 대수, 기하, 측정, 자료 분석과 확률을 제시하였다. 또 NAEYC와 NCTM(2002)은 공동으로 3-6세를 위한 유아수학교육에 대한 내용 영역을 제시하였는데 수와 연산, 기하와 공간, 측정, 패턴과 대수, 자료제시와 분석이다. 영국에서도 국가수준의 교육단계에서 3-4세를 포함하였으며 연계성 있는 수학교육을 강조하고 있다.

Vygotsky를 중심으로 한 사회문화적 관점의 영향으로 구체적인 수 경험을 통한 비형식적 지식이 유아수학교육 내용으로 포함되면서 우리나라 수학교육도 수 이전 활동과 수를 직접 다루는 내용들이 유아수학교육 내용으로 포함되었다(김경희 나귀옥, 남현우, 2005; 김세루 외, 2008 재인용). 교육과정에서 제시하는 수학교육 내용은 변화를 거듭해 왔으며 1998년의 6차 유치원교육과정, 2007년 개정 유치원 교육과정과 2012년에 발표된 만3-5세 연령별 누리과정의 수학교육내용은 다음과 같다.

[표 1] 유치원교육과정 수학교육 내용의 변화

6차 유치원교육과정(1998)	2007 개정 유치원교육과정	2012 만3-5세 누리과정
• 분류하기와 순서 짓기 • 수의 기초개념 이해하기 • 기초적인측정과 관련된 경험하기 • 시간에 대한 기초개념 알기 • 공간과 도형의 기초개념 알기 • 기초적인 통계와 관련된 경험하기	• 수 감각 기르기 • 측정감각 기르기 • 규칙성 이해하기 • 공간 및 도형 감각 기르기 • 자료정리 및 나타내기	• 수와 연산의 기초개념 알아보기 • 공간과 도형의 기초개념 알아보기 • 기초적인 측정하기 • 규칙성 이해하기 • 기초적인 자료 수집과 결과 나타내기

유치원 교육과정에서 Piaget의 관점이 반영된 수 이전 활동이 중심이 되는 유아수학교육의 기본 방향은 2차 교육과정부터 6차 교육과정에 이르기까지 이어져왔다(이정희, 2009). 이후 Piaget 관점에 대한 비판과 여러 나라들의 수학교육의 내용 변화에 맞춰 우리나라 수학교육에서도 수 이전 활동인 분류, 순서 짓기 등의 개념이 제외되었다. 수학교육의 내용의 변화의 주요한 특징을 살펴보면 분류, 순서, 수의 기초개념, 측정, 시간, 공간과 도형, 통계 등으로 넓게 제시되었으나 점차 수, 측정, 규칙성, 공간과 도형, 자료정리로 간략화 되었다는 점이다. 이는 유아들에게 주어지는 수학교육의 내용이 유아들의 흥미, 경험, 맥락과 동떨어져서 광범위하게 다루어지기 보다는 주요 핵심 개념을 중심으로 하여 깊이 있는 탐구가 되도록 함이다(홍혜경, 2007). 누리과정에 이르러서는 수와 연산, 공간과 도형, 측정, 규칙성, 자료수집과 결과로 내용을 제시하여 수학교육에서의 형식적 체계를 갖추었다.

정리해 보면 구성주의는 유아 수학교육의 내용에서 수 이전의 비형식적 활동의 강조에서 한 발 더 나아가 수와 기하, 연산과 같은 형식적 수학활동에 대한 유아교육의 중요성 인식과 교육과정에의 반영에 영향을 주었다. 비형식적 수학활동의 가치를 인식하고 형식적 수학으로 이행되는 과정에 관심을 갖고 이를 교육과정에서 다룰 수 있도록 한 점도 큰 의미를 갖는다.

또한 NAEYC와 NCTM(2002)은 수학교육에서 수학적 과정을 다룰 것을 강조한다. 수학적 과정기술은 문제해결하기, 추리하기와 증명하기, 의사소통하기, 연계하기, 표상하기

이며 수학내용을 습득하기 위한 방법이다. 구성주의는 지식의 습득과정에서 능동적으로 참여하고 공동체 구성원들과 공유하여 합의의 과정에 도달하여 사회문화적 바탕위에 지식을 내면화하는 것을 강조하는데 이러한 점이 수학적 과정기술과 부합된다. 특히 다양한 방법으로 탐색하여 문제를 해결함으로써 문제해결력의 증진, 사회적 상호작용을 위해 의사소통하기와 표상하기 발달의 강조 및 유아의 일상생활 경험과 비형식적 지식과 수학을 연계하기 등은 사회적 구성주의와 수학적 과정의 공통점이다(김경희, 나귀옥, 2007). 수학적 과정기술이 중요하기는 하나 수학내용의 교육과 분리하여 별도의 교육으로 수학적 과정기술을 다루기보다는 수학교육 내용을 다룰 때 교수·학습 방법 전반에 걸쳐서 유아들이 경험할 수 있도록 하고 있다.

2.3 교수·학습 방법

구성주의적 교수·학습 방법은 지식의 구성과정에서 주체를 교사와 유아 모두를 내세웠으며 두 주체 간에 다루어지는 수업활동은 삶의 맥락 안에서 다루어질 것이며, 직접적으로 문제를 해결하는 과정이 될 것을 말하고 있다. 유아의 발달과 학습을 촉진하기 위해 교사와 유아가 학습 상황에서 함께 지식을 구성해 나가는 것을 공동구성이라 한다(김경희, 2012). 교실 상황에서 지식의 공동구성이 발현되기 위해서는 교사의 역할이 중요하다. 또한 교수·학습 과정에서 적절한 매체와 절차가 어우러질 때 학습공동체의 구성원이 공유하는 이해와 의식을 통해 지식을 형성할 수 있다. 구성주의적 관점의 교수·학습 방법을 교사역할과 접근방법으로 나누어 알아보려 한다.

2.3.1 교사의 역할

구성주의는 교수·학습 방법에서 교사와 유아간의 관계와 상호작용에 대한 관점의 변화를 가져왔다. Piaget의 인지적 구성주의는 개인의 인지적 구성을 강조함으로써 교사의 역할을 유아들의 인지적 갈등을 일으킬 자료를 제공하고 필요한 때에 상호작용을 하도록 하여 교사의 역할은 수동적일 수밖에 없었다. Piaget는 사회적 상호작용으로부터 조절이 일어나지만 이러한 상호작용만으로는 지적 발달이 충분치 않다고 하였다(곽향림, 2009). Vygotsky에 이르러 사회적 상호작용을 통해 유아가 능동적으로 지식을 구성해간다고 하여 교사와 유아의 상호작용이 어느 일방의 주도권이 아니라 쌍방 모두의 주도권을 강조하게 되었다. 특히 유아들은 미숙하고 자신의 의사를 정확하게 표현하지 못한다는 발달적 관점에서 볼 때 교수·학습 상황에서 유아의 주도권을 인정하고 이를 교수·학습 실제에 적용한다는 것은 교육현장에서 상당한 도전이 되었다. 교사는 학습의 장에서 언제, 얼마나 유아를 믿고 따를 것인지 결정해야 한다.

전통적으로 유아교육에서는 유아중심이라는 교육방침을 기본으로 여겨왔다. 이는 성인과는 다른 발달적 특징을 지니고 있으며 성인에 의해 이끌어지는 존재가 아니라 유아 스스로 삶의 방향성을 이끌어가는 자율적인 존재로서의 유아를 인정한다는 의미를 지니고 있다. 유아중심은 유아를 인격적인 존재로 보도록 하고 유아의 발달 특징에 적합한 교육과정을 조직하여 교수하도록 하였다. 또한 학습에서 유아의 능동성을 인정하여 유아가 주제를 선정하고 활동을 제안하는 등의 주도권을 인정하여 교육과정에 참여하도록 하였다. 유아중심과 구성주의의 학습자 중심은 공통적이나 구성주의는 한 발 더 나아가 교육과정 전반, 즉 교육내용의 선정, 문제해결의 과정, 결과의 제시 부분과 같이 질적, 양적인 부분에서 유아의 생활 경험에 근거한 맥락에서 배우도록 하고 이러한 맥락을 교사가 제공해야 하므로 교수·학습의 과정에서 유아와 교사 간 역할의 균형을 제안하고 있다. 유아교사들에게 있어서 구성주의적 교사의 역할은 기존의 발달적 특징이해, 인격적 존중에 기초한 유아중심의 태도에서 진일보하여 유아의 일상의 삶과 배움, 지식의 형성 과정에 적극적으로 개입하여 조정하면서도 유아의 학습 주도권을 유지하도록 애쓰는 것이다.

또한 교수·학습과정에서 교사가 지닌 지식을 전달해 주는 것이 아니라 유아가 경험하는 맥락에서 공동의 이해를 통해 합의를 찾아가는 과정에 대한 경험은 교사에게 지식의 전달자로서가 아닌 지식형성에 공동의 참여자로서 기능하도록 한다. 교사는 유아와의 학습상황에서 유아의 주도권을 인정하고 자율적으로 의사결정과 협동적 학습과정이 이루어지도록 하면서 공동의 이해를 통해 지식을 형성할 수 있도록 지원하고 유아들이 보이는 반응을 해석해낼 수 있어야 한다. 구성주의에서 바라보는 교사의 역할은 교수 실행전과 실행과정 그리고 평가까지 이르는 매우 복잡하면서도 정교하고 그 수준도 매우 전문적이다.

교수 실제에서 유아의 주도권, 의사결정권을 존중하고 이를 보다 높은 수준의 사고과정으로 이끌기 위해 교사는 유아들의 수준을 파악하고 이에 대해 적절히 스캐폴딩할 수 있는 전문적인 수준을 갖추어야 한다. 교사 교육에서도 유아교사들의 수학적 전문성을 강조하는 추세이다. 수학교육에 대한 지식을 갖추지 못할 경우 수학교육내용의 전반적인 부분을 다루지 못하고 특정한 내용을 반복적으로 다루게 되므로(Clements, 2001), 유아수학교육에서 교사들이 수학교육에 대한 지식을 지니고 있어 유아들의 경험이 확장되도록 해야 한다고 하였다(Charlesworth, 2000; Whestly, 2003). NCTM(2000)도 유아들이 일상생활에서 문제를 해결하고 이러한 경험이 추상적인 사고로 연결되도록 기회를 제공하는데서 교사 역할의 중요성을 강조한다.

유아교사들의 수학적 전문성을 향상을 목표로 교사의 반성적 사고의 내용을 살피고 수업실제의 능력을 향상시키고자 교사의 수학에 대한 인식, 신념, 태도(김세루 외, 2008; 김지영, 2010), 수학교수 경험에 대한 반성적 토론(이혜경, 2012), 교사효능감이나 교수법 개선을 위한 교사 교육 프로그램(유수경, 2012; 한종화, 2006), 교사들의 수업실제에 대한 분석 연구들(이정욱, 이소정, 2010)이 이루어지고 있다. 연구 결과를 살펴보면 유아교사들은 수학에 대해 자신감이 결여되거나 부정적 인식을 지니고 있으며(정명숙, 황해익, 2008) 교수 효능감이 낮은 것으로 나타났다. 이혜경(2012)은 유치원 교사들의 수학 교수 경험 돌아보기를 통해 수학교육의 내용이 수와 연산에 편중되어 있으며 교사 스스로 수학교육에 대한 전문성이 부족하고 수학교육을 위한 교수 계획을 소홀하게 하고 있다고 느끼고 있음을 밝혔다. 또한 개별적 유아들의 수학능력의 차이를 존중하고 이를 이끌어 높은 수준으로 나아가게 하는데 어려움을 느끼고 있는 것으로 나타났다.

교사들이 어려움을 느끼는 수학 교수능력 향상을 돕기 위해서는 교수 실제로부터 비롯한 반성적 사고와 그에 대한 대안 마련이 필요하다. 구성주의 교사는 유아의 현재의 수준을 잠재적인 수준으로 이끌어주기 위해서 비계설정을 하고 이를 교수활동에 적용해야한다. 교사가 수학교육을 할 때 언어적 상호작용은 일상적 지지와 인정하기가 아니라 유아들이 보이는 수학적 맥락을 이해하고 이를 학급공동의 이해과정으로 이끌어 수학교육의 내용과 연결지을 수 있어야 한다. 교사의 역할이 매우 복잡하지만 이러한 과정이 교실의 수업실제에서 발현되어야 한다. 이에 따라 교실 내에서 이루어지는 교수들의 교수 실행과정을 들여다보고 문제점을 찾아 개선을 시도하는 연구들이 이루어지고 있다.

최근 연구들은 교사의 수학교수 실제에 관심을 갖고 수학교수 과정에서 언어적 상호작용의 질적 수준을 분석하며 교사의 의도적, 교육적 담화의 내용과 교수 전략을 주시한다. 교사들의 수학적 발화량을 조사한 연구(이정욱, 2009)에 따르면, 하루 3일씩 2회 관찰에서 교사들의 최소 118회에서 최대 741회의 수학적 발화량의 차이를 보였다. 또한 수학교육의 내용에서도 최소 10개에서 21개의 유형까지 다양하게 나타났다. 50%이상의 교사가 공통으로 제공한 수학내용은 21개중 11개, 35명의 교사가 모두 다루었던 수학내용은 명칭 수, 수량인식, 방향과 위치, 시간관련 어휘의 4개뿐이었다. 이는 교사 개인 변인이 유아가 경험하는 수학교육의 내용과 시간에 절대적인 영향을 주고 있음을 보여주고 있다.

교사의 수학적 발화량뿐 아니라 교사의 상호작용 전략도 잠재된 유아의 수학적 능력 발현을 돕는 교사의 전문적 역량이다. 수학교수에서 교사의 상호작용은 유아들의 수학적 사고를 이끌어주는데 기여한다. 이금구, 이정욱(2010)의 연구에서 조사한 수학교수 상황에서 교사의 교수전략을 살펴보면 [표 2]와 같다.

[표 2] 교사의 수학교수전략

Cooke & Bucholholz(2005)	Clement & Sarama(2008)	이정욱, 이금구(2009)
• 일상에서 수학적 주제나 활동에 대한 자기표현의 기회 제공하기 • 유아의 사전 지식과 연결하여 새로운 이해를 도모하기 • 자유선택활동 시간동안 아동들과 상호작용하며 촉진자 역할하기 • 교실의 여러 활동과 일과들을 수학과 연계하기 • 유아의 사고와 학습을 자극하는 다양한 질문사용하기 • 유아의 발달에 적합한 수학적 용어 사용 격려하기	• 직접적 가르치기(직접적 질문, 단순한 질문) • 시범보이기(함께 세어보기) • 소크라테스식 질문하기(초점을 이끌기) • 발견을 안내하기 • 촉진하기 • 인정하기/격려하기	• 직접 가르치기 • 시범보이기 • 유치원 일과의 일상적 활동을 수학과 연계하기 • 여러 활동들을 수학교육내용과 통합하기 • 유아 반응을 정교화하기 • 다양한 해결방법 유도하기 • 유아의 수학적 용어 사용을 지원하기

수학적 사고를 이끄는 교사의 교수전략은 일상에서 수학적 언어를 사용하여 이를 학습으로 연결짓도록 하는 것이다. 유아의 반응을 세분화하여 발달에 적합하면서도 수학적인 해결방안을 모색해 보는 것이다. 수학교수의 수준이 높은 교사들은 유아들의 출현하는 수학적 이해를 효과적으로 증진할 수 있는 다양한 표상을 형성할 수 있도록 이끄는 질문을 사용한다(Patrick, 2010). 교사는 유아들이 보여주는 수학적 개념 이해 정도를 파악하고 적절하고 풍부한 수학적 언어를 사용해야 하며, 유아들의 수학적 개념의 이해 정도를 체계적으로 평가하면서 교사로서의 전문적 성장을 이루어야 한다(Kirova & Bhargaba, 2002; 이금구, 이정욱, 2010 재인용). 교사들의 수업과정 관찰을 통해서 드러난 위의 전략들은 활동의 유형, 집단의 크기, 유아의 연령에 따라 융통성있게 사용되어야 한다. 교사들은 학습자들의 변인을 고려하여 각 학습자의 특성에 맞도록 교수 전략을 변화시켜야 한다.

구성주의적 비계설정을 통한 교수활동이 효과적으로 이루어지기 위해서는 교사 교육의 과정에서 구성주의적 경험이 중요하다(안부금, 2003; 유수경, 2012; 최명숙, 2001). 현재 많은 교사들은 전통적 교수신념과 구성주의적 교수신념을 혼합한 교수 신념을 지니고 있으며(김지영, 2010), 비형식적 수학활동을 수학교수의 출발로 삼고 있다(한종화, 박찬옥, 2004). 또 유아들은 지필식의 학습이나 성인에 의한 설명과 같이 직접적인 교수 방법으로 수학을 배우는 것을 흥미로워 하지 않음에도(Ginsberg & Seo, 2004; 서동미, 염지숙, 2006 재인용) 교수 실제에서는 교사가 수학교수에서 시범 보이기나 직접 가르치기를 빈번하게 사용하는 것으로 나타났다(이금구, 이정욱, 2010). 즉 교사들은 구성주의에 대해 인지하고 있으나 교수 실제에서 구성주의적 접근에 부합하는 교사의 역할을 수행하는데 어려움을 느끼는 것이다. 김경희(2012)는 교사와 유아가 공동 구성해가는 문제해결 수학 활동을 통해서 교사의 사고가 어떻게 변화되어 가는지를 연구하였다. 이 연구에서 교사들은 유아들이 보이는 수학적 오류를 인지적 사고 발달의 출발점으로 여기고 그동안 학습지가 효율적인 방법이라 여겼으나 교사 교육과정에 참여하며 학습지에서 가르친 수학 개념을 일상경험 속에서 발견할 수 있다는 것을 이해하게 되었다. 또한 유아들에게서 나타나는 유아들의 유능성을 인정하게 되었고 유아와 교사가 공동 주체자임을 인식하게 되었다.

구성주의적 교사 역할을 수행할 역량을 갖춘 교사 양성에는 많은 시간과 노력이 필요하다. 특히 각 유아별로 발달적 차이가 두드러지는 유아기에는 비계설정을 위한 학습자 수준에 대한 관찰과 분석이 선행되어야 한다. 영유아의 수학 발달에 대한 이론과 실제를 익히고 내면화하는데 오랜 시간이 걸리지만 이는 구성주의 교육실제를 현장에 정착시키기 위한 필수적인 요건으로 볼 수 있다.

교사는 유아의 개별적인 수준차이를 인식하고 공동의 지식 구성자로서 적극적인 개입과 조절 역할을 해야 하는데 이는 구성주의의 핵심인 유아의 능동성과 일견 배치되는 측면으로 인식될 수 있다. 유아의 자발적 놀이를 통한 수학경험이 수학적 개념 발달에는 충분치 않으므로(Fuson, Garandau, & Suglyama, 2001) 유아의 수학능력 발달에 교사의 개입이 반드시 필요하다(Epstein, 2007). 유아의 일상생활과 동떨어진 수학적 경험을 교사 주도로 제시하는 것도 역시 유아의 수학적 사고 발달에 도움이 되지 않는다. 유아수학교육에서 교사의 우연한 수학교수도, 유아의 무목적적이며 주도적인 활동도 수학적 사고를 발달시키는데는 한계가 있다.

교사와 유아간의 밀접한 상호작용은 질적인 수학활동을 가능케하고 유아들의 수학능력 향상에 도움이 된다(이혜경, 2012). 이때 교사와 유아간의 관계설정이 중요하다. Golbeck(2001)은 유아의 주도권과 교사의 의도적 교수행위간의 적절한 조화를 꾀하는 유아-조절/교수-안내 교수 모형이 제시하였는데 상호작용의 속도는 유아가 조절하고 풍부한 인지적 참여의 기회를 제공받고, 교사는 교수적 상호작용에 능동적으로 참여하며 안내 역할을 하는 것이다(홍혜경b, 2010 재인용). 이러한 교수 모형은 교사와 유아의 능동성, 주체성을 유지하면서 각자의 역할을 분담함으로써 교수·학습의 과정에서 보다 효율적으로 학습이 일어날 수 있도록 한다.

구성주의적 교수·학습 방법에서 교사의 역할을 종합해 보면 교사는 유아의 개별적 수준을 파악하고 교사, 집단과의 상호작용을 통해 수학적 사고수준을 끌어올리는데 적극적 역할을 하나 그 상호작용의 조절은 유아들에게 맡겨주어야 한다. 교사의 역할 수행은 수학교육내용에 대한 지식, 교실에서 수학적 사고를 이끌 수 있는 교수 전략을 구사할 수 있는 전문적인 소양과 전문적인 수학적 식견에 기초하여 유아들의 일상을 배움의 장으로 연결짓는 능력을 필요로 한다.

2.3.2 접근방법

수학에 대한 지식을 획득하고자 할 때 적절한 방법에 대한 논의는 지식의 구성과 습득이 이루어지는 과정과 관련된다. Vygotsky의 견해에 따르면 지식구성에 있어서 상호작용의 역할이 중요하다. 교사와 유아간의 상호작용은 일상생활의 맥락에서 이루어지며 이러한 상호작용의 과정에서 협상과 논의, 유아의 현재 수준에 대한 판단과 교사의 적절한 개입이 이루어진다. 경험과 개입을 통한 개인의 통합, 내면화를 거쳐 유아의 지식이 구성되어진다.

사회적 상호작용의 중요성이 부각되며 사물과의 상호작용에 의한 수 이전 활동보다는 또래와 공유할 수 있는 게임, 놀이 등을 통해 수학적 개념과 문제해결과정을 경험하도록 교육활동들이 제시되었다. 구성주의적 접근에 의한 유아수학교육의 방법은 일상생활을 통한 수학교육, 탐구 중심의 문제해결과정을 통한 수학교육과 게임, 문학, 놀이, 멀티미디어, 과학, 신체, 요리, 역할놀이 등과의 통합적인 접근이 대표적이다.

수학교육에 대한 접근 방법은 수학이 일상적 문제를 해결하는 논리적인 과정이므로 일상생활을 통해서 이루어지는 것이 가장 바람직하다고 하였으나 많은 연구들(우남희, 1993; 계영희, 2011)은 여전히 교육현장에서 암기식이나 학습지를 통한 교육이 이루어지고 있음을 지적하고 있다. 이는 교수활동의 편리성에 의한 것이기도 하고 일상생활에 잠재된 수학교육의 가치를 인식하지 못하는 데에도 그 원인이 있다.

유아의 일상적, 사회적 경험에서 시작되는 수학적 개념과 사회 발달이 가장 바람직한 방향이며(Gelman & Gallistel, 1978) 일상생활의 맥락에서 직관적, 비형식적으로 구성된 지식을 양적으로 수량화하고, 타당함을 나타내기 위해 재진술하거나 재조직하고, 관계성을 일반화하고 다양한 방식으로 표상화하고, 추상화하며 정교화해 보는 수학화 경험을 가져야 한다(홍혜경b, 2010). 이러한 경험을 통해 다양한 일상생활에서 겪을 수 있는 문제를 해결할 수 있는 능력을 길러갈 수 있다. 최근 연구자들(김은선, 2000; 서동미, 염지숙, 2006; 이소원, 2003)은 영유아들이 유아교육기관의 일상생활을 통하여 경험하는 수학내용에 관심을 기울여 매일의 반복되는 일상에서, 또래와의 상호작용에서, 기관의 주어진 환경에서 자연스럽게 수학적 경험을 하고 수학적 이해가 확장됨을 보여주었다. 김유정, 이지현(2004)은 생활 문제 중심으로 이야기나누기를 한 결과 유아의 수 연산 발달에 긍정적 영향을 미치며 특히 빼기와 곱하기에 효과가 있다고 하였다. 일상생활에서의 자연발생적 수학경험이 셀 수 없이 많으며 순간적으로 발생하므로 교사는 반복적인 일상에서의 수학교육을 계획하고 의미 있는 수학교육의 순간을 놓치지 않아야 한다.

일상생활을 통한 수학교육과 더불어 수학교육에서 가장 일반적인 접근 방법은 통합적인 접근을 통한 수학교육이다. 유치원은 전통적으로 학습내용을 생활영역별 혹은 생활주제별로 통합하여 활동으로 전개해왔으며 교사들 스스로는 통합적 접근으로 수학교육을 하고 있다고 말하고 있다(계영희, 2011; 이혜경, 2012). 유아교육기관의 하루 일과에서 의도된 수학활동을 조사한 이금구, 이정욱(2010)의 연구 결과 교사들은 여러 생활영역 활동들을 유아수학교육 내용과 통합하여 제시하는 형태가 가장 많았고 다음으로 일과의 일상적 활동을 수학과 연계하기, 독립적 수학활동하기의 순서였다. 타 활동과 수학활동의 통합은 유아교육에서 자연스러운 일로 여겨지고 있다.

통합적 접근 방법은 수학교육측면에서 장단점을 모두 지니고 있다. 장점으로는 수학은 생활과 유리되기 보다는 자연발생적으로 유아들의 하루 일과 안에서 경험할 수 있으므로 일상생활에서 통합적으로 다루거나 수학과 과학을 함께, 수학과 미술을 통합하여 전개할 수 있는 점이다. 이때 유아들은 자발적으로 활동에 참여하며 활동과정에서 나타나는 숫자 읽기나 표상하기, 측정하기, 자료 정리와 같은 수학활동을 자연스럽게 경험하게 된다. 숫자세기나 쓰기를 못할까봐 걱정하는 두려움이나 망설임, 부담감없이 수학을 할 수 있다. 과학(구혜현, 박현진, 김숙자, 2010), 음악(박진성, 신현정, 2009; 이상미, 2011)과의 통합활동이 수학교육에 효과적임을 밝히고 있는데, 통합적 접근이 효과적이기 위해서는 수학에 대한 내용지식 뿐 아니라 통합하고자 하는 분야의 내용지식간의 연결, 통합에 대한 교사의 성찰이 전제되어야 한다.

반면에 통합적인 접근에 대해 여러 연구들(김영옥, 2008; 홍혜경b, 2010)은 수학교육의 효과성에 의문을 제기하고 통합적 접근을 할 때 고려할 측면이 있다고 한다. 통합적 접근에서 교사가 수학을 가르치고자 하는 의식적 행위가 수반되지 않을 때 유아들의 수학적 사고는 전혀 자극받지 못하게 된다. 과학과 수학의 통합활동으로 나무둘레재기 활동을 할 때 나무 둘레를 재고 숫자를 적어오기만 한다면 수학적 사고는 길러지지 않는다. 교사는 둘레의 의미가 무엇인지, 둘레를 바로 재기 위해서는 어떤 방법을 적용할 것인지, 나무의 어느 높이에서 둘레를 잴 것인지, 둘레를 어떤 방법으로 표상할 것인지에 대한 상호작용을 고민하고 이를 교수과정에 적용해야 한다. 통합적 접근에서는 교사가 수학교육내용과 과정에 관심을 갖고 있을 때 통합적 접근의 가치가 제대로 발휘될 수 있다. 즉 수학교육을 통합적으로 접근할 때 활동을 통해 도달해야 할 교육목표의 설정과 교수 단계에서 수학교육이 개념과 내용이 외적으로 드러나야 한다. 그렇지 않다면 통합 활동에서 수학교육은 최우선적으로 달성할 교육목표가 아니며 유아들은 수학으로 포장된 활동을 경험하는 정도에 그치게 될 것이다.

수학교육의 접근 방법으로 다양한 교수 매체와 활동 형태를 이용하기도 하는데 교수매체들은 유아들의 자발적 동기, 흥미, 유아의 일상생활과의 맥락적 연결, 또래간 협동, 참여자들간의 이해공유를 기반으로 한다. 그림책(권유선, 최혜진, 2010; 박미자, 서현, 2010; 박석년, 최경숙, 2000), 게임(박형신, 김정주, 장보경, 2010), 신체활동(우미지, 신인숙, 2010) 등이 유아의 수학개념에 긍정적인 영향을 주는 것으로 밝혀졌다. 교수 매체가 다양해지면서 미디어를 이용한 수학교육, 컴퓨터 프로그램을 이용하여 영역간 통합적 접근 시도도 증가하고 있다.

수학교육의 접근방법으로 일상생활을 통한 수학교육과 통합적 접근 방법을 살펴보았다. 구성주의적 입장에서 일상생활은 유아들이 경험하는 생활의 공간이며 유아와 삶 자체이므로 삶의 장면에서 나타나는 수학적 이해를 수학교육의 순간으로 접근하는 것은 매우 자연스런 일이다. 일상생활에서의 수학교육 활동을 통해 유아들은 삶의 장면과 수학적 문제해결 과정을 연계하여 경험하고 지식을 형성할 수 있다. 또한 통합적 접근은 서로 다른 교과, 분야를 함께 다루어 공통적인 개념을 비교, 분석, 종합하여 다룰 수 있다는 장점은 있지만 각 분야를 교수활동에서 균형 있게 다루어야 하기 때문에 교사의 치밀한 교수계획이 뒷받침되어야 한다. 통합적 접근은 다양한 경험을 가진 유아들 간의 수준 차이를 조율하고 경험을 공유하고 공동의 합의에 이르도록 하는 바람직한 수학교수방법이다. 이러한 일상생활 접근, 통합교육, 다양한 교수자료의 활용은 구성주의적 접근에서 강조하는 학습자에게 의미 있는 상황에서 학습이 출발하고 내면화된 지식은 다시 일상생활 장면에서 사용가능한 지식이 되어야 한다는 점에서 바람직한 방향으로 여겨진다.

3. 결론

교육자의 입장에서 학습을 효율적으로 이끌 수 있는 방안에 대한 모색은 당연한 의무이면서 즐거움이다. 구성주의는 학습자뿐 아니라 교사에게도 즐거운 경험이 될 수 있는 접근 방법이다. 교사는 구성주의 접근을 교수 실제에서 시도함으로써 유아들과 새로운 주제를 바탕으로 수학적 개념다루기와 다양한 표상방식에 대해 탐구할 수 있다. 이미 교육자들에게 익숙한 구성주의가 유아 수학교육에서 지닌 의미와 수학교육의 실제에 어느 정도나 적용되고 있는지 정리해 보았다. 여기에는 구성주의의 의미를 이해하고 교육과정, 교사 교육 등에 적극적으로 반영되는 개념들과 실제 교육현장에서 아직 정착되지 못한 개념들도 동시에 존재하고 있다.

첫째, 구성주의적 관점은 보호하고 양육할 대상이었던 유아들을 학습공동체의 주체로서 인식하도록 하였으며 그동안 발달적 한계에 갇혀 있던 유아의 수학적 능력을 발견하도록 영향을 주었다. 미국, 영국을 비롯한 세계 여러 나라에서 영아부터 유의미한 수학적 상황을 경험하고 수학적 사고의 기초를 형성할 수 있도록 교육 체계 안에 영유아를 포함할 것을 권고하거나 이미 포함하였고 이는 우리나라도 마찬가지다.

둘째, 구성주의는 접근 방법에서 교사의 적극적 역할을 강조한다. 교사는 교육의 출발점을 포착하기 위해 유아의 선경험, 선지식을 점검해 보아야 하고 보편적 발달에 대한 이해의 기반위에 개별 유아들이 의미 있게 수학적 사고를 발달시킬 수 있도록 문제해결 활동, 일상생활의 수학교육으로의 전환 등을 모색해야 한다. 교사의 적극적 역할에 대한 연구들은 수학교육에서 교사의 교수실제 능력 향상을 위해 담화분석, 수업실제 분석, 반성적 사고 등을 통해 교수 지식과 방법을 개선하도록 촉구하고 있다.

셋째, 구성주의는 수학교육의 내용을 비형식적 수학활동 강조에서 비형식적 수학에서 형식적 수학으로의 확장이라는 변화를 가져왔다. 사회적 구성주의의 영향으로 유아들이 나타내는 비형식적 수학활동의 가치가 두드러지고 형식적 수학으로의 이행이 이루어지는 과정에 관심을 갖게 되었다. 교사는 기계적 수세기와 같은 비형식적 수학활동들에 관심을 갖고 이후의 형식적 수학교육으로 연계하는 방안을 모색해야 한다.

넷째, 구성주의는 유아수학의 교수·학습에서 일상생활을 통한 수학교육과 탐구중심의 문제해결 과정, 통합적 접근에 대한 방법을 강조하고 있다. 일상생활 수학교육은 수학 개념이 내재되어 교사의 수학교육에 대한 민감성과 전문성이 뒷받침된다면 가장 바람직한 수학교육방법이라 할 수 있다. 통합적 접근 방법은 수학을 별도로 다루기보다는 음악, 미술, 요리, 게임 등의 다른 활동과 접목하므로 유아교육기관의 생활주제별 교육과정, 융통적 일과운영으로 교사들에게는 매우 친숙한 접근방법이다. 통합적 접근 방법은 통합하는 두 분야의 교육목표를 분명히 할 때 효과적이다.

구성주의의 이러한 기여에도 불구하고 교육현장에서의 적용과정에서는 쉽사리 이행되지 못하는 측면이 존재한다. 구성주의의 정착을 위해 유아수학교육에서 앞으로 모색해야 할 몇 가지를 짚어본다면 다음과 같다.

먼저, 교사주도와 유아주도간의 최적의 접점을 찾는 것이다. 아동중심 사상에 깊이 물들어 있는 유아교육자들에게 유아주도는 새로운 개념은 아니나 교육공동체, 교육과정 협력자로서 유아의 위치를 명확히 하는데는 어려움이 있다. 교육과정의 구성과 전개에서 유아들의 단순한 동의가 아닌 진정 유아들이 흥미를 갖고 문제해결을 시도하여 유의미한 학습내용과 지식이 형성될 수 있는 방향에서 유아의 주도권을 인정해야 한다. 교사가 문제해결과정에서 유아들간의 사회적 합의에 의한 수학지식이 아니라 관습적인 수학지식으로 유도하는 태도는 주의가 필요하다.

둘째, 교사 인식과 실제간의 차이를 좁히는 문제이다. 구성주의에 대한 인식은 높으나 교수 실제에서 구성주의 교육신념을 실현해 내는데 어려움이 따른다. 교사 양성과정과 교사 재교육과정에서 구성주의에 기초한 수학교육을 경험함으로서 구성주의적 수학교육을 확대 재생산 할 수 있어야 한다. 유아수학교육은 각 교과가 분리되어 일정한 시기와 수학교육의 내용이 제시되는 초등학교와 달리 '활동'이라는 이름을 통해 통합적으로 다루어지고 있어 기본생활습관, 인성, 창의성, 언어발달보다 그 중요성이 미약한 것으로 인식되고 있다. 또한 통합적 일과운영으로 교사들이 일상적인 상호작용에서 수학교육을 위한 일정한 시간과 절대적 양이 확보되지 않는다. 이정욱, 이소정(2010)의 연구에서 보듯이 교사들의 의도적 수학활동은 3시간의 지속적 관찰 동안 활동은 2개에서 9개까지, 소요시간은 최소 1.33분에서 29.00까지로 나타났다. 수학적 발화량과 시간이 교사 개인 변인에 따라 현저한 차이를 보인다. 일상적 경험을 의미 있는 수학활동으로, 이를 다시 수학적 지식 형성의 기반으로 이용하는 교사와 수학적 발화를 하지 않는 교사간의 차이는 유아들이 경험하는 수학적 경험의 양과 질에서 많은 차이를 유발할 것이다. 이렇듯 교사 개인에 따라 달라지는 수학교육의 경험의 양과 질을 어떻게 평가할 것인가에 대한 문제도 해결해야 할 과제이다.

셋째, 20세기 들어 중요해지는 수학교육의 중요성에 비해 수학과 관련한 유아교사 교육의 경험이 부족하다. 구성주의를 반영하여 유아수학교육을 실현하기 위해 교사는 수학에 대한 긍정적인 태도를 지니고 일상생활과 교육계획의 실행과정에서 의도적, 비의도적 수학활동을 진행해야 하는데 현재 유아교육은 언어, 과학, 음악, 미술 등의 유아교사 양성과정 전공 기본이수 교과목의 체계 안에서 각 대학별 교육과정에서 선택되어지는 교과목이다. 따라서 예비교사들은 교육과정에서 수학교육을 경험하지 못할 수 있다. 더불어 한종화(2011)에 따르면 현직교사들의 교사 교육경험에서 수학교육과 관련한 연수 경험이 전체 교사들의 30% 정도(이정욱, 2009)로 교사들의 수학 관련 경험부족이 심각한 수준이다.

이상과 같은 문제들을 극복해가면서 교육적 성과를 이루어가도록 노력을 경주하는 것이 교사와 교육자들의 역할이라고 본다. 유아수학교육 현장의 어려움을 공유하고 개선해가며 수학교육이 보다 체계적으로 내실 있게 이루어져야 한다.

구성주의 이론이 정립되고 각 분야에서 적용되기 시작한 후 많은 시간이 흘렀다. 구성주의를 통해 학습자 중심교육, 문제해결 접근 방법, 팀 기반 학습과 같은 많은 접근 방법들이 소개되었다. 접근 방법의 표상방식은 상이하나 결국 학습에서 학습자와 교사 공동의 노력을 통해 학습자의 잠재력을 최대한 끌어내어 발휘될 수 있도록 하는데 공통점을 지닌다는데 이견이 없을 것이다. 구성주의는 이러한 길을 가는데 교사에게 이론적이면서도 구체적인 안내서의 역할을 하고 있다.

참 고 문 헌

Reference

강인애 (1995). 구성주의 학습원리와 적용: 조교교육 프로그램의 개발. 교육공학연구, 11(1), 25-45.

구혜현, 박현진, 김숙자 (2010). 유아수학과 과학통합활동이 측정능력에 미치는 영향. 아동교육, 19(4), 111-128.

계영희 (2011). 유아수학교육에 대한 유아교사의 수학적 이해에 대한 탐색적 연구. 수학교육, 50(1), 119-128.

곽향림(2009). 구성주의 관점에서 본 자유선택활동시간에서의 교사-유아 간 상호작용의 의미와 특성. 열린유아교육연구, 14권(6). 59-82.

권유선, 최혜진 (2010). 그림책을 활용한 수학적 의사소통하기 및 표상활동이 유아의 수학능력과 창의성에 미치는 영향. 열린유아교육연구, 15(1), 63-84.

김경희 (2012). 교사와 유아가 공동구성해가는 문제해결 수학활동을 통한 교사의 사고변화: 현장교사 교육의 반성활동에서. 미래유아교육학회지, 19(3), 29-51.

김경희, 나귀옥 (2007). 사회적 구성주의에 기초한 유아 수학활동에 나타난 유아의 수학적 과정 활용의 변화. 유아교육연구, 27(4), 5-33.

김세루, 홍지명, 김권일, 홍혜경 (2008). 유아교사의 수학교육에 대한 인식과 수학 교수효능감, 유아의 수학적 태도와의 관계. 유아교육연구, 28(5), 141-157.

김영실, 김지영 (2002). 유아의 수세기 능력에 관한 연구. 한국교육, 29(1), 247-265.

김영옥 (2008). 유아교육과정에 있어서 통합의 의미와 과제. 한국유아교육학회 2008년 정기학술대회 자료집(pp. 25-51).

김유정, 이지현 (2004). 생활문제 중심의 소집단 이야기나누기가 유아의 수연산 발달에 미치는 효과. 유아교육연구, 24(1), 165-185.

김은선 (2000). 예지 유치원 유아들의 수조작놀이에 관한 문화기술적 연구. 이화여자대학교 대학원 석사학위논문.

김지영 (2010). 수학교육에 대한 유아교사의 신념. 아동교육, 19(1), 53-65.

박미자, 서현 (2010). 수학관련 동화를 활용한 교사의 수학적 질문이 유아의 수학적 능력에 미치는 효과. 한국영유아보육학, 64, 179-203.

박석년, 최경숙 (2000). 그림책에 의한 수학활동이 유아의 수학적 문제해결력에 미치는 영향. 아동학회지, 21(4). 227-241.

박진성, 신현정 (2009). 수학-음악 통합 집단 게임활동이 유아의 수학능력과 음악능력 향상에 미치는 영향. 유아교육학논집, 3(3), 97-116.

박형신, 김정주, 장보경 (2010). 그룹게임을 활용한 수학활동이 유아의 수학적 문제해결 능력과 사회정서 발달에 미치는 영향. 유아교육학논집, 14(2), 125-146.

서동미, 염지숙 (2006). 유치원 삶속에서 유아들이 겪는 수학경험에 대한 질적연구. 열린유아교육연구, 11(1), 237-266.

신은수 (2000). 수개념의 발달에서의 한국적 특성: 한국 아동의 수개념 발달에 영향을 주는 문화 심리학적 요인. 인간발달연구, 7(1), 27-47.

안부금 (2003). 구성주의 이론에 기초한 유아과학교육 교사연수 프로그램의 개발과 효과에 관한 연구. 유아교육연구, 23(1), 27-51.

우남희 (1993). 사설학원과 가정 중심의 조기교육실태 연구. 유아교육연구, 23(2), 49-65.

우미지, 신인숙 (2010). 신체활동을 통한 수학프로그램이 유아의 수학적 문제해결력에 미치는 영향. 미래유아교육학회지, 17(1), 227-250.

유수경 (2012). 창의적 교수법을 활용한 유아수학교육 교사 교육 프로그램 개발. 유아교육학논집, 16(6), 157-187.

이금구, 이정욱 (2010). 유치원 수학활동에 나타난 교사의 교수전략 고찰. 유아교육연구, 30(5), 291-309.

이상미 (2011). 음악과 수학통합활동이 유아의 수학적 문제해결력과 수학적 태도 및 음악적 흥미에 미치는 영향. 유아교육학논집, 15(4), 117-139.

이소원 (2003). 만5세 해바라기반 유아들의 간식시간과 관련된 수학교육활동. 이화여자대학교 대학원 석사학위논문.

이정욱 (2009). 유치원 교사의 발화에 나타난 수학교육 내용 분석. 유아교육연구, 29(6), 281-300.

이정욱, 이소정 (2010). 유치원 수학교육의 질 분석. 유아교육연구, 30(4), 341-357.

이정희 (2009). 유치원 교사가 지각한 유아 수학교육의 내용－2007년 개정 유치원교육과정에 따른－. 한국생활과학학회지, 18(3), 597-607.

이지헌 (2001). 교육의 철학적 차원. 서울: 교육과학사.

이지현 (1999). 유아 수교육 내용 및 방법에 관한 문화 심리학적 고찰. 유아교육연구, 19(1), 111-131.

이혜경 (2012). 유치원 교사들의 수학교수 경험 돌아보기. 유아교육학논집, 16(1), 375-399.

전제아, 권희경, 김원경 (2002). 구성주의에 나타난 아동중심 교육의 개념 분석. 열린유아교육연구, 6(4), 1-17.

정명숙, 황해익 (2008). 수학활동과 통합된 요리 활동이 예비 유아교사의 수학에 대한 태도와 지식에 미치는 영향. 유아교육학논집, 12(3), 47-67.

천혜경, 홍혜경 (2009). 영아의 수학적 탐색활동 실태 및 교사의 인식조사. 유아교육연구, 29(5), 63-93.

최경숙, 박석년 (2012). 그림책에 의한 수학활동이 유아의 수학적 문제해결력에 미치는 영향. 아동학회지, 21(4), 227-241.

최명숙 (2001). 구성주의에 대한 교사들의 인식과 수업에의 적용사례. 교육정보미디어연구, 7(1), 175-310.

팽영일 (1992). 유아교육사상사. 서울: 양서원.

한종화 (2011). 수학에 대한 예비 및 현직 유아교사의 태도. 유아교육연구, 31(2), 5-27.

한종화 (2006). 유아교사의 수학교수 효능감 증진을 위한 현직교사 교육의 효과. 유아교육학논집, 10(3), 285-309.

한종화, 박찬옥 (2004). 탐구중심 수학교육의 실행과정에서 나타난 유아교사의 변화 탐색. 유아교육연구, 8(1), 141-173.

홍혜경 (2004). 유아-초등 저학년의 연계적 수학교육과정을 위한 기초연구. 유아교육연구, 24(2), 289-310.

홍혜경 (2007). 유아수학능력 발달과 교육. 서울: 양서원.

홍혜경a (2010). 영유아를 위한 수학교육. 경기도: 공동체.

홍혜경b (2010). 영유아수학교육의 방향과 과제에 대한 고찰. 유아교육학논집, 14(4), 29-51.

Antell, S. R., & Keating, D. (1983). Perception of numerical invariance in neonates. *Child Development, 54*(3), 695-701.

Baillargeon, R., Needham, A., & DeVos, J. (1992). The development of young infants' intuition about support. *Early development and parenting, 1*(2), 69-78.

Baroody, A. J. (1987). *Children's mathematical thinking*. New York, NY: Teachers College Press.

Baroody, A. J. (2000). Does mathematics instruction for three to five-year-olds really make sense?. *Young Children, 55*(4), 61-67.

Bodrova, E., & Leong, D. J. (1996). 정신의 도구: 비고스키 유아교육. (김억환, 박은혜 역) . 서울: 이화여대 출판부.

Charlesworth, R. (2000). *Experience in math for young children* (4th Ed.). Albany, NY: Macmillian.

Clements, D. H. (2001). Mathematics in the preschool. *Teaching Children*

Mathematics, 7(5), 270-275.

Epstein, A. S. (2007). *The international teacher*. Washington, D. C: NAEYC.

Flavell, J. H. L. (1985). *Cognitive development.* Englewood Cliff. NJ: Prentice-Hal.

Fuson, K. C., & Kwon, Y. (1992). Korean children's understanding of multi-digit addition and subtraction. *Child Development, 63*(2), 491-506.

Fuson, K., Garandau, L., & Suglyama, P. (2001). Achievable numerical understanding for all young children. *Teaching Children Mathematics, 7*(9), 522-550.

Geist, E. (2001). Children are born mathematicians: Promoting the construction of early mathematical concepts in children under five. *Young Children, 56*(4), 12-19.

Gelman, R., & Gallistel, C. R. (1978). *The child's understanding of number.* Cambridge: Harvard University Press.

Gelman, R. (1980). What young children know about number. *Educational Psychologist, 15*(1), 54-86.

Ginsburg, H. P., Papas, & Seo, K. (2001). Everyday mathematical knowledge: Asking young children what to developmentally appropriate. In S. L. Globeck (Ed.), *Psychological persectives on early childhood education*. Mahmah, NJ: Lawrence Erlbaum.

Kamii, C., & Devries, R. (1993). *Physical knowledge in preschool education: Implications of Piaget's theory*. New York: Teachers College Press.

NAEYC & NCTM (2002). Early childhood mathematics: Promoting good beginning. Position statement. www.naeyc.org/resources/positions-stacement/.

NCTM (2000). *Principles and standards for school mathematics*. Reston, VA: Author.

Patrick, M. (2010). Supporting high quality teacher-child interaction in Pre-K mathematics. Unpublished doctoral dissertation, University of Virginia.

Savery, J., & Duffy, T. (1994). Problem-based learning: An instructional model and its constructivist framework. *Educational Technology, 34*(7), 1-16.

Thompson, L. (2002). 어린이 수학교육 (이지현 역). 서울: 정민사. (원본은 1997년 출판됨)

Wheatly, K. F. (2003). Promoting the use of content standards: Recommendations for teacher educators. *Young Children, 58*(2), 96-101.

제 9 장

수학교사 교육과 구성주의

권나영(인하대학교)

1. 서론

구성주의는 교수에 관한 이론이라기보다는 학습에 관한 이론[1)]이다(Wolffe & McMullen, 1996). 여기서의 학습은 학습자의 지식 구성의 과정을 일컫는데, 보통 학교 수학에서 학습자라고 하면 수학을 배우는 위치에 있는 학생들을 언급한다고 여기는 것이 일반적인 생각이다. 하지만 이전의 어느 구성주의자도 구성주의가 학생들의 지식 구성만을 다룬다고 언급한 적은 없다. 학교 수학의 대상자로 교사와 학습자를 구분했을 때 두 용어는 대립적인 의미를 지니게 된다. 교사는 가르치는 입장을 학습자는 배우는 입장을 대변하는 것이다. 그러나 교사 또한 가르치기 위하여 학습자의 위치에서 가르칠 내용과 방식에 대한 지식을 구성해 나간다는 측면을 고려한다면 교사와 학습자의 의미를 단순히 대립되는 용어로 보기 힘들다. 본고에서는 지식을 구성하는 주체로서의 수학교사에 대해 살펴보고자 한다.

기본적으로 가르침(teaching)이라는 것은 어떤 이론이라기보다는 행동 또는 활동(practice)에 가깝다. 다양한 교수법에 대한 이론들을 어떻게 실행에 옮겼는가가 교수 활

1) 구성주의에 대한 자세한 내용은 이 책의 1장과 2장을 참고하기 바란다.

동으로 나타나는 것이다. 이렇게 이론을 활동으로 옮기는 과정이나 방법에 대한 것은 가르침 또는 교수 활동에 대해 설명하는 것으로 매우 복잡하고 어려운 일이다. 그렇다면 교수 활동을 설명하는 것만으로도 힘든 일인데, 이것을 구성주의라는 학습 이론과 연결시키는 것은 더욱 힘들 것이다. 하지만 3장에서도 밝혔듯이 우리나라는 7차 교육과정에서부터 학습자 중심 교육을 강조하고 있고, 이러한 교육과정의 근본은 구성주의의 영향을 받았다. 그렇다면 구성주의에 기반을 둔 교육을 위해 교사들은 무엇을 어떻게 가르쳐야 하는지에 대해서 연구해야 할 필요가 있다.

수학교육 연구자들 사이에서도 구성주의는 학습에 관한 이론 또는 철학으로 여겨진다 (Ernest, 2008). 구성주의를 교수·학습(teaching and learning)과 연결 지을 수 있는 것도 구성주의가 학습자의 지식의 본질이나 그 지식을 획득하는 과정을 논하고 있기 때문이다. Thompson(1984)의 연구에 따르면 교사가 지닌 수학에 대한 개념과 가르치는 방식 간에는 일관성이 있다고 한다. 그렇다면 교사가 지닌 학습에 관한 관점이나 신념이 무엇인지에 따라 그 교사가 가르치는 방식이나 수업 환경 등을 어떻게 바꿀 것인지가 달라질 수 있을 것이다. 따라서 구성주의와 관련하여 교사들의 신념이나 수업 행위와 관련된 연구, 특히 예비교사들의 교육이나 현직 교사들의 전문성 신장과 관련된 교사교육 분야의 연구들을 살펴보는 것이 필요할 것이다.

본 연구에서는 학습자의 지식이 능동적인 주체에 의해 구성된다는 것을 인정하는 구성주의에서 지식을 구성하는 주체를 수학을 학습하는 학생이 아닌 수학을 가르치기 위해 학습하는 수학교사에 초점을 두고 논의를 진행하고자 한다. 특히 구성주의와 관련된 국내 수학교사 연구들을 살펴볼 것이다.

구성주의가 국내에 소개되고 연구되기 시작한 것은 1990년대 초반부터이다. 초기의 연구들은 대부분 구성주의가 무엇이며 어떤 원리를 지니고 있는지 등에 대한 소개에 집중하고 있고 구성주의와 관련하여 학교 현장을 연구하는 실험 연구가 나타난 것은 2000년대 중반에 이르러서이다. 본고에서는 구성주의적인 관점에서 진행된 수학교사 교육 연구에 중심을 두고 국내 연구 동향과 앞으로의 연구에서의 시사점을 알아보기 위해 다음과 같은 연구 문제들을 제시한다.

(1) 수학교사와 구성주의에 관한 국내 연구 동향은 어떠한가?
(2) 수학교사 교육에서 구성주의의 활용 방안은 무엇인가?

2. 구성주의와 수학교사에 관한 국내 연구

본 절에서는 구성주의와 관련하여 국내의 수학교육 연구가 어떻게 이루어져 왔는지 알아보기 위해 2013년 6월까지 국내 학술지에 게재된 연구들 중에서 수학교육에 관한 것들만 골라 살펴보았다. 이 중에서 수학교사 교육과 관련된 연구들을 따로 살펴보고 앞으로의 수학교사 교육과 관련하여 연구에의 시사점에 대해 논의한다.

2.1 구성주의와 수학교사 관련 국내 연구동향

국내 교육연구 부분에서는 1980년대에 후반에 이르러서야 구성주의에 관련된 연구가 나타나기 시작하였다. 수학교육 분야에서 구성주의와 관련하여 어떠한 연구들이 진행되어 왔는지 알아보기 위해 문헌 연구의 한 형태로 국내 학술지에 게재된 논문을 살펴보기로 하였다. 우선 검색엔진 RISS를 사용하여 '구성주의'와 '수학'이라는 키워드로 국내 학술지에 게재된 논문들을 검색해 본 결과(2013년 7월 1일 기준) 총 140개의 논문이 확인되었다. 키워드 검색에서는 연구 내용을 정확히 파악하기 힘들어 확인된 140개의 논문의 제목과 초록을 확인하여 연구대상이 외국의 교사나 학생이거나 철학과 과학 등 수학이 아닌 분야의 내용들을 제외시켰다. 최종적으로 국내 학술지에 게재된 110개의 논문을 조사 대상으로 삼았다.

2.1.1 조사 결과

연구 경향을 파악하기 위하여 조사 대상이 된 110개의 논문들을 연도별 논문 수와 연구 대상별 논문 수로 구분해 보았다. 수학교육 분야에서 구성주의 관련된 대상 국내 논문들을 연도별로 구분해 보면 [표 1]과 같이 나타난다. 게재된 논문 수의 경향을 파악하기 위하여 5년씩 연도를 묶어서 표로 나타내었다. 구성주의가 국내에 소개된 1990년대 초반에는 적은 수의 논문이 학술지에 게재되었으나, 1995년 이후부터 게재 수가 급격히 많아지기 시작하여 현재까지 꾸준히 많은 논문이 나타나고 있다.

[표 1] 연도별 논문 수

연도	1985-1989	1990-1994	1995-1999	2000-2004	2005-2009	2010-2013.6
논문 수	1	3	30	32	33	11

논문에서 다루는 연구 대상을 교사와 학생 그리고 기타로 구분하여 살펴본 결과에서는 놀랍게도 교사를 연구 대상으로 하는 논문은 단 6편에 불과하였다([표 2] 참조). 국내 연구에서 가장 많은 수를 차지한 기타 연구들은 대부분 1990년대와 2000년 초반에 나타났는데, 그 내용은 구성주의의 원리나 개념에 대한 해설이나 구성주의 수업 모형, 프로그램 개발과 관련되었다. 교사를 대상으로 한 연구들은 2003년 이후에나 나타나기 시작했는데 예비교사를 실험대상으로 한 연구가 3편(나귀수, 2010; 이광호, 2009; 서혜정, 2009)이었고, 현직교사를 다룬 연구는 유아교사를 대상으로 한 1편(이지현, 2003), 중학교 교사를 대상으로 한 1편(김형미 · 김인수, 2009), 중 · 고등학교 수학과 과학 교사를 함께 대상으로 한 1편(지은림, 2009)이 전부였다. 2005년부터 나타난 연구들을 학생들을 대상으로 구성주의에 기초한 수업을 통해 그들의 학습에의 변화나 효과를 살펴보는 연구들이 주를 이루었다.

[표 2] 연구 대상별 논문 수

연구대상	교사	학생	기타
논문 수	6	31	73

지금까지 국내 연구 동향에서 살펴보았듯이 구성주의와 관련된 연구들은 학생들의 학습을 다룬 연구나 구성주의 자체의 의미나 원리를 탐구하는 연구들이 주를 이루고 구성주의와 관련된 교사의 지식이나 개념, 수업과 관련된 의미를 다룬 연구들은 찾기 힘들었다.

2.1.2 국내 연구 동향에 대한 논의

국내 연구에서 예비교사를 실험대상으로 한 연구는 초등학교 예비교사의 수학적 지식 구성 가능성과 그 한계를 확인한 연구(나귀수, 2010), 중등 수학 예비교사들의 수학교육과 교수·학습 방법에 대한 성향을 조사한 연구(이광호, 2009), 예비 유아교사들을 대상으로 대학 수업에서 대화를 통한 지식 구성의 경험에 대해 탐구해 보는 연구(서혜정, 2009)가 있었다.

현직교사를 다룬 연구는 유아교육에서는 서울, 경기, 강원, 충청도 지역의 유치원과 어린이집 교사를 대상으로 유아수학교육에 대한 그들의 신념과 교사의 배경(연령, 학력, 경력, 기관유형, 수학 학습지 사용정도)에 따른 차이를 조사한 연구(이지현, 2003) 하나뿐이었다. 중등 수학교사를 대상으로 한 연구는 구성주의에 기반을 두는 수행평가에 대한 광주 및 전남지역의 중학교 교사를 대상으로 한 설문 연구(김형미 · 김인수, 2009)와 구성주의에 기반을 두는 피드백 수행에 있어 중·고등학교 수학과 과학 교사들의 평가 목적과 태도, 수행 방법 등에 대한 설문조사를 실시한 연구(지은림, 2009)가 있었다. 중등교사를 대상으로 한 연구들은 구성주의와 직접적으로 관련된 연구라기보다는 기본 원리를 구성주의에 두는 수행평가나 피드백과 관련하여 교사들의 생각을 물어보는 설문조사들이어서 엄밀한 의미에서 구성주의와 직접적으로 관련된 교사 연구라고 하기는 힘들다.

지금까지 살펴본 구성주의와 관련된 국내 수학교육 연구들의 경향은 크게 두 가지로 볼 수 있다. 첫째는 문헌 연구가 대다수를 차지하고 있다는 것이다. 이것은 단지 구성주의와 관련된 연구만이 아니라 다른 주제의 연구들에서도 많이 나타나는 경향 중의 하나이다. 국내에 소개되지 않은 학자들이나 그들의 이론에 관련된 내용들은 그 개념과 원리를 파악하는 것과 관련된 문헌 연구가 많이 이루어진다. 이것은 연구의 초기 단계에서 나타나는 현상으로 실험 연구가 이루어지기 위해 필요한 단계일 수 있다. 둘째, 실험 연구의 대부분은 학생들을 대상으로 하고 있다. 이것은 국내 연구자들이 구성주의에서의 지식을 구성하는 주체를 학습자인 학생들로만 한정하여 연구하는 경향이 강하다는 것을 반영한다. 지식을 구성하는 과정을 탐구하고 그 구성의 주체를 연구하는 데 있어서 연구 대상을 학생들로 한정지을 필요는 없다. 넓은 의미에서 학교 수학에서 교수자와 학습자 모두 지식을 구성하는 주체로서의 측면을 지니고 있음을 생각한다면 가르치는 교사에 대한 연구가 더욱 확대되어야 할 것이다. 또한 교사의 신념과 활동이 학생들의 학습에 큰 영향을 미친다는(Thompson, 1984) 것을 고려한다면 학생들의 학습 효과를 극대화하기 위하여 학생의 측면에서만 살펴볼 것이 아니라 교사의 측면에서 살펴보는 연구가 더욱 필요해 보인다. 마지막으로 조사된 연구가 적은 수이긴 하지만 연구 대상은 대부분 예비교사인 경우가 많았다. 실제로 현직교사의 경우는 학교 현장에서 자료 수집을 해야 하기 때문에 실행적인 측면에서 어려움이 많다. 그럼에도 불구하고 현직교사의 학습은 교사의 신념과 활동에 연관되고 수업을 통해 학생들의 학습에까지 영향을 미칠 수 있으므로 중요하다.

3. 수학교사 교육에서의 구성주의

3.1 교사 교육에의 기여

우리가 교사교육이라고 언급하는 이 용어에는 다양한 의미가 포함될 수 있다. 좁은 의미에서는 예비교사들을 교육하는 과정으로 교과와 관련된 일련의 수업과 교육 실습 같은 내용을 포함하는 프로그램을 교사교육이라고 부르기도 하고(Lerman, 2001) 넓게는 예비교사를 교육하는 과정과 현직 교사들의 전문성 신장을 위한 프로그램들을 포함하여 교사교육이라고 일컫기도 한다(Sowder, 2007). 본고에서는 예비교사와 현직 교사를 모두 포함한 넓은 의미로 교사교육이라는 용어를 사용한다. 그렇다면 교사교육에 구성주의는 어떤 관련이 있을 수 있을까?

우선 구성주의 이론이 교사교육에 어떤 기여를 할 수 있는지에 대해서 논한 Keiny (1994)의 주장을 살펴보겠다. Keiny는 구성주의의 원리가 교사교육에서 중요한 시사점을 준다고 했는데, 다음의 내용이 그 두 가지 시사점이다.

(1) 지식과 의사소통(communication)의 수준에서 지식이 단순히 교사로부터 학생에게로 전달되는 것이 아니므로 교사의 역할은 자신의 학생들이 학습자로서 자신의 개념 구조를 만들 수 있도록 발달시키는 것이다.
(2) 실재(reality)를 인식하는 것에 있어서 구성주의에서는 상황에 따라 사람들이 인식하는 실재가 다를 수 있기 때문에 "가르치는 올바른 방법(a correct way of teaching)"이라는 개념은 포기할 수 있다.

첫 번째 시사점은 전통적인 지식관에서 구성주의 지식관으로 바뀌면서 교사의 역할이 바뀐 것에 대한 설명이다. 이는 교사교육에서도 교사를 지식 전달자가 아닌 학생의 학습을 도울 수 있는 조력자(facilitator)로서 인식하도록 하는 것이 필요함을 시사한다. 이는 의사소통의 면에서도 단순히 기계적으로 암기를 요구하던 전통 방식을 벗어나 학생들이 자신의 방법을 찾아 나갈 수 있도록 지속적으로 대화하고 학생들의 생각을 해석할 수 있는 능력을 강조한다고 볼 수 있다.

두 번째는 객관적 사실이라고 믿는 실재보다는 각 개인에 따라, 맥락에 따라 다르게 인식될 수 있는 주관적 실재라는 개념을 강조하는 것이다. 이것은 교사교육에서도 교수법을 고민함에 있어서 이것만이 좋고 옳은 방법이라고 말하기보다는 주어진 상황에서 그 상황을 파악하여 어떻게 하는 것이 최선의 방법인지를 고려하는 훈련이 필요함을 시사한다.

Schön(1987)에 따르면, 교사들은 이론을 적용하는 것이 아니라 자신들의 행동으로부터 학생들과의 활발한 대화를 통해 이론을 구성해 나간다고 하였다. 그의 관점에서 보면 이러한 개인의 성장 과정이 전문성 신장(professional development)이라고 여기는 것이다. 교사교육의 가장 기본 목표는 교사로서의 전문성 신장이다. Schön의 전문성 신장에 대한 관점이야말로 구성주의에 기반을 둔 교사교육이 추구하는 바인 것이다.

3.2 교사 교육을 위한 기본 가정

앞에서도 언급하였듯이 교사로서의 전문성 신장을 위해 교사교육이 필요하고 새로운 교육과정이 구성주의의 영향을 받았다는 것을 감안한다면 교사교육에서 구성주의에 대해 언급하고 구성주의를 교수 활동에 활용하는 방안에 대해 고민해야 할 것이다. 그리고 Keiny(1994)가 주장한 교사교육에의 시사점을 고려해 볼 때, 구성주의를 활용하는 방안을 고민하기 이전에 다음과 같은 기본 전제가 필요하다.

(1) 교사교육을 통해 교사 스스로 자신의 관점이 무엇인지 확인할 수 있어야 한다.
(2) 교사교육은 교사 자신의 관점에 맞는 교육 경험의 기회를 제공해야 한다.

첫 번째 전제는 교사교육이 특정 이론이나 철학을 전달하는 것이 아닌 교사 자신의 관점을 알아나가는 과정이어야 한다는 것이다. 이것은 학습자 스스로 지식을 구성할 수 있다는 구성주의 지식관과 연결할 수 있다. 예비교사나 현직 교사들 모두 자신들의 경험에서 만들어져 온 학습에 대한 생각과 가르침에 대한 생각이 있다. 우선은 자신들이 무엇을 생각하고 믿고 있는지 아는 것이 필요하다는 것이다. 구성주의자라 할지라도 피아제식의 심리학적 접근법을 쓰는지 사회적 구성주의 접근법을 쓰는지에 따라 수업 상황에 대한 대처나 가르치는 법이 달라질 수 있다(Richardson, 1997). 접근법에 따라 교육의 목표에 대한 관점과 학습의 사회적 측면에 대한 허용 정도가 다르기 때문이다. 예를 들어, 피아제식 구성주의라면 학생들이 직접 참여하고 도전하는 환경을 만들어 기존의 인지맵을 재구성하는 과제를 고안하는 것을 중요시 여긴다. 반면에 사회적 구성주의라면 학습이 일어나는 환경과 맥락이 중요하므로 수업에서의 힘(power)이나 권위(authority)의 문제에 관심을 둘 것이다. 이러한 차이를 고려한다면 교사교육에서는 교사들 스스로 자신이 어떤 관점으로 학습을 바라보는지 확인할 수 있도록 하는 과정이 필요할 것이다.

두 번째 전제는 교사교육에 참여하는 교사들이 자신의 관점에 맞는 또는 교육의 중심

내용에 따른 교수·학습 경험을 직접 할 수 있는 기회 제공을 의미한다. 구성주의적 관점에 기초한 교사교육 프로그램을 진행한다고 하더라도 한두 과목으로 구성주의 관점을 이해하기란 불가능하다(Fosnot, 2001). 그리고 단순히 구성주의를 이해한다고 하더라도 이론을 이해하는 것과 이것을 수업에 옮겨 실행하는 것은 다른 차원의 문제이다. 따라서 교사교육 프로그램에서는 교사들이 구성주의가 무엇인지 이해를 돕기 위한 이론적 내용뿐만 아니라 전통적인 관점과 다른 구성주의에 기초를 둔 교육 경험을 교사들 스스로 할 수 있도록 하는 것이 중요하다. 전통적 관점을 가진 교사들에게도 구성주의에 따른 실제적인 교수·학습 상황을 직접 경험하는 것은 자신이 가진 관점과 다른 관점에 따른 교수·학습의 차이를 확인하고 앞으로의 수업을 변화시킬 수 있는 계기가 될 것이다.

3.3 교사 교육 연구에 활용 방안

그렇다면 교사 교육 연구의 측면에서 볼 때, 구성주의를 어떻게 활용할 수 있는지에 대해 생각해 보자. 구성주의라는 이론을 규명하거나 설명하는 것은 이미 초기의 연구들에서 많이 진행되어왔다. 따라서 이제는 구성주의를 활용할 수 있는 구체적인 연구 주제들을 고민해야 한다. 본고에서는 구성주의를 활용한 교사 교육 연구를 위해 교사 학습(teacher learning)이라는 주제어를 제안한다. 앞에서 살펴본 국내 연구 현황을 보면 교사를 학습자로 여겨 교사의 학습에 관해 연구한 기록이 거의 없다. 구성주의가 학습에 관한 이론이라면 학생들뿐만 아니라 교사 또한 학습자로서 어떻게 앞으로 가르칠 내용을 학습하게 되는지 또는 어떻게 학습하는 것이 효과적인지 등을 연구한 결과가 있어야 구성주의에 기초를 둔 교사 교육을 발전시키는 것이 가능할 것이다.

구성주의를 활용한 교사 학습에 관한 연구의 예를 들자면 교사의 반성적 사고(reflective thinking)를 생각해 볼 수 있다. 교사 교육을 주제로 하는 외국 저널인 Teaching & Teacher Education에서 최근 10년간 교사 전문성 신장과 관련된 논문을 조사한 연구(Avalos, 2011)가 있는데, 여기서 찾아낸 주제들이 전문성 학습(professional learning), 중재(mediations), 전문성 신장의 요소와 조건들, 전문성 신장의 효과, 기타 분야 등이다. 여기서 관심을 가질 것은 교사의 전문성 학습에 관한 부분이다. Avalos가 밝힌 최근 진행된 전문성 학습에 관한 연구들의 세 가지 큰 주제는 교사 반성(reflection), 학습도구, 초임기 교사였다. 이 중에서 교사의 반성은 교사가 자신이 가진 이론을 어떻게 교수활동에서 펼쳐보였는지에 관한 자기 평가를 포함하는 것으로 구성주의에서 말하는 (학습자로서 교사의) 지식의 재구성이 어떻게 일어나는지를 살펴볼 수 있는 하나의 수단이 될 수 있다.

4. 결론 및 논의

구성주의는 학습에 관한 이론이면서 인식 주체가 지식을 구성하는 과정에 대해 논하는 이론이기도 하다. 앞에서 살펴본 것처럼 국내 수학교육 연구에서는 구성주의와 관련하여 수학교사에 대한 신념이나 교수 활동에 대한 연구가 매우 제한적으로 진행되었다. 국내 연구 경향을 세 가지로 요약해 보면 첫째, 문헌 연구가 대다수를 차지하고 둘째, 실험 연구의 대부분은 학생을 연구 대상으로 하며 셋째, 예비교사 대상 연구가 많다는 것이다. 특히 국내 연구에서는 구성주의를 단지 학생을 관찰하고 학습 효과를 알아보는데 주로 이용하고 있다는 사실은 앞으로 수학교사 교육에서 수학교사를 대상으로 교사의 학습을 연구하는 것이 필요함을 시사한다.

전통적인 관점을 지닌 교사에게 구성주의적 관점으로 가르치도록 한다는 것은 공식이 이해되지 않는 학생에게 공식을 외우게 하는 것과 같은 일이다. 최근 연구의 흐름이 구성주의 중심이라고 해서 모든 교사가 구성주의적인 관점을 지니고 있다고도 할 수 없으므로 새로운 교수법을 연구하거나 수학교사가 실행하는 것을 연구함에 앞서서 연구 대상인 수학교사의 관점이 무엇인지, 신념은 어떠한지에 관한 연구가 선행되어야 할 것이다.

본고에서는 구성주의와 관련하여 교사교육에서 연구 주제로 삼을 수 있는 교사 학습을 제시하고 한 예로 교사의 반성적 사고를 들었다. 수학교사가 학습자인 상황에서지식 구성의 주체는 수학교사가 될 것이다. 예비교사교육 프로그램에서나 현직 교사들의 전문성 신장 프로그램 내에서 교사들은 학습자로서 자신들이 경험하는 상황 속에서 필요한 지식을 구성해 나간다. 이러한 과정에 대한 연구들은 수학교사의 학습 과정, 학습에 대한 태도, 학습을 통한 효과 등을 탐구하고 수학교사들의 학습을 이해할 수 있는 결과들을 밝힐 수 있을 것이다. 결과적으로는 이러한 수학교사 학습에 대한 이해는 수학교사가 가르치는 것을 준비하고 실행하고 반성하는 일련의 교수활동을 이해하는 기초가 될 것이다.

참 고 문 헌

Reference

김형미 · 김인수 (2009). 수학과 수행평가에 대한 수학교사와 학생의 이해에 관한 연구. *Journal of Science Education*, 33(1), 23-34.

나귀수 (2010). 초등학교 예비교사의 수학적 지식 구성에 대한 연구. 학교수학, 12(2), 151-176.

서혜정 (2009). 대학수업에서 대화를 통한 지식구성에 대한 경험. 유아수학교육논집, 13(3), 213-236.

지은림 (2009). 교사의 피드백 수행을 위한 구성요인 및 특성에 관한 연구. 아시아교육연구, 10(3), 77-102.

이광호 (2009). 중등 수학 예비교사들의 다양한 교수 · 학습 방법에 대한 성향. 한국학교수학회논문집, 12(1), 1-25.

이지현, 2003

Avalos, B. (2011). Teacher professional development in teaching and teacher education over ten years. *Teaching and Teacher Education, 27*(1), 10-20.

Fosnot C. T. (2001). 구성주의 이론, 관점, 그리고 실제 (조부경, 김효남, 백성혜, 김정준 공역). 서울: 양서원. (원본은 1996년에 출간됨).

Keiny, S. (1994). Constructivism and teachers' professional development. *Teaching & Teacher Education, 10*(2), 157-167.

Lerman, S. (2001). A review of research perspectives on mathematics teacher education. In F. L. Lin & T. J. Cooney (Eds.), *Making sense of mathematics teacher education* (pp. 33-52). Dordrecht, The Netherlands: Kluwer.

Richardson, V. (1997). Constructivist teaching and teacher education: Theory and practice. In V. Richardson (Ed.), *Constructivist teacher education: Building new understandings* (pp. 3-14). Washington, DC: Falmer Press.

Schön, D. A. (1987). *Educating a reflective practitioner*. San Francisco: Jossey-Bass.

Sower, J. T. (2007). The mathematical education and development of teachers. In F. Lester (Ed.), *Second handbook of research on mathematics teaching and learning* (pp. 157-223). Reston, VA: National Council of Teachers of Mathematics.

Thompson A. G. (1984). The relationship of teachers' conceptions of mathematics and mathematics teaching to instructional practice. *Educational Studies in Mathematics, 15*(2), 105-127.

Wolffe, R. J. & McMullen, D. W. (1996). The constructivist connection: Linking theory, best practice, and technology. *Journal of Computing in Teacher Rducation, 12*(2), 25-28.

제 10 장

구성주의에서 평가

고상숙(단국대학교)

1. 들어가며

구성주의에 입각한 평가를 하려면 수업에서 구성주의적 교수·학습이 선행되어야 한다. 본 장에서는 본 서의 여러 장에 걸쳐 소개된 구성주의의 교수·학습을 지지하며 학교현장에서 학생들의 학습을 평가할 수 있는 방안을 제안하는 것이다.

구성주의자들도 학생들이 수학을 배우려고 시도할 때 도울 수 있다고 믿는다. 그러나 학생들의 지식구성에 영향을 주는 것은 교사의 중재가 아니라 학생 자신의 개념적 구조에 한하여 과거 해석했던 방식으로 이 중재에 대한 학생자신의 경험들이 지식구성에 영향을 준다고 믿는다. 즉, 교사는 학생이 경험으로서 경험을 가질 수 있게 하는 근거가 되지 못한다. 더욱이 지식의 구성이 경험에 기초하듯이 교사는 학생들이 지식을 구성하게 하는 이유가 되지 못한다. 더 의미적으로, 학생들은 그들 자신이 어떤 수학을, 어떻게 구성할지 스스로 결정한다. 결과적으로 교수학적 문맥 속에서 이미 선택한 과정들로 학생이 이루는 지식 구성 자체를 연구하기는 불가능하다. 대신 우리(교사)와 상호작용을 하는 동안 학생들이 이룬 구성에 대해 이해하고자 시도하는 것이다(Cobb, & Steffe, 2011). 따라서 상호작용과정 중에 교사와 학생은 서로의 언어적 그리고 비언어적 활동을 이해하려고 노력한다.

이처럼 구성주의에서는 학습자를 자기 스스로 지식 구성 가능한 인격체로 보고 있다. 이 때 교사의 역할은 지식 구성의 보조자이다. 이런 관점에서 보면, 교사가 학생이 수업에서 새로운 지식을 구성할 수 있도록 돕기 위해서는 이와 관련된 선행지식의 이해 정도를 파악해야하고, 수업에서는 학습자들이 지식을 구성하기 위해 사용하는 논리와 구성중인 지식을 평가해야 한다. 이를 위한 평가방법 중 하나로 학습자 간의 의사소통을 통해 학생의 오류 및 오류가 수정되는 과정도 평가에 포함하는 것을 쉽게 생각해볼 수 있다. 이처럼 수업을 하면서 학습자의 인지 구조에 일어나는 변화에 관심을 두고 형식적 또는 비형식적인 방법으로 이를 평가해야 하는 것이 구성주의 입장이다. 한 마디로 구성주의를 기반으로 하는 수업은 평가 그 자체라고 할 수 있다.

2. 구성주의에서 평가 원리

일찍이 NCTM(1989)에서는 학교 평가에서 관심이 감소되어야 하는 측면과 관심을 증대시켜야 하는 측면을 대비하여 제시한 바 있다. 이러한 구성주의 관점은 우리나라 제7차 교육과정(교육인적자원부, 1997)부터 영향을 끼쳤다. 다음 [표 1]은 구성주의에서 지향하는 학습과 교수의 원리(강옥기 외, 2012, 376-373)를 바탕으로 영역에 따라 재분류하여 명료화하였고, 이와 병행하여 구성주의에서 평가가 지향해야 하는 원리를 진술한 것이며, 각 원리에 적합한 평가유형을 모색한 것이다.

[표 1] 구성주의 교수·학습과 평가와 관계

구성주의 학습 원리	구성주의 교수 원리	구성주의 평가 원리	평가 유형
학습은 발달의 결과가 아니라 학습이 곧 발달이다.	학습에 대한 책무성과 자율성을 강화한다.	발달적 교육관을 중시하는 평가	역동적 평가 과정중심 평가
인지적 불균형이 학습을 촉진한다.	학습자의 수준보다 조금 더 복잡한 상황을 경험하게 한다.	평가는 학습을 촉진하여야 한다.	
반성적 추상이 학습의 원동력이다.	학습내용과 학습의 과정 및 성과에 대해 스스로 반성하게 한다.	학생이 수학에 대해여 알고 있는 것이나 생각하는 방법에 대하여 평가한다.	과정중심 평가 자기 평가

학습은 원래 사회적 대화적 활동이다.	협동학습을 통해 상호작용을 촉진한다. 학습은 대화적 사회적 과정이다. 비위협적이고 안전한 학습환경을 제공한다.	지필 시험뿐만 아니라 구두시험, 시연 등 다양한 평가 방법을 사용한다.	동료 평가 관찰 참여 평가
학습은 구조의 발전을 지향한다.	고등수준의 지식구성에 역동적으로 참여하게 한다.	단편적이고 낮은 수준의 지식, 이해력보다는 통합적이고 고차적인 사고력을 평가한다.	과제중심 평가
학습은 상황에 기초하여 일어난다.	참 과제를 설계하여 유의미한 맥락 속에서 학습이 이루어질 수 있게 한다.	실제 수업의 맥락에서 학생들의 학습을 평가한다.	서술형 평가
학습은 구성적 능동적 과정이다.	사전 지식을 바탕으로 활동을 통하여 새로운 지식을 구성하게 한다.	학생 스스로를 평가할 수 있는 기회를 부여한다.	자기평가 수학일지 포트폴리오
학습은 도구와 상징을 통해 촉진된다.	다양한 표현양식을 활용하도록 격려한다.	평가에 조작자료, 계산기, 컴퓨터를 사용하게 한다.	교구 또는 공학도구를 활용한 평가
인간의 궁극적 성취는 삶의 방법을 아는 것이다.	다양한 관점을 경험할 수 있는 기회를 제공한다.	수학 내·외 폭넓은 영역에 초점을 두고, 수학에 대한 총체적인 관점에서 평가한다.	모든 평가 유형

이처럼 평가는 교사가 현명한 교육적 결정을 내릴 수 있도록 정확한 정보를 제공하고 학생의 학습에 대한 공정한 판단과 가치를 부여하는데 사용된다(NCTM, 1995). 평가는 수학 교수·학습의 중요한 한 요소로서 '학교수학을 무엇으로 보는가', '학습을 어떻게 정의하는가'와도 긴밀하게 연결되어 있다. 학습에 대한 개념도 잘 정리된 내용을 전달하는 것에서 학생들이 스스로 탐구하고 발견하며 함께 논의하면서 지식을 구성해 나가는 개념으로 변화함에 따라 평가 역시 수학적 지식의 내용에 대한 평가 이상으로 과정에 대한 평가를 중시하고 있으며, 기존의 전통적인 평가는 학생들이 무엇을 모르는지에 초점을 맞추었지만, 이제는 과제를 해결할 때 어떤 아이디어를 가져와 어떻게 사용하는지, 그 과정에서 어떻게 사고하는 지 등 학생들이 무엇을 아는지에 중점을 두어야 함을 강조하고 있다(NCTM, 1995). 따라서 평가는 점차 수학적 문제해결능력, 의사소통 능력, 추론 능력, 수학적 연결성 등을 강조하는 과정중심의 평가로 변화하고 있다(고상숙 외, 2012, 441-443).

평가에 대한 변화의 요구에 의해 만들어진 새로운 평가체제에서의 진리관, 철학적 근거, 평가목적, 교사의 역할 등을 전통적 평가체제와 비교하면 다음과 같다.

[표 2] 평가 체제의 변화(한미란, 2006)

구 분	전통적 평가체제(선택형)	새로운 평가체제(수행평가)
진리관	절대주의	상대주의
철학적 근거	합리론, 경험론 등	구성주의, 현상학, 해석학, 인류학 등
시대적 상황	산업화 시대	정보화 시대
학습관	직선적·위계적·연속적 과정 추상적·객관적 상황 중시 학습자의 기억·재생산 중시	인지구조의 계속적 변화 구체적·주관적 상황 중시 학습자의 이해·성장 중시
평가체제	상대평가 양적평가	절대평가 질적평가
평가목적	선발·분류·배치	지도·조언·개선
평가내용	명제(내용)적 지식 학습의 결과 중시 학문적 지능의 구성요소	절차(방법)적 지식 학습의 과정 중시 실천적 지능의 구성요소
평가방법	선택형 평가 위주 표준화 검사 중시 대규모 평가 중시 일회적·부분적인 평가 객관성·일관성·공정성 강조	관찰자 판단 위주 개별 교사에 의한 평가 중시 소규모 평가 중시 지속적·종합적인 평가 전문성·타당도·적합성 강조
평가시기	학습활동이 종료되는 시점 교수·학습과 평가활동 분리	학습 활동의 모든 과정 교수·학습과 평가활동 통합
교사의 역할	지식의 전달자	학습의 안내자·촉진자
학생의 역할	수동적인 학습자 지식의 재상산자	능동적인 학습자 지식의 창조자
교과서 역할	교수·학습·평가의 핵심 내용	교수·학습·평가의 보조자료
교수·학습활동	교사 중심 인지적 영역 중심 암기위주 기본 학습능력 강조	학생중심 지·정·체 모두 강조 탐구위주 창의성 등 고등 사고기능 강조

3. 구성주의에서 평가 유형

3.1 수행평가

수행평가(performance assessment)란 "학생 스스로가 자신의 지식이나 기능을 나타낼 수 있도록 산출물을 만들거나, 행동으로 나타내거나, 답을 작성하도록 요구하는 평가방식"(국립교육평가원, 1996)이라고 하였고, 교육인적자원부(1999)는 수행평가를 "평가자가 학습자들의 학습과정 수행 과정 및 결과를 직접 관찰하고, 그 관찰결과를 전문적으로 판단하는 평가방식"이라고 정의하였다. 수행평가의 정의에 대해 기관이나 학자마다 조금씩 다르게 묘사하고 있지만 공통적으로 언급하고 있는 개념들은 '과제의 수행', '수행과정', '관찰과 면담'으로 과정중심의 산출물뿐만 아니라 행동에 대한 평가를 포함함으로써 '학생들의 수행하다'와 '교사의 전문적 판단'의 의미에 기초하고 있음을 알 수 있다. NCTM은 1990년대부터 새로운 평가체제인 수행평가를 전통적 선다형 검사와 구별되게 'alternative assessment(대안적 평가)', 과정의 실세계적 성격과 맥락을 강조하는 평가인 'authentic(true) assessment(실제상황에서의 평가)', 실제로 수행, 제시, 구성하고 해결책을 찾아내는 'performance-based assessment(실기평가)'를 사용하기도 하였다(고상숙 외, 2012, 97-98).

구성주의 수업에 대해 김진호(2008)는 '학습자 중심 수업'이라 명하여 과거 전통적 수업과 구별하였다. 그는 학습자 중심 수업에서 평가는 본연의 수행평가로써 수업 전, 중, 후에 수행되어야 하며 각 단계에서 평가는 학습자 스스로 지식을 구성할 수 있게 유도하고 안내하는 역할을 강조하여 기존의 평가와 차이점을 아래와 같이 서술하였다.

수업 전 평가인 진단평가에서는 전통적인 교수법에서 학습부진아를 알아내려고 사용되었으나 구성주의 수업에서 학습자가 학습할 지식과 관련된 사전지식을 어떻게 이해하고 있는가를 알아보려고 사용한다. 학습자의 이성뿐만 아니라 기저지식이 있어야 새로운 지식을 구성할 수 있기 때문이다. 학습자들의 기저지식의 이해를 알아보는 방법은 면담·관찰 등을 통해서 자료를 얻거나 단원을 시작할 때 학급 토론과 소집단별 활동을 통해서 정보를 얻는 것이다. 학급 전체 토론에서 학습자가 알고 있는 것을 자유롭게 발표할 수 있는 교실 문화 형성이 필요하다. 학생들의 토론 후, 소집단에서 다시 이야기하고 나서 아이디어를 공동으로 적도록 한다. 교사는 이 자료들을 통해 학생들의 이해에 관한 정보를 얻을 수 있다.

수업 중 평가는 학습자들의 활동에 관한 관찰 및 기록을 활용해서 또는 학생들의 활동지나 작품을 활용해서 하는 것이다. 이때 학습자의 활동에 대한 기록은 수업 후 교사가 한다. 교사는 수업 중에 궤간 순시를 통해 학습자들의 활동내용을 인식하고 이를 학생들의 후속 학습에서 지식 구성과정을 이해하고 도움을 제공하는데 사용한다. 학습자가 지식을 구성한다는 것은 동화나 조절을 통해 새로운 지식이 생겨났다는 것을 의미하는데, 이를 평가하려면 학습들이 의사소통할 때 사용하는 외적 표현을 관찰해야 한다. 이때 원활한 의사소통을 위해서 교사는 학습할 내용과 소재가 포함된 교수·학습 활동지를 제시한다. 또 교사는 학습자의 사고과정을 수용하는 열린 발문을 해야 한다. 이때 학습자가 나타내는 오류도 지식 구성의 한 과정으로 보는데 이를 수정하면 학습이 되기 때문이다.

수업의 마무리에서 교사는 자신의 수업에 대한 반성과 학습자들의 이해와 인지구조의 변화에 관심을 두었는지 평가해야 하며, 학습자는 능동적으로 새로운 지식을 구성했는지 또는 이해했는지 평가해야 한다. 이를 위해 교수·학습의 마지막에 학습자 스스로 학습을 성찰하고 강화하기 위해 자신들이 한 생각을 쓰는 과제를 준다. 교사는 학습자들의 인식 수준을 파악하는 것으로 수업을 마무리하는 것이다.

이처럼 구성주의에서 평가가 이루어지려면 학습자 중심의 수업이 먼저 진행되어야 한다. 학습자 중심의 수업은 교육과정에 제시된 지식을 대 주제를 중심으로 모두 다룰 수 있고, 학생들을 이성적 존재로 대우하므로 학생들이 스스로 지식을 구성해 나간다. 그러나 교사가 교수·학습 활동지를 비롯한 수업 자료를 개발하는 것은 수학교육 전문가들이 함께 도와주어야 할 부분이다. 학습자 중심의 수업이 제대로 진행된다면 수행평가의 의미가 충실히 이행될 수 있을 것이다.

우리가 인지하듯이, 제 7차 개정 교육과정에서 수학적 힘의 신장을 구현하기 위해 수행평가를 강조하였고, 수행평가 유형으로 서술형 평가, 프로젝트, 관찰 및 면담, 포트폴리오 등이 있다. 특히, 제 2009 개정교육과정에서 과정중심 수학적 사고영역이 강조되었으며, 이와 병행하여 과정중심 평가방안도 활발히 논의되고 있다(정상권 외, 2012; 신준식 외, 2011; 고상숙 외, 2013). 과정중심 평가란 수학적 사고과정을 측정하는 것이므로 이 또한 수행평가의 개념이 포함되어있다. 따라서 각 개인의 사고과정을 평가할 수 있어야하므로 교사는 관찰과 면담을 통한 장·단기간의 수집된 개인별 평가목록을 수립하고 보관하여야 한다(고상숙 외, 2013). 남승인 외 8인(2009)에서 각 수행평가 과제의 유형에 따른 특징을 다음 [표 3]과 같이 제시하였다.

[표 3] 수행평가 과제의 유형별 특징

유형	정의	특징	채점 방법
서술형평가	주어진 문제에 대해 서술하는 지필 평가	• 문제 풀이에 수학적 사고과정을 잘 드러낼 수 있고 풀이 과정에 대한 반응의 자유도가 큼 • 문항 작성이 비교적 용이함 • 통합교과적인 문제와 실생활과 관련된 문항을 출제하기도 쉬움	총체적 또는 분석적 채점법
프로젝트	주제에 따라 정보를 수집하고 분석하여 결론을 내리는 것으로 창의적인 주제 탐구 활동 등 종합적인 연구 활동 능력을 평가함	• 수학적 사고력을 이용하여 실생활과 직접 관련되는 수학적인 문제 상황을 해결함 • 결과가 정형화되어 있지 않기 때문에 다양한 반응이 가능함	명료하고 구체적인 채점기준표
토론과제	소집단별로 토론이나 활동을 하는 동안 개인의 기여도와 역할, 활동 내용을 평가함	• 협력 학습을 권장함 • 한두 가지 사항에 초점을 갖추고 이에 대해 집중적으로 관찰하여 누가 기록함 • 학생의 수학적인 능력과 성향을 판단하는 보조 자료로 활용함	관찰 누가기록표 체크리스트
포트폴리오	교사 또는 학생이 일정한 기간 동안의 학습 자료와 결과물을 모으고 그 모은 자료를 근거로 학생의 학습 활동 수행 정도를 평가함	• 평가 과정에 학생을 적극적으로 참여시킴 • 학생의 성취결과를 가지고 다른 학생과 의사소통하도록 장려할 수 있음	총체적 또는 분석적 채점법
구술과제 (면담)	질문을 하고 문제를 해결하는 학생을 관찰하여 그 학생의 사고 과정, 문제해결능력, 태도 등을 조사하는 평가 방법	• 문제해결에 어려움을 겪는 학생을 진단할 때 유용함 • 개인의 문제해결능력을 깊이 있게 조사할 수 있음	사례기록지 체크리스트
자기평가	학생 개인이 자신의 수행 정도나 학생 과정에 대해 서술하거나 질문지에 기록하게 함	• 학생 개인이 수행한 방법에 대해 초점을 맞출 수 있음	주요 질문에 대한 점검목록
실험실습	칼, 자, 풀, 컴퍼스 등의 도구와 계산기, 구체물 등을 이용한 과제에 적용됨	• 개인 활동 및 소집단 활동 평가가 가능함 • 실생활과 관련된 과제나 응용 과제를 다룰 수 있음	총체적 또는 분석적 채점법
컴퓨터과제	수학 학습에 활용 가능한 소프트웨어를 사용한 과제	• 소프트웨어를 활용한 문제해결능력을 측정함 • 실험, 실습형 평가 과제로도 활용 • 협동 과제로도 활용 가능함	관찰 누가기록표
문제설정 과제	주어진 상황에 맞는 문제를 만들게 하는 과제	• 창의적 사고력을 측정할 수 있음	채점기준표

3.1.1 서술형 지필 평가

평가 문항은 크게 답안이 제시되어 선택을 요구하는 객관형과 답안의 작성을 요구하는 주관형 평가 문항으로 나누는데 서술형 평가는 주관형 평가 중 하나이다. 서술형 문항의 제작은 다음 그림과 같이 제안되었다(서울특별시교육청, 2010; 서울교육정보원, 2010).

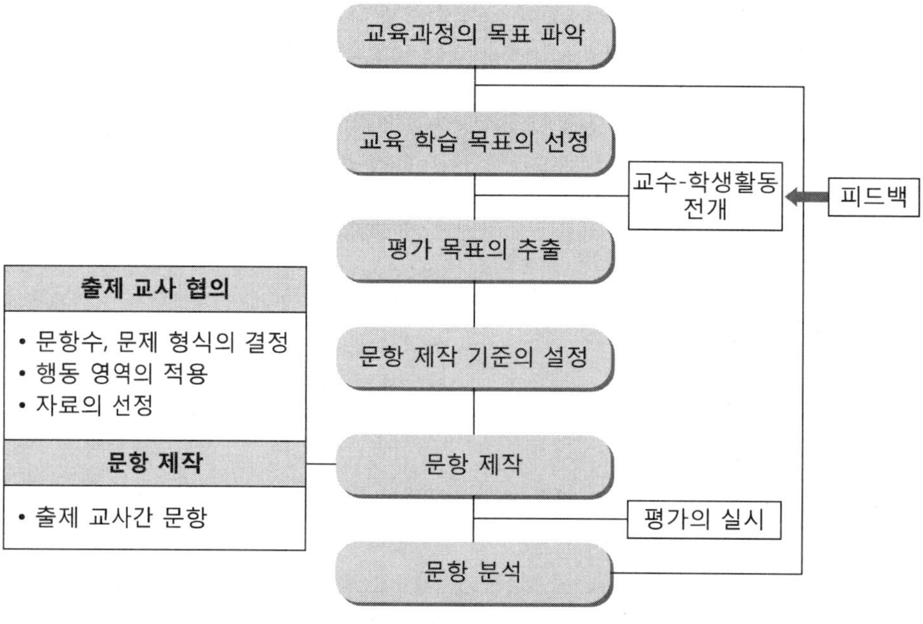

[그림 1] 서술형 평가 문항 제작 과정

어느 평가든 학교에서 이루어지는 평가는 교육과정의 목표와 내용에 입각하여 해당 교수·학습 목표와 내용을 기반으로 출제가 이루어져야 한다. 이에 따라서 평가 목표를 추출하고 문항 제작 기준을 설정하여 문항을 제작한다. 이때 출제 교사들이 협의하여 문항수나 출제 형식 등을 논의하여 문항을 제작한다. 평가를 실시한 후에는 문항의 분석 자료를 만들고 교수·학습의 자료로 활용하고 평가의 기록으로 보관한다.

서술형 평가에서는 채점이 가장 중요한 부분 중의 하나이다. 교사는 가능한 객관적이고 공정하게 채점할 수 있는 방안을 마련할 필요가 있다. 다음 그림은 서술형 문항의 채점과정이다(서울교육정보원, 2010). 답안지를 회수한 후에는 매수나 전체적인 반응에 대한 검토를 한다. 이때 본격적인 채점에 들어가기 전에 일부분에 대하여 예비채점을 통하여 필요한 경우 채점기준에 추가하거나 수정 보완한다. 그리고 교차 채점을 통하여 객관성을 높이도록 한다. 평가 결과를 학생에게 공개한 후 이의 신청을 받고 이의신청에 대하여 처

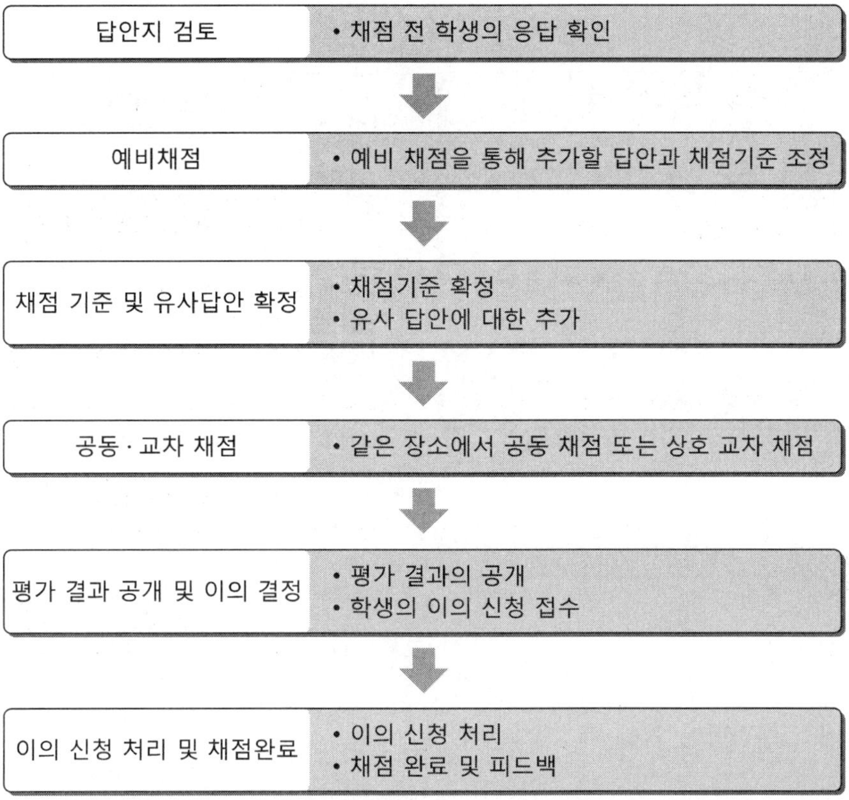

[그림 2] 서술형 평가 문항 채점 과정(고상숙 외, 2012, 251-252)

리를 하고 채점을 완료하게 된다.

이와 같이 학생의 능력을 다양한 측면에서 측정하고자 할 때 중요한 것은 채점하는 방법이다. 평가할 때, 학생들도 평가기준을 알 수 있도록 하여 그에 맞추어 과제의 수행 수준을 높이도록 한다. 이는 학생들은 채점표 작성과 평가에 적극적으로 참여시키는 한 방법이다. 이는 학생들이 주어진 평가에 대해 자유롭게 반응하여 미리 준비된 평가 요소와 점수 기준을 사용하여 평가의 객관성과 일관성을 유지하는데 도움이 되도록 한다. 서술형 지필평가는 분석적 채점 방법이나 총체적 채점 방법을 사용한다. 이 두 가지 채점 방법에 대해 고상숙 외 (2012)를 참고하여 다음과 같이 평가절차를 포함하였다.

(1) 총체적 채점법

1) 정의 - 문제를 해결하는데 필요한 특정 사고 과정에 관한 기준에 따라 문제 풀이 전체에 점수를 부여하는 방법

2) 총체적 채점법에 의한 채점 기준 설정 절차

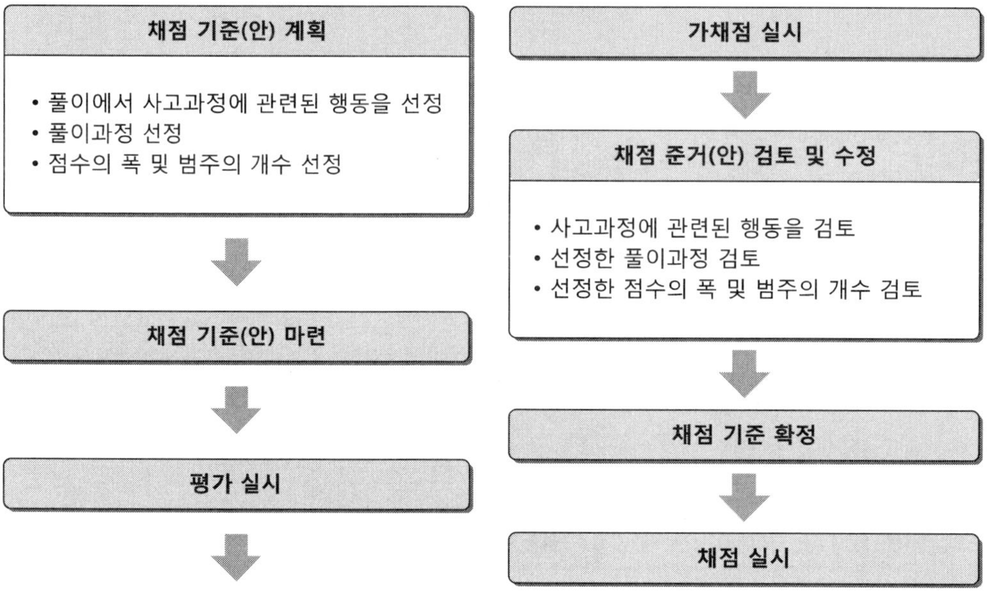

3) 총체적 채점법에 의한 채점 기준의 예

[표 4] 총체적 채점표

채점 기준	점수화
• 풀이 과정과 답이 옳은 경우 • 풀이 과정의 답은 옳으나, 단위가 없는 경우	3점 (6점)
• 풀이 과정이 옳지만, 답을 제시하지 않은 경우 • 풀이 과정이 옳지만, 문제 요구 조건과 맞지 않는 답을 한 경우 • 풀이 과정이 옳지만, (계산상의 오류로) 오답한 경우	2점 (4점)
• 문제를 이해한 듯하나, 겨우 풀기 시작한 상태에서 멈춘 경우 • 정답만 제시한 경우 • 정답을 하였으나, 풀이 과정의 옳고 그름을 판단할 수 없는 경우	1점 (2점)
• 풀이 과정만을 일부분 제시하였으나, 그 과정조차 틀린 경우 • 문제의 조건들을 단순히 옮겨 놓은 경우 • 오답 이외에 아무것도 없는 경우 • 백지	0점

(2) 분석적 채점법

1) 정의 - 문제 풀이 과정을 몇 단계의 요소로 나누어 각 단계(요소)에 점수를 할당하여 이것을 기준으로 이용하는 방법

2) 분석적 채점법에 의한 채점 기준 설정 절차

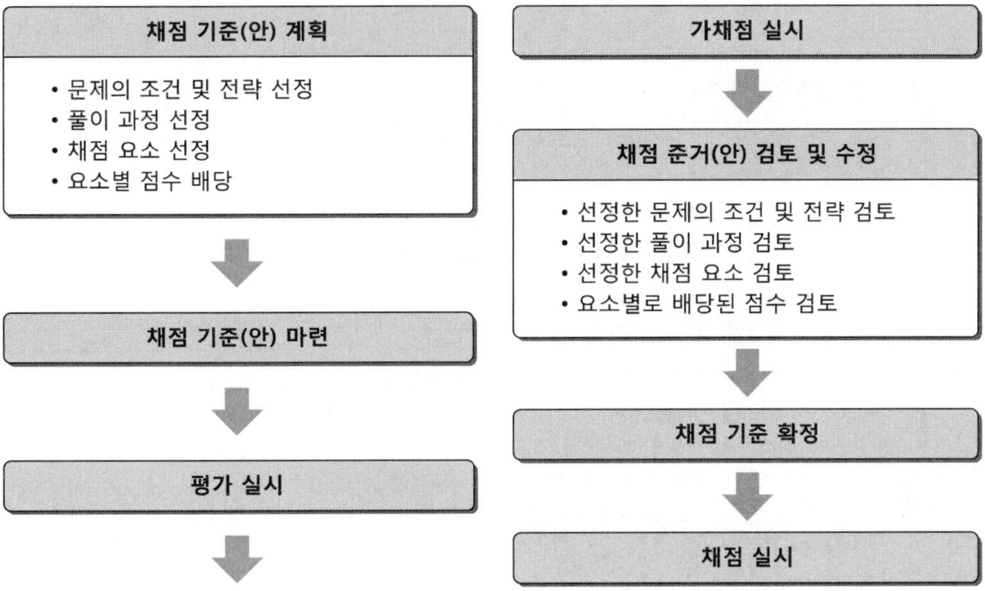

3) 분석적 채점법에 의한 채점 기준의 예(고상숙 외, 2012, 253)

[표 5] Putt(1978)의 3단계 평정법에 따른 채점법

채점 영역	채점 기준	점수화
문제의 이해	• 문제를 완전히 이해함 • 문제를 부분적으로 이해함 • 문제를 완전히 이해하지 못함	2 1 0
풀이의 계획	• 올바른 결과가 나올 수 있는 계획을 세웠음 • 부분적으로 옳은 계획을 세움 • 시도를 하지 않거나 완전히 잘못된 계획임	2 1 0
결과	• 정확한 답과 답에 대한 정확한 단위를 붙였음 • 옮겨 적을 때 오류나 계산상의 오류로 일부만 정답일 때 • 답을 구하지 않았거나 부적절한 계획에 따라 오답을 적었음	2 1 0

3.1.2 관찰 및 면담

관찰을 통한 평가를 하기 위해서 예상되는 학생들의 행동이나 구체적인 기능들에 대한 체크리스트를 활용하는 것은 매우 유용한 방법이다. 체크리스트를 활용하여 관찰 평가를 하는 경우에 교사는 체크리스트에 포함된 기준들에 도달했는지의 여부만을 결정하게 된다. 다음 표는 수학적 과정에 수반되는 기능적 행동에 대한 체크리스트의 하나의 예시이

다. 표에서 볼 수 있듯이 NCTM에서 제안한 수학을 어떻게 배우는가, 즉 문제해결, 추론 및 증명, 의사소통, 연결성, 표상에 수반되는 기능들이 구체적으로 나열되어 있다.

[표 6] 수학적 과정에 수반되는 기능에 대한 체크리스트(Brahier, 2009, 283)

문제해결	• 다양한 문제 해결 전략을 이용한다. • 차원적 사고를 한다. • 문제 해결을 위해 포기하지 않고 시도한다. • 주어진 문제를 분석하고 이해할 수 있다.
추론 및 증명	• 자신의 사고/추론을 정당화할 수 있다. • 적절한 풀이 방법을 안다. • 왜, 만약에, 어떻게 될까, 할 순 없을까 등의 질문을 한다.
의사소통	• 주의 깊게 듣는다. • 학급 친구들을 도우려고 한다. • 타인이 이해할 수 있게 자신의 생각 및 결과를 설명한다. • 분명하고 명확하게 기술한다.
연결성	• 필요한 개념을 알아낸다. • 관련된 과제를 생각해낸다. • 선수지식을 적절히 활용한다. • "이적은 어떻게 다를까?" 질문한다. • 오늘 수업과 이전 수업 사이가 (혹은 다른 과목과) 어떻게 연관되어 있는지 안다.
표상	• 실생활 데이터를 모형화하기 위한 표상이 가능하다. • 같은 문제를 여러 가지로 다르게 표상할 수 있다. • 적절한 표상을 통해 수학적 의사소통을 효과적으로 할 수 있다.

3.1.3 포트폴리오

포트폴리오는 학생 개인이 한 학기 또는 한 학년 동안 어떻게 발전하고 성장했는지에 대한 실제적이고 세밀한 증거 자료를 의도적으로 수집하여 바인더 혹인 폴더 안에 체계적으로 조직한 하나의 작품이다. 포트폴리오 작업을 통해 학생들은 자신들이 겪어 온 단선적이고 단편적일 수 있는 학습 과정을 하나의 체계 안에 구성하고 조직함으로써 정해진 기간 동안의 자신의 성장과 발전에 대해 반성하고 성찰할 기회를 가지게 된다. 따라서 한 학생의 포트폴리오는 그 학생의 수학에 대한 인식 및 수학적 능력에 대한 실질적이고 구체적인 정보를 제공한다. 포트폴리오 제작은 모든 학년에 적용할 수 있는 평가 방법이다.

포트폴리오 제작에서 강조되어야 할 점은 학생들이 자신의 숙제나 문제 풀이 등을 단순히 묶어내는 것이 아니라는 것이다. 포트폴리오 구성의 제일 원칙은 학생들이 한 학기 또는 한 학년 동안에 수행한 여러 가지 활동 및 숙제를 통해 배운 수학적 아이디어 및 개념들이 무엇인지 그리고 그 내용을 어떻게 내재화하였는지에 대한 실질적이고 구체적인 증거를 제시하여야 한다는 것이다. 그러므로 포트폴리오에는 학생들이 주어진 학습 기간에 수학 문제를 어떻게 해결했는지 어떻게 발전했는지 무엇이 개선되었는지 등의 이슈에 대한 세밀하고 명확한 사례들이 포함되어야 한다. 학생들은 포트폴리오 구성을 통해 반성적 사고를 하고 자신들의 학업 성취 및 학습 과정에 대한 책임감을 느끼는 경험을 하게 된다. 일반적으로 포트폴리오는 다음과 같은 항목들로 구성할 수 있다.

[표 7] 포트폴리오 항목

- 포트폴리오 목차 및 타임라인
- 각종 채점된 시험지와 틀린 문제에 대한 정확한 답과 풀이
- 숙제 모음
- 개인 별 또는 팀 별 프로젝트 수행 과정에서 만들어진 모든 자료 및 결과물
- 학습 일지
- 교사가 작성한 인터뷰 일지
- 학생이 수행한 활동 장면을 찍은 사진 및 영상물
- 발표 자료
- 교사가 작성한 관찰 체크리스트
- 자기 평가 및 동료 평가 보고서
- 전체 과정에 대한 성찰(reflection) 노트

포트폴리오 평가를 위한 채점표(NCTM, 1999, p. 84)의 예는 다음 표와 같다.

[표 8] 포트폴리오 평가

목차	• 이름, 날짜 들을 기록한 커버 페이지 • 간략한 소개 글 • 목차 • 필수 항목의 개수 • 성찰 노트의 포함 여부
의사소통 능력	• 각 항목이 목적에 맞게 조직되어 있다. • 읽기 쉽다. • 표, 그림, 차트, 그래프가 포함되어 이해하기 쉽다. • 수학 용어를 정확하게 사용하고 있다.
테크놀로지 능력	• 테크놀로지를 적절하게 활용한다. • 테크놀로지에 대한 전문성이 나타나있다.
문제해결 및 추론능력	• 논리적으로 문제 해결을 한다. • 다양한 문제 해결 전략을 활용한다. • 수학을 실생활에 적용한다.

[표 9] 포트폴리오 채점표(Stenmark, 1991, p. 44)

LEVEL 4	매우 흥미진진하다. 개인 및 그룹 활동들이 언어 및 그래픽을 활용하여 다양하게 표현하고 있다. 프로젝트, 조사, 다이어그램, 그래프, 차트, 사진, 음성파일, 동영상물 등의 구성물들이 제작자의 폭넓고 창의적인 생각을 잘 보여준다. 계산기, 컴퓨터, 참고 도서관, 타인과의 대화 등 여러 가지 자원을 활용한 증거가 드러나 있다. 각 문서들은 정보의 체계적인 정리, 분석을 통해 작성되어 있으며 의사전달이 분명하고 명확하다. 초안의 수정 작업을 통한 자기 평가, 특정 보고서 선택에 대한 교사의 설명, 학생이 만든 평가 목록 또는 보고서가 포함되어 있다. 의사소통 능력이 계속 발전하고 있음을 보여주는 초반, 중반, 종반의 각 샘플들이 제시되어 있다. 수학에 대한 열정이 반영되어 있다.
LEVEL 3	탄탄한 수학 프로그램을 볼 수 있다. 수준 4에서와 마찬가지로 다양한 구성물들이 포함되어 있다. 문제 해결 과정 및 전략을 매우 잘 설명하고 있다. 몇 가지 자원을 활용하고 그룹 활동의 흔적이 제시되어 있고 수학의 기초 개념을 잘 이해하고 있음이 나타나있다. 주어진 기간 동안에 수행한 활동들이 포함되어 있다. 열정, 자기 평가, 광범위한 조사, 정보 분석 등에 대한 부분은 제시되지 않았다.
LEVEL 2	최소 요건은 갖춘 적절한 수준의 수학 프로그램이다. 프로젝트, 조사, 다이어그램 등에 자신의 독창적인 생각을 드러내주는 증거자료가 제시되어 있지 않다. 어떻게 문제를 풀었는지 그 과정에 대한 설명이 거의 없다. 단순 계산이나 알고리즘 관련 주제들에 지나치게 집중되어 있다.
LEVEL 1	거의 같은 내용을 포함하고 있는 과제들이나 교과서 복사물들을 나열하고 있는 수준이다. 사고에 대한 증거 자료가 제시되어 있지 않다. 선다형 혹은 단답형처럼 구성되어 있고 수학적 아이디어에 대한 논의는 포함되어 있지 않다. 수학적 아이디어에 대한 사고 과정을 설명하는 어떠한 시도도 나타나있지 않다.

3.2 역동적 평가

구성주의에 기반을 둔 평가에 관한 선행연구에서 수행평가라는 용어를 사용하지 않고 학습과정에 초점을 둔 평가가 있다. 그것은 역동적 평가로서 Galmin & Bountrogianni (1985), Brown & Ferrara(1985), 그리고 Campione & Brown(1985)에서 주장한 전통적인 평가와 그 차이점은 다음과 같다.

첫째, 역동적 평가에 사용되는 대부분의 과제들은 기존 정적(전통적) 평가에 사용되는 과제들과 유사하다. 그러나 평가를 실시하는 방법과 절차는 서로 다르다. 둘째, 전통적 평가는 학생의 학습된 정도를 나타내지만, 역동적 평가는 학습자가 학습을 하는 동안에 학습행위를 관찰하고 학습의 장애를 진단한다. 즉, 역동적 평가는 학습의 결과보다 과정을 중요시한다. 셋째, 학생의 발달수준에 관한 역동적 평가는 학생이 독립적으로 문제를 해결할 수 있는 수준뿐만 아니라, 더 유능한 사람의 보조를 받아 수행을 할 수 있는 수준을 판단하도록 요구한다. 역동적인 평가는 학습을 고정된 것으로 보지 않고, 발달할 수 있는 것으로 가정한다. 그러므로 역동적인 평가는 학생의 미래발달을 예측하는 것뿐만 아니라, 평가과정에서 학생에게 변화를 줄 수도 있다. 이러한 의미에서 역동적인 평가는 수업의 한 형태가 된다. 넷째, 정적인 평가에서 능력을 측정하는 평가절차들은 모든 학생들에게 같은 환경을 제공하고 교사는 중립을 지켜야 한다. 그러나 역동적 평가의 절차는 학생이 가능한 수준으로 성취할 수 있도록 교사가 도움을 주고 안내를 할 수 있다. 교사는 학생들이 할 수 없는 과제를 떠맡을 수 있고, 전략을 제시해 주고, 피드백을 제공하여 학생이 성공할 수 있도록 돕는 말 그대로 조력자의 역할을 한다.

따라서 역동적 평가 과정에서 적절한 질문에 의한 안내를 포함하므로 학생의 수학 문제해결 과정에서 드러나는 발달 수준과 그 수준에서의 문제점을 확인할 수 있다(Jitendra, & Kameenui, 1996). 학생들의 현재 발달 수준에서 학생의 사고를 자극하여 수학 문제해결의 인지적 활동을 활성화함으로써 내면화되어 잠재적 발달수준 더 나아가 실제 발달수준에 수월하게 도달하게 될 것이기 때문이다(Vygotsky, 1978). 그는 학습은 학습자가 다른 사람과 상호작용할 때 일어나게 되는데 이 사회적 상호작용은 근접발달영역 안에서 일어나야만 학습이 제대로 이루어질 수 있다고 주장한다. 그리고 근접발달영역의 형성은 학생과 도움을 주는 성인에 의해 형성되는 유동적인 과정이기 때문에 역동적 평가는 학생이 지식을 가진 타인과 사회적 상호작용하는 과정을 평가할 수 있어야 한다.

이상하 (1998)는 중 2학년의 방정식과 부등식 영역에서 학생들의 근접발달영역을 측정하기 검사지를 개발하였고 개발한 문제들의 수준은 [표 10]과 같다. 문제들은 1수준에서 4수준으로 올라감에 따라 난이도가 점점 높아지도록 구성되었음을 알 수 있다. Brown과 Campione(1985)에 의하면 근접발달영역을 측정하기 위해 반드시 고려해야 할 사항은 잘 분석된 과제영역 즉, 가까운 전이, 중간 전이, 먼 전이를 가진 일련의 과제수준을 결정하는 것이다. 연립방정식에서 중간전이에 해당하는 다음 문제에 대해 힌트를 구성하였고 점수화가 이루어졌다.

[표 10] 문제 수준

문제수준	연립방정식 문제 특징
1	등식의 성질을 이용하여 풀 수 있는 연립방정식 문제(정수 계수)
2	문제에서 식을 바로 세울 수 있는 연립방정식 활용문제
3	문제를 재해석해야만 식을 세울 수 있는 연립방정식의 활용 문제
4	미지수가 3개이고, 3가지 조건을 만족하는 해를 구해야 하는 연립방정식 문제

[표 11] 힌트 수준

힌트수준	힌트 내용	Polya의 문제해결 단계
1	문제를 재정의하는 일반적인 정보	문제 이해
2	문제를 해결하기 위한 구체적인 정보	계획 수립
3	문제해결 과정의 각 단계에 대한 정보	계획 실행
4	문제해결의 전체적인 과정/절차를 제시	반성

(1) 힌트 구성방법

각 문제의 힌트 구성은 문제해결에 도움이 되는 것으로, 일반적이고 추상적인 힌트에서 좀 더 명백하고 구체적인 힌트로 나가는 일정한 순서를 지닌다. 그리고 힌트 구성의 일관성을 유지하기 위하여 Polya의 문제해결 단계를 힌트 구성의 전체적인 틀로 사용한다. 각 문항의 힌트를 구성하는 구체적인 순서는 [표 11]의 힌트 수준을 따른다.

(2) 검사방법

① 학생들은 문제지를 받고 혼자 힘으로 문제를 해결한다.

② 한 문제를 20분 내에 문제를 해결한 학생은 교사로부터 정답을 확인받은 다음 답안지를 제출한다(학생들에게 20분을 주는 것은 문제를 해결하는데 힌트지의 사용을 최소화하기 위한 장치일 뿐 다른 의미는 없다).

③ 확인 과정에서 풀이가 틀린 학생은 문제지를 돌려받고, 교사는 학생의 문제지에 한 개의 힌트를 제공받은 것으로 표시한다.

④ 20분 안에 문제를 해결하지 못한 학생들은 혼자 힘으로 문제를 해결할 능력이 없는 것으로 간주하고 힌트묶음을 제공한다.

⑤ 제공된 힌트묶음에서 처음부터 한 장씩 뜯어보고 문제 풀이의 단서를 얻으며, 이 단서를 이용하여 문제를 해결하였다면, 교사로부터 정답을 확인받고 힌트묶음과 문제지를 제출한다.

⑥ 확인 과정에서 풀이가 틀린 학생은 문제지와 힌트묶음을 돌려받고, 교사는 학생의 문제지에 한 개의 힌트를 더 제공받은 것으로 표시한다.

⑦ 힌트묶음의 마지막 단서까지 참고하고도 문제를 해결하지 못한 학생에게 문제 풀이에 대한 교사의 설명이 제공되고, 학생은 설명에 따라 그 문제를 풀어 제출한다.

(3) 근접발달영역의 점수화

근접발달영역 검사에서 학생이 모든 문제를 해결하기 위하여 각 문제의 힌트묶음에서 모두 H개의 힌트를 이용하였다면 (문제의 총 힌트수 − H)를 학생이 가진 근접발달영역의 척도로 삼는다.

문제 어느 학교의 작년도의 학생 수는 1050명이고, 금년도는 작년도에 비해서 남자는 4% 증가했고, 여자는 2% 감소하였으나, 전체로는 9명 증가했다. 금년도의 남녀 학생 수를 각각 구하여라.

[표 12] 문제의 풀이와 힌트

<table>
<tr><th colspan="4">수준: 중간 전이</th></tr>
<tr><th>문제 및 풀이</th><th>힌트 단계</th><th>힌트 번호</th><th>힌트 내용</th></tr>
<tr><td rowspan="3">어느 학교의 작년도의 학생 수는 1050명이고, 금년도는 작년도에 비해서 남자는 4% 증가했고, 여자는 2% 감소하였으나, 전체로는 9명 증가했다. 금년도의 남녀 학생 수를 각각 구하여라.</td><td rowspan="3">문제 이해</td><td>1</td><td>문제에서 묻고 있는 것은 금년도의 남녀 각각의 학생 수이다.</td></tr>
<tr><td>2</td><td>작년도의 남녀 전체 학생 수는 1050이다.</td></tr>
<tr><td>3</td><td>작년도에 비하여 남자는 4% 증가했고 여자는 2% 감소하여 전체적으로 9명이 증가했다.</td></tr>
<tr><td rowspan="6">풀이)
작년도 남녀의 수를 x, y라 놓으면,
$\begin{cases} x+y=1050 & -① \\ 0.04x-0.02y=9 & -② \end{cases}$
①×2+②×100
$2x+2y=2100$
$4x-2y=900$
$6x \quad =3000$
$x=500$ −③
③을 ①에 대입
$500+y=1050$
$y=550$
$\therefore x=500,\ y=550$</td><td rowspan="5">계획 수립</td><td>4</td><td>모르는 양은 두 개이고, 조건 또한 두 개다. 생각나는 것이 없는가?</td></tr>
<tr><td>5</td><td>문제에서 묻고 있는 양과 조건에서 사용하고 있는 양은 차이가 있다.</td></tr>
<tr><td>6</td><td>주어진 조건을 이용하기 위해 작년도 남학생의 수를 x라 놓고 여학생의 수를 y라 놓자.</td></tr>
<tr><td>7</td><td>“작년도 남학생의 수와 여학생의 수를 합한 수는 1050이다”를 식으로 나타낼 수 있겠는가?</td></tr>
<tr><td>8</td><td>“작년도에 비해 남학생이 4% 증가했고, 여학생이 2% 감소하였으나, 전체적으로 9명 증가했다”를 식으로 나타낼 수 있겠는가?</td></tr>
<tr><td>계획 실행</td><td>9</td><td>“작년도 남학생의 수와 여학생의 수를 합한 수는 1050이다”를 식으로 나타내면 다음과 같다.
$x+y=1050$</td></tr>
</table>

		10	"작년도에 비해 남학생이 4% 증가했고, 여학생이 2% 감소하였으나, 전체적으로 9명 증가했다"를 식으로 나타내면 다음과 같다. $0.04x-0.02y=9$
		11	다음 두 개의 식을 만족하는 x, y의 값을 구할 수 있겠는가? $\begin{cases} x+y=1050 \\ 0.04x-0.02y=9 \end{cases}$
		12	미지수가 두 개인 연립방정식의 해를 구하는 문제이다. 이들 방정식의 해를 구할 수 있겠는가?
		13	$x=500$, $y=550$이다.(풀이과정 제시)
	반성	14	작년도의 남학생의 수를 x라 두고 여학생의 수를 y라 두었을 때, 주어진 조건을 만족하는 값이 연립방정식의 해이다. 금년도 남학생의 수와 여학생의 수는 얼마인가?
∴ 금년도 남학생수 $500+0.04\times500=520$명 금년도 여학생수 $550-0.02\times550=539$명		15	금년도의 남학생 수는 작년도 남학생의 수에 비하여 4% 증가하였다.
		16	금년도의 남학생의 수는 다음과 같다. $500+0.04\times500=520$명 이다.
		17	금년도의 여학생 수는 작년도 학생의 수에 비하여 2% 감소하였다.
		18	금년도의 여학생 수는 다음과 같다. $550-0.02\times550=539$명이다.

문제개발은 문제의 수준을 결정하고 문제풀이에 필요한 힌트를 구성하는 과정이 포함되므로 시간이 요구된다. 이를 위해 교사는 미리미리 준비하여야 한다. 힌트를 필요로 하는 수와 순서에 따라 학생들의 사고과정을 추적해볼 수 있으므로 이 역동적 평가는 학생 자신의 향상정도가 파악이 가능한 자가평가 또는 동료평가로도 활용할 수 있다.

4. 구성주의에서 평가 사례

4.1 기하적 사고평가[2)]

규준 2, 3차원의 기하 도형의 특징들과 성질들을 분석하고 기하 관계에 관한 수학적 논쟁을 개발하기

기대 (a) 2, 3차원의 물체의 성질을 분석하고 속성을 구하기; (b) 기하 물체 사이의 (합동과 닮음을 포함하는) 관계를 탐구하고, 그것들에 관한 가정을 만들어 테스트하고, 그것들을 포함하는 문제를 해결하기

아래 그림과 같이, $\overline{AB} // \overline{DE}$, $\overline{DF} \perp \overline{CE}$ 이다. $\triangle CDE$ 의 둘레의 길이를 구하여라. 답을 찾은 방법과 그것이 옳다는 것을 어떻게 알았는지를 가능한 자세히 설명하여라.

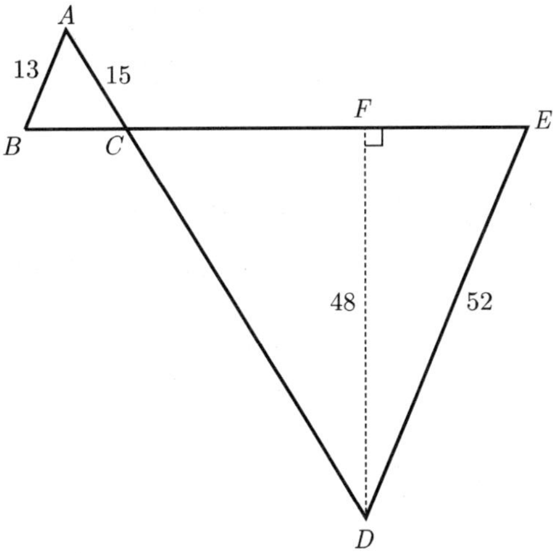

[자료출처] 학교수학을 위한 원리와 규준(NCTM 2000a, p. 310, fig. 7.12)

2) NCTM(2000a, 310)

수학에 관하여(About the Mathematics)

여러 가지의 접근이 가능하지만, 학생들은 문제를 풀기 위해 피타고라스의 정리뿐만 아니라 기하에 관해 많이 알고 있어야 한다. 이 문항은 닮음과 닮음비 그리고 넓이와 둘레에 관한 학생들의 이해를 드러낼 수 있다. 또한 학생들에게 추론을 조직하고 의사소통을 통해서 수학적 사고를 강화할 기회가 제공된다.

모범답안(Solution)

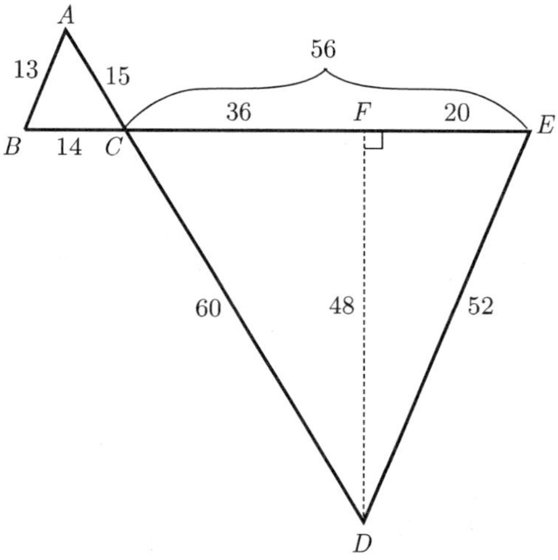

$\angle ACB = \angle DCB$(맞꼭지각은 같다) 이고 $\angle ABC = \angle DEC$(평행선에서 엇각의 크기가 같다)이므로, $\triangle ABC \cong \triangle DEC$($AA$닮음)이다. 따라서,

$$\frac{AB}{DE} = \frac{AC}{DC};$$

또는 대입에 의해

$$\frac{13}{52} = \frac{15}{DC} \Rightarrow DC = 60,$$

$$EF = \sqrt{52^2 - 48^2} = 20,$$

$$FC = \sqrt{60^2 - 48^2} = 36,$$

$$CE = CF + FG = 36 + 20 = 56,$$

$$\frac{AB}{DE} = \frac{BC}{EC};$$

또는 대입에 의해

$$\frac{13}{52} = \frac{BC}{56} \Rightarrow BC = 14.$$

$\triangle CDE$의 둘레의 길이$= 56 + 60 + 52 = 168$

$\triangle ABC$의 둘레의 길이$= 13 + 14 + 15 = 42$

$\triangle ABC \cong \triangle DEC$ 이고 닮음비율이 1/4이므로, 그것의 둘레의 비율도 1/4이여야 한다; 42/168=1/4.

4점의 채점 기준 모델(총체적 채점)

[표 13] 총체적 채점기준표

점수	채점기준
4	둘레의 길이를 구하기 위해 닮음 삼각형의 성질, 비율, 피타고라스의 정리를 옳게 사용함
3	둘레의 길이를 구하기 위해 닮음 삼각형의 성질, 비율, 피타고라스의 정리를 사용하나 산술적이거나 대수적인 실수를 함
2	둘레의 길이를 구하기 위해 닮음 삼각형의 성질, 비율, 피타고라스의 정리를 사용하려고 시도하나 틀린 방정식을 세우거나 틀린 공식을 사용함
1	단지 피타고라스의 정리나 닮음 삼각형을 사용하였을 뿐 옳은 둘레의 길이를 구하기 위해서 계속적인 실행을 하지 않음
0	틀리거나 완벽하기 미완성의 답을 보여줌

학생 A의 답안: 2점

학생은 닮은 삼각형과 피타고라스의 정리 모두를 사용한다. EF의 길이는 맞지만, CF의 길이가 틀리다. 학생은 피타고라스 사용에서 실수를 해서 둘레의 값을 틀리게 구한다. 닮음 삼각형의 이름 붙이기에도 오류가 있다. $\triangle ABC$는 $\triangle CDE$가 아니라 $\triangle DEC$와 닮음이다.

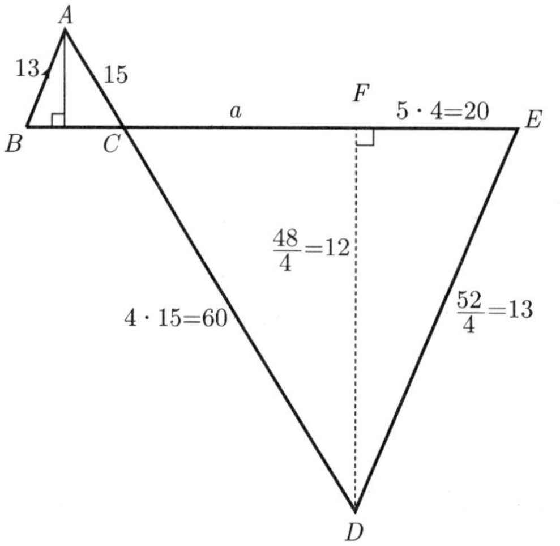

$\triangle$ABC~$\triangle$CDF and they have a ratio of 1:4, therefore if I multiply the lengths in $\triangle$ABC by 4, I would figure out the lengths of $\triangle$CDE. Then I would figure out CD=60, CF=9, and EF=20 because of Pythagorean Triples. So the perimeter of $\triangle$CDE is 102.

4.2 수학적 모델링 평가

Lin과 Hsu(2013) 교수는 학생들의 추측하기(conjecturing)에 의한 수학적 모델링을 수년 동안 연구해오면서 다음과 같은 채점기준표를 개발하였고 수학적 모델링에 대한 예제를 제시하였다.

그는 수학적 모델링이 학습자에게 끼치는 긍정적인 측면으로 "자기만의 사고 틀로부터 해방"을 꼽았다. 이는 교사의 안내를 받아 학습자 스스로 수학적 성질을 찾아 모델을 탐구하는 과정을 포함하기 때문이다. 수학적 모델에서 말하는 모델은 우리 주변에 있고 모든 상황과 맥락에는 다양한 수학적 모델이 존재한다는 것이다. 음식, 의류, 주택, 교통 등의 일상의 상황이나 개인의 사고나 행동에 관한 모델이 있다. 예를 들어 '소득 분배'의 사회적 현상에, 'DNA의 초대형 고리'의 자연적 현상에, 'S모양의 학습 곡선'의 교육 현상에, '이분법의 방식'의 사고방법에 관한 모델이 있다. 모델에 의한 탐구과정은 다음과 같다.

4.2.1 모델에 의한 탐구

■ 상황 정보

- 산불

■ 관련 질문

1. 작은 불꽃이 화재를 일으킬 수 있을까요?
2. 언제 가능한가요? 언제 불가능한가요?

■ 수학화를 위한 가정 구성

- 수학 문제: 화재 근원 M이 있다고 가정하자.

「언제」 불이 지속적으로 타오르는가? 한 지점에서 다른 지점까지 탈 가능성 p=?

그런 뒤, 가정은 다음과 같이 형성된다.

불의 확산은 다음과 같은 규칙에 의해 결정된다. 예를 들어, $S_n(X) = B$의 의미는 "n시간(at time n)에 X 지점의 나무가 불에 의해 탄다."

a) $S_n(X) = B$이면 $S_{n+1}(X) = B$이다.

b) $S_n(X) = F$이면 $S_{n+1}(X) = B$이다.

c) $S_n(X) = U$이면 $S_{n+1}(X)$은 옆의 나무와 불의 전달의 상태에 따라 U or F이다.

■ 수학 문제 해결

- 문제 설정:

여러 지점에 몇 몇 상태를 배정해 보자.

$$S_n(X_1) = F, \quad S_n(X_2) = B, \quad S_n(X_3) = F, \quad S_n(X_4) = F.$$

a) $S_n(X) = U$이면 $S_{n+1}(X) = U$일 가능성은 얼마인가?

b) 다시, $S_n(X) = U$이면 $S_{n+1}(X) = F$일 가능성은 얼마인가?

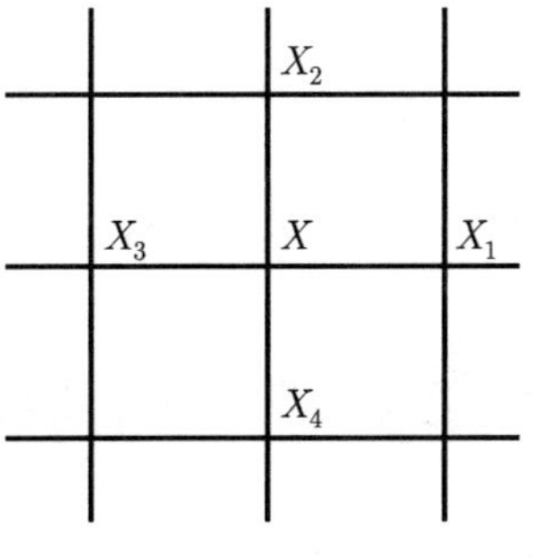

- 정확한 수학 문제를 검토

대질문: 화재가 무기한으로 확산되려면, p는 얼마나 커야합니까?

- 컴퓨터 모델링을 사용해서 가능한 답이 무엇인지 추측하세요.
  $p = 0.2,\ 0.5,\ 0.8$을 주어지면 $N = 20,\ 40,\ 60$

■ 문제를 풀기 위한 수학적 모델

(n개 자리가 탄 확률) $P \le 4 \times 3^{n-1} \times p^n$

$$(n\text{개 자리가 탄 확률, } n \ge N)\ P = \sum_{n=N}^{\infty} P(n\text{개 자리가 탄 확률})$$

$$\le 4p \times \sum_{n=N}^{\infty} (3p)^{n-1} \xrightarrow[N \to \infty]{} 0$$

$$p < \frac{1}{3}\text{일 때}$$

• 위의 결과를 바탕으로, 우리의 결론은 다음과 같다.
  $p < \frac{1}{3}$이면 (화재가 멈추지 않는다는 확률) $P = 0$이다.

• 상황화(맥락화)
  대질문에서 원래 수학 문제를 해결할 수 있는가?
  아니요, 그러면 무엇을 시도할 수 있을까?

• 문제 해결을 위한 수학적 모델을 변경 또는 수학 문제를 변경:
  화재가 멈출 때 확률 P는 얼마인가?

■ 상황화(맥락화)

- 문제 해결을 위한 수학적 모델을 재구성하기

$$P(\text{경계가 존재하는 확률}) = \sum_{n=N}^{\infty} P(k\text{개 경계가 있다})$$

$$\le \sum_{n=N}^{\infty} (k \times 3^{k-1})(1-p)^k = (1-p) \sum_{k=N}^{\infty} k[3(1-p)]^{k-1}$$

$$\xrightarrow[N\to\infty]{} 0$$

$3(1-p) < 1$일 때

즉, $p > \frac{2}{3}$

- 위의 결과를 바탕으로, 우리의 결론은 다음과 같다.
  $p > \frac{2}{3}$이면 (화재가 멈춘다는 확률) $P = 0$이다.

4.2.2 외삽법에 의한 문화화 (Enculturation by Extrapolation)

- 뉴스는 "대만의 야생 동물(예를 들어, 족제비, 오소리)이 심각하게 광견병에 감염되었다"고 보도했다.
  - 질병이 인간의 생명을 위협할 가능성이 있나요? 왜 그리고 어떻게 그런가요?

[표 14] 수학적 모델링의 평가

수학적 모델링의 과정	무반응 (0)	애매모호한 사고 (1)	불완전한 사고 (미완성의 사고) (2)	완전한 사고 (3)
현실 상황: 상황의 양과 질을 고려하기	비어 있거나 이해할 수 없음	자명하게 불가능하거나 불합리한 조건이나 단서를 제공함	자명하지만 유용한 조건이나 단서를 제공함	완전하거나 체계적인 조건이나 단서를 제공함
수학화: 상황을 수학으로 변형하기	비어 있거나 이해할 수 없음	불명확하거나 부정확한 식, 방법, 문제를 형성함	명확한 수학적 식, 방법, 문제를 형성하지만 상황과의 연결이 불명확하고 불합리적임	명확한 수학적 식, 방법, 문제를 형성하고 상황과의 연결이 명확하고 합리적임
수학: 수학적 방법으로 문제를 해결하기	비어 있거나 이해할 수 없음	부정확하게 또는 불합리적으로 문제를 해결함 답을 제시하지 않고 불명확하게 문제를 해결함	정확하게 문제를 해결하지만 부정확하거나 한쪽의 답만을 제시함 부정확하게 문제를 풀지만 합리적인 답을 제시함	정확하게 문제를 풀고 합리적인 답을 제시함 (계산 실수는 허용된다)
상황에 맞추기: 수학적인 방법이나 답을 해석하기	비어 있거나 이해할 수 없음	불합리적으로 답의 의미를 해석하거나 검토함	한쪽의 답만의 의미를 해석하거나 검토함	옳고 완벽한 해석을 갖추고 있음

위 수학적 모델링에 관한 Lin 외(2013)의 사례는 모델에 의한 탐구, 나아가 외삽법에 의한 문화화로 수학적 문제해결이 더욱 확장될 수 있음을 시사하고 있다. 우리 주위에 존재하는 모든 상황과 맥락은 다양한 수학적 모델을 포함할 수 있으며 수학적 모델의 수학화 과정은 탐구활동을 통해 더욱 활발히 개방형 문제로 발전할 수 있음을 보여준다.

[표 14]의 채점기준표에 의하면 수학적 모델링의 평가요소를 '현실상황,' '수학화,' '수학,' 그리고 '상황에 맞추기'라는 4가지 영역으로 분류하여 평가할 수 있음을 알 수 있는데 이에 대해 Lin 교수는 10여 년간의 학생들과 경험을 바탕으로 [표 14]와 같은 채점기준표를 산출하였음을 언급하였다. 이 4가지 요소는 우리 주변의 현상(상황과 맥락) 속에 존재하는 수학적 문제해결을 수행하는 절차에 해당되는 요소들임을 알 수 있다. 다만 탐구과정을 통한 모범답안만을 제시하고 학생이 직접 해결한 풀이내용이 제공되지 않아 채점기준표에 의한 적용을 보여주지 않았다 할지라도 이 채점기준표를 사용한다면 수학적 모델링에 관한 학생들의 활동을 평가할 수 있을 것이다. 또한 이런 수학적 모델링을 통해 학습자는 더욱 확장된 개방형의 문제를 만들어 가는 과정에서 자기만의 사고 틀에서 해방될 수 있는데 이 때 모둠활동에 의한 상호작용이 중요한 역할을 하게 된다. 구성주의에서는 교사 중심의 일방적 수업은 의미가 없고 동료들 간 또는 교사와 학생 간 상호작용에 의해 학생 스스로 구성할 수 있는 환경구성은 기본이기 때문이다.

4.3 과정중심 영역에서 대안 평가

앞서 수행평가 단원에서 문제해결(추론과 의사소통 포함)과 같은 과정중심의 영역에서 평가방안을 언급하였다. 구성주의 관점에서 학생의 사고과정을 여러 유형을 통해 평가할 수 있어야 하므로 지필평가가 힘든 상황에서는 이에 대한 대안적 평가로 관찰체크리스트를 고려할 수 있다. 고상숙 외(2013)는 수학적 과정 중심 평가에서 지필평가가 가능한 평가요소와 채점기준표를 완성한 뒤 이를 뒷받침하고 (도구를 활용할 때 산출물의 보존성이 어려운 상황에서) 수행평가를 위한 교사 또는 동료 관찰평가의 필요성이 제기됨에 따라 관찰체크리스트도 개발하였다. 관찰할 때 교사들의 시간적, 정신적 부담을 덜어주기 위해 평가요소를 명확히 하고, 점수화 단계에 대한 기준도 제시하여 형식상 다뤄지기 쉬운 체크리스트의 단점을 보완하는 것에 초점을 두었다. 관찰체크리스트 역시 과정중심 영역인 문제해결, 추론, 의사소통을 근거로 구성하되 현장 적용성을 고려하여 '많이 미흡', '보통', '성취' 세 수준으로 나누었다. 각 영역의 평가수준에서 '월등'은 '성취'와 같은 2점을 부여하되 네이스의 '세부능력 특기 사항'에 예를 들어 '이 학생은 의사소통영역에서 논리적으로 설명하는데 성취를 뛰어넘어 월등함을 나타내었다'라고 활용할 수 있다.

또한, 관찰체크리스트는 도구사용을 고려한다는 점을 평가에 반영하기 위해 학생의 도구화 수준(Trouche, 2004; NCTM, 2000b)을 나타내는 것으로 학생들이 도구를 사용할 때 학생이 겪는 어려움이 무엇인지, 학습에서 장점과 단점이 무엇인지 등을 파악하여 교사가 자신의 수업 개선을 위해 활용하고자 구성되었다. 이는 학생들이 도구를 사용할 때 지필환경와 다르게 창의적이며 응용력이 뛰어난 면을 나타낼 수도 있기 때문이다. 하지만 도구를 사용하지 않는 평가라면 도구사용에 대한 평가란만 제거하고 사용하면 된다.

[표 15] 관찰체크리스트의 채점기준표

과정	채점영역		0 (많이 미흡)	1 (보통)	2 (성취)	기타 (월등)
수학적 문제해결	이해와 전략	문제를 잘 이해하고 문제해결에 필요한 해결 전략(방법)을 선택한다.	문제를 기본적으로 이해하지 못하거나 전략을 구현할 시도를 하지 않음	문제를 일부 이해하고 부적절한 전략을 선택함	문제를 이해하고 적절한 전략을 선택함	문제를 포괄적으로 이해하고 효율적이고 정교한 전략을 선택함
	실행과 답구하기	해결 전략을 정확하고 효과적으로 수행하여 옳은 답을 구한다.	전략을 수행하지 않거나 답이 없음	전략을 부적절하게 수행하여 답이 틀림	적절하게 전략을 수행하여 답을 구함	적절하게 전략을 수행하고 확장하여 옳은 답을 구함
수학적 추론	추론과정	문제 상황에 맞는(귀납, 연역, 유비)추론 과정을 사용한다.	추론을 시도하지 않음	부분적인 오류가 있는 수학적 추론을 사용함	적절한 수학적 추론을 사용함	통찰력있고, 창조적이고, 복잡한 수학적 추론을 사용함
	답구하기	적절한 추론 과정을 통해서 옳은 답을 구한다.	답이 없음	부정확하거나 완성되지 않은 답을 구함	옳은 답을 구함	옳은 답뿐만 아니라 확장적인 부분도 포함함
수학적 의사	수학적 언어와 표현의 사용	적절한 수학적 언어(용어, 기호)와 표현(식, 표, 그림, 차트, 그래프 등)을 사용한다.	수학적 언어와 표현을 사용하려고 시도하지 않음	부적절한 수학적 언어와 표현을 사용하거나 문제에 언급된 것만 사용함	적절한 수학적 언어와 표현을 사용함	처음부터 끝까지 정확하고 적절하고 세련된 수학적 언어와 표현을 사용함

소통	논리성	자신의 사고 과정 또는 해결과정을 논리적으로 설명한다.	전체적으로 비논리적인 설명을 하거나 시도하지 않음	부분적으로 비논리적인 설명을 함	논리적으로 명확하게 설명을 함	모든 과정이 논리적이고 설득력이 뛰어남
도구 사용	적절성	학습 도구(교구 또는 공학도구)를 상황(문제해결, 추론, 의사소통)에 맞게 적절하게 사용한다.	도구를 전혀 사용하지 않음	기본적 기능을 사용하거나 도구를 부적절하게 사용함	적절한 기능으로 도구를 사용함	폭넓고 확장적으로 기능을 사용함

[표 15]의 관찰체크리스트를 다음의 [그림 3]과 같이 문항의 영역에 따라 관찰체크리스트를 재편집하여 사용할 수 있다.

	수학적 과정	수학적 문제해결								도구사용			
	채점영역	이해와 전략				실행과 답구하기				적절성			
학생 순번	학생 이름	0	1	2	기타	0	1	2	기타	0	1	2	기타
1													
2													
3													

[그림 3] 문제해결 관찰체크리스트

	수학적 과정	수학적 추론								도구사용			
	채점영역	추론 과정				답구하기				적절성			
학생 순번	학생 이름	0	1	2	기타	0	1	2	기타	0	1	2	기타
1													
2													
3													

[그림 4] 추론 관찰체크리스트

	수학적 과정	수학적 의사소통								도구사용			
	채점영역	수학적 언어와 표현의 사용				논리성				적절성			
학생 순번	학생 이름	0	1	2	기타	0	1	2	기타	0	1	2	기타
1													
2													
3													

[그림 5] 의사소통 관찰체크리스트

4.4 수준별 교수·학습에서 평가

제7차 수학과 교육과정의 특징을 단계별 교육과정이라고 할 수 있는데, 이 교육과정의 운영에는 수준별 교수·학습을 지향하고 테크놀로지와 같은 도구활용을 적극 권장하고 있다. 이는 최근의 2009년 개정교육과정을 실천하는 교수·학습과 평가에서도 여전히 강조되고 있으며, NCTM(1991)에서도 수학교실에서 계산기 역할을 언급하였다. 고상숙 외(2012)에서는 '도함수의 개념'을 그래핑 계산기를 활용하여 지식수준에 따라 학습하는 과정을 평가할 수 있도록 채점기준표를 제시하였다. 이런 평가방안은 최근 경향을 반영한 것으로 수업에서 교수학적 도구를 사용하였다면 평가에서도 사용해야하는 평가의 '일관성' 원리를 반영한 것이다.

문제 $x=2$에서 함수 $f(x)=x^2$에 대한 순간변화율을 구하시오.

수준에 따른 모범답안

수준 1 그래핑 계산기를 사용하여 평균변화율 $r(h)=\dfrac{f(2+h)-f(2)}{h}$을 정의하고 h의 값을 0.1, 0.01, 0.001, $\cdots$으로 0에 가까워지게 정의함으로써 4에 가까워진다는 것을 알 수 있다.

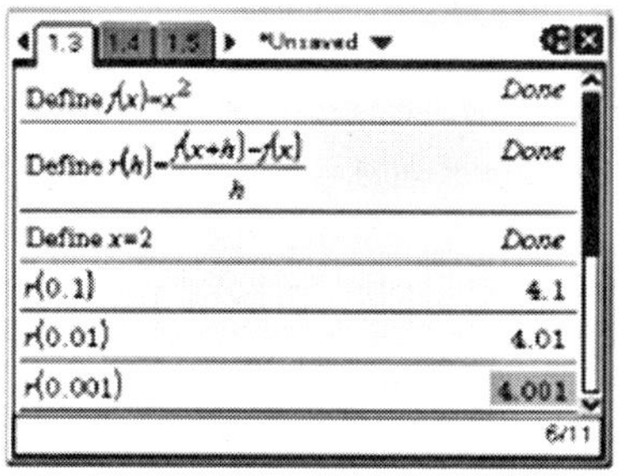

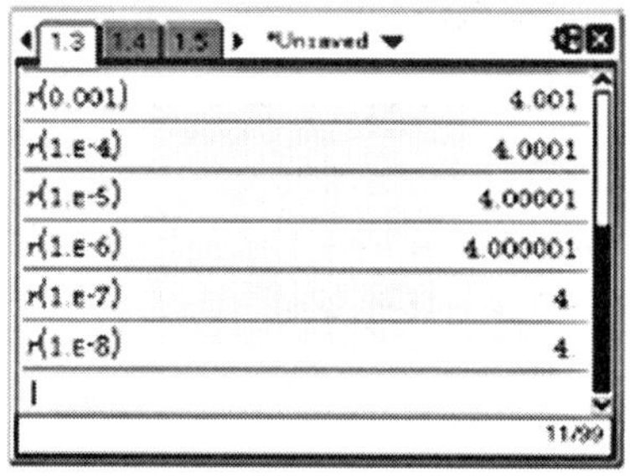

$2+h$	$f(2+h)$	$\frac{f(2+h)-f(2)}{h}$
2.1		
2.01		
2.001		
2.0001		
2.00001		
2.000001		

또는 학생들로 하여금 다음 표를 완성하게 함으로써 $x=2$에서의 순간변화율이 4임을 알 수 있다. A열을 2.1, 2.01, 2.001, $\cdots$로써 2에 가까워지게 정의하고, B열에 함수 $f(x)$의 값을 정의하고, C열에 평균변화율을 정의함으로써 4에 가까워진다는 것을 다음과 같이 탐구하게 할 수 있다.

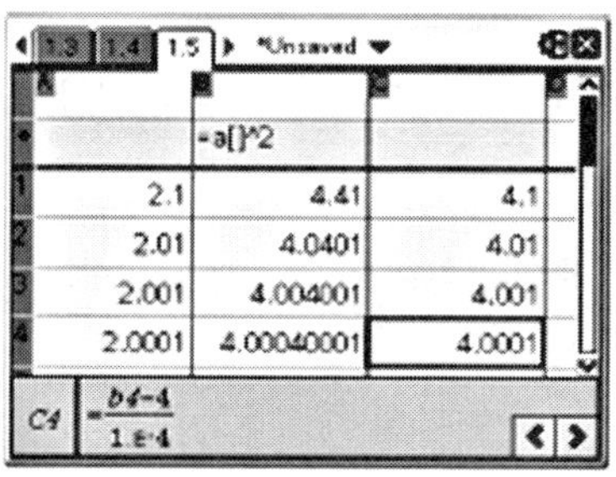

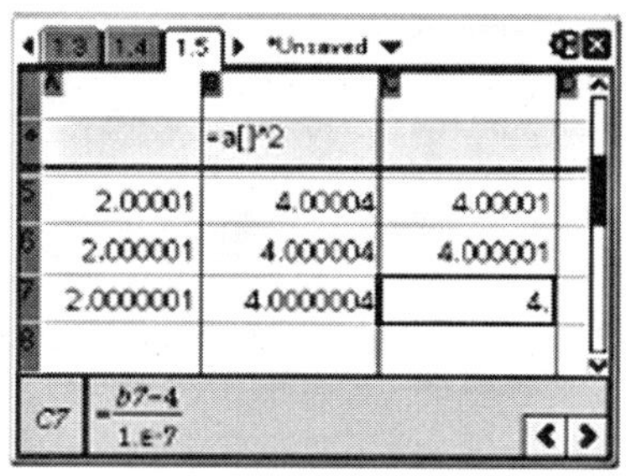

수준 2 수준 1을 마친 후 학생들은 $x=2$에서 순간변화율을 구하기 위해서는 h의 값이 점점 0에 가까워져야 한다는 것을 알 수 있고, 위의 표를 이용하여 극한개념을 사용하면서 기호화하여 다음과 같이 바꿀 수 있다.

$$f'(2)=\lim_{h\to 0}\frac{(2+h)^2-2^2}{h}=\lim_{h\to 0}\frac{4+4h+h^2-4}{h}$$
$$=\lim_{h\to 0}\frac{h(4+h)}{h}=\lim_{h\to 0}(4+h)=4$$

또한 그래핑 계산기를 이용하여 그래프와 $x=2$에서의 접선을 그려보게 함으로써, $x=2$에서의 순간변화율이 접선의 기울기와 같다는 사실을 탐구할 수 있다.

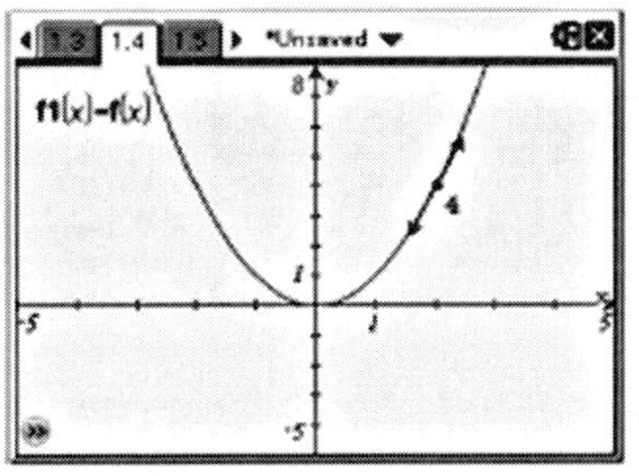

수준 3 수준 2를 마친 후, 학생들은 순간변화율을 더욱 일반화 할 수 있을 것이다. x에서 도함수를 구하기 위해 그래핑 계산기를 이용하여 $x=a$에서의 순간변화율을 이용할 수 있다. 예를 들어, $a=-1,\ 0,\ 1, 2,\ 3$라고 할 때, $x=a$에서의 순간변화율이 $-2,\ 0,\ 2, 4,\ 6$으로 변화되는 것을 탐구해봄으로써 학생 스스로가 그 규칙을 찾아 일반화 할 수 있고 도함수가 $2x$가 된다는 결론에 도달할 수 있다.

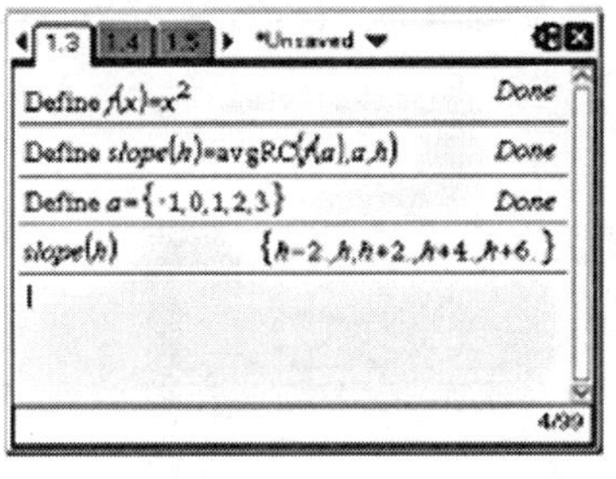

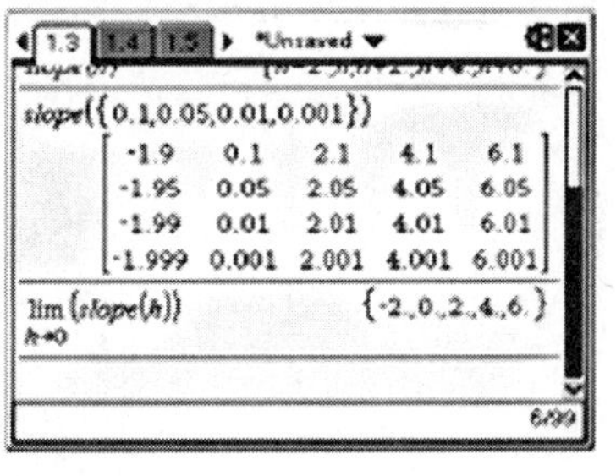

또한 함수의 그래프와 접선의 기울기 그리고 도함수 그래프와의 관계를 탐구하게 할 수 있다. $x=-2,\ -1, 0,\ 1,\ 2$에서의 순간변화율이 각각 $-4,\ -2,\ 0,\ 2,\ 4$가 된다는 것을 탐구하게 함으로써, 그 값들이 접선의 기울기와 같다는 사실에 확신을 갖게 할 수 있으며, $2x$의 관계가 있음을 유추하게 할 수 있다. 아래 오른쪽 그림과 같이 함수 $f(x)$와 도함수의 그래프를 그리고 표로 나타내어 보면 접선의 기울기의 값이 음수이면 도함수의 그래프가 x축 아래에 위치하고, $x=0$을 전환점으로 하여, 접선의 기울기의 값이 양수이면 도함수의 그래프가 x축 아래에 위에 그려진다는 사실을 알게 된다. 따라서 접선의 기울기의 변화에 따른 도함수 그래프와의 관계를 이해함으로써 일반화 할 수 있고 도함수의 그래프를 그릴 수 있다.

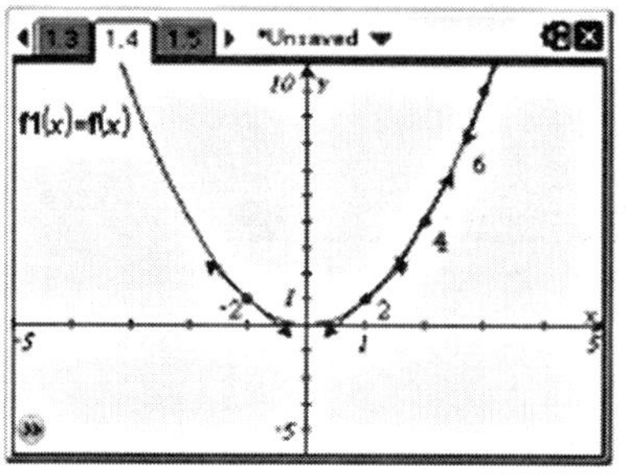

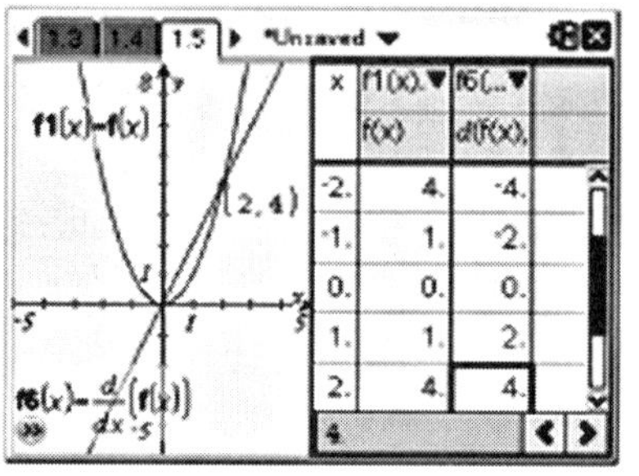

따라서, x에서의 도함수를 다음과 같이 기호화한 것에 대한 이해가 가능하다.

$$f'(x)=\frac{d}{dx}f(x)=\lim_{h\to 0}\frac{(x+h)^2-x^2}{h}=\lim_{h\to 0}\frac{2hx+h^2}{h}=\lim_{h\to 0}(2x+h)=2x$$

(수준 4) 수준 3를 마친 후, 학생들은 함수 $f(x)=x^n$에 대하여 $f(x)=x^2$을 일반화시켜서 함수와 도함수와의 관계를 기호화하여 유추할 수 있다. 아래에 제시한 그림과 같이 그래핑 계산기를 이용하여, $f(x)=x^n$를 정의하고, $n=1,\ 2,\ 3,\ 4,\ 10$이라고 하면, $f(x)=x,\ x^2,\ x^3,\ x^4,\ x^{10}$임을 알 수 있고, 평균변화율 $slope(h)$라고 정의하고 h값이 0에 가까워질 때의 극한값을 탐구해 봄으로써, $1,\ 2x,\ 3x^2, 4x^3,\ 10x^9$임을 알 수 있다.

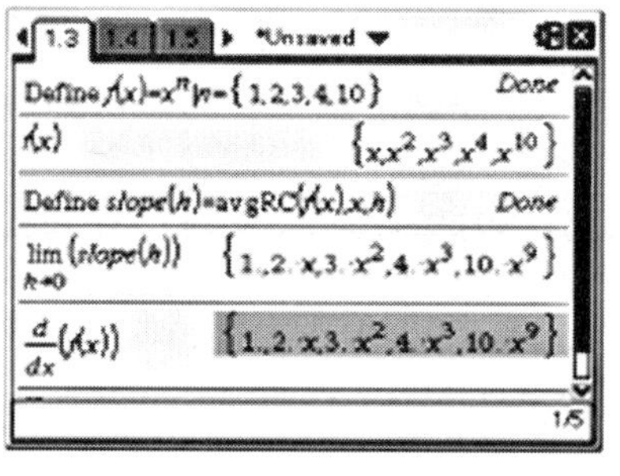

따라서, 다음과 같이 $f'(x)=nx^{n-1}$의 관계임을 추론하여 기호화하는 것이 가능하다.

$$f'(x)=\frac{d}{dx}f(x)=\lim_{h\to 0}\frac{(x+h)^n-x^n}{h}=nx^{n-1}$$

[표 16] 수준에 따른 학습에서 총제적 채점기준표

수준	평가기준	점수화
1	단순히 예상하는 확인을 통해 답을 산출하였다.	1
2	함수의 그래프와 $x=2$에서의 접선을 그려봄으로써, $x=2$에서의 순간변화율이 접선의 기울기와 같다는 사실을 탐구하였다.	2
3	x에서 도함수를 구하기 위해 $x=a$에서의 순간 변화율을 탐구해봄으로써 학생 스스로가 그 규칙을 찾아서 도함수가 $2x$가 된다는 과정을 보였다.	3
4	$f(x)=x^2$과 도함수의 관계를 일반화시켜서 $f(x)=x^n$의 도함수를 추론하고 기호화하여 산출하였다.	4

5. 나가며

본 장은 구성주의에 입각한 학교 평가에 대해 논의하며 그 실천방안을 모색해봄으로써 학교현장을 지원하여 공교육의 건실한 재건을 꾀하고자 하는 것이다. 구성주의 교수·학습의 목적은 학생중심의 수업과 평가를 통해 그 결실을 얻을 수 있다. 특히 학생이 스스로 지식을 구성할 수 있다고 보는 구성주의에서는 수업과 평가를 뚜렷이 분리하지 않고 수업은 평가이며 평가 역시 수업의 하나로 본다. 여기에는 지식을 구성하는 과정이 중시되므로 본 장에서는 과정중심의 평가를 지향하는 수행평가, 역동적 평가로 그 유형을 크게 분류하였다. 그 동안 학교현장에서 이루어지는 수행평가가 형식적이며 구태의연하게 실시되는 배경에는 다음과 같은 이유가 있다.

첫째, 수학교육평가의 원리에 입각한 평가체제를 제대로 이해하지 못하고 여전히 단편적인 지식 평가에 초점을 둔다. 평가자로서 지금껏 경험한 평가는 학생이 수학적 지식을 알고 있는지 모르는지에만 국한시키는 것이었다. 오늘날 평가는 정의적 영역을 포함한 다양한 영역을 평가에 포함해야한다는 것을 인식하여야 한다. 둘째, 수학 교수·학습에서 성취기준을 이해하고 이를 평가하기 위해서는 수학의 각 영역에서 요구되는 사고의 특성을 알아야 한다. 특히 중등교육의 수학과 교육과정에서 5가지 영역으로 제시한 영역별 수학의 특성뿐만 아니라 문제해결 능력과 같은 행동영역의 특성도 잘 이해하고 적용할 수 있어야 한다. 이것은 교사가 습득해야하는 지식(MKT)과 관련이 있다. 사범대학 교육과정이 교사가 이 지식을 잘 습득할 수 있게 심도 있게 다루어져서 미래 역량 있는 교사로서 준비에 만전을 기해야 하는데 미흡하게 준비되는 경향이 있다. 여기에 교사 임용고사의 과목구성이 큰 영향을 미친다는 것은 두말할 나위 없다. 따라서 임용고사에서 평가에 관한 문항구성을 최근 경향에 맞게 개발하여야 하고 더 강조할 필요가 있다. 셋째, 평가체제를 세우고 운영하는 것에는 수학교사 혼자만으로 해결할 수 없는 보이지 않은 힘의 방해가 큰 몫을 한다. 학교행정가, 교사, 학부모가 학생의 학습을 지원하는 한 공동체가 되어 하루빨리 열린 마음과 환경 속에 학습의 성취기준을 지향하는 목표지향 평가 개념이 학교현장에 자리 잡혀야 한다. 목표지향 평가는 평가의 주된 목적이기 때문이다. 이를 위해서는 평가 원리에 기초한 운영체제를 구축하는 것이 무엇보다 필요하다.

또 다른 유형인 역동적 평가에 대해 소수의 교사가 자신의 수업에서 일부 실시해본 것을 제외하고 어느 지역 교육청을 중심으로 실시되었거나 시도를 해보았다고 보고된 적이 거의 없다. 앞으로 더욱 다변화되고 다양해지는 시대를 대비하여 평가가 일방향적으로 주어진 문제에 대해서만이 이루어질 것이 아니라 평가자와 학습자가 하나의 학습공동체로써 서로 교수하고 학습하는 수학교실에서 평가가 필요한 경우가 많아질 것이다. 이를 위해 교사는 지금이라도 자신의 수업단위에서는 역동적 평가의 실시를 시도해 보고 교사중심의 평가연구회를 구성하여 서로 의사교환을 통해 평가의 원리에 입각한 현장 적용성을 성취해 나가야 하며 수학교육자들은 역동적 평가에 대한 꾸준한 연구로 이들을 지원하여야 한다.

학교수학에서 평가는 뚜렷한 목적을 지닌다. 학생의 학습진전 모니터링, 교수의 개선, 학생의 성취도 파악, 그리고 프로그램 평가를 들 수 있다(NCTM, 1995). 이 목적을 실현하고 최근 평가경향을 반영하는데 구성주의에 기반한 평가체제를 구축하는 것이 적절하다고 본다. 이제는 수행평가가 진정한 수행평가가 되도록 평가의 방법을 구체적으로 제안하고, 역동적 평가로 학습자도 평가자가 될 수 있다는 인식하에 평가방법을 실제로 이행해봄으로써 교사는 평가의 전문가 또는 평가의 행위자(agent)가 되어야 한다. 이러한 시도 속에 오류를 발견하고 수정해 보는 경험은 평가에 관한 전문성 개발의 시발점뿐만 아니라 초석이 된다. 작은 경험이라도 축적해 나가다 보면 어느 덧 진정한 평가의 수행자가 되는 고지에 도달해있을 것이다. 이 과정에 평가 전문가에 의한 연수(교사재교육 프로그램)가 이들에게 영양분을 제공하고 쑥쑥 자라나게 하는 중요한 기회를 제공할 것이므로 진정한 평가의 길을 안내할 수 있는 교사연수로 교사의 평가 전문성 개발을 뒷받침하여야 할 것이다.

참 고 문 헌

Reference

강옥기 외 18인 (2012). 수학교육학 신서. 서울: 교우사.

고상숙 외 4인 (2012). 수학교육 평가론. 서울: 경문사.

고상숙 외 9명 (2013). 교구 및 공학도구를 활용한 수학적 문제해결, 의사소통, 추론의 평가 기반 구축 및 적용. 서울: 한국과학창의재단.

교육인적자원부(1997). 제 7차 수학과 교육과정. 서울: 교육인적자원부.

교육인적자원부(1999). 수행평가(遂行評價)의 이해. 서울: 교육인적자원부.

교육과학기술부 (2009). 2009 수학과 개정교육과정. 서울: 교육과학기술부.

국립교육평가원 (1996). 수행평가의 이론과 실제-초등학교의 새로운 평가 제도에 따른 수행평가의 이론과 실제. 서울: 국립교육평가원.

김진호 (1998). 학습자 중심 수학 수업과 수행평가. 한국초등수학교육학회, 12(1), 47-58.

남승인, 류성림, 권성룡, 김남균, 신준식, 박성선, 박만구, 최근배, 권점례 (2009). 초등수학교육론. 서울: 경문사.

서울교육정보원 (2010). Neo-Paradigm에 기초한 수학과 서술형 평가 문항 개발. 2010 수업개선교과교육연구팀 연구보고서. 서울시교육정보원.

서울특별시교육청 (2010). 평가의 길라잡이. 서울특별시교육청.

신준식, 고정화, 박문환, 박성선, 서동엽 (2011). 수학적 사고력 측정을 위한 수학 평가 도구의 개발. 한국초등수학교육학회지, 15(3), 619-640.

이상하 (1998). 근접발달영역과 수학성취도의 관계 연구. 한국교원대학교 석사학위논문.

정상권, 이경화, 유연주, 신보미, 김구연 (2012). 2011년 과정중심의 수학교과 평가방안 연구. 서울: 한국과학창의재단.

한미란 (2006). 수학과 수행평가 문항 개발에 관한 연구: 중학교 교육과정을 중심으로. 중앙대학교 교육대학원 석사학위 논문.

황혜정 외 5인 (2007). 수학교육학신론. 서울: 문음사.

Brahier, D. J. (2009). *Teaching secondary and middle school mathematics* (3rd ed.). Boston, MA: Pearson.

Brown, A. L. & Campione, J. C. (1996). Psychological theory and the design of innovative learning environments: On procedures, principles, and systems. In L. Schauble & R. Glaser (Eds.), *Innovations in learning: New environments for education* (pp. 289-325). Mahwah, NJ: Lawrence Erlbaum Associates, Publishers.

Brown, A. L., & Ferrara, R. A. (1985). Diagnosing zones of proximal development. In Wertsch. J. V. (Ed.), *Culture, communication, and cognition: Vygotskian perspectives.* New York: Cambridge University Press.

Campione, J. C., & Brown, A. L. (1985). *Dynamic assessment: One approach and some initial data.* Cambridge, MA. (ERIC Document Reproduction Service NO. ED 269-735).

Cobb. P., & Steffe, L. (2011). The constructivist researcher as teacher and model builder. E. Yackel, K. Gravemeijer, & A. Sfard (Eds.), *A journey in mathematics education research: Insights from the work of Paul Cobb*. NY: Springer.

Gamlin, P. J. and Bountrogianni, M. (1985). The assessment of the potential to Learn : A multicultural Perspective. *Pater presented at the annual meeting of the american education research association.* Chicago, IL. (ERIC Document Reproduction Service NO. ED 262 105).

Jitendra, A. K., & Kameenui, E. T. (1991). Expert's and novice's error patterns in solving part-whole mathematical word problem. *The Journal of Educational Research, 90*(1), 42-51.

Lin, F. L. & Hsu, H. Y. (2013). Creating opportunity for mathematics gifted students to learn in mixed-ability classroom. *Presented in proceedings of 2013 spring conference of the Korean Society of Mathematical Education*. Daejeon, Korea.

National Council of Teachers of Mathematics. (1989). *Curriculum and evaluation standards for school mathematics.* 구광조·오병승·류희찬(역) (1992). 수학교육 과정과 평가의 새로운 방향. 서울: 경문사.

________. (1991). *National Council of Teachers of Mathematics position statement: Calculators and the education of youth.* Reston, VA: National Council of Teachers of Mathematics.

________. (1995). *Assessment standards for school mathematics.* Reston, VA: National Council of Teachers of Mathematics.

________. (1999). *Mathematics assessment: A practical handbook for grades 9-12.* Reston, VA: National Council of Teachers of Mathematics.

________. (2000a). *Principles and standards for school mathematics.* Reston, VA:

National Council of Teachers of Mathematics. 류희찬·조완영·이경화·나귀수·김남균·방정숙(역) (2007). 학교수학을 위한 원리와 규준. 서울: 경문사.

________ . (2000b). *Mathematics assessment: A practical handbook for grades 6-8*. Reston, VA: National Council of Teachers of Mathematics.

Putt, I. J. (1978). *An exploratory investigation of two methods of instruction in mathematical problem solving at the fifth grade level.* IN: Indiana University Press.

Stenmark, J. K. (1991). *Mathematics assessment: Myths, models, good questions and practical suggestions.* Reston, VA: National Council of Teachers of Mathematics.

Trouche, L. (2004). Managing the complexity of human/machine interactions in computerized learning environments: Guiding students' command process through instrumental orchestrations. *International Journal of Computers for Mathematical Learning*, 9, 281-307.

제 11 장

한국의 기하교육과 구성주의

장경윤(건국대학교)

1. 들어가는 글

기하는 대수와 함께 학교 수학에서 핵심적인 영역이다. 우리나라의 근대식 기하교육은 해방 이후 여러 차례의 교육과정의 개정과 이에 따른 교과서 개발을 통해 학교 현장에 적용되었다. 전통적으로 기하교육의 목표는 논증을 통한 연역적 사고의 계발이다. 그러나 많은 학생들이 논증에서 어려움을 겪고 연역적 사고 개발에 실패를 경험한다(Fawcett, 2006).

모든 지식은 인지구조를 통하여 능동적으로 구성된다는 인식에서 출발한 구성주의는 오늘날 학교 수학에 영향을 미치는 심리학적 배경이 되고 있다. 기하교육에 영향을 끼친 것은 구성주의뿐 아니다. 구성주의가 수학교육계에 부각되기 시작하던 1980년대 말, 미국 수학교사 협의회(NCTM)는 기하 사고수준에 관한 van Hiele 모델(1988년), 지식의 구성에 관한 구성주의(1990)를 주제로 두 권의 모노그래프(3, 4권)를 잇달아 출간하였다. 두 심리학 이론은 1990년대 이후 기하교육의 흐름에 영향을 끼쳤으며, 작도와 시각화를 지원하는 공학 도구의 출현은 기하교육의 방향에 커다란 영향을 끼치고 있다.

본 고에서는 구성주의를 비롯한 심리학 이론과 기술공학이 최근의 기하교육 방향을 어떻게 이끌고 있는지, 특히 기하교육에서 역동적 기하 소프트웨어(Dynamic Geometric

Softwares)의 역할, 기하교육의 일반적 추세와 방향, 그리고 중학교 2학년 수학 교육과정과 교과서에 근거하여 우리나라 기하교육과정의 변천을 살펴보고, 구성주의 관점에서 우리나라 기하교육과정을 평가하였다.

2. 기하와 기하교육의 목적

2.1 기하의 역사[1)]

고대 사회에서 기하는 우리가 살고 있는 세계를 정리하고 서술하기 위한 수단으로 중요한 역할을 하였다. 이집트(B.C. 3500?-) 수학은 이론은 없으나 피라미드를 건축할 만큼 발달하였으며 바빌로니아(B.C. 3000-) 수학은 많은 공식과 수표 등이 유물로 발견되는 것으로 미루어 실용적 차원에서 상당한 수준에 달하였음이 잘 알려져 있다.

실용성이 중심이 되어 오던 고대 수학을 바꾸는 중대한 계기가 그리스의 피타고라스(BC 585-BC 500)의 발견에서 비롯되었다. $\sqrt{2}$의 출현은 모든 수가 유리수라고 생각했던 당시에 커다란 충격이었고 주변 세계를 서술하기 위한 도구로 간주되던 고대 기하가 유클리드에 의해 '논리체계'로 다시 태어나게 되었다.

유클리드(BC 300년경)의 《원론(Elements)》은 직관의 위험을 차단하기 위하여 '자명한 사실에서 출발하여, 합리적 규칙으로 진리에 이르는' 방법을 모색하기 위하여 저술되었다. 유클리드의 기하는, 적어도 '평행선 공준'으로 불리는 제 5공준과 배치되는 가정에서 비유클리드 기하학이 탄생하기까지, 거의 2000년 동안 '완전한 논리체계'이자 수학의 핵심으로 인식되어 왔다.

2.2 기하교육의 목적

'논리체계'로 탄생한 기하를 오늘날 학교에서 배우고 가르치는 목적은 무엇인가? 기하교육의 목적은 몇 가지 측면에서 논의될 수 있다.

---

1) 장경윤 (2008). 기하와 기하교육과정 변천과 21세기 기하교육의 방향. 한국수학사학회지, 21(4). 105-126.

2.2.1 논리적 사고력의 신장

전통적으로 기하는 논증기하를 의미하며 기하는 연역추론의 학습도구, 즉 연역 추론을 가르치기 위한 문맥으로 사용된다는 인식이 지배적이었다. 1세기 전 미국의 중등 수학 재편성 위원회(MAA)가 설정한 논증기하의 주요 목적도 공간 감각의 신장, 도형 관련 지식의 습득과 활용, 연역 추론 방법의 학습, 간결하고 논리적인 사고 습관 획득이었다.

> 학생들에게 공간 상상력을 신장시키고, 중요한 명제와 그 응용에 친숙하게 하며, 연역 증명에 대한 이해와 감상, 그리고 이 연역 추론 방법을 적절히 사용할 수 있는 능력을 개발하고 정확하고 간결한 진술과 아이디어의 논리적 조직 및 논리적 기억 습관을 형성하는 데 있다.(Fawcett, 2010, p. 3)

그러나 고등학생을 대상으로 한 논증기하교육은 단지 기하 정리를 암기하게 할 뿐 연역 추론의 학습을 돕는 것이 아니라는 회의적인 연구 결과가 넘쳐났다(Fawcett, 2006, p. 4). 증명의 본질에 관한 파우셋(Fawcett)의 실험적 연구도 이러한 시대적 배경에서 나온 것이다. 학교에서 논리를 가르치기 위한 수단으로 기하를 교육하는 것에 대한 회의적인 평가는 계속되었다(Fletcher, 1971; Freudenthal, 1971). 그럼에도 불구하고 연역 추론은 논증에 핵심적이고 인류 문화의 일부분이며 진술의 정당성과 보편성을 보이는 도구(Hershkowitz, 1998, p. 31)이다.

2.2.2 주변 세계 서술과 응용

기하는 주변 세계라는 실재를 서술하고 설명하기 위한 수단으로 발명되었으며, 기하 교과는 "어떻게 실재를 수학화하는가를 학습하는 최상의 기회"(Freudenthal, 1973, p. 407)를 제공한다. 기하는 역사적으로 도형의 성질이나 도형 사이의 관계를 다루는 학문으로 출발하였으며 오늘날도 건축이나 디자인 그리고 실생활의 여러 문제해결에 도구로 기하가 매우 유용하다(Osta, 1998). 기하는 응용면에 있어 대수보다 기하가 더 응용의 범위가 넓고 유용하며 수학의 모든 영역의 응용 분야에서 탁월한 잠재력을 갖는다(Thom, 1971; Dieudonné, 1981; Steen & Forman, 1999).

> 직업과 생활에서 작업과 생활에서 수학을 관찰해 보면 인구 비율로 보아 기하를 유용하게 이용하는 인구가 대수를 이용하는 인구보다 훨씬 많다. …(중략)… 문제해결 상황에서도 역시 기하가 문제를 진단하고 해석하는데 더욱 가치가 있는 것으로 보인다. 즉 대부분의 실생활 문제에 직면했을 때, 방정식을 푸는 것보다 시각화와 스케치가 더

욱 유용하다.⋯(Steen & Forman, p. 236)

2.2.3 문제해결과 수학적 연결성

Goldenberg, Cuoco와 Mark(1998)는 기하가 수학의 한 부분이 아니라 수학의 핵심이라는 관점에서 기하교육의 목적을 논증이 아닌 다른 측면에서 찾았다. 이들은 기하가 학생들을 수학과 연결시키며, 또 '정신의 습관 관점(habits-of-mind perspective)'을 구축하는 이상적인 도구가 될 수 있다고 하였다. 수학의 여러 주제들과의 연결성, 수학적 힘과 문제해결력, 시각화와 시각적 사고 개발에 도움을 주는 점에서 기하교육의 유용성을 본 것이다.

이들이 중심이 되어 개발한 수학교과서 *Connected Geometry*는 핵심적인 '정신의 수학적 습관(Mathematical Habits of Mind)'을 다음과 같이 제시한다(EDC, 2000, pp. xiv-xix).

- 보이는 것과 보이지 않는 것을 그림으로 그리기
- 서술과 분석에 정교한 언어 사용하기
- 실험과 연역을 조화시키기
- 과정에 관해 추론하기
- 증명하기
- 도형을 분석하고 해석하기
- 문제를 사색하기
- 불변하는 것 찾기
- 연속성 있게 추론하기
- 다른 체계 사용하기

2.2.4 공간 감각 능력

공간시각화(spatial visualization)나 공간방향화(spatial orientation) 등 공간 감각은 언어 능력과 함께 지능의 기본 요소이다. 초등학교 수준에서 공간 능력의 결핍은 이후 중등학교 수준에서 학습 장애로 작용할 뿐 아니라, 길 찾기나 DIY 가구 제작 등 일상생활에서도 큰 결함으로 나타난다(Berthelot, R & Salin, M. H., 1978 p. 71). '정신의 습관 관점(habits-of-mind perspective)'(Goldenberg 등, 1998)으로 지목된 시각화와 시각적 사고도 기하 학습을 통해 개발될 수 있다.

3. 최근 기하교육의 배경 요인

3.1 구성주의

구성주의(Constructivism)는 모든 지식은, 선천적이거나 발달적 구성의 산물인, 인지 구조를 통해 능동적으로 구성된다는 인식에서 출발한다(Noddings, 1990). 그녀는 다양한 유형의 인지적 구성주의가 존재하지만 이들이 대체로 합의하고 있는 특징을 다음과 같이 요약하였다(p. 10).

1. 모든 지식은 구성된다. 그리고 수학적 지식은 적어도 부분적으로 반영적 과정을 통해 구성된다.
2. 구성의 과정에서 활성화되는 인지구조가 존재하며, 이 구조에 따라 구성이 이루어진다. 마치 컴퓨터 프로그램이 그 출력물의 이유인 것과 같은 방식으로 구조들이 인지 활동의 결과를 설명한다.
3. 인지구조는 지속적으로 발달한다.
4. 교수학적 구성주의는 인지적 구성주의에 일치하는 교수방법을 제안한다.

피아제의 구성주의는 원래 인지구조의 발달에 주목한 것이지 교수이론이 아니다(English & Halford, 1995). 그러나 Nodding의 언급대로 교수방법이나 수업 방식을 인지적 구성주의와 일치하는 방향으로 교수학적 구성주의를 제안할 수 있다. 박영배(1996)는 교수학적 구성주의의 원리로 학생중심의 개별화, 발문중심의 상호작용, 의미 지향적 활동, 반영적 추상화를 제안하였다.

개념적 지식은 교사가 세심하게 조직하여 전할 수 있는 것이 아니라 학습자가 능동적으로 구성해나가는 것이라는 일반적으로 구성주의가 함의하는 수업이나 교수방법에서의 특징은 다음과 같다.

- 수학 활동에 학습자의 자발적인 참여를 중시한다.
- 구성적 사고에 학습자를 참여시키기 위한 수업 환경을 조성한다.
- 물리적 세계, 자료, 또는 다른 학생들과의 상호작용을 위해 조작물을 사용하거나 그룹 토의가 특징인 수업으로 나타나기도 한다.

• 의미 지향적 반성적 학습을 위하여, 질의-중심의 학습자 활동을 중시한다. 이는 내용을 전달하는 수학 수업과 대조된다.
• 학습자의 적절한 수학적 활동에 참여가 곧바로 '구성 행위'로 이어지는 것은 아니기 때문에 교사의 역할이 중요하다.

3.2 기하 사고 수준

연역적 증명이나 수학적 엄밀성을 추구하는 논증기하에서 학생이 겪는 어려움은 오랜 역사를 가진다. van Hiele는 기하 학습의 어려움은 사고수준의 질적 차이에서 온다고 가정하고 기하학습에서 수준별 사고의 특징을 분석하여 수준모델을 제시하였다(van Hiele, 1986). van Hiele는 성공적인 기하학습을 위하여 형식적 연역에 앞서 도형에 대한 시각적, 분석적, 관계적 탐구가 선행되어야 한다고 주장하였다. 그의 이론은 1960년대 초 러시아 학자들에 의해 수용되어 전면적인 기하교육과정 개편에 반영되었다(Fuys, Geddes, & Tischler, 1988).

van Hiele는 Piaget와 Gestalt 심리학의 영향을 받았다(van Hiele, 1986, p. 5). 그는 형태심리학의 영향으로 통찰, 특히 구조에 관한 통찰을 중시하였으며, Piaget의 인지 단계 이론에서 수학적 사고에서 질적으로 다른 수준을 가정하였다. 그는 사고 수준을 수준 1(Recognition, Visualization), 수준 2(Analysis, Descriptive), 수준 3(Ordering, Relation, Informal deduction), 수준 4(Deduction), 수준 5(Rigor)와 같이 구분하였으며, 각 수준에 대한 별도의 명칭 대신 그 수준에서의 사고 특징을 함께 기술하였다. 이 다섯 수준은 이산적이며 또 위계적이어서 상위 수준으로 나가기 위해서는 반드시 하위 수준을 거쳐야 하고, 상위 수준으로의 수준 상승은 연령에 따른 성숙의 결과가 아니라 교육의 결과이며, 수준별로 학습자가 사용하는 언어와 네트워크가 다르므로 서로 다른 수준에 있는 사람들 사이에는 의사소통이 불가능하다고 보았다(van Hiele, 1986).

van Hiele는 비형식적 기하 탐구를 형식적인 기하 학습의 준비과정으로 정당화하였으며, 형식기하를 학습하려면 학습자가 도형에 관한 시각적 인식과 요소에 관한 분석 등 적어도 비형식적 증명이 가능한 사고 수준에 도달해 있어야 한다고 주장한다. 그러므로 학습자의 개별적인 사고수준에 주목하는 이 이론을 기하교육에 적용한다고 할 때, 논증의 도입 이전에 비형식적 기하 탐구를 비중 있게 다루게 된다. 이를 적용한 고등학교 기하 교과서(Hoffer, 1983)는 전반부 지면의 상당 부분을 비형식적 기하 활동에 할애하고 있다.

3.3 기하교육의 최근 추세

구성주의에 입각한 교수·학습 방식은 오늘날 수학 교육의 국제적인 추세이기도 하다. 1990년대 Standard의 이론적 기저가 된 구성주의는 현재 보편적으로 널리 적용되는 학습 심리학이라 할 수 있으며, 네덜란드의 현실주의적 수학교육(RME)도 기본전제가 구성주의와 크게 다르지 않다(Gravemeijer, 1998). 최근 기하교육의 경향도 구성주의 틀을 반영한다.

NCTM(2000)는 5-8학년에서 이후 형식적 추론에 대비하여 기하학적 도형의 관계성과 공간 감각을 비형식적 탐구를 통해 개발할 것을 제안하였다(NCTM, 2000). 최근 기하교육의 특징의 하나는 '형식 기하를 위한 준비'로서 공간 감각 개발과 관계성 탐구를 위해 비형식적 기하를 강조한다는 점이다. 개혁적인 교과서들은 이러한 경향을 반영하고 있다. 예를 들면, *Discovering Geometry* (Serra, 1997)는 컴퓨터나 조작물 등 다양한 도구를 사용한 관찰과 실험을 통해 학생들이 기하학적 성질을 발견하도록 저술되었다. Freudenthal 연구소와 Wisconsin 대학이 공동으로 개발한 교과서 시리즈 *Mathematics in Context* (Britannica, 1997)에 일상생활에서의 공간 감각을 다룬 책 *Side Seeing*과 *Looking at an Angle*이 포함되어 있다.

또 다른 특징은 기하 주제에 대한 통합적 접근을 강조하는 경향이다. 고등학교에서 독립적인 교과로 기하를 가르치던 미국에서도 종합적인 동시에 대수적으로 다룰 수 있도록 좌표, 변환, 벡터적 접근과 논증을 함께 다루자는 움직임이 생겨났고, 이 과정에서 컴퓨터 소프트웨어의 적절한 활용이 자연스럽게 수용되었다(NCTM, 2000).

기하교육의 최근 추세를 [표 1]로 요약하였다.

[표 1] 기하교육의 최근 추세

기하교육의 추세	설명	배경
비형식적 탐구 강조 증명 vs. 정당화	• 형식기하의 준비과정 • '증명하라'는 엄밀한 언어 보다 '설명하라', '정당화하라'는 비형식적 지시어 사용.	van Hiele
귀납적 접근/ 조작물의 사용	조작활동/관찰을 통한 원리나 성질 발견	발견적 추론
공간 감각 개발에 주목	기하교육 영역 확대	응용
통합/ 연결성 중시	타교과, 또는 수학 내 주제 통합 다양한 접근방식	수학 내·외 통합과 연결

[표 1] 기하교육의 최근 추세 (계속)

기하교육의 추세	설명	배경
실생활 응용과 모델링	문제해결에의 응용 강조	응용 중시
컴퓨터 소프트웨어 활용	성질/증명 발견, 문제해결에 시각화도구	기술공학의 발달

4. 기하교육과 역동적 기하 소프트웨어

기술공학의 발달과 보급은 연역적 접근이 주도하던 기하교육 방식을 연역 외에 직관과 귀납을 사용한 접근법으로 확장시켰다. 시각적 표현 및 그 해석 능력은 기하학습에서 필수적인 요소이다. 복잡한 도형이 관련된 기하 문제는 대상의 시각화, 즉 정확한 그림이 문제해결에 결정적인 단서를 제공할 수 있기 때문이다. 작도에 근거한 역동적 기하 소프트웨어(Dynamic Geomeric Software, 이하 DGS)인 *Cabri, Geometer's SkectchPad(GSP), Geogebra* 등은 문제해결에 학습자의 자발적 참여와 지식 구성을 촉진하는 기하 학습 환경을 제공한다. DGS가 문제해결에의 자발적 참여와 지식을 어떻게 돕는지 살펴보기로 한다.

4.1 작도에 근거한 시각화

기하 도형의 관찰과 문제해결에 앞서, 작도에 근거한 시각화는 작도의 필연성과 중요성을 인식할 수 있게 한다. DGS는 어떤 조건에 따라 일단 작도된 도형은 초기 도형의 요소를 '점끌기(dragging)'로 변형시켰을 때, 처음 조건을 그대로 유지한 채 결과물을 변형시킨다.

예를 들면, [그림 1]의 두 삼각형 $\triangle ABC$와 $\triangle DEF$는 동일한 DGS 화면에 그려진 도형으로 처음에는 모양과 크기가 같은 정삼각형이었다. 그런데 꼭짓점 A와 꼭짓점 D를 같은 방향으로 같은 길이만큼 움직였을 때 두 삼각형은 [그림 1]에 나타난 바와 같이, 서로 다른 모양으로 바뀐다. $\triangle ABC$는 끝점을 공유한 임의의 세 선분의 합으로 그린 삼각형이고, $\triangle DEF$는 한 변이 $\overline{DE}$인 정삼각형으로 작도된 것이기 때문이다. 작도의 결과는 필연적이다. 이는 지필 환경에서는 구현하기 힘든 상황으로 작도의 필연성과 중요성을 알게 해주는 활동이다.

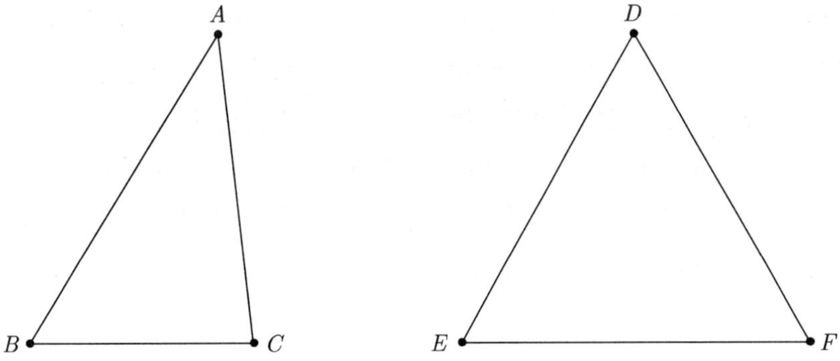

[그림 1] 다른 모양으로 변형된 두 삼각형

작도에 근거한 시각화는 도형의 문맥에서 함수의 의미를 파악할 수 있게 해준다. [그림 1]에서 네 점 A, B, C, D는 임의로 끌기가 가능하지만, 점 E와 F는 임의로 움직일 수가 없다. 임의로 끌기가 가능한 점과 그렇지 않은 점 사이의 관계는 일상적 용어로는 '원인-결과'의 관계이며, DGS에서는 '부모-자식(parents-children)'이라는 용어로 관계를 설명한다. 이는 수학적으로는 도형의 문맥에서 나타난 독립변수-종속변수 사이의 함수 관계인 것이다.

4.2 불변성 탐구

컴퓨터는 학습자에게 경험적 추론과 귀납을 통한 기하 성질의 발견과 이해를 가능하게 한다. 특히 도형의 변화를 시각적으로 조작할 수 있는 환경에서 변하지 않는 성질, 즉 불변성을 인식은 곧 기하 성질의 발견을 의미한다. DGS는 불변성의 인식을 용이하게 한다.

[그림 2]는 삼각형 ABC의 무게중심에 관한 불변성을 탐구하게 하는 DGS 화면의 일

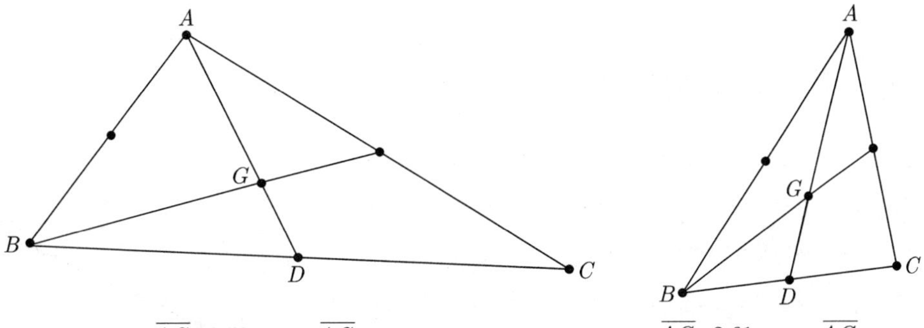

$\overline{AG}$=3.50cm $\frac{\overline{AG}}{\overline{GD}}$=2.00
$\overline{GD}$=1.75cm

$\overline{AG}$=3.61cm $\frac{\overline{AG}}{\overline{GD}}$=2.00
$\overline{GD}$=1.81cm

[그림 2] 삼각형의 무게중심에 관한 성질

부이다. 사용자는 한 번에 삼각형 하나와 중선 세 개를 작도한 후, 꼭짓점을 임의로 끌어 위치를 이동하면 도형 요소 사이의 관계를 유지한 채 삼각형과 중선의 위치와 모양이 달라진다. ([그림 2] 좌·우에 있는 두 삼각형은 한 화면에 동시에 나타난 것이 아니라 같은 삼각형을 시점을 달리하여 화면을 캡처한 것이다.) 이 활동에서 사용자는 끌기를 통해 모양을 얼마든지 바꾸는 활동을 통하여 '삼각형의 세 중선은 꼭 한 점에서 만나게 되며 그 점은 중선을 일정한 비율로 나눈다'는 불변의 성질을 용이하게 관찰하고 발견할 수 있다.

4.3 추측과 탐구환경

또, 역동적 기하 소프트웨어는 대상의 이동이나 변형을 용이하게 함으로써 대상 사이의 관계에 주목하여 성질을 추측하고, "~이라면" 또는 "~이 아니라면 어떨까?"라는 질문에 관한 탐구환경을 제공한다. 삼각형의 수직이등분선이 한 점에서 만난다는 외심에 관한 성질 역시 작도와 점 끌기 조작을 통해 불변하는 성질로 쉽게 발견할 수 있다. 그런데 전형적으로 다루는 예각 삼각형 대신 둔각 삼각형이나 직각 삼각형인 경우에도 같은 성질이 성립할 것인가 하는 추가 질문에 대한 학생들의 탐구는 점 끌기로 가능해지며, 결국 삼각형의 종류와 교점(외심)의 위치와 사이의 관련성 학습([그림 3])으로 이어질 수 있다.

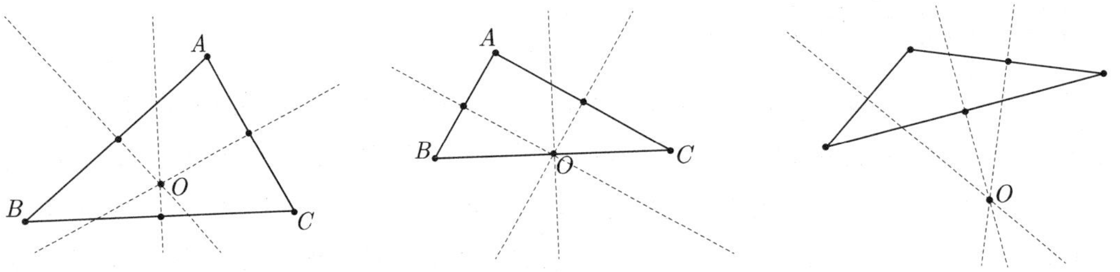

[그림 3] 삼각형의 외심에 관한 성질

4.4 즉각적인 피드백

DGS는 문제해결 과정에서 학습자가 사용한 전략에 대하여 관찰이 가능한 피드백을 즉각적으로 제공함으로써 학습자의 추측을 격려하고 발견한 문제해결의 해가 옳은가를 즉각적으로 확인하고 발견한 답을 정교화할 수 있게 한다.

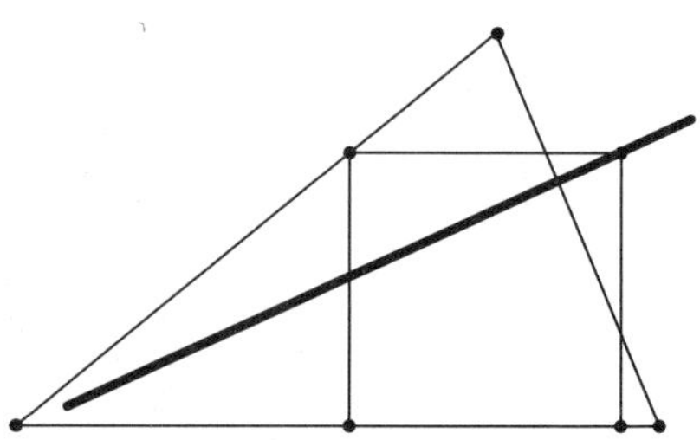

[그림 4] 내접 정사각형 찾기

예를 들어 삼각형 내부나 변에 꼭짓점 또는 변이

놓인 정사각형 중 넓이가 최대인 것을 작도하라는 문제에 대해 DGS를 사용하여 해를 발견할 수 있다. 이 해법이 왜 옳은가 하는 정당화와 답을 정교화하는 과정이 뒤따라야 하지만, 먼저 작도 도구를 통해 문제해결의 단서를 찾을 수 있으며, 예상한 답에 대한 피드백이 즉각적으로 주어지므로 바로 확인이 가능하다.

4.5 통합적으로 다루기

DGS는 정적인 환경에서는 전혀 다른 사례로 구분되는 사례를 하나로 통합할 수 있게 한다.

[그림 5]에서 원과 만나는 서로 다른 두 직선은 원의 내부(사례 1) 또는 외부(사례 2)의 한 점 P에서 만난다.

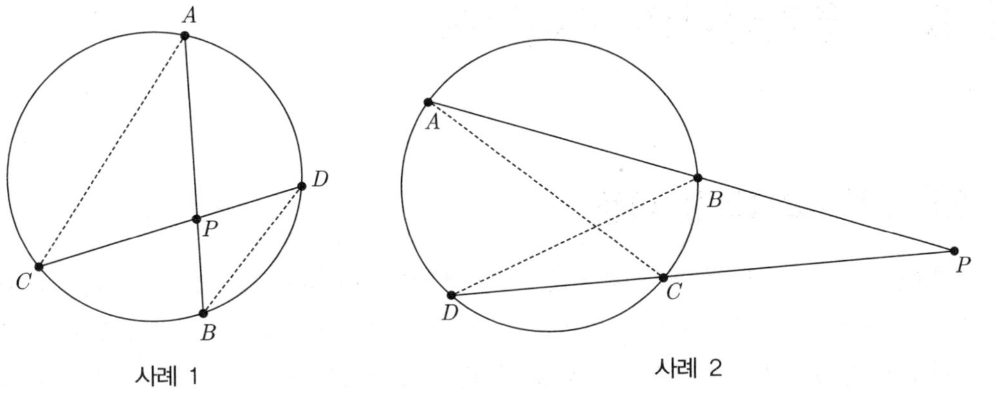

[그림 5] 원과 만나는 두 직선 사이의 관계

이때 네 선분 $\overline{AP}$, $\overline{BP}$, $\overline{CP}$, $\overline{DP}$ 사이의 관계는 (사례 1)의 경우 원 내부의 삼각형 APC와 삼각형 DPB가 서로 닮음이므로 닮음비가 같다는 성질을 이용하면 $\overline{AP} \cdot \overline{BP} = \overline{CP} \cdot \overline{DP}$이다. 사례 2의 경우도 유사한 방식으로 동일한 결론에 이른다. 그런데 지필 환경에서 달라 보이는 이 두 사례가 DGS에서는 본질적으로 동일하여 한 가지로 통합이 가능하다. 사례 1을 작도하고 점 끌기로 네 점의 상대적인 위치를 변형하면 즉각적으로 사례 2 그림으로 변경되며 증명도 동일하여 통합하여 다룰 수 있다.

사례 1과 사례 2는 같은 작도의 결과이다.

4.6 증명과 문제해결의 실마리

정확한 작도는 학습자로 하여금 대상 사이의 관계에 주목할 수 있게 한다. 특히 복잡한 대상의 경우 적절한 시각화는 귀납적 추론으로 도형의 성질을 발견하거나 핵심적인 통찰로 문제해결에 이를 수 있게 한다. 동시에 DGS는 학습자로 하여금 자신의 추측을 정당화하고 증명의 실마리를 제공하는 도구가 되기도 한다(장경윤 외, 2001; Hoyles & Jones, 1998). 기하 대상 관련 정리의 경우 증명을 위한 핵심적인 단서와 통찰을 정확한 그림으로부터 얻게 되는 경우가 많다.

5. 우리나라의 기하교육

5.1 기하교육과정 내용

우리나라 기하교육은 수학교육과정의 변천과 맥을 같이 하며 변해 왔다. 우리나라 교육과정은 일제 이후 미 군정기의 과도기를 지나 1955년 제1차 교육과정이 공표되었고 그 후 여러 차례 개정되었다. 새수학 운동을 전격적으로 반영된 3차 교육과정 이후 지속적인 수정이 이루어져 왔으며 제7차 교육과정 이후에도 2006년, 2011년 두 차례 개정 교육과정이 발표되었다.

[표 2]은 최근 30여 년 동안 우리나라 기하교육과정의 변천 방향을 중학교 다각형 영역의 내용과 용어를 표로 정리한 것이다.

[표 2] 우리나라 수학교육과정 중학교 2학년 기하 내용 및 용어(3차~2011 개정)

3차(1977) 2학년	4차 (1981)/ 5차[2](1987) 2학년	6차 (1992) 2학년
가. 삼각형의 합동 조건을 이용하여 간단한 도형의 성질을 연역적으로 알아보게 한다. 나. 도형의 닮음의 뜻과 삼각형의 닮음 조건을 알아보고, 이를 이용하여 도형의 닮음에 관한 여러 가지 성질을 알아보게 한다. 다. 도형의 변환을 이해하고, 이를 통하여 도형의 성질을 알아보게 한다.	(1) 명제의 뜻을 이해하고, 연역적 추론의 뜻과 증명의 방법을 이해하게 한다. (2) 사각형의 합동조건을 이용하여 간단한 도형의 성질을 유도할 수 있게 한다. (3) 삼각형의 닮음의 뜻과 닮음의 조건을 이해하고, 이를 이용하여 도형의 닮음에 관한 여러 가지 성질을 알아보게 한다.	(가) 삼각형의 합동조건을 이용하여 간단한 도형의 성질을 증명하게 한다. (나) 두 삼각형의 닮음조건을 알아보게 하고, 이를 이용하여 도형의 성질을 증명하게 한다.
〈용어와 기호〉 내분, 외분, 중선, 무게의 중심, 내심, 외심, 닮음, 닮음 조건, 축도, 닮음비, 합동변환, 회전변환, 평행변환, 대칭변환, 닮음변환	〈용어와 기호〉 명제, 가정, 결론, 역, 정의, 귀류법, 중선, 무게중심, 대변, 대각, 등변사다리꼴, $\backsim$	〈용어와 기호〉 명제, 가정, 결론, 역, 정의, 정리, 증명, 외심, 외접, 외접원, 내심, 내 접, 내접원, 내접다각형, 외접다각형, $p \rightarrow q$, □ABCD, 닮음, 닮음비, 닮음의 중심, 닮음의 위치, 무게중심, 중선, 삼각형의 닮음조건, $\backsim$
[1]~삼각형과 사각형의 성질 ① 삼각형의 합동조건을 이용하여 삼각형과 사각형에 관한 간단한 성질을 증명할 수 있다.	[1] 삼각형과 사각형의 성질 ① 명제의 뜻과 증명의 의미를 이해한다. ② 삼각형의 합동조건을 이용하여 삼각형과 사각형의 성질을 증명할 수 있다.	[5]~삼각형과 사각형의 성질 ① 이등변삼각형의 성질을 이해하고 설명할 수 있다. ② 삼각형의 외심과 내심의 성질을 이해하고 설명할 수 있다. ③ 사각형의 성질을 이해하고 설명할 수 있다.
[2]~도형의 닮음 ① 도형의 닮음의 뜻을 안다. ② 닮은 도형의 간단한 성질을 알아본다. ③ 삼각형의 닮음조건을 이해한다.	[2] 도형의 닮음 ① 도형의 닮음의 뜻을 안다. ② 닮은 도형의 성질을 이해한다. ③ 삼각형의 닮음조건을 이해한다.	[6]~도형의 닮음 ① 도형의 닮음의 뜻을 안다. ② 닮은 도형의 성질을 이해한다. ③ 삼각형의 닮음조건을 이해하고, 이를 이용하여 두 삼각형이 닮음인지 판별할 수 있다.

2) 4차와 5차가 동일함.

7차 (1997) 8-나	2006 개정 2학년	2011개정 1~3학년군 삼각형/사각형 및 닮음부분
3 닮음의 응용 ① 평행선 사이에 있는 선분의 길이의 비에 대한 성질을 증명하고, 이를 활용할 수 있다. ② 삼각형의 중점 연결 정리를 증명하고, 이를 활용할 수 있다. ③ 닮음비를 이용하여 닮은 도형의 넓이와 부피를 구할 수 있다.	3 닮음의 활용 ① 평행선 사이에 있는 선분의 길이의 비에 대한 성질을 이해하고, 이를 활용할 수 있다. ② 삼각형의 중점연결정리를 이해하고, 이를 활용할 수 있다. ③ 닮음비를 이용하여 닮은 도형의 넓이와 부피를 구할 수 있다.	7 닮음의 활용 ① 평행선 사이의 선분의 길이의 비를 구할 수 있다. ② 닮은 도형의 성질을 활용하여 여러 가지 문제를 해결할 수 있다
〈용어와 기호〉 명제, 가정, 결론, 역, 정의, 증명, 외심, 외접원, 내심, 내접, 내접원, 닮음, 닮음비, 닮음의 중심, 닮음의 위치, 삼각형의 닮음조건, 중선, 무게중심, □ABCD, ∽	〈용어와 기호〉 명제, 가정, 결론, 역, 정의, 정리, 증명, 외심, 외접, 외접원, 내심, 내접, 내접원, 닮음, 닮음비, 닮음의 중심, 닮음의 위치, 삼각형의 닮음조건, 중선, 무게중심, $p \rightarrow q$, □ABCD, ∽	〈용어와 기호〉 외심, 외접, 외접원, 내심, 내접, 내접원, 중선, 무게중심, 닮음, 닮음비, 삼각형의 닮음조건, □ABCD, ∽

최근 30여 년 동안 중학교 2학년 다각형 영역의 내용 전개와 증명 관련 용어의 변천을 [표 3]에 요약하였다.

[표 3]에서 성질의 이해와 증명, 활용 사이의 제시 순서에 주목할 필요가 있다. 중학교 수준에서 그 방향성은 점진적으로 비형식적 탐구가 강화되고 형식적 증명의 약화로 나타난다. 성질의 증명에 선행한 직관적 이해와 추론은 공학적 도구나 조작물의 활용과 관련되어 제안되고 있으며, 2011년 개정 교육과정은 중학교 수준에서 형식적 증명에 관한 용어를 모두 삭제하였다.

[표 3] 중학교 2학년 기하 영역 내용 및 용어 변화 요약

- 도형의 성질
  연역적 조사(3차) → 유도하기(4, 5차) → 증명하기(6, 7차, 2006 개정) → 이해하고 설명하기(2011 개정)
- 닮음 관련
  성질 알아 보기(3~6차) → 증명하고 활용하기(7차) → 이해하고 활용하기(2006 개정) → 구하기, 문제해결에 활용하기(2011 개정)
- 증명 관련 용어
  명제, 가정, 결론, 역, 정의, 증명 (4차~2006 개정) → 삭제(2011 개정)

[표 3]에서 제시된 내용 전개상 특징은 또 7차부터 교육과정에 함께 제시되는'지도상의 유의점'([표 4])에도 나타난다.

[표 4] 우리나라 수학교육과정 중학교 2학년 기하 영역 지도상의 유의점(7차~2011 개정)

7차 (1997)	2006 개정	2011 개정
〈학습 지도상의 유의점〉 ① 도형의 성질을 증명한 후에는 구체적인 예를 통하여 확인시킨다. ② 삼각형의 닮음조건과 합동조건을 비교하여 그 차이점을 알도록 한다. ③ 삼각형에서 선분의 길이의 비에 대한 명제의 역은 직관적으로 이해시킨다. [심화과정] ① 실생활 문제에서 합동인 도형과 닮은 도형을 찾아본다.	〈교수·학습 상의 유의점〉 ① $p \rightarrow q$는 명제를 기호로 표현하는 정도로만 다룬다. ② 삼각형의 닮음조건과 합동조건을 비교하여 그 차이점을 안다. ③ 어려운 증명의 경우에는 증명을 하기 전에 공학적 도구나 조작 활동을 통하여 증명해야 할 성질을 직관적으로 이해하게 한다.	〈교수·학습 상의 유의점〉 ① 점, 선, 면, 각과 관련된 용어의 뜻을 직관적으로 이해하고, 이를 토대로 여러 가지 도형의 성질을 추론할 수 있게 한다. … ⑥ 사각형의 성질은 대각선에 관한 성질을 위주로 다룬다. ⑦ 닮은 도형의 성질을 추론할 수 있게 한다. … ⑪ 공학적 도구나 다양한 교구를 활용하여 도형의 성질을 추론할 수 있게 한다. ⑫ 도형의 성질을 이해하고 설명하는 활동은 학생의 수준에 따라 달리할 수 있다.

5.2 무게중심의 사례

교육과정의 변화는 해당 교육과정에 근거하여 집필된 수학교과서에 구체적으로 나타난다.

삼각형의 무게중심은 2차 교육과정에서부터 중학교 2학년에서 다루는 주제이다. 우리나라 수학교과서에서 삼각형의 무게중심을 다루는 방식이 어떻게 변해 왔는지 구체적으로 살펴보고자 한다. [그림 6]은 2, 3, 6, 7차 시기의 수학교과서 지면 일부를 발췌하여 나타낸 것이다.

[그림 6]에서 무게중심의 성질을 다루는 수학교과서의 내용과 전개방식은 시기별로 조금씩 그 양상이 달리 나타난다. 내용의 전개 순서와 방식은 형식성을 탈피하고 직관을 사용하며 학습자의 이해와 참여를 증가시키는 방향으로 점차 바뀌었다. 6차 시기 이전까지의 수학 교과서에서는 무게중심에 관한 성질을 다룰 때, 무게중심에 관한 성질을 정리로 제시하고 절차에 따라 그 연역적 증명을 기술하였다. 물론 정리로 제시에 앞서 증명에 필

요한 성질을 먼저 다루었다. 5차 교과서까지는 정리를 (증명에 필요한 성질 다루기) → (정리의 내용 제시) → (연역적 증명) 순으로 제시되어 있으나, 6차 교과서에서는 (증명에 필요한 성질 다루기) → (연역적으로 성질 유도) → 마지막으로 (정리의 내용 제시)로 되어 있다. 7차 교과서는 (증명에 필요한 성질 다루기) → 색종이로 하는 조작 활동(배종수 외, 2002) 또는 DGS 활동(황석근 외, 2002)을 통한 (무게중심에 관한 성질 발견 간주) → (성질을 기술) → (증명하기)로 발견한 성질을 증명하는 형식으로 되어 제시하고 있다.

증명 내용에 있어서 삼각형 내부에 생긴 삼각형들의 넓이 관련 성질([그림 3]의 4차), 또는 삼각형의 닮음과 중점 연결 정리([그림 3])를 이용하였다. 4차 이후 점차 절차와 내용이 간단한 방식으로 증명이 바뀌었다.

2011 개정 교육과정에 따른 중학교 수학 교과서에서 증명하라는 형식적 용어는 사라지고 '설명하라'는 일상적 용어로 대체되었다.

2차 교과서 (이정기 외, 1966, p. 219)	3차 교과서 (문교부, 1980, p. 153)
정리 22. △ABC의 세 중선을 AD, BE, CF 라고 하면 (1) AD, BE, CF는 한 점 G에서 만난다. (2) $\frac{DG}{AG}=\frac{EG}{BG}=\frac{FG}{CG}=\frac{1}{2}$ 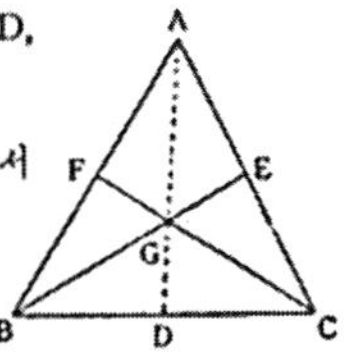 (직전) 삼각형의 중점연결정리	보기 1. △ABC의 세 중선을 $\overline{AL}, \overline{BM}, \overline{CN}$이라 할 때, 다음을 증명하여라 (1) $\overline{AL}$, $\overline{BM}$, $\overline{CN}$은 한 점 G에서 만난다. (2) 점 G는 중선의 길이를 2 : 1의 비로 나눈다. 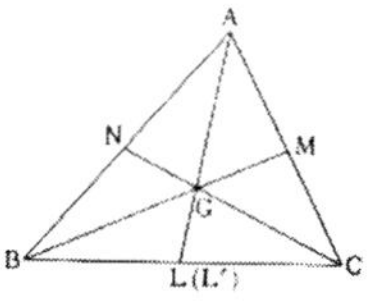 (직전) 삼각형은 한 중선에 의해 면적이 이등분된다.
6차 교과서 (김호우 외, 1998, p. 260)	**7차 교과서 (배종수 외, 2002, p. 101)**
오른쪽 그림의 △ABC에서 각 꼭지점과 그 대변의 중점을 연결하는 선분을 각각 그어 보자.  삼각형에서 꼭지점과 그 대변의 중점을 이은 선분을 중선이라고 한다. 위의 그림에서 삼각형 ABC의 중선은 3개이다. 이제 세 중선이 한 점에서 만남을 알아보자. 오른쪽 그림의 삼각형 ABC에서 중선 BE와 CF의 교점을 G라 하고, 두 점 E, F를 잇는 선분을 그어 보자. 점 E, F는 각각 $\overline{AC}$, $\overline{AB}$의 중 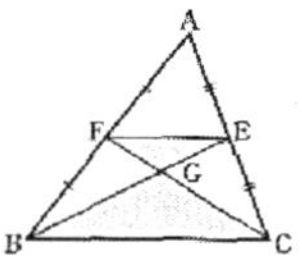 (직전) 삼각형의 중점연결정리, 삼각형의 닮음	위의 내용에서 삼각형의 한 꼭지점과 그 대변의 중점을 이은 선분을 **중선**이라고 한다. 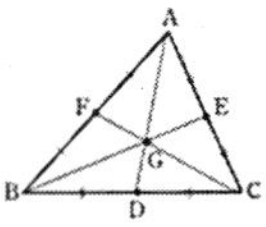 참고 삼각형의 중선은 3개가 있다. 생각하기의 조작 활동에서 △ABC의 세 중선은 한 점에서 만남을 발견하였다. 이제 삼각형의 세 중선이 한 점에 만나는지 알아보자. 오른쪽 그림의 △ABC에서 중선 BE와 CF의 교점을 G라 하고, 두 점 E, F를 잇는 선분을 그어 보자. 점 E, F는 각각 $\overline{AC}$, $\overline{AB}$의 중점이므로, 삼각형의 중점 연결 정리에 의하여 $\overline{EF} \mathbin{/\!/} \overline{BC}$, $\overline{EF}=\frac{1}{2}\overline{BC}$ 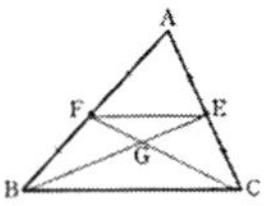 (직전) 삼각형의 중점연결정리, 색종이 조작활동

[그림 6] 교과서에 나타난 '삼각형의 무게 중심에 관한 정리' 증명

5.3 요약 및 논의

본 고에서는 최근 기하교육에 영향을 주는 요인을 구성주의, van Hiele 이론, 역동적 소프트웨어의 발달로 보고 기하교육의 특징을 중학교 기하를 중심으로 서술하였다.

초등학교 기하는 공간감각을 개발하고 주변 세상을 서술 도구인 도형의 성질을 이해하는 것을 목적으로 한다(본고에서 언급하지는 않았다). 초등학교의 '도형' 영역은 교육과정과 교과서, 그리고 실제 교실 수업에서 모두 구성주의가 근간을 이룬다. 2011 수학과 교육과정 초등학교 도형 영역은 관찰, 분류, 구체물의 조작(밀기, 뒤집기, 돌리기, 꾸미기, 덮기, 채우기, 만들기, 찾기, 종이 겹쳐 오리기, 도장 찍기, 데칼코마니 등) 활동을 통해 학습자들이 공간감각을 개발하고 도형의 성질을 이해하도록 규정하고 있다. 이는 수학교과서에 그대로 반영되었고, 초등 교사들에 의해 교실 수준에서도 그대로 시행되고 있다.

중학교의 경우, 앞서 언급한 대로 귀납추론과 비형식적 탐구와 증명의 역할을 강조한다는 점에서 교육과정의 방향은 국제적인 추세와 맥을 같이 한다. 그러나 학교 현장에서 기하를 실생활 문제와 연결시켜 모델링의 도구로 사용하거나, 타 교과 또는 수학의 다른 영역과 연결시켜 통합적으로 다루게 하지는 못하고 있다. 수학교육과정과 교과서에서 역시 부분적으로 단편적인 연결 외에 학습자에게 의미를 줄 수 있게 하는 실질적인 통합과 연결은 찾기 힘들다.

중학교 수준에서 귀납적 추론과 의사소통의 문맥을 제공할 수 있는 환경은 접근 가능성으로 보아 DGS 환경이 용이하다. DGS는 작도에 근거한 시각화로 도형의 불변성 탐구, 추측과 탐구환경의 조성, 즉각적인 피드백으로 적극적인 문제해결 참여, 주제를 수학 내·외적으로 통합해 다룰 수 있게 하며, 정당화를 위한 증명과 문제해결의 실마리를 제공함으로써 학습자의 적극적인 참여와 지식구성을 도울 수 있다.

그런데 현재 수학교과서에 수록된 DGS 활동은 문제해결이나 탐구에 학생들이 적극 참여하기보다 교사의 실연(demo) 등 소극적인 수준에서 이루어지고 있다. 그리고 부분적으로 교사에 따라 활동 여부와 활동의 질이 다르다는 점에서 일관되게 발견적 접근을 따라 제작된 외국의 기하교과서(Serra, 1997)와 대조적이다.

구성주의에 입각한 교육과정을 수립하는 것과 교실 수준에서 이를 실행하는 것은 또 다른 문제이다. 일상적인 언어를 사용하는 비형식적 증명을 교사가 직관적 이해 정도로 취급해 버린다면 학생들은 정당화에 대한 학습 기회를 잃는 것이다. 또 교구나 공학도구의 사용에 있어서도 교사의 역량이나 태도가 수업의 질에 영향을 미친다. DGS는 Duval(1998, p. 37)이 언급한 기하 활동과 관련된 인지 과정의 세 유형, 즉 시각화, 작도, 추론이 모두 통합적으로 다룰 수 있는 환경이다. 이때 수학교사에게 필요한 것은 교수학적 내용 지식(Pedagogical Content Knowledge)과 더불어 기술공학을 통합한 교수학적 내용지식(Tech-PCK)이 필요하다. 그리고 지식구성에 관한 학습자의 자발적인 참여를 위해 적절한 환경을 조성하고 수업을 진행하고 조정하는 쉽지 않은 작업은 여전히 교사의 몫으로 남아 있다.

6. 맺는말

우리나라의 수학교육과정은 구성주의 인식론이 적극 반영되는 방향으로 지금까지 개정이 이루어져 왔는데 이는 수학교육의 세계적 추세에 따른 것이기도 하다.

우리나라의 초·중학교 기하교육과정 역시 구성주의 인식론과 심리학이 반영되는 방향으로 변천되어 왔다.[3] 중학교 기하의 경우 내용이 꾸준히 축소되어 오고 증명 방식에 조금씩 변화가 있었던 데는 수학 자체의 영향이기도 하지만 전반적으로 학습자와 이해를 중시하는 구성주의의 반영으로 볼 수 있다. 특히 2011년 개정된 수학교육과정에서 형식기하를 과감히 배제하고 비형식적 증명으로 수준을 제한한 것은 획기적인 변화이다. 그러나 우리나라 중학교 기하교육이 교과서나 교실 수준에서 아직 교수학적 구성주의가 실질적으로 영향을 끼친다고 보기 어렵다. 교육과정에 나타난 교수학적 구성주의가 곧 학습자의 구성으로 나타나는 것은 아니기 때문이다(Noddings, 1990). 중학교 수준에서의 귀납추론과 비형식적 증명의 강조가 곧 추론의 약화로 이어지지 않도록 관심 있게 주목할 필요가 있다.

그런데 구성주의가 대세로 떠오르는 1980년대 후반에 발표된 미국의 《학교 수학교육과정과 평가규준》(NCTM, 1989)의 '추론(reasoning)' 규준은 2000년 《학교수학의 원리와 규준》(NCTM, 2000)에서 '추론과 증명(reasoning and proof)' 규준으로 확장 대체되었다. 학교 수학에서 증명의 개발과 평가를 비중 있게 강조한 것이다. 그리고 최근에 미국은 우리나라, 홍콩, 싱가포르 등 TIMSS나 OECD의 PISA에서 고득점 성취도를 보인 아시아 국가들을 벤치마킹하여 주정부 차원에서 수학교과의 공통 핵심규준(Common Core Standards)을 설정하고, 보다 초점을 맞추어 일관된(toward greater focus and coherence) 수학교육을 지향하고 있다.[4] 지금까지 구성주의의 큰 흐름을 선도한 미국 수학 교육이

3) 고등학교 기하의 경우 교육과정 변화는 주로 교과 내용과 관련된 것으로 변화를 구성주의와 관련시키는 것 자체가 무리가 있다.

4) http://www.corestandards.org/Math

'추론'에서 '추론과 증명'으로, 이제 규준(Standard)에서 핵심 규준(Core Standard)으로 그 중심을 이동하는 변화의 시기에 와 있는 것이다. 이는 수학 교육의 커다란 방향 전환을 의미한다.

참 고 문 헌

Reference

교육과학기술부 (2011). 수학과 교육과정: 교육과학기술부 고시, 제2011-361호 (별책 8). 서울: 대한교과서주식회사.

교육부 (1997). 수학과 교육과정. 교육부 고시, 제1997-15호 (별책 8). 서울: 대한교과서주식회사.

__________ (1992). 중학교 교육과정. 서울: 대한교과서주식회사.

교육인적자원부 (2006). 수학과교육과정 7차 부분수정고시: 초·중등 (고시 제2006-75호). 서울: 대한교과서주식회사.

김호우·박교식·신준국·정은실 (1998). 중학교 수학 2. 서울: 지학사.

문교부 (1973). 중학교 교육과정: 수학. (국가교육과정 정보센터 홈페이지 http://ncic.re.kr/nation.kri.org.inventoryList.do?pOrgNo=10006597).

__________ (1981). 중학교 교육과정, 수학. (국가교육과정정보 정보센터 홈페이지 http://ncic.re.kr/nation.kri.org.inventoryList.do?pOrgNo=10006597).

__________ (1987). 중학교 교육과정. 문교부 (고시 제87-7호) 5차. (국가교육과정 정보센터 홈페이지 http://ncic.re.kr/nation.kri.org.inventoryList.do?pOrgNo=10006597).

박영배 (1996). 수학 교수·학습의 구성주의적 전개에 관한 연구. 서울대학교 대학원 박사학위 논문.

배종수·박종률·윤행원·유종광·김문환·민기열·박동익·우현철 (2002). 중학교 수학 8-나. 서울: 한성교육연구소.

이정기·송성규 (1966). 중학 수학 2. 교과서. 서울: 장왕사.

장경윤, 황우형, 이중권 (2001). 탐구형 기하 소프트웨어 활동자료 개발 및 그 효과. 수학교육학연구, 11(1), 193-206.

장경윤 (2008). 기하와 기하교육과정 변천과 21세기 기하교육의 방향. 한국수학사학회지, 21(4), 105-126.

한국교육개발원 (1980). 중학교 수학 2. 한국교육개발원. 서울: 국정 교과서 주식회사.

황석근·이재돈 (2002). 중학교 수학 8-나. 서울: 한서출판사.

Bergez, J. (1997). *Discovering geometry. An inductive approach teachers' guide and answer key*. Emeryville, CA: Key Curriculum Press.

Berthelot, R. & Salin, M. H. (1998). The role of pupils' spatial knowledge in elementary teaching of geometry. In C. Mammana & V. Villani, V. (Eds.), *Perspectives in teaching of geometry for the 21st century. An ICMI Study*, (pp. 71-77). Dordrecht, Netherlands: Kluwer Academic Publishers.

Block, S. (ed.) (1997). *Discovering geometry. Teacher's guide and answer key* (2nd ed.). Emeryville, CA: Key Curriculum Press.

CORD. (2004). *Geometry: Mathematics in context.* CORD Communications: Waco, TX.

Craine, T. (1985). Integrating geometry into the secondary mathematics curriculum. In C. Hirsh & M. Zweng (Eds.), *The secondary school mathematics curriculum Yearbook* (pp. 119-133). Reston, VA: NCTM.

Dieudonné, J. (1981). The universal domination of geometry. ZMD, 13(1), 5-7.

Duval, R. (1998). Geometry from a cognitive view. In C. Mammana & V. Villani (Eds.), *Perspective on the teaching of geometry for the 21st century* (pp. 37-52). Dordrecht, Netherlands: Kluwer Academy Press.

Education Development Center (EDC). (2000). *Connected geometry*: A Habits of Mind Approach to Geometry. New York, NY: Glenco/McGraw-Hill.

English, L. D. & Halford, G. S. (1995). *Mathematics education models and processes.* Mahwah, NJ: Lawrence Erlbaum.

Fawcett, H. (2006). 증명의 본질 (장경윤, 류현아, 한세호 역). 서울: 경문사. (원본은 1938년에 출판됨.)

Fletcher, T. J. (1971). The teaching of geometry — present problems and future aims. In Hans-Georg Steiner (ed.), *The teaching of geometry at the pre-college level* (pp. 119-135). Dordrecht-Holland: Reidel.

Freudenthal, H. (1971). Geometry between the devil and the deep sea. In Hans-Georg Steiner (ed.), *The teaching of geometry at the pre-college level* (pp. 137-159). Dordrecht-Holland: Reidel.

Freudenthal, H. (1973). *Mathematics as an Educational Task.* Dordrecht-Holland: Reidel.

Fuys, D., Geddes, D., & Tischler, R. (1988). The van Hiele model of thinking in geometry among adolescents. *Journal for Research in Mathematics Monograph* No. 3.

Goldenberg, E. P., Cuoco, A., Mark, J. (1998). A role for geometry in general education. In R. Leher and D. Chazan (Eds.), *Designing learning environments for developing understanding of geometry and space* (pp. 3-44). Mahwah, NJ: Lawrence Erlbaum.

Gravemeijer, K. P. (1998). From a different perspective: building on students' informal knowledge, In R. Leher and D. Chazan (Eds.), *Designing learning environments for developing understanding of geometry and space* (pp. 45-66). Mahwah, NJ: Lawrence Erlbaum.

Hershkowitz, R. (1998). About Reasoning in Geometry. In C. Mammana & V. Villani (Eds.), *Perspective on the teaching of geometry for the 21st century* (pp. 29-37). Dordrecht, Netherlands: Kluwer Academy Press.

Hoffer, A. (1983). *Geometry: A model of the universe.* MA: Addison-Wesley Publishing Co.

Hoyles, C. & Jones, K. (1998). Proofs in dynamic contexts. In C. Mammana & V. Villani (Eds.), *Perspectives in teaching of geometry for the 21st century:* An ICMI Study (pp. 121-128). Dordrecht, Netherlands: Kluwer Academic Publishers:

Mammana, C. & Villani, V. (Eds.), (1998). *Perspectives in teaching of geometry for the 21st century:* An ICMI Study. Dordrecht, Netherlands: Kluwer Academic Publishers.

Mathematical Association of America (MAA) (1923). The reorganization of mathematics in the secondary education. In J. Bidwell & R. Clason (Eds.), *Readings in the history of mathematics education* (pp. 382-459). Reston, VA: NCTM.

NCTM. (1989). *Curriculum and evaluation standards for school mathematics*. Reston, VA: Author.

NCTM. (2000). *Principles and standard for school mathematics*. Reston, VA: Author.

Noddings, N. (1990). Constructivism in mathematics education. In R. Davis, C. Maher, N. Noddings (Eds.), Constructivist views on the teaching and learning of mathematics. *Journal for Research in Mathematics Monograph* No. 4. (pp. 7-18).

Osta, I. (1998). CAD Tools and the teaching of geometry. In C. Mammana & V. Villani. (eds.) Perspectives in teaching of geometry for the 21st century (pp. 128-143). An ICMI Study. Dordrecht, Netherlands: Kluwer Academic Publishers.

Serra, M. (1997). *Discovering geometry: An inductive approach* (2nd ed.). Emeryville, CA: Key Curriculum Press.

Steen, L. A. & Forman, S. (1995). Mathematics for work and life. In I. Carl (Ed.), *Prospects for school mathematics* (pp. 219-241). Reston, VA: NCTM.

Thom, R. (1971). 'Modern' mathematics: An educational and philosophical error?. *American Scientist*, 59(6), 695-99.

Van Hiele, P. M. (1986). *Structure and insight: A theory of mathematics education.* Orlando, FL: Academic Press.

Wirzup, I. (1973). Breakthroughs in the psychology of learning and teaching geometry. In L. Martin (Ed.), *Space and geometry* (pp. 75-98). Columbus, OH: Eric Center.

http://www.corestandards.org/Math

제 12 장

구성주의 관점에서 본 대수 교육

장혜원(서울교육대학교)

1. 들어가는 글

인식론으로서의 구성주의가 20세기 후반을 대표하는 주요 인식론으로 자리잡기까지 고대 소크라테스, 플라톤으로부터 비롯되는 오랜 시간에 걸쳐 구성되어왔다는 사실은 수학의 역사 속에서 출현한 어떤 관념이 형식을 갖춘 수학적 개념으로 정의되기까지 걸리는 오랜 시간과의 유사성을 떠올리게 한다. 그 시간 동안 다양한 관점에서의 철학적 논의가 가능하였고 그것이 인식론으로서의 구성주의의 내실을 더욱 풍부하게 하여 왔지만, 우리의 관심인 교육적 측면에서 접근해 보면 몇 개의 근본 취지에 도달하게 된다. 기본적으로 구성주의 관점에서 학습은 구성적 활동이고, 학습자는 수동적인 지식 수용자가 아닌 능동적인 참여자로 간주된다는 점이다.

구성적 활동으로서의 학습, 능동적 참여자로서의 학습자라는 기본 전제하에 수학교육에서 논의되는 구성주의로, 조작적 구성주의, 급진적 구성주의, 사회적 구성주의 등이 언급된다. 이상 세 개 혹은 어느 두 개 사이의 차이는 많은 연구자에 의해 주목되고 설명된 바 있다(박영배, 1996; Brooks, 2002; Ernest, 1990 & 2009; Fer, 2009 등). 환경과의 상호작용을 통해 학습 주체가 동화 및 조절의 인지과정을 거쳐 새로운 지식을 구성한다는 Piaget의 조작적 구성주의가 다소 고전적이지만 기본적인 이론으로 간주되고 이름 그대로 혁신적이라는 평가가 어울릴 만한 von Glasersfeld의 급진적 구성주의가 객관적 지식 자체의 전면 부정으로 인한 문제를 야기시킨다는 것을 감안하여, 오늘날 수학 교실에서 가장 주목받는 구성주의는 아마도 사회적 구성주의라 할 수 있을 것이다. 학습자의 사회적 상호작용 및 협동을 강조하는 사회적 구성주의는 모든 인지 작용을 사회적 상호작용의 산물로 본 Vygotsky의 이론에 근원을 두고 있다(The University of California, 2013). 따라서 사회적 구성주의는 이해와 지식 구성에 있어 문화와 맥락의 중요성을 강조하며, 기본적으로 실재는 사회적 구성에 앞서 존재하여 발견되는 것이 아니라 인간 활동을 통해 구성된다는 점에서 구성주의의 기본 입장을 따른다. 그러나 지식의 구성 과정에서 개인이 환경뿐만 아니라 타인과의 상호작용을 통해 의미를 구성한다는 점에서 조작적 구성주의와는 차별화되며, 따라서 의미 있는 학습은 개인이 사회적 활동에 참여할 때 비로소 발생한다는 입장을 취한다. 이에 사회적 구성주의에 입각한 수학 교실의 특징은 조작적 구성주의나 급진적 구성주의의 개인적 지식 구성이 함의하지 못한 사회적 차원을 강조하는 형태로 나타날 수밖에 없다. 그러한 수학 교실의 특성 및 수업 절차를 2절에서 고찰할 것이다.

한편 수학교육의 이론과 실제의 통합적 측면을 고려할 때, 구성주의의 교육적 적용은 이론적 차원에 머물 뿐 대부분의 학교, 특히 중등학교에서는 그 실천을 목격하는 것이 쉽지 않다는 Pon(2001)의 의견은 주목할 만하다. 나귀수(2010) 또한 구성주의가 수학교육 연구 및 수학과 교육과정에 미친 영향을 인정하지만, 실제 학교 현장의 수학 수업에 의미 있는 영향을 미쳤는가에 대해서는 의문을 제기한다. 우리나라 수학교육에서 구성주의에 대한 관심이 비롯된 1990년대 이후 사반세기 가량이 흐른 현 시점에서 되짚어 볼 필요가 있다: 구성주의가 수학교육의 중심 철학으로서 적절하게 위치하고 있는가?

임재훈(1999)이 1990년대 국내 수학교육학계의 구성주의에 관한 연구의 두 갈래로 구성주의 수학교육 철학에 대한 이론적 고찰과 구성주의로부터 수학교육의 실제에 도움이 되는 방법상의 원리 탐색을 언급했듯이, 당시의 연구는 특정 영역이나 주제가 아닌 주로 연구 초기 단계에서의 포괄적인 접근이었음을 확인할 수 있다.

구성주의와 관련한 초기 연구의 특성을 보여준 90년대에 이어 2000년대 접어들면 다양한 내용 영역에서 특정 주제에 대한 구성주의적 교수·학습 원리를 적용한 실천 연구들을 다수 발견할 수 있다. 본 장에서 관심을 두는 영역은 대수이다. 대수는 적어도 18세기에는 기호와 부호 및 이들을 조작하는 잘 정의된 방법을 이용하여 미지수를 결정하는 것으로 간주되었지만(Katz, 2007), 오늘날은 '일반화된 산술'이라는 관점을 넘어 매우 다양한 주제를 포함하는 영역으로 간주된다. 따라서 본 장에서는 대수 이전 단계인 산술 영역에서의 연구를 포괄하는 선행 연구에 기초하여 국내외의 대수 영역에서의 구성주의적 접근에 기초한 연구를 고찰, 분석함으로써 앞으로의 연구와 실천을 위한 함의점을 도출하고자 한다.

구체적으로 3절에서는 국외의 관련 연구를 통해 대수 수업을 위해 구성주의의 원리가 어떻게 적용되었는지 고찰할 것이다. 4절에서는 우리나라의 연구 현황을 검토할 것인데, 대수와 산술 수업 및 교구 활용 수업을 중심으로 이루어질 것이다. 마지막으로 5절에서는 이상의 고찰에 기초한 교수학적 논의와 제언을 포함할 것이다.

2. 구성주의에 따른 대수 수업의 특성 및 절차

구성주의에 입각한 교수·학습은 비전통적인 방식을 취해야 한다(Pugalee, 2001)고 할 정도로, 구성주의는 전통적인 수학교육에 의해 야기되는 문제에 대항하여 앎의 의미와 방법에 있어서의 대안으로 제안되고 있다. 그렇다면 구성주의에 따른 수업의 특성을 이해하기 위해서는 전통적인 수업이 어떠한 특성을 보이는지를 파악하는 것이 우선이라 할 것이다.

구성주의적 접근을 수학교실에서 목격되는 전통적 접근의 반대 의미로 간주한 수학교육자들이 생각하는 전통적인 교수법의 의미를 보면, Pugalee(2001)는 정답을 내기 위한 수학적 절차와 알고리즘의 적용 등을 들었고, 김판수 외(2000)에서는 교육의 단기적 성과를 기대하는 제도와 평가, 주어진 시간에 가르쳐야 할 내용이 있고 교사는 강의계획서대로 실천에 옮겨야 하는 압박감, 학생들은 의문이 있어도 질문을 하지 못하는 학급 분위기 또는 학생을 대하는 교사의 태도 등을 꼽았다. 따라서 구성주의에 기초한 수학 수업은 수학적 절차와 알고리즘의 단순 적용이 아니며 수업 분위기와 학생 및 교사의 역할 및 태도에 있어 변화가 있어야 함을 함의한다.

실제로 국내·외에서 사회적 구성주의에 근거하여 수학 교수·학습 상황을 구현한 다수의 연구가 있어왔고, 그러한 선행 연구를 통해 확인되는 사회적 구성주의에 기초한 수학교실 상황은 구성주의가 취하는 '학습자는 능동적으로 지식을 구성한다'는 기본 원리 외에 다음과 같은 특징을 갖는 것으로 나타난다.

첫째, 소그룹 협동학습과 학급 전체 토론 및 발표가 주요 교수 전략으로 역할한다. Wood & Yackel(1990)은 소그룹 문제해결과 학급 전체 토론을 산술뿐만 아니라 수학의 모든 영역에서 주요 교수 전략으로 간주하였고, 이를 통해 전통적인 교실에서 불가능한 학습 기회를 제공할 수 있다고 하였다.

둘째, 짝 또는 모둠 상호작용은 교사에 의해 중재되고 구조화되어야 한다. 교사는 학생들이 토론에 적극적으로 참여할 수 있도록 적절한 탐구 주제를 선정해야 하며, 수업 과정에서 상호작용이 활발히 발생할 수 있도록 토론을 구조화시켜야 한다는 것이다. 여기에는 교사와 학생간의 의사소통시 교사가 마지막 답을 언제 해야 할지에 대한 판단(신현성, 1992)도 포함될 수 있다.

셋째, 사회적 의미의 구성은 개인들간의 상호주관성(intersubjectivity)을 전제로 하여 공동체 내의 논의와 타협에 의해 도달되며, 이것이 급진적 구성주의에서 놓치고 있는 지식의 객관성을 보완해 주는 역할을 한다. Brousseau(1998)의 수업 사례 '20으로의 경주'에서 게임에 이기기 위한 전략을 주장하고 반대하는 반복된 논의를 거쳐 사회 구성원인 학급 전체가 찬성하는 것으로 지식의 객관성을 확보하였고, 이것이 곧 합의된 지식에 해당한다.

이상은 사회적 구성주의가 주장하는 지식 구성을 위한 타인과의 상호작용의 필요 때문에 야기되는 특성의 것이라 할 수 있다. 그렇다면 사회적 구성주의에 입각한 대수 수업은 어떠한 절차를 따르는 것이 바람직할까? 대수 영역에서의 수업 사례를 포함한 연구로부터 파악되는 수업 절차로 다음의 세 가지를 고찰한다.

Brousseau(1998)의 수업은 자신의 교수학적 상황론에 따라 행동의 상황, 형식화의 상황, 타당화의 상황, 제도화의 상황을 거쳤다. '20으로의 경주'를 예로 든다면, 이 상황 전개를 위해 짝과의 일대일 게임, 모둠별 게임, 발견 게임을 거쳤고, 마지막 단계에서 교사의 개입이 이루어진다. 개별 활동 및 토론 등의 사회적 상호작용을 통해 지식을 구성하는 사회적 구성주의 수업의 특성을 띠고 있음을 주목할 수 있고, 특히 이론 발달 과정의 후반기에 추가된 제도화의 상황은 사회적 구성주의의 약점을 보여주기 때문에 흥미롭다. 즉 타당화의 상황을 통해 생성된 합의된 지식이 수학적 오류를 담고 있는데, 학생들은 아무 이견 없이 그 앎을 구성한 것이다. 이때 합의된 앎을 수정 또는 인정해 주는 것이 제도화의 상황이고 교사에게 주도적인 역할이 부여되는 것이다. 사회적 구성주의에서 교사의 역할에 대한 재조명이 필요한 이유를 다시 한번 확인시켜 준다.

박영배 · 전성화(1997)는 초등학교 1학년의 덧셈 관련 수업에서 구성주의적 수학 수업 모델로서 도입, 의미 지향적 활동, 발문 중심적 상호 작용, 정리 및 발전의 단계를 제안하였다. 도입 단계와 정리 단계는 여느 수학 수업과 마찬가지이므로, 구성주의 수업의 특성은 중간에 위치한 두 단계에서 찾아야 할 것이다. 의미 있는 학교수학을 소재로 교사가 적절한 발문을 통해 학생의 반응을 유도해냄으로써 학생들로 하여금 일련의 추측 및 토론을 통해 수학 지식을 구성한다는 취지이다. 그 과정에서 반영적 추상화 및 학생 중심적 개별화를 기본 원리로 삼고 있다.

서동엽(2005)은 초등 영재를 대상으로 사회적 구성주의를 적용한 배수 판정법에 관한 수업을 네 단계로 전개하였다. 첫 단계는 주관적인 지식 형성 단계로, 지식이라기보다는 주관적으로 추측을 형성하는 단계이다. 다음은 첫 단계에서 제시된 추측에 대해 반례가 제시되고 추측이 개선되는 연속적 과정인 객관화의 단계이다. 셋째는 객관적 지식의 형성 단계이다. 교사가 개입되는 단계인데, 실제 실험에서는 둘째 단계에서 학생들 스스로가 반례를 제공할 수 없을 경우 교사의 개입은 이미 이루어지고 있었다. 마지막은 개인적 재형성 단계로, 전 단계에서 교사가 제시한 객관적 지식에 대한 이해가 요구되는 단계이며, 그것을 확인하기 어렵기 때문에 이해된 지식의 적용을 위한 새로운 문제 상황의 제공을 필요로 한다. 결국 주관적 지식 형성, 의사소통을 통한 객관화, 객관적 지식의 형성을 따르며, 그 과정에서 교사의 중재가 요구된다는 것으로 요약할 수 있다.

이상의 사례로부터 구성주의에 따른 대수 수업 역시 지식의 구성을 위해 주관적 지식으로부터 객관적 지식으로의 이동, 공동체 내의 논의와 타협, 발문 및 반례 제공을 위한 교사의 개입 등의 특성을 읽어낼 수 있다. 이러한 특성은 지도되는 관련 내용에 무관하게 공통적으로 전개되는 일반 특성이라 할 수 있지만, 교과 지식에 따라 고유의 특성을 기대하는 것이 자연스럽다. 교수학적 삼각형에서 한 꼭짓점을 차지하는 수학적 지식의 위상을 고려할 때 학생들 간의 상호작용 또는 교사와 학생의 상호작용은 모두 관련 지식에 기초하여 이루어지기 때문이다. 이상의 세 가지 수업 사례에서 수학적 지식은 모두 수와 연산 영역의 것이다. Brousseau(1998)의 경우는 수의 패턴을 탐구해야 하는 수업인데, 학생들로 하여금 교사가 의도한 탐구를 하게끔 각 상황에 적절한 게임[1])을 활용한 것을 들 수 있다. 박영배 · 전성화(1997)는 덧셈에 대한 수업을 다루므로 연산 지도를 위한 전통적 수업에서 강조되던 계산 절차 및 알고리즘보다 연산의 의미를 강조하는 특성이 부각된다. 한편 서동엽(2005)은 배수와 관련한 수업 사례이며, 학생의 주관적 추측을 개선하기 위한 방안으로 교사의 발문이나 반례 제시를 이용하였고, 따라서 그 내용은 가르치고자 하는 수학적 지식에 특수하게 연결된 발문이어야 한다.

1) 게임을 통한 수학 학습은 적극적인 협동적 사회적 상호작용을 야기시키므로 사회적 구성주의를 구현할 수 있는 바람직한 학습의 기회를 제공한다(Irvin, 2008).

3. 국외의 관련 연구 사례

수학 수업에서 구성주의적 접근을 취하는 것은 비단 몇 개국에 국한되는 현상이 아니다. 여러 나라에서 수학 교수·학습을 위해 구성주의적 접근을 취하는 것으로 조사되며, 우리나라 수학교육에서 시행되어 온 구성주의적 접근에 대한 이해와 앞으로의 바람직한 연구 방향을 설계하는 데 있어 국외의 관련 연구를 고찰하는 것은 의미 있는 과제라 할 수 있다. 특히 본 장에서 관심 있는 구성주의 관점에서의 대수 교육을 고려하기 위해 미국, 필리핀, 그리고 파키스탄에서 실시된 대수 학습에 관한 구성주의적 접근의 연구를 다룰 것이다.

Ross(2006)는 중학생의 대수적 이해에 영향 미치는 요인으로 표현, 구성주의적 접근, 학생 참여를 조사하였다. 여기서 구성주의적 접근이란 구성주의를 교수 방법의 기본으로 삼는다는 뜻으로 독립적 사고, 문제 중심 수업의 고안, 공유된 의미의 촉진을 위한 교사의 독려를 포함한다. 미국의 교육 상황에서 16개의 7, 8학년 대수 수업 비디오의 관찰 분석을 중심으로 한 질적 연구와 대수 영역에서의 사전·사후 검사 결과 분석에 기초한 양적 연구의 이중 연구 방법을 통해 연구자가 고려한 세 가지 요인이 대수 이해에 미치는 영향력을 조사한 결과, 구성주의적 접근은 중학생의 대수 학습에 긍정적인 영향을 미치는 것으로 나타났다.

Pugalee(2001)는 일부 학생이 아닌 모든 학생을 대상으로 하는 수학교육을 위해 수학을 잘 못하는 학생들의 대수 수업에 구성주의 원리가 어떻게 적용될 수 있는지를 연구하였다. 연구에 이용된 중요한 도구는 교육공학이었으며 연구자는 수학적 지식의 구성과 적용을 위한 공학도구의 역할을 강조하였다. 구체적으로, '구성주의 환경이 일차방정식의 그래프 단원 탐구시 고등학생 대수 이해에 어떻게 영향 미치는가?'라는 연구 문제를 제기하여 낮은 성취도 때문에 수업 참여도 역시 낮은 고등학생의 수학적 소양 증진에 관심을 두고 구성주의 교육철학의 기본 원리를 적용한 수업을 계획 및 적용한 연구이다. 이때 그래픽 계산기가 탐구 도구로 활용되었다. 연구 결과는 학생 자신의 수학적 개념화를 위해 공학도구가 유효하였으며 교사와 학생 또는 학생간의 담화의 역할 덕분으로 성취도가 낮은 학생들이 자신의 학습에서 능동적 참여자로 역할하였음을 보여준다.

Lopez(2012)는 전통적 교수법에 대한 대안으로서 구성주의를 말하고, 그 특징으로 학생들의 학습 과정에의 능동적 참여를 꼽았다. 대수 영역에서의 학업 성취에 대한 교수 방법의 영향을 조사하기 위해 필리핀의 고등학교 2학년 학생들을 대상으로 전통적 교수 방법으로 가르친 통제집단과 구성주의 방법으로 가르친 실험집단의 사전·사후 검사를 통한 통계적 분석을 실시하였다. 연구 결과, 지식, 이해, 응용, 분석의 모든 수준에 있어 전통적 방식으로 배운 통제집단이 구성주의 방식으로 배운 실험집단에 비해 통계적으로 유의미하게 더 높은 성취도를 나타낸 것으로 나타났다. 이는 다인수 학급에게 대수를 지도하기 위한 교수 방법으로 구성주의 방식보다 강의를 위주로 하는 전통적 방식이 효과적임을 보여주는 결과이다.

Ilyas et al.(2013)은 사회적 구성주의에 기초한 대수 학습이 7학년 학생의 성취도에 미치는 영향을 조사하는 연구를 실시하였다. 이를 위해 파키스탄의 한 공립학교의 7학년 두 그룹을 실험집단, 통제집단으로 하여 각각 구성주의 방식과 전통적인 방식에 따라 대수 수업을 실시하면서 사전·사후 검사를 시행하였다. 이 연구에서 사회적 구성주의적 접근은 Vygotsky의 관점에 따른 다음 세 단계를 적용한 수업을 말한다: 모델링 또는 모방학습, 지도받는 학습 또는 비계, 협동학습 또는 사회적 그룹 내에서의 의미 구성. 연구 결과, 학습 성취도에 있어 실험집단이 통제집단에 비해 통계적으로 유의미하게 앞선 것으로 나타났다. 이 연구에서 파키스탄 공립학교의 수업은 양방향 상호질문을 보기 어려울 정도로 교사 중심적이기 때문에 사회적 구성주의의 적용 여지가 없는 것으로 묘사된다. 그렇기 때문에 연구 설계 및 방법에 있어 전통적 수업과 구성주의적 접근의 대조적 특성에 기인한 두 그룹을 설정할 수 있었고, 연구 결과는 교육 실제에 상당한 영향을 미칠 것으로 기대된다.

이와 같이 각 국에서 대수 교육의 장면에서 수행된 연구는 구성주의적 접근의 구체적 의미를 분명히 밝히고 있다. Ross(2006)는 독립적 사고, 문제 중심의 수업, 공유된 의미의 촉진을 거론한 반면, Lopez(2012)는 학습과정에서 학생들의 능동적 참여를, Ilyas et al.(2013)은 모델링, 비계, 협동학습 등의 요인을 꼽았다. 넓게는 구성주의, 좁게는 사회적 구성주의를 표방하는 특성들 중 자신의 연구에서 변인으로 택한 특성들을 잘 보여준다. 연구 결과에 있어, 구성주의적 접근이 대수 교육에 긍정적인 효과를 야기시킨다는 것이 더 우세하지만, Lopez(2012)에서처럼 다인수 학급에서는 전통적 교수법이 우위를 보인다는 사실을 주목할 필요가 있다.

4. 우리나라의 연구 현황

국내에서도 수학 인식론 또는 수학교육 철학으로서의 구성주의 및 구성주의에 따른 교육과정에 대한 연구가 이루어져 왔다(박영배, 1996; 우정호, 남진영, 2008; 백석윤 & 이명희, 2003 등). 이론과 실천의 통합이 본질인 교육 분야의 연구에 있어 이와 같은 이론적 고찰이 이루어졌다면 이어서 이를 기반으로 하는 교육 현장에서의 실제적 적용, 즉 구성주의에 따른 교수·학습 방법에 대한 연구를 기대하는 것은 자연스럽다.

더욱이 수학교육 철학적 관점에서 교육과정의 변화를 조명한다면 사회적 구성주의에 입각한 교육과정의 출발은 제7차 교육과정기라 할 수 있고, 이러한 흐름은 이후 두 차례의 교육과정 개정을 거친 오늘날까지 이어지고 있다. 따라서 2000년 대 이후 구성주의에 기반한 교수·학습에 대한 다수의 현장 연구가 기대되는 것이 사실이다.

본 절에서는 산술 및 대수 영역과 관련하여 우리나라에서 시행된 연구 성과를 검토함으로써 교실 수업에서의 구현을 위한 논의의 토대를 마련하고자 한다.

4.1 대수 교육과 구성주의

이 절에 포함해야 할 적절한 내용은 국내의 수학교육학 분야의 연구 중 구성주의에 입각한 대수 교수·학습과 관련한 연구를 메타분석한 결과일 것이다. 그러나 실제 문헌 검색의 결과, '구성주의'와 '대수'를 키워드로 제공했을 때 한국교육학술정보원 검색에서 29편이 검색되었는데, 이 중 두 키워드가 제목에 동시에 포함된 경우는 없었으며 제목만 보아서는 그 관련성을 추론하기 어려운 연구가 대부분이었다. 한편 한국수학교육학회 및 대한수학교육학회에서 제공하는 검색 사이트에서도 두 키워드와 동시 관련된 연구는 검색되지 않았다. 이에 '구성주의'만으로 검색한 결과, 각각 5편, 8편의 연구가 검색되었다. 그러나 여기서 두 가지 주의점을 상기하고자 한다. 첫째, 제목이나 주제어로 '구성주의'를 표시하지 않았지만 실제 연구 내용을 들여다보면 구성주의를 기본 수학교육 인식론으로 택하고 있는 다수의 연구가 있다는 점이다. 둘째, 대수 영역의 복잡함과 다양성을 생각할 때 대수라는 용어가 사용되지는 않지만 그 하위 주제로 포함되는 다양한 내용 요소의 지도와 관련한 연구가 가능하고 오히려 자연스럽다는 점이다. 이와 같은 제약을 고려할 때 검색 결과의 빈약함으로 인해 구성주의 맥락에서 대수 지도와 관련한 연구가 적다는 결론을 내리는 것은 위험하다고 할 것이다.

그럼에도 불구하고 보다 상세한 검색 결과 이용에 대한 제약으로 인해 우리나라 수학 교육 연구 분야에서 구성주의에 입각한 대수 지도 관련 연구에 대한 체계적인 메타분석을 실시하기는 어렵다고 판단하였고, 따라서 위의 검색 결과로 얻은 39편(중복 편수 고려)의 연구 중 연구에서 다룬 대상의 학교급에 따라 분류하여, 대수 관련 영역의 하위 주제를 중심으로 몇 가지 사례를 분석, 고찰하고자 한다.

[표 1] 구성주의에 기반한 대수 영역의 연구 사례

학교급	연구자	연구 내용	연구 유형	수학 주제
초등학교	이부다(2010)	구성주의 관점에서 초등학교 1, 2학년 수와 연산 영역에 대한 교과서 분석	교과서 분석	수와 연산
	박영배·전성화(1997)	초등학교 1학년에게 덧셈 지도시 구성주의적 활동을 통해 수학적 지식 구성의 의미와 구성 과정의 탐색	실행 수업 연구	덧셈
	서동엽(2005)	초등 영재 수업을 위한 사회적 구성주의의 지식 형성 과정을 적용	수업 사례	배수 판정법
중학교	신만식(2005)	구성주의 이론에 근거하여 학생들의 활동 및 초등학교에서 학습한 수학적 지식을 기반으로 지식을 구성하도록 하는 문자와 식 단원의 지도 방법 제안	학생들의 이해 조사 결과를 바탕으로 한 지도 방법 고안	문자와 식
	김현정(2005)	구성주의 환경 조성을 위해 수학교구를 이용한 대수 수업이 중학생의 인지적, 정의적 측면에 미치는 영향 조사	수업적용 후 사전사후 비교 분석	정수의 덧셈·뺄셈, 일차식의 계산
고등학교	김득진(2004)	고등학교 대수 영역에서 van Hiele 수학학습수준에 따른 단계별 웹 학습시스템의 개발	웹 학습시스템 개발	다항식의 전개, 인수분해
대학교	나귀수(2010)	초등학교 예비교사의 수학적 지식 구성 가능성 및 구성주의적 수업의 의의와 한계에 대한 인식 조사	교수 실험	비와 비율

우리나라에서 대수가 본격적으로 지도되는 시기는 중학교이므로, 초등 수학의 세 연구 사례는 모두 수와 연산 영역에 관련된 것이다.

이부다(2010)에 따르면 구성주의 지식관을 표방한 제7차 교육과정과 2007 개정 교육과정에 따른 초등학교 1, 2학년 교과서의 수와 연산 영역을 분석한 결과, 개념보다는 기능, 개념 원리보다는 계산 원리를 강조하고, 기능, 개념, 원리의 관점과 표현 방식에 있어서 다양성이 부족하며, 내용을 계열성에 따라 분절적으로 제시하고, 수학 내의 타영역이나 타과목과의 통합 부족 현상을 드러내는 등 교육과정의 기본 철학이 적절히 반영되지 않은 것으로 나타난다.

박영배·전성화(1997)는 우리나라에서의 구성주의 관련 수업 연구로는 초창기에 해당함에도 불구하고 매우 구체적인 실천 수업 사례를 제시하였다. 구성주의적 수학 수업 모델에 따라 두 한 자리 수의 덧셈과 19까지의 수세기가 가능한 초등학교 1학년 학생에게 세 수의 덧셈 방법을 스스로 찾아내도록 하는 수업이다. 학생들의 다양한 사고와 해결 방법을 제시함으로써 구성주의적 교수·학습을 수학교육의 개선 방안으로 제안하고 있다.

서동엽(2005)은 초등 영재 학생들로 하여금 수학적으로 의미 있는 추측과 토론이 이루어지도록 하기 위해 사회적 구성주의에 기초한 지식 형성 과정에 따른 배수 판정법에 대한 수업 적용 사례를 보여준다. 특히 학생들에게 익숙하지 않은 11의 배수 판정법을 찾는 과정에서 있었던 활발한 토론을 통하여 사회적 구성주의에 기초한 수업 모형이 영재 학생들의 토론을 자극하고 이로부터 학생들의 사고를 진전시키는 데 상당히 효과적이었음을 보여준다. 이 연구 결과를 근거로, 초등 수학 영재 수업을 위해 구성주의 수업 모형의 개선 가능성을 주장하였다.

대수가 도입되는 중학교 수학 지도에 있어 구성주의적 접근을 취한 연구로 문자와 식 단원을 다룬 신만식(2005)의 연구와 수와 식의 계산을 다룬 김현정(2005)의 연구를 고찰한다.

신만식(2005)은 대수 도입기에 대수 기호의 형식적 도입과 기계적 조작을 탈피하고 대수적 사고를 함양할 수 있는 교수 방법을 탐색하고자 하였다. 이를 위해 문자와 식 단원을 학습하는 중학교 1학년 학생들을 대상으로 초등학교에서 배운 대수 관련 개념에 대한 이해 정도를 조사하고 이와 관련지어 학생들의 활동을 통해 스스로 지식을 구성하도록 한다는 구성주의 이론에 따른 지도 방법을 고안하였다. 이 지도 방안은 개념 중심의 수업, 선수 학습 요소인 초등 수학에서의 대수 관련 내용을 제시하고 그에 대한 학생 상호 토론을 통해 대수적 지식을 구성, 특수에서 일반 및 일반에서 특수로의 상호 전환 경험을 제공, 구체적 이미지 및 구체적 생활 관련 문제에서 출발하여 추상적 사고의 간격을 메우는 교수 전략을 포함한다.

김현정(2005)은 중학교 1학년 학생이 학생 스스로 수학 지식을 구성할 수 있는 환경 조성을 위해 수학교구를 이용하였다. 수학교구의 영향을 알아보기 위해 정수의 덧셈과 뺄셈을 위해 셈돌모형을, 일차식의 계산을 위해 대수막대를 활용한 10차시분의 보충수업을 실시하였다. 이후 사전·사후에 성취도 검사와 학습태도 검사를 적용하여 실험집단과 통제집단 간에 통계적으로 의미 있는 차이가 발생하였는지를 비교 분석하였다. 그 결과, 학습태도에 있어서 자신감과 달리 흥미와 태도에 있어서는 통계적으로 유의미한 차이가 있었고, 성취도의 차이는 조작교구를 이용한 수업 방식의 효과를 입증한다고 보았다. 이때 조작 교구 활용 수업은 학생의 활동 참여, 흥미 유지, 스스로 학습, 교사의 개별 지도를 통한 세심한 관심을 포함하는 것으로 묘사하였다.

한편 고등학교와 대학교 대수 영역에 대한 구성주의적 접근을 다룬 연구는 드물다.

김득진(2004)은 고등학교 대수 학습용 웹 학습시스템 개발 연구로서, 제7차 교육과정기의 수학 10-가 '문자와 식' 단원 중 다항식의 전개와 인수분해에 대한 학습을 위해 van Hiele의 수학학습수준 이론에 따라 단계별 웹 학습시스템을 개발하였다. 수준별 개별화 학습을 위해 탐구, 안내, 명료화, 적용, 통합의 단계를 거치면서 학습자 스스로 지식을 구성하는 것을 목표로 한다.

나귀수(2010)는 초등학교 예비교사인 교육대학교 3학년 학생을 대상으로 비율과 비에 대한 수학적 지식 및 교수학적 지식을 어떻게 구성하는지와 더불어 그들이 인식하는 구성주의적 수업의 의의, 한계, 어려움에 대해 조사하였다. 연구 결과는 구성주의적 관점을 따른 수업에서 예비교사의 수학적 지식 구성의 가능성을 보여줌과 동시에 많은 시간의 소요, 구성주의 수업 적응에의 어려움, 모둠별 토론에서 즉각적 피드백의 미흡, 일정 수준 이상의 지식이 없는 학생들이 갖는 어려움 등을 구성주의에 기반한 수업의 한계로 제시하였다.

이상에서 고찰한 연구는 학교급에 따라 선정된 몇 개의 사례에 불과하지만, 연구 결과에 기초하여 우리나라 산술 및 대수 교육에서 구성주의적 접근과 관련한 다음의 사실을 알 수 있다. 우선, 제7차 교육과정기 이후 수학과 교육과정은 구성주의 교육철학을 표방하고 있지만, 이를 반영한 교과서에서는 구성주의 특성이 제대로 반영되어 있지 않다는 한계적 상황이다. 이는 교사의 높은 교과서 의존도를 고려할 때 실제 대수 수업에서 구성주의적 특성이 잘 구현될 수 있을지에 대한 우려를 자아내게 한다. 그럼에도 불구하고 수학 영재교육을 포함한 모든 학교급에 걸쳐 다양한 사고와 해결 방법, 토론의 자극, 교구 활용, 웹 학습시스템 개발 등의 구체적인 방법을 통해 구성주의를 구현하려는 노력이 이루어지고 있음을 확인할 수 있다.

4.2 교구를 이용한 대수 학습에의 구성적 접근

Ross(2006)는 구성주의 접근을 규명하기 위한 하위 요소를 탐색하면서 신체적 행동과 구체적 조작을 포함시켰다. 그 이유로 신체적 행동은 단순한 암기를 막고 의미를 강조할 기회를 부여하며, 구체적 조작은 구체적 학습 경험을 이용할 때 아이디어 구성의 가능성이 높다는 것을 지적하였다. 실제로 Bieda(2008)는 6학년 학생들이 타일모델을 이용하여 짝수와 홀수의 합 및 곱에 대한 결과를 일반화하고 정당화하는 수업을 통해 구체적 모델을 이용한 패턴 인식, 구체적 표현을 이용한 정당화로부터 문자 변수가 포함된 대수 수업에서의 기호 조작으로 이동하는 자연스런 확장 가능성을 주장하였다.

이와 같은 입장에서 구성주의 접근을 위해 적극적으로 활용 가능한 것이 바로 수학적 교구이다. 교구를 활용한 대수 교수·학습에 관한 선행 연구를 통해 구성주의의 적용 방안을 탐색해본다.

4.2.1 구체적 조작 교구를 이용한 대수 학습

대수 학습을 위해 활용 가능한 교구로 다진수블록이라고도 불리는 디엔에스블록, 대수타일, 대수블록 등이 대표적이다. 특정 주제에 대해서는 세 가지가 동일하게 활용 가능할 정도로 유사점을 띠지만 그 활용 범위가 후자로 갈수록 확대된다. 대수타일은 디엔에스블록의 활용 범위를 이차식의 인수분해까지 확장시키며, 수의 범위 역시 음수까지 확장시킨다. 다시, 대수블록은 직육면체의 부피를 이용하여 삼차식의 인수분해까지 확장시킨다(김남희, 2008).

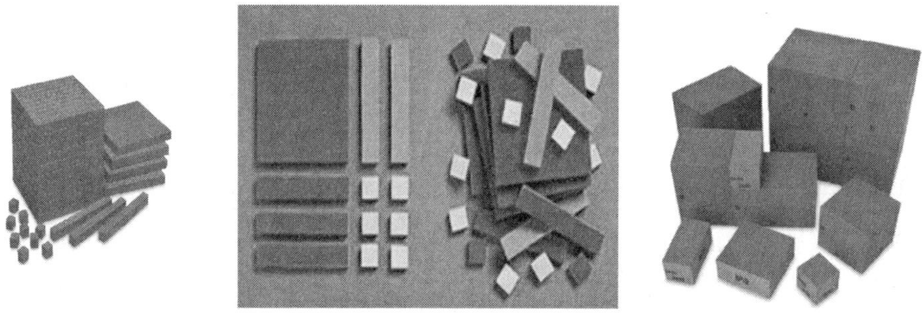

[그림 1] 디엔에스블록, 대수타일, 대수블록(그림 출처: 구글 이미지)

대수타일을 이용하여 인수분해를 지도한 실천 연구로 박지혜(2011), 박찬숙(2002), 김해윤(2007),[2] 박민선(2003) 등이 있다.

박지혜(2011)는 전문계 고등학교 3학년 학생 3명에게 대수타일을 이용하여 인수분해를 지도한 후 활용의 긍정적 효과로 학생들로 하여금 상호작용을 통한 문제해결을 가능하게 한 것, 인수분해의 의미를 명확히 한 것, 학생들의 능동적인 참여를 꼽았다.

---

2) 박찬숙(2002), 김해윤(2007)에서 연구자는 대수블록이라 칭하였지만, 실제로 연구에 사용된 교구는 대수타일이거나 아니면 대수블록이지만 이차식에 국한된 문제라서 대수타일과 동일하게 활용되므로, 본 장에서는 대수타일로 총칭한다. 실제로 삼차식의 인수분해 지도를 위해 대수블록을 적용한 연구는 발견하지 못하였다.

박찬숙(2002)은 중학교 2학년 수학 학습 부진아 2명을 대상으로 대수타일을 이용하여 인수분해를 지도한 결과, 대수의 인수분해 개념을 도형의 넓이 개념으로 새롭게 접근하도록 하여 조작 경험을 통해 흥미, 태도에 있어 긍정적인 영향을 미친 것으로 보고하였다.

김해윤(2007)은 인수분해를 학습하지 않은 중학교 2학년 학생 4명과 이미 학습한 3학년 학생 2명을 대상으로 대수타일을 이용하여 이차식의 인수분해를 지도하였다. 학업 성취도에 따라 반응의 차이는 없었고 선생님의 설명보다 어려웠지만 재미있다는 반응이 흥미롭다. 일정 시간 경과 후 인수분해 문제가 주어졌을 때 수행 능력에 있어 개인차가 심하였고, 성취도가 낮을 때 규칙 적용의 연습이 필요함을 지적하였다.

박민선(2003)은 대수모형[3]을 이용하여 중학교 1학년 성취도가 낮은 학생 4명에게 학생들이 학습의 어려움을 겪는 주제인 정수의 덧셈과 뺄셈, 일차식의 계산, 일차방정식의 풀이에 대한 수업을 하였다. 결과적으로 수업집중도를 제고시켰고, 2인 1조 수업을 통해 서로의 의견을 교환하고 잘못을 지적하며 스스로 대수모형을 조작하고 정확한 답을 찾아가는 과정에 능동적으로 참여하여 원리를 찾았고, 따라서 기억도 오래 지속되었다. 그러나 문제가 복잡해지면 조작 활동 자체를 어려워하거나 활동 과정보다 결과에 집착하는 등의 부정적인 측면도 함께 논의되었다.

이상의 연구에서 명시적으로 기술된 연구 기반 이론으로 구성주의 외에 활동주의, 발견학습이 포함되어 있음에도 불구하고 연구자들이 기본적으로 가정한 것은 교구 활용의 특성 덕분에 학습자의 활동을 통해 학습이 이루어진다는 것이고 또 학습자가 앎을 구성하는 과정을 경험한다는 것이다. 그러나 각 이론상에는 연구자들이 주목하지 못한 차별적 주장이나 심지어 발견 대 구성과 같이 정반대되는 주장이 포함되어 있기 때문에, 발견의 범주를 벗어나기 위해서는 교구 활용상의 주의점인 수학적 구조가 교구 안에 내재하는 것이 아니라 조작 활동을 통해 구성되어야 한다는 점을 부각시켜야 할 것이다.

교구의 창안에 깃든 교육철학 중 하나는 수학적 구조의 지도이다. 수학적 구조의 학습이란 여러 개념 요소간의 상호작용을 파악함으로써 별개의 요소가 아닌 기본적으로 총체적으로 개념망을 파악하는 것으로 볼 수 있다. 이러한 구조는 언어적 설명으로 지도가 어렵기 때문에 교구를 통한 조작 활동을 통해 학습자 스스로 구성하기를 기대하는 것이다. 또한 앞의 연구 결과들이 보여주듯이 교구 조작시 또래끼리의 상호작용이 지식의 구성을 훨씬 수월하게 한다는 이점은 구성주의 관점에서의 대수 교육을 위해 조작 교구의 활용을 주목하도록 이끈다.

3) 박민선(2003)은 대수타일 대신 직접 제작한 대수모형을 활용하였다.

4.2.2 컴퓨터 환경에서의 대수 학습

대수 학습에서 유용한 교구로 구체적 조작 교구 외에 컴퓨터 언어나 교육용 소프트웨어 등의 공학 도구를 생각할 수 있다. Pugalee(2001)가 지적했듯이 구성주의 입장에서 교수 접근의 도구로 공학 도구를 활용한 연구는 그리 많지 않은 듯하다. 예컨대 수학교육 분야에서 컴퓨터 언어나 소프트웨어를 활용한 다수의 연구가 있지만 그것을 구성주의 관점에서 조망한 경우는 드물기 때문이다. 그러나 암묵적으로 컴퓨터 기반 환경에서의 학습은 교실 활동에의 참여, 자신의 아이디어에 대한 반성적 사고, 구체적인 활동적 학습 경험의 활용 등의 측면에서 볼 때 구성주의 관점을 구현하기에 다분히 유리한 입장에 있다.

그러나 계산결과로 나타난 관계 분석과 일반화, 다중 표현의 활용, 수학적 모델링을 강조하는 ICT 환경에서의 대수 교육은 전통적인 대수 교육의 패러다임에서 벗어나 인식론적 변화와 교육과정의 변화를 필요로 하는 것에 반해, 우리나라의 대수 교육은 아직 전통적인 대수 교육의 특성을 벗어나지 못하는 것으로 간주된다(장경윤, 2007, 2008).

이와 같은 ICT 환경에서의 대수 교육의 미흡한 실제와 별도로, 관련된 연구 사례를 찾는 것은 어렵지 않다. 이환철(2003)과 같이 중학생에게 다항식의 곱셈 및 인수분해를 지도하기 위한 대수타일을 소프트웨어로 구현한 경우도 있지만, 대수 수업에서 흔히 사용되는 공학 도구로 CAS(Computer Algebra System) 그래핑 계산기와 지오지브라(GeoGebra)를 들 수 있다. 이와 관련한 다수의 연구가 수행되었는데, 그 중 구성주의 관점에서 조명할만한 몇 개의 연구를 살펴보면 다음과 같다.

조영주 외(2010)는 고등학교 1학년을 대상으로 CAS 활용 컴퓨터 대수 환경을 이용하여 대수의 매개변수 개념을 모둠 토론식 수업으로 지도하고 그 이해 과정에서의 특징을 연구하였다. 김진환 외(2010)는 학교수학에서 CAS에 기반한 수학적 지식의 발견 모형에 따라 일차함수 합성 성질에 대한 탐구 활동을 제안하고, 관찰, 추측, 추론, 증명으로 이어지는 이 활동이 고등학교 혹은 중학교에서 적용 가능함을 주장하였다.

한편 이상구 외(2013)는 수학적 개념의 시각화가 개념 이해뿐만 아니라 스스로 발견하는 학습 가능성을 제고시킨다는 생각에서 Sage와 GeoGebra를 활용하여 선형대수학의 개념을 지도하기 위한 프로그램을 개발하였고, 양성현 외(2011)가 이차곡선 지도를 위해 GeoGebra를 이용한 것 역시 시각적 표현을 수학적 개념 이해를 위한 비계의 역할로 이용한 것이다.

이상의 연구에서 볼 수 있듯이, 대수 수업을 위한 공학 도구의 활용 연구는 구성주의를 표방하지 않더라도 ICT 환경 자체가 관찰, 추측, 추론, 증명 등 일련의 탐구 활동, 소집단 토론식 수업 방법, 개념 구성의 비계로서 시각적 표현의 활용을 격려하기에 용이하다는 특징을 띠고 있다.

5. 논의 및 제언

학교 교육에 구성주의의 도입은 전통적인 수업 방식에 대한 문제제기로부터 출발한다. 구성주의가 교육을 위한 기반이 될 때 가장 중요한 함의점은 지식의 본성과 그 지식을 갖는 앎의 방법에 대한 것이다. 수학교육에 있어서도 마찬가지로, 구성주의가 수학교육의 기본 철학으로 자리할 때 수학적 지식에 대한 본성과 수학 교수·학습 방법에 대해 다수의 포괄적인 기본 방침을 함의하며, 우리는 흔히 구성주의에 입각한 수업을 설계하여 적용한다고 할 때 그러한 기본 방침을 따르기 위해 좀 더 구체적인 전략이나 도구를 활용하게 된다. 이를 대수 영역에 국한시켜 생각한다 해도 크게 달라질 바는 없는 것으로 생각된다. 다만 대수라는 영역의 특성상 구성주의에 따른 대수 교육이 필요한 이유와 그 방법에 대해 대수 지식의 특성과 관련하여 고려할 필요가 있다.

첫째, 대수 교육에서 구성주의적 관점이 요구되는 이유를 대수에서의 주요 내용인 기호적 표현, 절차적 지식 또는 알고리즘의 적절한 적용만으로는 부족하다는 것에서 찾을 수 있다. 대수 영역에서 큰 비중을 차지하는 수나 문자로 하는 계산 및 식의 변형 등은 도구적 이해만으로도 문제를 푸는 데 큰 어려움에 당면하지 않고 지나칠 수 있게 한다. 암기와 연습을 통해 정답을 구해내는 것은 시험 이외의 다른 다양한 상황에서는 더 이상 유용하지 않은 것이 문제이다(Ross, 2006). 문자나 기호를 형식적으로 도입하여 기계적으로 처리하는 방법적 측면에 초점을 맞춘 전통적인 관점의 대수 교육에 대한 대안으로서 구성주의적 접근을 취한다면, 산술에서 다룬 수와 연산이 다양한 의미를 지니듯이 대수적 개념 역시 단일한 개념이 아니라 풍부한 개념망을 형성한다는 것을 학생들이 파악할 수 있도록 기호와 절차의 의미와 그 이해를 강조한 수업이 이루어져야 할 것이다. 구성주의 입장에서 가르쳐야할 대수 지식은 식의 계산, 인수분해와 방정식 풀이와 같은 공식이나 절차뿐만 아니라 연산의 의미, 패턴의 표현, 일반화의 사고와 같은 것이다. 구성주의적 접근은 동일 지식에 대한 학습자의 구성적 방법뿐만 아니라 강조되는 지식의 패러다임 자체가 변화되어야 할 필요를 함의한다.

둘째, 구성주의는 교실 적용을 위해 요리법과 같은 구체적 절차를 제안하지 않는다(Davis et al., 1990). 구성주의의 요점인 학생의 지식 구성은 개인이 지닌 비형식적 지식과 경험을 출발점으로 해야 하기 때문이다. 따라서 지식 구성의 방법은 학습자 개인에 따라, 학습 내용에 따라, 교수 상황에 따라 달리 나타나는 것이 자연스러우며, 교사는 학생이 위치한 혼란스러운 실제와 정돈된 추상적 수학 구조의 양자를 한꺼번에 보고 연결할 수 있어야 한다. 신만식(2005)의 연구에서와 같이, 중학교의 대수 지도를 위해 초등학교에서의 선수 학습 요소 중 대수 관련 내용을 파악하고 그에 대한 학생의 이해를 조사하여 그 이해로부터 출발하여 기존의 이해를 통합하고 확대하는 방식의 지식 구성 방식을 취하는 것은 교사의 바람직한 선택이라 할 수 있다. 예를 들어 일반화된 수량으로서의 문자의 도입은 초등학교에서 다룬 규칙 찾기 활동을 통해 발견한 패턴을 일반화하는 과정에서 자연스럽게 도입될 수 있을 것이다.

셋째, 구성주의 관점에서의 대수 교육을 다룬 본 장에서 국내외의 연구 결과를 다루는 가운데 특히 구체적 조작 교구 및 컴퓨터 환경을 다룬 이유는 대수적 개념의 추상성에 있다. 대수는 지식 자체가 일반성과 추상성을 특성으로 하기 때문에 대수 학습이 시작되는 중학교 1학년 학생들의 사고가 대수 학습을 의미 있게 다루기에 불충분할 수 있다. 이러한 상황을 고려할 때 구성주의 관점에서의 대수 교육은 교구가 제공하는 조작성과 컴퓨터가 제공하는 시각적 표현을 적극 활용할 수 있으며 이를 대수적 개념의 이해를 위한 비계로 활용하는 것에 대해 적극 검토할 필요가 있다. 그리고 이들 도구는 디지털화의 유무와 상관없이 대수를 기하와 통합시켜 다룸으로써 구체성에 의존하여 의미 충실한 이해를 돕는다는 점 또한 주목해야 한다.

본 장에서는 구성주의 관점에서 대수 교육을 조명하기 위해 국내외의 관련 연구를 고찰하고, 그 결과를 토대로 하여 대수 영역의 지식이 지닌 특성으로 인해 대수 교육을 위한 구성주의 접근이 보여주는 특성에 대해 논하였다. 마지막으로, 관련 연구 및 교실 적용을 위한 몇 가지 제언을 하고자 한다.

첫째, 오늘날 구성주의를 주요 수학교육철학으로 삼고 있지만, 구체적인 교수·학습 방법 및 절차에 대한 논의는 미흡하다. 구성주의 관점에서 대수 교육을 조명하기 위해 관련 연구를 탐색하는 데 어려움으로 언급했듯이, 현 시점의 주도적인 교육철학이 사회적 구성주의이기 때문에 연구 설계시 이를 가정하면서도 구성주의에 대한 구체적인 언급이 생략되거나 다른 하위 방법들로 대치되는 경우도 있다. 구성주의를 반영한 접근이 어떠한 것인지 지나치게 광범위하기도 하고 모호하기도 하다. 본 장에서 고찰한 연구만 하더라도 구성주의를 반영한 수업에 대해 광범한 범위에서 다양한 특성들을 선택하고 있었다. 예컨대 Ross(2006)은 대수 수업을 분석하면서 그 수업이 구성주의적인지 아닌지 판단하기 위한 근거로 독립적 사고, 문제 중심 수업의 고안, 공유된 의미의 촉진을 위한 교사의 독려를 선택하였고, 김태향 외(2010)가 선택한 특징은 학습자 중심 수업이었고, 조수윤 외(2011)는 학습자 중심 및 반영적 추상화를 특징으로 꼽았다. 실제로 구성주의에 근거한 수학 수업이 어떻게 전개되어야 하는지에 대한 합의는 없다. Davis et al.(1990)이나 최창우 외(2000)의 표현대로 구성주의 자체가 어떤 교수법을 의미하는 것은 아니고 구성주의 수업의 다양성 탓에 구체적인 교수법을 대응시킬 수 없기 때문에 어쩌면 그 합의 자체가 불가능할지도 모른다. 그럼에도 불구하고, 구성주의에 근거한 수업은 적어도 이러저러한 특성을 띠어야 한다든가, 수업의 구체적인 방안 및 절차는 어떠해야 한다는 등의 구체화를 모색하는 연구가 필요할 것으로 보인다.

둘째, 본 장에서 고찰한 대부분의 연구는 구성주의에 기반한 수업에서 발문자, 안내자, 촉진자, 조력자 등의 명목으로 교사의 역할이 중요함을 언급하였다(서동엽, 2005; 최근배 외, 2007; 최창우 외, 2000; Lopez, 2012; Pugalee, 2001 등). 또한 구성주의 수업을 위해서는 전통적 수업에 비해 교사가 시간과 노력을 많이 할애해야 함을 언급하였다. 실제로 교사들이 구성주의 교육철학을 수용하면서도 전통적 교수법을 택하는 것은 수행상의 용이함 때문이다(Lopez, 2012). 따라서 구성주의에 따른 수업 적용을 위해 이론적으로 매우 중요하기 때문에 실제적 제약을 극복해야 하는 교사의 역할과 관련하여 구체적인 발문법이나 역할 및 수업을 위한 준비에 대한 구체적인 연구가 뒷받침되어야 할 것으로 보인다.

셋째, 구성주의는 학습 과정에서 의미나 원리의 구성을 의도하기 때문에 보다 높은 수준의 학습 과제에 대한 이해가 요구되는 영재 수업에서 기꺼이 적용되는 경향이 있다. 언어적 설명으로는 주입식 교육이 될 위험이 있지만, 학습자 스스로 원리를 찾아 적정한 수준의 비계가 제공되면서 의미 있는 이해가 뒷받침되는 것이다. 예를 들어 최근배 외(2007)는 초등학교 5, 6학년 영재 학생을 대상으로 이산수학의 네트워크 문제를 제공하여 스스로 수학적 원리를 찾고 의사소통을 통해 알고리즘을 구성하는 수업 사례를 보여준다. 연구 결과, 초등 영재에게 다소 어려운 학습 내용인 이산수학의 문제에 대한 탐구를 통해 알고리즘적 사고의 학습 가능성을 확인하였으며, 구성주의적 접근을 통해 학생들에게 다양한 사고 실험의 기회를 제공할 수 있었다.

넷째, 교육과정 및 교과서에서 사회적 구성주의에 근거한 수업을 장려하고 있지만, 실제로 그 적용이 제대로 이루어지고 있지 않다면 그 원인을 찾아보는 것도 해결책을 구상하는 데 도움이 될 것이다. Fer(2009)는 사회적 구성주의를 반영하는 학습환경을 구상할 때 제한점으로 다음을 제안하였다: 학생은 구성을 위해 훨씬 많은 시간을 필요로 한다, 교사와 학생 모두 많은 준비를 할 필요가 있다, 구성주의를 전통적인 학습환경 및 교실에 적용하는 것은 매우 어렵다, 교사는 전통적인 학습환경에서 교육받았기 때문에 그 적용이 더욱 어렵다. 예컨대 학급 규모의 측면에서 Lopez(2012)의 연구는 시사하는 바가 크다. 일반적으로 구성주의에 근거한 수업 방식이 학생들의 자율적 참여와 토론을 격려한다는 의미에서 성취도가 더 높을 것으로 기대하지만, 항상 그러한 결과가 따르는 것은 아니기 때문에 수업이 일어나는 교실 상황에 대한 주의 깊은 고려가 있어야 한다는 점이다. 통제집단 80명, 실험집단 74명의 다인수 학급에서의 대수 수업의 경우, 전통적인 강의식 수업이 학생들의 성취도 면에서 더 효과적이었다는 연구 결과는 수학 수업에서 발생하는 다양한 교실 요인이 교수 방법의 효과를 좌우할 수 있음을 보여준다.

참 | 고 | 문 | 헌

Reference

김남희 (2008). 학교수학과 교구. 서울: 경문사.

김득진 (2004). van Hieles 이론을 적용한 고등학교 대수학습용 단계적 웹 학습시스템 설계 및 구현. 한국교원대학교 교육대학원 석사학위논문.

김진환·조정수 (2010). CAS의 도구발생과 수학 지식의 발견 관점에서 고찰한 일차함수의 합성 성질 탐구. 수학교육논문집, 24(3), 611-626.

김해윤 (2007). 대수막대를 이용한 수업의 질적 사례연구: 9-가 인수분해를 중심으로. 고려대학교 교육대학원 석사학위논문.

김현정 (2005). 셈돌모형과 대수모형을 이용한 수업 연구－중학교 수학 7-가 정수의 덧셈·뺄셈, 일차식의 계산을 중심으로－. 울산대학교 교육대학원 석사학위논문.

김태향·김진호 (2010). 구성주의에 바탕을 둔 학습자 중심 수업을 받은 학생들의 학업성취도－초등학교 4학년 분수 영역을 중심으로－. 초등수학교육 13(2), 151-176. 서울: 한국수학교육학회.

김판수 외 (2000). 구성주의와 교과교육. 서울: 학지사.

나귀수 (2010). 초등학교 예비교사의 수학적 지식 구성에 대한 연구－구성주의적 교수실험을 중심으로－. 학교수학, 12(2), 151-176.

박민선 (2003). 대수모형을 이용한 수업 연구: 중학교 수학 7-가 정수의 덧셈. 뺄셈, 일차식의 계산, 일차방정식의 풀이를 중심으로. 숙명여자대학교 교육대학원 석사학위논문.

박영배 (1996). 수학 교수·학습의 구성주의적 전개에 관한 연구. 서울대학교 대학원 박사학위논문.

박영배·전성화 (1997). 구성주의적 활동을 통한 덧셈 지도의 실제. 대한수학교육학회논문집, 7(1), 87-99.

박지혜 (2011). 대수타일이 전문계 고등학생들의 인수분해 학습에 미치는 영향. 건국대학교 교육대학원 석사학위논문.

박찬숙 (2002). 대수막대(Algeblocks)를 이용한 인수분해 지도에 관한 수업연구: 중 3 인수분해 단원을 중심으로. 고려대학교 교육대학원 석사학위논문.

백석윤·이명희 (2003). 우리나라 초등학교 수학과 교육과정의 변화 경향 재고－Ernest의 수학교육 철학적 관점에서－. 학교수학, 5(2), 151-165.

서동엽 (2005). 수학 영재 수업에서 사회적 구성주의 적용 방안. 학교수학, 7(3), 23-252.

신만식 (2005). 중학교 수학에서 문자와 식단원의 학습지도에 관한 연구. 전남대학교 교육대학원 석사학위논문.

신현성 (1992). 수학과 교육과정의 구성주의 관점. 수학교육, 31(3), 73-82.

양성현 · 강옥기 (2011). GeoGebra를 활용한 역동적인 시각적 표상에 기반한 이차곡선 지도 방안. 학교수학, 13(3), 447-468.

우정호 · 남진영 (2008). 수학적 지식의 구성에 관한 연구. 수학교육학연구 18(1), 1-24.

이부다 (2010). 구성주의 지식관이란 관점에서 초등학교 수학교과서 분석－1학년과 2학년 수와 연산 영역을 중심으로. 대구교육대학교 교육대학원 석사학위논문.

이상구 · 장지은 · 김경원 (2013). Sage와 GeoGebra를 이용한 선형대수학 개념의 Visual-Dynamic 자료 개발과 활용. 수학교육 논문집, 27(1), 1-17.

이환철 (2003). 교육용 소프트웨어의 개발 전략 및 절차에 관한 연구. 홍익대학교 교육대학원 석사학위논문.

임재훈 (1999). 수학교육에서의 구성주의. 한국교원대학교 초등교육연구소편, 구성주의와 교과교육 (217-240). 서울: 문음사.

장경윤 (2007). ICT 시대의 대수 교육의 방향과 과제. 학교수학, 9(3), 409-426.

장경윤 (2008). 컴퓨터 대수체계(CAS) 대비 중등대수교육 기초 연구. 학교수학, 10(2), 297-317.

조수윤 · 김진호 (2011). 구성주의 수학 수업이 추론 능력에 미치는 영향－초등학교 3학년 나눗셈을 중심으로－. 초등수학교육, 14(2), 165-185.

조영주 · 김경미 (2010). 컴퓨터 대수 환경에서 매개변수 개념에 대한 고등학생의 이해에 관한 사례 연구. 수학교육 논문집, 24(4), 349-974.

최근배 · 김홍선 (2007). 초등 영재 교육에서의 구성주의 교수 · 학습 모형 적용 연구－알고리즘 문제를 중심으로－. 수학교육 논문집, 21(2), 153-176.

최창우 · 권기자 (2000). 구성주의적 관점에서 관찰한 초등수학의 교수 · 학습 방법에 관한 연구. 초등수학교육, 4(2), 139-150.

Bieda, K. N. (2008). *The pedagogy of proving in middle school mathematics.* Unpublished dissertation. University of Wisconsin-Madison.

Brooks, M. L. (2002). *Drawing to learn.* Unpublished dissertation. University of Alberta.

Brousseau, G. (1998). *Theorie des situations didactiques.* Grenoble, La Pensee Sauvage.

Davis, R. B., Maher, C. A., & Noddings, N. (1990). Suggestions for the improvement of mathematics education. In Davis, R.B., Maher, C. A., & Noddings, N. (Eds.), *Constructivist views on the teaching and learning of mathematics* (pp. 187-191). Reston, NCTM.

Ernest, P. (1990). Social constructivism as a philosophy of mathematics: Radical constructivism rehabilitated?. http://people.exeter.ac.uk/PErnest/soccon.htm.

Ernest, P. (2009). *The philosophy of mathematics education.* (강문봉 외 역). 수학교육 철학. 서울: 경문사. (원본은 1991년에 출판됨.)

Fer, S. (2009). Social constructivism and social constructivist curricula in turkey to meet the needs of young people learning science: Overview in light of the PROMISE project, In Tajmel, T. & Starl, K. (Eds.), *Science education unlimited: Approaches to equal opportunities in learning science* (pp. 179-199). Munster, Waxmann Verlag GmbH.

Ilyas, B. M., Rawat, K. J., Bhatti, M. T., & Malik, N. (2013). Effect of Teaching of Algebra through Social Constructivist Approach on 7th Graders' Learning Outcomes in Sindh (Pakistan). *International Journal of Instruction*, 6(1), 151-164.

Irvin, J. (2008). Social constructivism in the classroom: From a community of learners to a community of teachers. In Goos, M. Brown, R. & Makar K. (Eds.), *Proceedings of the 31st annual conference of the mathematics education Research group of australalasia.*

Katz, V. J. (2007). Stages in the history of algebra with implications for teaching. *Educational Studies in Mathematics, 66*(2), 185-201.

Lopez, E. C. (2012). Constructivism in teaching elementary algebra: It's influence in mathematics performance of students in large classes. *IAMURE: International Journal of Education, 2*(1), 1-17.

Pon, N. (2001). Constructivism in the secondary mathematics classroom. A *Peer Reviewed Journal, 3*(2). http://people.ucalgary.ca/~egallery/volume3/pon.html.

Pugalee, D. K. (2001). Algebra for all: The role of technology and constructivism in an algebra course for at-risk students, *Preventing school failure, 45*(4), 171-176.

Ross, A. A. (2006). *The effects of constructivist teaching approached on middle School students' algebraic understanding.* Unpublished dissertation. Texas A&M University.

The University of California. (2013). Theories of learning: Social constructivism.

http://gsi.berkeley.edu/teachingguide/theories/social.html.

Wood, T., & Yackel, E. (1990). The development of collaborative dialogue within small group interactions. In Steffe, L. P. & Wood, T. (Eds.), *Transforming children's mathematics education: International perspectives.* Hillsdale, Laurence Erlbaum.

■ **집필진** (가나다순)

고상숙 : 단국대학교 사범대학 수학교육과
고호경 : 아주대학교 교육대학원
권나영 : 인하대학교 사범대학 수학교육과
김상미 : 서울영도초등학교
김진호 : 대구교육대학교 수학교육과
박만구 : 서울교육대학교 수학교육과
서보억 : 대구가톨릭대학교 사범대학 수학교육과
이중권 : 동국대학교 사범대학 수학교육과
이혜경 : 오산대학교 유아교육과
장경윤 : 건국대학교 사범대학 수학교육과
장혜원 : 서울교육대학교 수학교육과
한인기 : 경상대학교 사범대학 수학교육과
홍진곤 : 건국대학교 사범대학 수학교육과

한국수학교육학회 연보 창간호

구성주의와 한국수학교육

편 집 김진호 · 장경윤 · 한인기 · 고호경
집 필 고상숙 · 고호경 · 권나영 · 김상미 · 김진호
박만구 · 서보억 · 이중권 · 이혜경 · 장경윤
장혜원 · 한인기 · 홍진곤
펴낸이 박문규
펴낸곳 경문사
펴낸날 2013년 11월 1일 1판 1쇄
등 록 1979년 11월 9일 제313-1979-23호
주 소 121-818, 서울특별시 마포구 와우산로 174
전 화 (02)332-2004 팩스 (02)336-5193
이메일 kyungmoon@kyungmoon.com

값 19,000원

ISBN 978-89-6105-761-5

★ 경문사 홈페이지에 오시면 즐거운 일이 생깁니다.
http://www.kyungmoon.com

한국과학기술출판협회 회원사